ESTRUTURAR O SISTEMA FISCAL DO PORTUGAL DESENVOLVIDO

MINISTÉRIO DAS FINANÇAS
TEXTOS FUNDAMENTAIS DA REFORMA FISCAL PARA O SÉCULO XXI

ESTRUTURAR O SISTEMA FISCAL DO PORTUGAL DESENVOLVIDO

EM ANEXO:
Resolução do Conselho de Ministros N.º 119/97, de 14 de Julho

LIVRARIA ALMEDINA
COIMBRA — 1998

TÍTULO:	ESTRUTURAR O SISTEMA FISCAL DO PORTUGAL DESENVOLVIDO (Textos Fundamentais da Reforma Fiscal para o Século XXI)
AUTOR	MINISTÉRIO DAS FINANÇAS
EDITOR:	LIVRARIA ALMEDINA – COIMBRA
DISTRIBUIDORES:	LIVRARIA ALMEDINA ARCO DE ALMEDINA, 15 TELEF. (039) 851900 FAX. (039) 851901 3 000 COIMBRA – PORTUGAL Livrarialmedina@mail.telepac.pt LIVRARIA ALMEDINA – PORTO R. DE CEUTA, 79 TELEF. (02) 319783 FAX. (02) 2026510 4050 PORTO – PORTUGAL EDIÇÕES GLOBO, LDA. R.S. FILIPE NERY, 37-A (AO RATO) TELEF. (01) 3857619 1250 LISBOA – PORTUGAL
EXECUÇÃO GRÁFICA:	G.C. – GRÁFICA DE COIMBRA, LDA. ABRIL, 1998
DEPÓSITO LEGAL:	122852/98

PALAVRAS INTRODUTÓRIAS
AOS TEXTOS FUNDAMENTAIS DA REFORMA FISCAL PARA O SÉCULO XXI

A. PRINCÍPIOS ESTRUTURANTES DA REFORMA FISCAL

A Reforma Fiscal proposta pelo Governo tem uma perspectiva estratégica, obedecendo a diversos princípios estruturantes tais como a consensualidade, a estabilidade, a introdução de uma ética de responsabilidade e uma cultura democrática, trazendo a democracia para a fiscalidade. Em democracia os impostos não podem continuar a ser considerados como uma mera imposição coactiva e arbitrária do Estado, mas têm de ser encarados, à luz da cultura democrática, como uma forma de partilha, de solidariedade e de responsabilidade. Estes são os fundamentos do dever de cidadania que gera as obrigações fiscais, sem as quais não haveria Estado, orçamento e despesa pública.

Neste sentido, a Reforma Fiscal visa, fundamentalmente, a reforma das mentalidades, de forma que se tome consciência da importância do instituto fiscal, como dever cívico e elemento integrante da cidadania, sem o que dificilmente se combaterá o facto de a actual mentalidade da fuga ao fisco ser socialmente tolerada.

Daí que urja transformar o sistema fiscal num factor de desenvolvimento, com crescimento, emprego e competitividade, mas também num factor de justiça e solidariedade, que realize as finalidades da nossa comunidade nacional, de forma a adaptar Portugal aos novos tempos e à nova sociedade, aos problemas do futuro, quer lançando investigações, quer pensando prospectivamente estratégias nesse sentido.

Não se poderá negar o papel essencial do sistema fiscal na definição das políticas de desenvolvimento estrutural, quer do Estado e dos entes territoriais menores, quer da estrutura produtiva nacional, numa lógica integrada e sem recurso a benefícios fiscais de natureza pontual.

Não menos importantes são os objectivos de qualidade do sistema e de comodidade para os contribuintes. Isto implica uma humanização do sistema, tendo por principais instrumentos a melhoria do atendimento público, da informação e comunicação, da formação profissional e a certificação de qualidade das organizações administrativas.

O sistema fiscal deverá ainda, no seu conjunto, incentivar, nomeadamente a promoção do crescimento económico e do emprego, o investimento produtivo, a investigação e desenvolvimento, a modernização da gestão, isto é, dos vectores estratégicos de qualidade, assumindo particular prioridade a reposição de condições de competitividade para as empresas, no quadro da preservação de um ambiente ecológico equilibrado, e um sistema económico coerente e eficiente.

Como instrumento indispensável à prossecução dos objectivos da política fiscal, a Administração Tributária, no seu conjunto, deverá continuar a ser alvo de esforços extraordinários no sentido da sua modernização. A informatização, a alteração nos métodos de gestão, a reformulação do processo declarativo, a consolidação de uma nova filosofia de fiscalização, a recuperação das execuções fiscais, o reforço da auditoria interna, o rejuvenescimento de quadros e a formação profissional adequada são elementos indispensáveis para um melhor relacionamento com os cidadãos e para uma eficaz luta contra a fraude, as quais permitirão aumentar a comodidade dos contribuintes, a justiça fiscal e as receitas, sem aumento dos impostos.

A modernização que se pretende na Administração Fiscal permitirá, num curto prazo, o tratamento personalizado das empresas e dos cidadãos contribuintes numa lógica semelhante ao atendimento de uma banca de negócios.

B. BALANÇO DA ACÇÃO GOVERNATIVA

A primeira fase da reforma proposta pelo XIII Governo Constitucional iniciou-se nos Orçamentos de 1996 e 1997, com a inclusão de medidas que visavam repor objectivos mínimos de justiça e de eficiência económica no quadro da consolidação orçamental. Tal como se disse no relatório do Orçamento para 1997, procurou-se promover uma maior justiça social, através de medidas destinadas às famílias, aos consumidores, aos trabalhadores e aos pensionistas, dinamizar a economia (elegendo como destinatários as empresas e os consumidores), prosseguir uma política de alargamento das bases de tributação e, simultaneamente, reforçar a luta contra a evasão e fraude fiscais.

Os objectivos enunciados – com excepção do alargamento das bases de tributação – têm vindo a ser gradualmente atingidos, na medida em que, sem prejuízo das metas traçadas para o processo de convergência e introdução do euro, o aumento de eficiência tributária permitiu suportar uma despesa fiscal extraordinária que, na globalidade, nos dois orçamentos, se situa bem acima dos 200 milhões de contos, com efeitos positivos no crescimento económico e melhoria do rendimento disponível das famílias, mas insusceptível de manutenção sustentada sem inserção de novos contribuintes e realidades tributáveis no sistema.

Quanto aos objectivos de maior justiça fiscal e dinamização da economia recordar-se-á a actualização dos escalões do Imposto sobre o Rendimento das Pessoas Singulares e a dedução específica dos rendimentos do trabalho em montantes muito acima da taxa de inflação; a elevação do quociente conjugal para 2; a criação de uma taxa intermédia de Imposto sobre o Valor Acrescentado, com redução de taxa de vários produtos alimentares e outros importantes serviços e produtos para consumo das famílias, sobretudo em produtos que sofrem uma concorrência fiscal mais notória do país vizinho; a previsão de benefícios no sentido de incentivar os investimentos de empresas de menor dimensão ou situadas em regiões mais desfavorecidas; incentivos a projectos de grande dimensão, assim como a redução da taxa de Imposto sobre o Rendimento das Pessoas Colectivas.

Quanto às várias medidas e acções de prevenção e luta contra a evasão e fraude haverá que realçar, entre muitas outras já concretizadas ou em curso, a criação de um carburante colorido para a actividade agrícola com penalização do seu uso indevido, a extensão da responsabilidade subsidiária dos administradores de sociedades aos casos de mera actuação de facto, a melhoria do recurso a métodos indiciários no apoio à fiscalização, o início do controlo dos entrepostos fiscais e a recente criação da Unidade de Coordenação da Luta Contra a Evasão e Fraude Fiscal e Aduaneira (UCLEFA). Isto sem prejuízo dos direitos dos contribuintes que a Lei Geral Tributária (cuja proposta de lei de autorização legislativa foi já aprovada no Conselho de Ministros) e o Defensor do Contribuinte (a nomear em breve) garantem e concretizam.

Para além do reforço da intervenção do Conselho Económico e Social em matéria fiscal, no âmbito do Acordo de Concertação Estratégica, criou-se como estrutura institucionalizadora do diálogo entre o executivo, várias entidades e organizações representativas de interesses económicos, sociais e culturais (incluindo os membros do Conselho Permanente de Concertação Social) e individualidades especialistas em matéria tributária ou em política económica e financeira, o Conselho Nacional de Fiscalidade, cujas primeiras reuniões já tiveram lugar.

Este órgão de consulta constituirá um valioso instrumento de reforço da democracia participativa, entre outras coisas cabendo-lhe a elaboração de um relatório anual sobre a situação fiscal e parafiscal em Portugal, do qual deverão constar nomeadamente, elementos que dêem a conhecer a estrutura da fiscalidade a evolução do seu nível, a distribuição da carga tributária, as implicações económicas do sistema fiscal e o funcionamento dos tribunais tributários e da Administração.

C. ACÇÃO FUTURA

Nos anos de 1998 e 1999 procurar-se-á concretizar a reestruturação do sistema fiscal, nas suas vertentes legislativa, informática e administrativa. Esses objectivos deverão, contudo, ser, no essencial, prosseguidos à margem dos orçamentos de Estado visto estes não constituírem – como é hoje consensualmente reconhecido – instrumentos adequados à adopção de medidas de política fiscal mas apenas de adaptações normativas de carácter conjuntural ou que tenham imediato reflexo financeiro.

Os objectivos de uma Reforma Fiscal - que visa alcançar mais justiça garantindo o cumprimento dos deveres fiscais por todos os cidadãos (só se todos pagarem, todos poderão pagar menos), pondo a Administração Fiscal ao serviço dos cidadãos (garantindo os respectivos direitos e comodidade) e do interesse público (garantindo uma cada vez maior eficiência nas cobranças e na luta contra a evasão e fraude) e promovendo o desenvolvimento económico – serão concretizados por medidas legislativas que, em tempo oportuno, irão sendo submetidas à decisão da Assembleia da República, órgão de soberania que na nossa ordem jurídica detém a competência exclusiva, embora de reserva relativa, para legislar em matéria fiscal.

Assim acontecerá, em breve, com o Código do Imposto Automóvel, com o Código do Imposto sobre o Álcool e as Bebidas Alcoólicas, com a Lei Geral Tributária, diplomas em adiantado estado de preparação. O mesmo acontecerá com o novo Regime Geral do Imposto de Selo, em substituição dos velhos Regulamento e Tabela Geral, cuja proposta se espera poder vir a apresentar, a curto prazo, para entrar em vigor durante a legislatura.

Na verdade, este imposto não deverá ser abolido mas transformado, porque o pragmatismo que esteve na base da criação desta arcaica forma de tributação do nosso sistema fiscal permitirá hoje, numa época de grandes transformações tecnológicas, económicas e culturais, tributar actos e expressões de riqueza que facilmente escapam a outras formas de tributação e compensar a sobretributação dos rendimentos do trabalho que é hoje já intolerável.

Está também em preparação um novo Estatuto dos Benefícios Fiscais que deverá repor o esforço disciplinador empreendido com o Estatuto de 1989, redefinindo objectivos económicos e sociais a prosseguir através de incentivos, seleccionando a modalidade técnica utilizada com respeito por critérios de generalidade, equidade, transparência, não duplicação, proporcionalidade, neutralidade e, como regra geral, o seu carácter temporário.

Quanto ao regime das infracções fiscais e aduaneiras deverá proceder-se a alterações substanciais da actual legislação, quer no sentido da revisão das normas que se revelam insuficientes para atingir os objectivos de combate à fraude, quer no da harmonização dos sistemas sancionatórios actualmente previstos para as infracções nas área aduaneiras (RJIFA) e das contribuições e impostos (RJIFNA).

Serão também levadas a cabo as reformas processuais adequadas, de modo a simplificar e tornar mais célere a justiça tributária.

Ponto fulcral da Reforma Fiscal, quanto às alterações normativas, é o que respeita à tributação do património.

Quanto à questão da tributação do património, desde 1996, este tipo de tributação, em particular do imobiliário, tem estado a ser objecto de um amplo debate nacional, técnico e político, com base no relatório da Comissão para o Desenvolvimento da Reforma Fiscal (CDRF) e, de forma mais específica, nos relatórios elaborados de acordo com o previsto no art.º 31.º – n.º 1 e 3 da Lei n.º 10-B/96, de 23 de Março, que aprovou o OE/96, no relatório sobre a Reforma Fiscal – Estruturar o Sistema Fiscal do Portugal Desenvolvido –, tendo sido acolhidas diversas orientações na Resolução do Conselho de Ministros que determinou as Bases da Reforma Fiscal, a Resolução do Conselho de Ministros n.º 119/97. Trata-se de uma área em relação à qual há um grande consenso quanto às críticas decorrentes da situação actual e quanto à necessidade da sua urgente reformulação, muito embora não exista ainda igual consenso sobre a forma de a superar. A complexidade, ineficiência e injustiça do sistema são claramente consensuais, todavia.

Verificou-se, em sede de trabalhos de Revisão Constitucional, a alteração do n.º 3 do artigo 104.º (antigo artigo 107.º) da Constituição, relativo aos Impostos.

Nestes termos, a Revisão Constitucional, ao alterar o artigo 107.º n.º 3, dispondo agora que "a tributação do património deve contribuir para a igualdade entre os cidadãos", deixou de tornar obrigatória a existência do imposto sobre sucessões e doações e, deste modo, abriu o caminho para a consideração da hipótese de integrar a tributação das sucessões e doações na tributação do património, conseguindo assim uma forma mais eficiente de reduzir as desigualdades quanto ao conjunto do sistema e entre contribuintes detentores de património.

A recente alteração do texto constitucional permitiu já a constituição de uma Comissão de Reforma a que foi cometida a tarefa de apresentar um anteprojecto legislativo em Outubro de 1998, sendo intenção do Governo que, após discussão pública, entre em vigor em 1999, pelo menos numa primeira fase de transformação profunda.

A Comissão irá rever os impostos que actualmente incidem sobre o Património, considerando como objectivo a extinção da Sisa e do Imposto sobre Sucessões e Doações, dado que estes se transformaram numa fonte de injustiça. Assim, deverão ser esses impostos substituídos em conjunto com a actual Contribuição Autárquica, cujo modelo necessita de uma reformulação de raiz por, também ele se ter revelado um factor de ineficiência e injustiça, até pela não implantação de um sistema credível de avaliações.

Há, por outro lado, que relacionar a Reforma do sistema fiscal com a questão da descentralização, o que implica avaliar as diferentes soluções possíveis para a Reforma das Finanças Locais e Regionais, de forma a que a solidariedade interna saia reforçada com a descentralização financeira. A mesma intenção deverá ser reafirmada relativamente à comparticipação contributiva para a Segurança Social, pensando também aí no objectivo de estímulo ao emprego e de aumento de competitividade.

Outro aspecto fundamental a ter em conta na política fiscal nacional é a inserção internacional de Portugal e a harmonização e coordenação fiscais no âmbito da União Europeia. Há que reequacionar a política de acordos relativos à dupla tributação e à cooperação fiscal internacional, estudando as formas de alcançar uma maior competitividade e uma menor erosão do nosso sistema fiscal. No plano europeu, deverá salientar-se a activa participação de Portugal no Grupo de Política Fiscal.

Porém, não se faz nenhuma Reforma Fiscal sem a existência de um amplo consenso social sobre ela. Esse consenso social é um factor crucial para o desenvolvimento das ideias e para evitar factores demagógicos, facilmente utilizáveis, e que ferem mortalmente qualquer intervenção benéfica a este nível.

Pelo exposto, a publicação dos Textos Fundamentais da Reforma Fiscal para o Século XXI, que agora se inicia com a publicação do Relatório *Estruturar o Sistema Fiscal do Portugal Desenvolvido* e do texto consolidado da Resolução do Conselho de Ministros sobre a Reforma do Sistema Fiscal, além de ter um propósito de divulgação, contém, em si própria um escopo de promoção da discussão sobre o lugar do Imposto na sociedade portuguesa e europeia do próximo século que estamos construindo neste momento, com a certeza de que só através dos impostos se concretiza o desenvolvimento da justiça e a solidariedade.

Essa discussão não deverá ser baseada em critérios demagógicos mas antes deverá ser serena, fundamentada e esclarecida. Este é só mais um elemento para que tal possa acontecer.

Lisboa, 6 de Janeiro de 1998

O MINISTRO DAS FINANÇAS

(António de Sousa Franco)

TEXTOS FUNDAMENTAIS DA REFORMA FISCAL

ESTRUTURAR O SISTEMA FISCAL DO PORTUGAL DESENVOLVIDO

Relatório de apoio à Resolução do Conselho de Ministros sobre os Quadros Gerais para a Reforma Fiscal no Limiar do Século XXI

PREFÁCIO

O presente Relatório constitui a síntese possível, do ponto de vista dos dois membros do Governo que o subscrevem, do Programa do Governo e de uma experiência rica: dois Orçamentos do Estado (1996 e 1997) e a sua execução ao longo destes dezanove meses (quando faltam cinco para o meio da legislatura), os compromissos constantes dos Acordos de Concertação Social e, enfim, os relatórios da Comissão para o Desenvolvimento da Reforma Fiscal, presidida pelo Dr. José da Silva Lopes, e do Relatório dos Impostos sobre o Património e Sucessões e Doações apresentado à Assembleia da República em finais de 1996, e o debate que sobre eles incidiu.

Ao fazê-lo, procurou-se adoptar uma perspectiva ampla, enquadrando a situação central do nosso sistema fiscal num movimento dinâmico, marcado pela tensão entre passado e futuro, elementos domésticos, europeus e internacionais, os impostos e também as respectivas administração e justiça, o Estado e a complexidade do moderno sector público.

Apesar de se visar enquadrar o programa de acção proposto numa perspectiva tão global quanto possível, pretendeu-se fazer obra política – logo, pragmática e prática – não académica, teórica ou analítica.

Este texto fundamenta a Resolução do Conselho de Ministros sobre a Reforma Fiscal, a aprovar em próximo Conselho de Ministros[1], mas nem por isso deixa de ser um documento de trabalho, aberto ao debate e à crítica – como o impõe a lei da democracia – e, o que é mais, revísivel se melhores razões forem apresentadas – como o impõe o culto da razão, da abertura e do espírito crítico, de que ambos os subscritores, nos seus diferentes percursos pessoais, já deram provas bastantes ao longo das suas vidas.

---

[1] O de 11 de Junho de 1997.

Ele não compromete o Governo, que apenas aprovará, para discussão pública, a RCM já referida e a submeterá, nomeadamente, à Assembleia da República e aos Parceiros Sociais, em sede de concertação estratégica. Mas procura, sem servilismo, mas por compromisso e convicção, colher a orientação do seu Programa e da linha de actuação do Primeiro-Ministro António Guterres.

30 de Maio de 1997

António de Sousa Franco
(Ministro das Finanças)

António Carlos dos Santos
(Secretário de Estado dos Assuntos Fiscais)

I
INTRODUÇÃO

1. CIRCUNSTÂNCIA DESTE RELATO

1.1. As fases da reforma da reforma fiscal

Logo que o XIII Governo Constitucional entrou em funções, reafirmou os pontos programáticos relativos à política fiscal que tinham servido de base à proposta apresentada ao eleitorado pelo Partido Socialista e pelos Estados Gerais para a nova maioria e completou uma análise da realidade fiscal que detectava diversos aspectos preocupantes e carecidos de actuação imediata.

Por isso, sem prejuízo da afirmação de princípios e objectivos gerais constantes do ponto 3 da parte III do Programa do Governo, tornou-se necessário tomar medidas imediatas de apuramento da situação e iniciou-se, também, imediatamente, a luta contra os aspectos de maior ineficiência, desorganização e injustiça. Escolheu-se como área de actuação prioritária o campo administrativo, tanto com finalidades de correcção das maiores causas práticas de injustiça e ineficiência como para possibilitar a execução dos objectivos de consolidação financeira, impostos pela política de bom desempenho nacional na preparação para a terceira fase da União Económica e Monetária Europeia.

Assim, delineou-se a estratégia de adequação ao ideal fiscal, de maior justiça e eficácia, em duas fases distintas:

a) Fase de levantamento da situação e tomada de medidas urgentes: desde a entrada em funções em fins de Outubro de 1995 até ao primeiro semestre de 1997;
b) Fase das reformas de fundo equacionadas na Resolução do Conselho de Ministros sobre a Reforma: do segundo semestre de

1997 ao segundo semestre de 1999 (final da legislatura), num quadro de continuidade para o futuro (pois muitas acções têm de ser calendarizadas até ao ano 2001).

Ao mesmo tempo pretende-se eliminar obstáculos e criar incentivos às políticas de desenvolvimento económico-social, promovendo o crescimento, o emprego e a competitividade.

1.2. O estado do sistema fiscal em Outubro de 1995

Na verdade, apesar de se reconhecer um aumento significativo das cobranças fiscais em 1994 e 1995, em boa parte devido ao plano da regularização de dívidas constante do Decreto-Lei n.º 225/94, de 5 de Setembro, a situação no momento da entrada de funções do XIII Governo apresentava as seguintes características principais:

a) Falta de elementos informativos (note-se, por exemplo, que no meio de muitas discrepâncias fiscais, as estatísticas das Contribuições e Impostos relativas ao período de 1989 a 1992 apenas foram publicadas em Março de 1997, esperando-se, durante o ano de 1997, a regularização das demais estatísticas fiscais, que permita, assim, fazer um balanço completo do que foi a realidade fiscal no período posterior à reforma dos impostos sobre o rendimento de 1988/1989);

b) A Administração Fiscal começava a recuperar do trauma resultante da ineficiência decorrente da acção do executivo, no início dos anos 90, devido a uma modernização e reorganização que mal havia principiado e aos efeitos perversos do Decreto-Lei nº 408/93, de 14 de Dezembro. No sentido de superar esta situação e criar uma Administração Fiscal moderna, delineou-se, no final de 1995, um novo plano de informatização dos serviços fiscais e aduaneiros, decisivo para criar uma máquina administrativa simples, moderna e eficaz e para permitir o apuramento de rendimentos reais, concretizando, assim, os ideais de justiça fiscal;

c) Os muitos casos de atraso fiscal, que haviam sido agravados pela prolongada situação recessiva e que o Decreto-Lei n.º 225/94 só parcialmente permitia resolver, criavam uma situação de maior injustiça e de mais prolongado efeito de distorção das dívidas fiscais em atraso sobre a actividade económica, tanto das empresas como das famílias e dos contribuintes institucionais, agravando os efeitos de causas mais profundas de irrealismo legislativo, incumprimento, evasão e fraude;

d) Evasão e fraude eram, pois, características escandalosas do sistema de difícil erradicação, tornando a primeira das suas injustiças aquela que contrapõe os incumpridores impunes aos cumpridores, sendo que nesta última categoria se encontrava, sobretudo, a grande massa dos trabalhadores por conta de outrem;

e) A perversidade do sistema era agravada pela falta de importantes instrumentos legislativos racionalizadores – como a Lei Geral Tributária –, pelas insuficientes formas de garantias dos contribuintes, e pelo facto de a reforma fiscal, no plano legislativo, se ter circunscrito aos impostos sobre o rendimento, ao Imposto sobre o Valor Acrescentado e, de forma pouco consistente, à Contribuição Autárquica;

f) Estava em curso o primeiro balanço da Reforma dos anos 80 – trabalho da Comissão para o Desenvolvimento da Reforma Fiscal, presidida pelo Dr. José da Silva Lopes –, pelo que essa análise institucional e autorizada também fazia falta ao traçado de uma nova política fiscal.

1.3. A preparação da Resolução do Conselho de Ministros sobre a reforma fiscal

Todas estas situações, com o reforço resultante de hoje se passar a entender que a política fiscal deve ser traçada à margem dos Orçamentos do Estado e com carácter permanente, devendo constar do Orçamento do Estado sobretudo adaptações conjunturais ou ocasionais, levaram a que o Governo, até agora, tivesse feito incidir a sua actuação basicamente em: luta contra a fraude e a evasão e na preparação de medidas imediatas e pontuais tendentes a repor mínimos de justiça e de eficácia neste domínio e a realizar o objectivo de consolidação orçamental (medidas incluídas nos dois orçamentos e/ou resultantes da concertação estratégica, preparação do plano de regularização de dívidas fiscais e esforços de melhoria do aparelho tributário).

Após a entrega, em Abril de 1996, do relatório da Comissão para o Desenvolvimento da Reforma Fiscal, procedeu-se ao seu debate público, estando os respectivos trabalhos em vias de publicação e efectuaram-se os primeiros trabalhos sobre a Reforma da Tributação do Património.

Foi então possível ao Governo, já no âmbito do Acordo de Concertação Estratégica de 1996, anunciar, pela boca de Sua Excelência o Primeiro-Ministro e pelos Ministro das Finanças e Secretário de Estado dos Assuntos Fiscais, a apresentação de propostas para a reforma fiscal no primeiro semestre de 1997, tendo ainda sido proferidos pelo Ministro das Finanças vários discursos públicos que anunciavam linhas programáticas dessa reforma.

Em 1997 lançou-se o Conselho Nacional de Fiscalidade, bem como diversos grupos de trabalho de reforma legislativa, com o objectivo de consolidar e completar a reforma fiscal do XIII Governo Constitucional.

Teve-se notícia, no início do primeiro semestre de 1997, do acordo interpartidário PS/PSD relativo à revisão constitucional, do qual parecem constar apenas, como matérias fiscalmente relevantes, a consagração do princípio da não retroactividade da lei fiscal, a definição do âmbito do princípio da legalidade fiscal permitindo maior latitude de poderes às autarquias locais e, ainda, porventura, algumas disposições relativas à fiscalidade e às finanças das Regiões Autónomas.

É com base no Programa do Governo e na execução que já lhe foi dada, bem como na descrita situação político-administrativa, que são ultimados o presente relatório e a proposta da Resolução do Conselho de Ministros que dele decorre (em conformidade com o artigo 80.º da Lei n.º 52-C/96, de 27 de Dezembro).

2. HISTÓRIA E EVOLUÇÃO
DAS REFORMAS FISCAIS PORTUGUESAS [2]

A efectivação de uma Reforma Fiscal esclarecida obriga a uma análise da realidade evolutiva anterior. Essa análise, para ser completa e frutuosa, deverá remontar, pelo menos, à época liberal, pois foi nessa

---

[2] António de Sousa Franco, "Fiscalidade" in *Dicionário Ilustrado da História de Portugal*, eds. Alfa, Lisboa, 1986; ; Pedro Soares Martínez *Manual de Direito Fiscal*, Almedina, Coimbra, 2.ª Edição, 1996; J. J. Teixeira Ribeiro, *A Reforma Fiscal*, Coimbra Editora, Coimbra, 1989; José Avelino Rodrigues, *O Sistema Fiscal Português*, Colecção Quid Juris?, Porto, 1979; CEF, *As Reformas Tributárias de 1922 e 1929* in Cadernos de Ciência e Técnica Fiscal, n.º 24, Ministério das Finanças, 1964; J. L. Saldanha Sanches, *Princípios Estruturantes da Reforma Fiscal*, FISCO, Lisboa, 1991; Paulo de Pitta e Cunha, *Reforma Fiscal* Publicações D. Quixote, Lisboa, 1989; Paulo de Pitta e Cunha, *A Fiscalidade dos anos 90*, Almedina, Coimbra, 1996.

altura que ocorreram as transformações essenciais que originaram as finanças públicas modernas e consequentemente os sistemas fiscais modernos.

2.1. As reformas do liberalismo: entre modernidade e arcaísmo

O liberalismo representou uma nova ideologia sobre as relações entre o cidadão, concebido como unidade individual igual (não com estatutos globalmente diferenciados, como no Antigo Regime) e o Estado, com particular incidência no domínio do imposto – ou essa ideologia não fosse tanto a do capitalismo como a do Estado representativo.

Com efeito, se toda a propriedade tendia a ser dos particulares, o Estado havia de ter como receita privilegiada, ao invés da terra, como no feudalismo, e dos monopólios produtivos sob o mercantilismo, o imposto-contribuição, concebido como participação na actividade produtiva que é a retribuição consentida (parlamentarmente) dos serviços gerais que o Estado presta a cada cidadão (concepção do imposto baseado no benefício); só no final do século XIX se entendeu que o imposto haveria de ser um instrumento de justiça, proporcional à capacidade dos cidadãos, e até um meio de transformação social (no sentido da igualdade), determinado por filosofias de intervenção, direcção ou revolução social. A nova importância do imposto determina, no quadro do Estado liberal (burguês, com o andar dos anos cada vez mais popular), e do capitalismo europeu (mesmo se bem atrasado e mais comercial do que industrial no nosso país), transformações radicais na estrutura política e nas instituições da fiscalidade, as quais vieram a perdurar até à actualidade. Limitemo-nos à sua expressão nas Constituições liberais (a de 1822, mais radical; a Carta Constitucional de 1826; com menos originalidade, a Constituição de 1838 e a Constituição republicana de 1911).

O princípio da generalidade, determinando a impossibilidade de isenções (como era regra para eclesiásticos, senhorios ou tantas outras situações no Antigo Regime, em que cada grupo social tinha estatutos sociais diferenciados, apesar da generalidade que alguns dos nossos impostos desde cedo tiveram: sisas, décimas, outros impostos indirectos) é uma das consequências do imposto como vínculo entre o cidadão e o Estado, e assim foi consagrado pelo artigo 225º da Constituição de 1822.

A ideia do consentimento pelas Cortes (legalidade), sem possibilidade de veto real (artigo 102.º da mesma Constituição), cuja falta faz cessar a obrigação do pagamento pelos contribuintes (artigo 224°.), foi outra das regras de ouro que, embora menos radicalmente, viriam a perdurar. Assim, o imposto deixava de ser uma imposição do poder e passava, sobretudo quando incidente directamente sobre a riqueza, a ser concebido, após a Revolução Francesa, como contribuição livremente votada pelos representantes dos contribuintes.

Apontava-se, aliás, para o sistema – que viria a estender-se aos impostos directos sobre os rendimentos da terra, da empresa e do trabalho – de repartição do imposto: as receitas necessárias seriam fixadas no orçamento e repartidas, nem mais nem menos, pelos distritos (e abaixo destes pelos concelhos e freguesias): cf. o artigo 228.º da mesma Constituição de 1822.

A Carta manteve as regras da generalidade, da legalidade estrita (consentimento das leis fiscais pelas cortes e consentimento orçamental), embora com alguma ambiguidade quanto ao âmbito da anualidade da lei fiscal (artigo 137.º); a anualidade seria reforçada no Acto Adicional de 1852. Também aqui a actividade legislativa que no Governo, localizado na ilha Terceira, foi desenvolvida pelo Ministro da Fazenda, Mouzinho da Silveira, representou a verdadeira reforma fiscal do regime liberal: tão adequada ela foi que interpretou os verdadeiros princípios políticos liberais e os interesses da burguesia nascente; e tão avançada, que foi sendo gradualmente posta em execução a partir da tomada do poder pelos Liberais a partir de 1834. Ela integra-se, sobretudo, nos três decretos de 16 de Maio de 1832, que reformaram a Administração (nº. 23), a Fazenda (n.º 22) e a Justiça (n.º 24).

Além de uma reforma institucional que delineava o que seria o modelo moderno de organização do Ministério das Finanças (da Fazenda) – com recebedores locais –, Mouzinho propunha-se facilitar o comércio, abolindo os principais impostos que dificultavam a livre circulação dos produtos, «fazer mudar interiormente o espírito das nossas leis económicas, a fim de nos habilitar a vender nos mercados gerais os géneros que no antigo sistema só podíamos vender a escravos, ou a nações que nos faziam pagar bem caros os favores de nos comprar, e nos puseram elas mesmas dentro das suas regras gerais». Assim, as sisas, que incidiam cumulativamente sobre todas as transacções (ou quase), elevando os preços e dificultando o comércio, foram abolidas («a qualquer título e sobre todos os contratos»), salvo na venda e troca de bens de raíz (regime que havia de ser até hoje o do imposto com esse nome, durante longos anos chamado «contribuição de registo», conjuntamente com o imposto sucessório). A taxa do imposto foi uniformizada em todo o Reino e reduzida para 5% do valor do prédio ou das diferenças de valores nas trocas, passando todo o imposto a entrar directamente nos cofres do Tesouro. Pelo mesmo diploma foram revogadas todas as portagens e outros tributos sobre os movimentos internos de mercadorias que restringissem «a liberdade de comércio no interior do País» (artigo 7º.). A par da liberdade de comércio («desfazer quantos obstáculos se opuserem ao máximo desenvolvimento da faculdade de trabalhar»; o «grande princípio da economia pública», como Mouzinho lhe chamou no relatório do Decreto de 17 de Maio de 1832), outro grande princípio foi o da concentração no Estado do poder de tributar, abolindo os dízimos eclesiásticos (reais ou prediais; pessoais ou conhecenças) que favoreciam receitas aos bispos, ao clero e às fábricas das igrejas (limitados pelo Decreto de 16 de Março de 1832 e abolidos pelo Decreto de 30 de Julho de 1832), passando então o Tesouro a pagar aos eclesiásticos uma côngrua equivalente aos rendimentos que assim perdiam.

Finalmente, no tocante ao primeiro dos impostos – os direitos alfandegários –, também o breve consulado de Mouzinho se acercou do que era essencial. Porque «as alfândegas não tinham um centro de unidade e de inteligência especial e cada uma, abandonada a si mesma, fazia o que queria ou nada», o Decreto de 16 de Maio de 1832 (títulos v e vI) centralizava numa directoria-geral os serviços aduaneiros. O Decreto de 17 de Setembro de 1833 instituía o ministro da Fazenda em inspector-geral das Alfândegas do Reino (dando mais um passo para unificar a administração financeira), suprimia a Casa da Índia e a Alfândega do Tabaco, mantendo a Alfândega das Sete Casas de Lisboa com despacho independente. Em 3 de Novembro de 1833 foram extintas várias alfândegas (ficando a existir em Lisboa apenas a Alfândega Grande e a das Sete Casas), continuando-se a reorganização e fusão das alfândegas em 1833 e 1834 e transformando-se a directoria-geral numa repartição do Tesouro Público, enquanto se dividiam as alfândegas em dois distritos (Norte: Minho, Trás-os-Montes, Beira; Sul: Estremadura, Alentejo e Algarve), cada um regido por um administrador; em 1834 reorganizaram-se as Alfândegas do Porto, Açores e Funchal. Em 1837 foram aprovadas *pautas únicas*. É curioso notar algumas medidas de política aduaneira que começam então a surgir: em 1830 fora determinada a abolição de «todos os direitos, contribuições, dízimos, gabelas ou imposições sobre pescarias» e isentavam-se de direitos «todas as manufacturas, tecidos e obras de linho fabricados no Reino, quer à saída, quer à entrada dos portos metropolitanos, ou dos domínios ultramarinos da África e Ásia»; e em 22 de Agosto de 1848 criou-se o regime de *draw-back* para favorecer as mercadorias exportadas depois de transformadas pela indústria nacional. Ao longo de todo o século XIX, o debate entre proteccionismo aduaneiro e livre-cambismo ia marcar a política pautal, que continuava sendo a peça decisiva da gestão político-financeira dos impostos. No tocante aos impostos locais, o regime liberal é marcadamente centralizador. Centralizar (incluindo com isso a perda de muitas receitas pelos municípios), uniformizar, simplificar e liberalizar o sistema fiscal, são os princípios essenciais das reformas liberais. No domínio das espécies tributárias, porém, o sistema tradicional de imposição indirecta (uniformizado pelas «pautas aduaneiras» gerais e uniformes) e directa (baseada na décima) manteve-se no essencial. A décima daria, assim, lugar a vários impostos parcelares sobre os rendimentos da terra: *décima de prédios,* incidente sobre os rendimentos de prédios, capitais e rendas; *décima de foros,* sobre o rendimento do senhorio directo; *décima especial por cultura ou exploração de prédios rústicos,* sobre os réditos dos cultivadores de terras próprias ou alheias; e o *quinto de exploração dos bens da coroa.* Em 1845 (retomando o regime de um decreto de 16 de Maio de 1832) elaboraram-se as primeiras matrizes prediais, com base nas declarações dos proprietários; anunciara-se a transição para um regime de *contribuição predial* – de repartição ou contingente –, que rapidamente substituiu as várias décimas prediais (Decreto de 31 de Dezembro de 1852). O relatório sobre o cadastro de 1847, votado nas Câmaras em 1848, e uma nova proposta em 1911, tentaram organizar o cadastro predial – que só após 1926 iria, porém, receber execução. A Carta de Lei de 19 de Abril de 1845 – que careceu de efectividade imediata – previa, além desta contribuição predial, a contribuição de maneio e a contribuição pessoal. Assim se desenhara o fraccionamento da tributação directa unitária, dando-se origem ao sistema dos impostos parcelares, com distintas espécies tributárias, de acordo com a origem dos rendimentos. A *décima industrial* ou de maneio de fábricas foi substituída pela contribuição industrial, sobre os rendimentos do trabalho e da indústria (Lei de 30 de Julho de 1860); e a *décima de juros,* em 1913 designada «contribuição de juros», veio a dar origem ao «imposto sobre a aplicação de capitais», criado pela Lei n.º 1368, de 21 de Setembro de 1922. Apesar de a origem da décima ser circunstancial e ocasional (bélica, como tantas inovações tributárias do passado), ela não deixa de representar a mais curiosa experiência do nosso passado fiscal, mais avançada do que a prática financeira de outros países da época.

O seu enraizamento explica, ainda hoje, o uso da palavra «décima» para designar popularmente o imposto directo. As dificuldades financeiras do novo regime não foram todavia suprimidas nem pelo aumento do comércio nem pela venda dos bens da coroa; por isso, a abolição dos impostos antigos (Decreto de 13 de Agosto de 1832) pode reputar-se precipitada e veio a ser revogada logo durante o cerco do Porto e depois de 1836.

Toda a monarquia liberal se debateu à volta de alguns projectos de reforma tributária, suscitadas tanto pelas necessidades financeiras imediatas como pela consideração dos avanços da Europa e das novas necessidades geradas pelo desenvolvimento, sobretudo na Regeneração. Como escreveu Soares Martínez, «esses projectos foram traçados em bases francamente satisfatórias do ponto de vista da teoria tributária e da construção jurídica, mas muitas vezes com alheamento das realidades portuguesas». Por isso, ou nunca foram aprovados, ou se suspenderam, ou permaneceram inexecutados; e diversas vezes os governos caíram por causa de tentativas de reformas fiscais, mais ou menos amplas, havendo revoluções (como a Janeirinha em 1868; não esquecendo os factores fiscais da Maria da Fonte) que derrubaram governos por motivos fiscais (aumento das sisas). Em outros domínios, a Reforma Judiciária de 1836 e 1837 introduziu novos princípios de direito processual fiscal, designadamente no processo das execuções fiscais, dominada pelo respeito do direito de propriedade e pela atribuição aos juízes ordinários de competência para julgar os diferendos fiscais. Merece ainda menção, entre as inovações do liberalismo, a criação de um imposto novo sobre as transmissões a título puramente benéfico, isto é, gratuito (Lei de 21 de Fevereiro de 1838), tratado, juntamente com a sisa (unicamente incidente sobre transmissões onerosas de imóveis), pela Lei de 30 de Junho de 1860, como um só imposto: a *contribuição de registo* (Regulamento de 23 de Dezembro de 1899, que vigorou até ao actual Código, de 1958).

Se o liberalismo monárquico não conseguiu levar avante reformas fiscais globais, mantendo até a antiga e irracional estrutura dos impostos indirectos, nomeadamente sobre o consumo, a I República nasceu animada de intuitos reformadores, com espírito socializante. O Decreto de 24 de Maio de 1911 estendeu o imposto sucessório às transmissões de ascendentes para descendentes, até então por ele não abrangidas, e o Código da Contribuição Predial de 5 de Junho de 1913 introduziu neste imposto, entre inovações técnicas significativas, o princípio da tributação com taxas progressivas, que depois veio a ser abandonada neste domínio, mas, com o tempo, prevaleceria em outros tributos.

Por seu lado, outro diploma de longa duração, de conteúdo tecnicamente meritório e importante meio de garantia dos contribuintes, foi o Código das Execuções Fiscais de 23 de Agosto de 1913.

2.2. A tentativa modernizadora de 1922

Mais importante foi o desígnio de reforma global do sistema – largamente inexecutado e frustrado, mas inovador e aspirando a actualizar o nosso sistema fiscal (mesmo em aspectos menores, que ficaram, como a abolição do real de água) – que se traduziu na primeira reforma tributária global, depois da de Mouzinho da Silveira: a do Governo António Maria da Silva, que conseguiu aprovação parlamentar para a reforma fiscal, extremamente inovadora e avançada, do Ministro das Finanças, Vitorino Guimarães (Lei n.º 1368, de 21 de Setembro de 1922). Somente a partir desta Reforma se poderá falar de um sistema fiscal português, pois, até então, as normas reguladoras da incidência, liquidação e cobrança dos impostos eram avulsas e andavam muito dispersas. Neste diploma legal aparecem, de facto, pela primeira vez, sistematizadas juridicamente as normas reguladoras dos principais impostos exigidos pelo Estado aos cidadãos. A reforma visava criar um imposto global e pessoal que atingisse a totalidade dos rendimentos, em vez de gerar grandes vazios e espaços brancos, como o sistema em vigor. Assentaria esse imposto sobre o rendimento real dos contribuintes. O imposto pessoal de rendimento (já tentado em vão em 1880 e 1898) incidia sobre o rendimento de todas as pessoas singulares que residissem habitualmente em Portugal, abrangendo a totalidade dos rendimentos do contribuinte e do agregado familiar que com ele vivesse. Podiam ser tributados separadamente, quando o contribuinte o requeresse, os filhos que obtivessem rendimentos de trabalho próprio ou de fortuna independente ou a mulher casada separada do marido.

Admitiam-se deduções (pessoais umas, reais outras) ao rendimento total do contribuinte e a taxa do imposto era progressiva, indo de 0,5% sobre os primeiros 5 contos até 30 % sobre a parte do rendimento colectável que estivesse acima de 165 contos. Ao mesmo tempo, criava-se um imposto geral de transacções, incidente sobre a generalidade das transacções das empresas.

Modificou-se, ainda, a contribuição predial e a industrial, criando-se o imposto sobre a aplicação de capitais, que substituía a contribuição de juros e atingia também o rendimento das sociedades. A duplicação dos impostos pagos pelas empresas (em 1923-1924) foi factor de peso contra a reforma. As dificuldades de execução foram enormes, desde a recusa da declaração de muitos contribuintes e o pulular das declarações inexactas, sem que a Administração pudesse controlá-las e puni-las, até à desorganização e incapacidade dos serviços e à reacção, sobretudo da alta classe média, contra a progressividade tributária, reputada injusta e tomada como forma de confiscar a riqueza. O mesmo defendiam os representantes dos interesses económicos e empresariais.

2.3. A reforma do Estado Novo em 1929

A II República (Estado Novo) fez duas reformas fiscais. Preparada, antes de chegar ao Governo, pelo próprio Salazar na Comissão de Reforma Fiscal de 1927, a reforma fiscal de 1929 (Decreto n.º 16371, de 13 de Abril de 1929, e legislação complementar) representa uma travagem, dominada pelo realismo e pela prudência, em relação à reforma de 1922, que veio substituir (ela já fora, aliás, no essencial, suspensa pelo Decreto n.º 15290, de 1 de Junho de 1926, que suspendera por três anos o imposto pessoal de rendimento e criara um imposto complementar – sob a forma de adicional – à contribuição predial, à taxa complementar da contribuição industrial e ao imposto sobre a aplicação de capitais). Já antes (Decreto n.º 15 290) foram reduzidas as taxas de tributação pessoal (de 2% até 8,5%) e as aplicáveis às pessoas colectivas, que passavam a estar sujeitas ao novo imposto complementar (à taxa única de 4%).

Em 1928 foi criado um imposto de salvação nacional, incidente sobre os vencimentos dos funcionários públicos e foram ajustadas em alta, dada a austeridade orçamental, as taxas de alguns impostos.

A par do realismo e da concordância do pensamento e dos interesses das classes médias, proprietários e comerciantes sobre a tributação real progressiva de 1922, a reforma fiscal de 1929 correspondeu aos princípios gerais do pensamento financeiro clássico ortodoxo, que Salazar aceitava (embora rejeitasse os seus pressupostos liberais): ela procurava assim evitar que os impostos fossem excessivos e visava dotar o sistema de regularidade e simplicidade.

Não era inovadora, antes disciplinadora: visava dar certezas e tranquilizar os proprietários e empresários. Por isso se abandonou a tributação do rendimento real e se optou pela do rendimento normal, estimulando assim a remoção do imposto pelos contribuintes mais dinâmicos. Criou-se o imposto profissional, autonomizou-se a sisa do imposto sobre sucessões e doações, extinguiu-se o imposto de transacções, integrou-se nos impostos principais uma multidão de adicionais e sobretaxas e criou-se o imposto complementar, como imposto de sobreposição aos diversos impostos parcelares e como seu mero adicional (foi autonomizado apenas, em termos de lançamento e liquidação, em 1933: Decreto-Lei n.º 22 541, de 18 de Maio de 1933). A reforma visou, segundo o relatório da comissão dela encarregada, não diminuir a receita dos impostos nem alterar fundamentalmente o sistema, mas apenas simplificá-la, evitar tanto quanto possível a dupla tributação, facilitar a determinação antecipada da matéria colectável e a sua eventual remoção pelo aumento da actividade produtiva do contribuinte, dotar o sistema de simplicidade para o contribuinte e a Administração e criar garantias para os contribuintes. As regras sobre a determinação da matéria colectável na contribuição predial sobre a propriedade rústica e urbana e a contribuição industrial sobre os lucros visavam o cálculo de rendimentos normais, não efectivos, o que fez prevalecer o objectivo de aligeirar os impostos em tempos críticos sobre a busca da justiça. O novo imposto profissional sobre os rendimentos do trabalho – sinal do começo da emergência da classe média e do proletariado urbano – englobava a antiga secção da contribuição industrial sobre as profissões liberais. Quanto aos impostos indirectos, foram introduzidos novos impostos de consumo (taxa de salvação nacional), em especial sobre os açúcares e os derivados do petróleo. Houve uma importante reforma geral, com elevação das taxas, do imposto do selo (decretos de 1926, 1929 e 1932), e o mesmo ocorreu com a alta dos direitos aduaneiros (1929). Apesar de apenas completar e "arrumar" o sistema parcelar existente, esta reforma racionalizou-o, designadamente pela criação do imposto profissional e pela integração resultante do imposto complementar; e manteve a confiança dos interesses económicos, reforçada pelo «Estado forte» e pela quebra dos salários reais durante a crise, apesar dos sacrifícios que se lhes exigiam. As reformas atingem os impostos especiais e a administração financeira, estendem-se, com a acção de Armindo Monteiro, às indisciplinadas finanças coloniais e abrangem as finanças locais, cujos recursos e autonomia de gestão são significativamente reduzidos (Código Administrativo de 1936, revisto em 1940, de Marcelo Caetano, e Estatuto dos Distritos Autónomos das Ilhas Adjacentes).

2.4. Reforma fiscal de 1958/1965: o começo do desenvolvimento económico social

As necessidades do desenvolvimento industrial estão na origem da segunda reforma fiscal de Salazar, que, mantendo o sistema de tributação parcelar com imposto complementar de sobreposição, alterou os mais importantes impostos. Ela representa, com todas as suas limitações, uma concepção mais moderna e desenvolvimentista do sistema fiscal, que começava a surgir e para a qual o estado arcaico desse sistema representava já uma contrariedade de relevo pela sua inadequação à conjuntura e às próprias condições de uma economia que começava um esforço de modernização (planos de fomento) e se tornava algo mais industrializada. Consubstanciou-se numa série de códigos publicados entre 1958 e 1965, com os objectivos fundamentais de caminhar de novo para a tributação real e de introduzir um certo grau de personalização do sistema, embora a comissão encarregada da revisão, e presidida pelo Prof. Teixeira Ribeiro, tivesse logo à partida afastado a responsabilidade da instituição do imposto único sobre o rendimento, por razões de ordem técnica.

Como objectivos pensados para a reforma podem apontar-se: adaptação às novas condições económicas do País, estímulo ao desenvolvimento económico, adequação às variações conjunturais, maior justiça fiscal, combate à evasão, eliminação dos casos de dupla tributação, aumento das garantias jurídicas dos contribuintes, equiparação do tratamento de nacionais e estrangeiros, obtenção de uma maior confiança nas relações entre o contribuinte e a administração tributária.

Alterações posteriormente introduzidas, tanto por via legislativa como pela forma regulamentar, a falta de reestruturação dos serviços e a opção por uma filosofia substancialmente diferente daquela que a comissão enunciara como sendo a sua vieram frustrar em muito esses objectivos, optando-se por uma tributação normal em certos casos e pela sobrecarga dos rendimentos do trabalho em detrimento dos do capital. Estes os aspectos mais salientes desse processo, embora seja possível ver à distância que a reforma fiscal, na sua formulação inicial, não continha os elementos de progressividade e personalização do sistema, nem, talvez mesmo, a opção por uma carga fiscal adequada ao estado de desenvolvimento do País. De qualquer forma, a intenção de usar moderadamente o sistema fiscal como instrumento de transformação (tributação do rendimento real, cobertura global da riqueza, progressividade; posteriormente, a funcionalização dos benefícios fiscais) foi proclamada e, dentro de certos limites, conseguida, bem como a de compensar a quebra dos impostos aduaneiros.

A reforma que, após ligeira quebra de receitas, aumentou os rendimentos fiscais do Estado, pretendia, sem abandonar a tributação parcelar, adaptar o sistema fiscal a uma estrutura mais evoluída, tributando rendimentos subtraídos à incidência fiscal (assim se criaram o imposto de mais-valias e o imposto sobre a indústria agrícola, logo suspenso).

Visou, ainda, racionalizar a tributação da despesa pela criação do imposto de transacções, ainda por cima capaz de obviar à decadência das receitas aduaneiras *(v.g.,* de 31,9% do total em 1970 para 25,3% em 1974), derivadas das reduções resultantes de acordos comerciais e aduaneiros (como o GATT) e do desarmamento alfandegário interno imposto pela participação portuguesa nos movimentos de integração europeia (Acordo de Estocolmo, 1958; Acordo Portugal – CEE, 1972).

Com a Revolução de 25 de Abril de 1974, o sistema fiscal foi confrontado com sucessivas mudanças políticas e económicas e com a subida das despesas públicas. Isso conduziu a uma gestão muito difícil, descoordenada, com recurso a soluções expeditas. Verificou-se um agravamento excessivo das taxas progressivas de imposição que pretendia redistribuir a riqueza e aumentar as receitas.

No entanto, tal agravamento foi factor de ineficiência, fraude e evasão, potenciada ainda pela deterioração da Administração e pela lentidão crescente da justiça fiscal. Os desequilíbrios orçamentais determinaram o recurso fácil aos impostos mais rendosos e menos «evadíveis»: o imposto profissional sobre os trabalhadores subordinados, o imposto de transacções (que foi absorvendo diversos impostos especiais sobre a despesa e em 1979 passou a tributar, além de bens, alguns serviços), o imposto do selo e o imposto de capitais *(maxime* sobre os depósitos a prazo). Os desequilíbrios do comércio externo foram obviados, também pela via mais fácil, através de sobretaxas (impostos extraordinários) sobre as importações.

A Constituição de 1976 traçou as linhas de uma reforma fiscal, nisso inovando relativamente às garantias do liberalismo (generalidade, legalidade, direito de resistência contra impostos ilegais, princípio das faculdades e utilização do imposto para reduzir desigualdades). Apontava-se no texto constitucional para um imposto sobre o rendimento real das empresas, um imposto único e familiar sobre o rendimento pessoal, um imposto sucessório redistributivo e uma tributação do consumo socialmente justa. No entanto, os primeiros passos dessa Reforma apenas surgiram alguns anos depois.

2.5. A Reforma fiscal de 1984-1989: o início da adaptação à Europa unida

Anteriormente à actual reforma fiscal o sistema de tributação directa do rendimento era um sistema de impostos parcelares (imposto profissional, contribuição industrial, contribuição predial, imposto sobre a indústria agrícola, imposto de capitais e imposto de mais-valias) a que acrescia um imposto complementar sobre o rendimento global, de taxas progressivas. Como os impostos parcelares colectavam em separado o rendimento a partir de uma determinada proveniência, pode-se dizer que se abstraíam da pessoa do contribuinte, sendo, consequentemente, impostos reais. Somente o imposto complementar, recaindo sobre o rendimento global, permitia introduzir uma certa personalização, tomando em consideração a pessoa do contribuinte e a sua situação económica e funcionando, assim, como elemento corrector do sistema.

A entrada em vigor da Constituição de 1976 pôs em crise este sistema, ao ditar soluções diferentes de enquadramento. Logo no artigo 106.º n.º 1, onde se referiam as finalidades do sistema fiscal, colocava-se a par da finalidade fiscal de satisfação das necessidades financeiras (ou seja, a cobertura das despesas públicas) a finalidade extrafiscal, de repartição dos rendimentos e da riqueza, atribuindo assim cumulativamente aos impostos uma função redistributiva. Só que a Constituição não se limitou a prever finalidades do sistema fiscal, antes indicou, em norma de cariz programático, a própria estrutura deste. É o que sucede no seu artigo 107.º, onde se referem quatro impostos, dois incidentes sobre o rendimento (o imposto sobre o rendimento pessoal e o imposto sobre o rendimento das empresas), um sobre o património (imposto sobre sucessões e doações) e um sobre o consumo, indicando-se soluções programáticas específicas em relação a cada um deles.

Assim, relativamente ao imposto sobre o rendimento pessoal estabelecia-se no artigo 107.º, n.º 1, o objectivo da diminuição das desigualdades, o que implica a imposição de o imposto ser único, ou seja, recair sobre todo o rendimento de cada contribuinte e ser progressivo, ou seja, aumentar a sua taxa à medida do aumento do rendimento do contribuinte. Simultaneamente, estabelece-se a imposição de ter em conta as necessidades e rendimentos do agregado familiar, o que implica a necessidade de tomar, de algum modo, em consideração o conjunto dos rendimentos gerados pela unidade familiar e prever deduções ao rendimento ou à colecta relativos aos encargos da família. Já relativamente ao imposto sobre o rendimento das empresas veio o artigo 107.°, n.° 2, da Constituição, referir que "a tributação das empresas incidirá fundamentalmente sobre o seu rendimento real", o que impõe que a matéria colectável do imposto não possa ser o lucro normal, que habitualmente a empresa obtenha, sempre que seja possível conhecer o lucro real que por ela tenha sido auferido. Quanto ao imposto sobre sucessões e doações, o artigo 107.°, n.° 3 impunha a sua progressividade, no objectivo de contribuir para a igualdade dos cidadãos.

Finalmente, o n.° 4 regula a tributação do consumo, referindo que esta "visa adaptar a estrutura do consumo à evolução das necessidades do desenvolvimento económico e da justiça social, devendo onerar os consumos de luxo".

As directrizes da nova Constituição entravam em choque frontal com o sistema de impostos vigente até então. Naturalmente que, por isso, se tornou necessária a implementação de uma reforma fiscal, a qual, no entanto, só veio a entrar em vigor, mais de doze anos após a aprovação da Constituição.

A Reforma Fiscal pode-se considerar como tendo o seu início na reforma da tributação da despesa, a qual, no entanto, teve como causa próxima o pedido de adesão de Portugal à Comunidade Económica Europeia. Efectivamente, impondo a Comunidade aos Estados membros, através da Sexta Directiva do Conselho, a adopção do Imposto sobre o Valor Acrescentado (IVA), foi extinto o imposto de transacções e elaborado o Código do Imposto sobre o Valor Acrescentado, aprovado pelo Decreto-Lei n.° 394/B/84, de 26 de Dezembro, que entrou em vigor em 1 de Janeiro de 1986, tendo sido assim instituído um imposto geral sobre a despesa, plurifásico, embora não cumulativo.

A reforma da tributação do rendimento esteve a cargo de uma Comissão da Reforma Fiscal, instituída pelo Decreto-Lei n.° 232/84, de 17 de Julho, e remodelada pelo Decreto-Lei n.° 345/87, de 29 de Outubro, a qual foi presidida pelo Prof. Doutor Paulo de Pitta e Cunha. Partindo de uma concepção global da reforma fiscal, esta comissão não se limitou à reestruturação dos impostos sobre o rendimento, com a consequente criação dos impostos sobre o rendimento das pessoas singulares (IRS) e do imposto sobre o rendimento das pessoas colectivas (IRC), já que criou também um imposto sobre o valor patrimonial dos prédios rústicos e urbanos, a contribuição autárquica (CA). Concluídos os respectivos trabalhos preparatórios, foi publicada a Lei n.° 106/88, de 17 de Setembro, que permitiu ao Governo aprovar a Reforma Fiscal, tendo sido assim aprovados o Código do Imposto sobre o Rendimento das Pessoas Singulares (CIRS), pelo Decreto-Lei nº 442-A/88, de 30 de Novembro, o Código do Imposto sobre o Rendimento das Pessoas Colectivas (CIRC), pelo Decreto-Lei nº 442-B/88, de 30 de Novembro, e o Código da Contribuição Autárquica (CCA), pelo Decreto-Lei nº 442-C/88, de 30 de Novembro.

Paralelamente, decidiu-se proceder à reformulação unitária dos benefícios fiscais que proliferavam no anterior regime, muitos dos quais sem justificação substancial, tendo sido autorizada pela Lei nº 8/89, de 12 de Abril, a aprovação de um Estatuto dos Benefícios Fiscais que veio a ser concretizada pelo Decreto-Lei nº 215/89, de 1 de Julho.

Posteriormente, já no ano de 1990, foram publicadas novas leis relativas às infracções fiscais. Assim, a Lei n.º 7/89, de 21 de Abril, autorizou a aprovação de um novo Regime Jurídico de Infracções Fiscais Aduaneiras, que veio a ser concretizada pelo Decreto-Lei n.º 376-A/90, de 25 de Outubro. A Lei n.º 88/89, de 11 de Setembro autorizou a publicação de um novo Regime Jurídico das Infracções Fiscais Não Aduaneiras, que veio a ser concretizada pelo Decreto-Lei n.º 20-A/90, de 15 de Janeiro. Estes diplomas, para além de normas gerais e processuais, tipificam crimes e contra-ordenações fiscais, aduaneiras e não aduaneiras, representando um importante passo no sentido da repressão criminal da evasão fiscal, praticamente inexistente no anterior regime, que apenas a sancionava como transgressão.

Finalmente, no ano de 1991, foi aprovado pelo Decreto-Lei n.º 154//91, de 25 de Abril, um novo Código de Processo Tributário, em substituição do anterior Código de Processo das Contribuições e Impostos. Esse Código, além de disciplinar o processo tributário gracioso e contencioso, contém normas de carácter geral sobre as relações tributárias.

Intervenções avulsas e dispersas, o quase colapso da Administração e as demoras da justiça, o adiamento de qualquer reforma da tributação do património e a diferente qualidade e exequibilidade de textos fundamentais – quando não a sua ausência – conduziram a uma situação de crise generalizada e por todos reconhecida [3]. O sistema tornou-se confuso

---

[3] Sobre a concretização desta situação, c.f. os anexos I e II. Críticas pertinentes à situação fiscal anterior foram feitas por H. Medina Carreira, *A situação fiscal portuguesa,* 1984; o mesmo autor tem criticado a nova estrutura em diversas obras, designadamente *Uma Reforma Fiscal Falhada?,* Editorial Inquérito, Lisboa, 1989, e em diversas intervenções recentes.

e incoerente, a Administração carecida de meios, a justiça lenta e ineficaz. Se é certo que as componentes conformadas pela harmonização fiscal europeia – os direitos aduaneiros da pauta exterior comum, os impostos especiais de consumo e o imposto sobre o valor acrescentado – estão estabilizados ou só no quadro europeu evoluirão (é o caso do IVA) e se tão pouco existem dúvidas a respeito da vantagem de manter a configuração essencial do imposto sobre o rendimento (IRS/IRC), tudo o mais carece de ser reparado desde a raíz. Foi o que o XIII Governo começou a empreender, dando embora prioridade a medidas urgentes destinadas a combater o colapso fiscal iminente em 1995.

ANEXO I

ANÁLISE QUANTITATIVA DA EVOLUÇÃO DO SISTEMA E ESTRUTURA FISCAL (1965-1995) [4]

1. EVOLUÇÃO DAS RECEITAS FISCAIS TOTAIS

No período de 30 anos que decorre de 1965 a 1995, as receitas fiscais totais (RFT) cobradas a todos os níveis de Governo, incluídas as contribuições para a Segurança Social, aumentaram de 19,8 milhões de contos para 5.315,8 milhões de contos, correspondendo a um crescimento médio anual, a preços constantes, da ordem dos 6%.

Esta evolução, quando analisada para um conjunto seleccionado de anos, evidencia que os crescimentos das RFT foram superiores nas décadas de 70-80, fruto nomeadamente de altas taxas de inflação, que, associadas a efeitos de *"fiscal drag"* e a agravamentos das taxas de tributação nos principais impostos, contribuíram para um crescimento real das receitas fiscais.

A comparação entre as RFT e o PIB – nível de fiscalidade (NF) – ao quantificar a percentagem da riqueza produzida que, em cada ano, é transferida para a esfera de decisão pública pela via coerciva da tributação, permite igualmente ter uma ideia do comportamento dos impostos ao longo do tempo. Para Portugal, e para o período longo considerado, constata-se que o NF aumentou cerca de 17 pontos percentuais, a uma média de 0,6 p.p./ano, o que se terá que considerar significativo.

Relativamente aos países que hoje integram a União Europeia (UE15), este crescimento é superior em cerca de 4 p.p. à média comunitária, o que evidencia uma utilização mais intensa da fiscalidade por parte de Portugal.

Tal confirma a teoria que aponta para um aumento de fiscalidade à medida que se desenrola o processo de desenvolvimento económico, nomeadamente num país que, como o nosso, evidencia um estádio de desenvolvimento mais atrasado do que o verificado na maioria dos restantes países europeus.

Numa perspectiva de mais curto prazo (período 1990-95), a tendência assinalada de crescimento do NF mantém-se, pois que, nos últimos cinco anos, este indicador aumentou cerca de 3 p.p., situando-se próximo dos 34%.

No conjunto dos países integrantes da UE, Portugal apresentava o NF mais baixo, inferior em cerca de 8 p.p. à média comunitária, mantendo conjuntamente com a Espanha praticamente a mesma posição relativa ao longo das últimas três décadas. A diferença para o NF comunitário (médio) reduziu-se, porém, pois que

---

[4] Salvo indicação em contrário, a fonte estatística utilizada é OCDE, *Revenue Statistics* (1965-1996). Paris 1997.

em 1965 era de 12 p.p., o que evidencia o já referido esforço de aproximação e de "convergência real" das fiscalidades.

Este facto é confirmado se se determinar o peso das RFT de cada país no conjunto das receitas fiscais dos países comunitários, situação em que Portugal, em 1965, aparece, explicando cerca de 6,7% das RFT da UE15, cerca de 9% nos anos 70-80, e acima dos 12% a partir de 1990. Para anos recentes, inclusive, o crescimento relativo das RFT portuguesas face aos restantes países é também, desta perspectiva, uma realidade indesmentível, pois que atingiu percentagens próximas dos 14 a 15%.

Essa maior produtividade financeira do nosso sistema fiscal terá sido conseguida, porém, sem aumentos significativos do "esforço fiscal" médio pedido a cada contribuinte, se exceptuarmos o período compreendido entre 1980 e 1985.

Utilizando uma medida comum de capacidade contributiva aproximada de cada país – o rendimento per capita em paridades de poder de compra [5] – a comparação entre a evolução da capitação das RFT e do PIB para Portugal e para a média da UE15, evidencia que apenas naquele período o crescimento das receitas fiscais foi superior ao do PIB. Inclusive, em anos recentes (1994 versus 1990), enquanto que as receitas fiscais per capita portuguesas aumentaram 6,5% face à média comunitária, o PIB per capita cresceu cerca de 7,5%, evidenciando uma redução do "esforço fiscal" face à prática dos restantes países.

2. EVOLUÇÃO DA ESTRUTURA FISCAL

Em termos de evolução no longo prazo, a estrutura fiscal portuguesa (EF) medida pela importância relativa das receitas dos principais grupos de impostos nas RFT, evidencia um comportamento tendencial que se caracteriza por:

  a) um ligeiro crescimento dos impostos sobre o rendimento no conjunto das RFT (que ronda os +1.7 p.p.);
  b) um aumento acentuado de importância das contribuições para a segurança social (cujo peso aumentou no período de 1965 a 1995, cerca de +5 p.p.);
  c) uma quebra na importância relativa das receitas dos impostos sobre o património (-2,6 p.p.);
  d) a estabilização da importância dos impostos sobre o consumo (+1,4 p.p.).

---

[5] Fonte: OCDE, *National Accounts* (1960-1994). Paris 1996.

A evolução assinalada corresponde a uma estrutura de repartição de impostos em que cerca de 1/4 das receitas fiscais provêm tanto dos impostos sobre o rendimento, como das contribuições para a segurança social, 45% derivam dos impostos sobre bens e serviços, e os 5% restantes, dos impostos sobre o património e outros.

Nesta medida, a EF portuguesa, embora se tenha vindo a aproximar da média dos países que integram a UE15, apresenta ainda, face a ela, diferenças significativas que se centram, sobretudo, na distinta importância assumida pelos impostos sobre o rendimento (–8 p.p. em Portugal, fruto da menor dimensão das receitas dos impostos sobre o rendimento pessoal – IRS) e pelas contribuições para a segurança social (–3 p.p.), que é compensada por um maior peso dos impostos indirectos (+12,5 p.p., nomeadamente devido aos impostos especiais sobre o consumo, com +9 p.p. que a média comunitária).

3. COMPORTAMENTO DOS PRINCIPAIS IMPOSTOS

Se se complementar a análise precedente com a evolução verificada nos principais grupos de impostos em percentagem do PIB, constata-se que os impostos sobre o rendimento têm vindo a crescer, duplicando a sua importância no período da análise (4% em 1965 e 8,9% em 1995), sobretudo após a reforma fiscal de 1989, ao mesmo tempo que se apresenta com uma certa estabilidade a repartição entre impostos sobre o rendimento pessoal e sobre as sociedades (2/3 para os primeiros, e 1/3 para os segundos).

Os valores médios na UE15 apontam, por seu turno, para percentagens da ordem dos 14,5%, com o imposto pessoal a "valer" 11,5% e o imposto sobre o rendimento das sociedades a rondar os 3% (este, portanto, próximo da realidade portuguesa).

Quanto às contribuições para a segurança social, o seu peso igualmente aumentou de 3,5% para 9% do PIB, sendo manifesto esse crescimento a partir de 1975, por efeito conjugado da base contributiva (salários) e das taxas respectivas. As contribuições patronais representam hoje 5% do PIB, face aos 6,9% da média comunitária.

No que toca aos impostos sobre o consumo, quando vistos em percentagem do PIB, constata-se o seu grande crescimento (de 7% para 15,6%, entre 1965 e 1995), enquanto a nível da UE15 a respectiva importância apenas aumentou em cerca de 30% (de 10,6% para 13% do PIB). Tal foi conseguido, sobretudo, após a entrada em vigor do IVA (1986) – a percentagem dos impostos gerais sobre o consumo aumentou de 3,5% do PIB em 1985 para 6,1% em 1990 – face à constância verificada nos impostos especiais, que vêm rondando os 7% do PIB ao longo dos últimos 30 anos.

Esta última evolução esconde, contudo, a alteração radical ocorrida no âmbito dos impostos especiais de consumo, com a redução drástica dos impostos sobre o comércio externo (direitos aduaneiros) e a importância crescente dos impostos tipo "*accises*", de que se destaca a tributação dos produtos petrolíferos, automóveis, tabaco e bebidas alcoólicas.

A tributação patrimonial, centrada sobretudo nos impostos sobre o património imobiliário (sisa e, mais recentemente, a contribuição autárquica) apresenta-se com uma importância diminuta em termos financeiros globais, nunca tendo explicado ao longo do período sobre análise mais do que 1% do PIB, face a uma média comunitária que, sendo superior, também não é significativa (1,7%).

No conjunto dos impostos integrantes do sistema fiscal português recente, as figuras tributárias mais produtivas em termos de receita são, por ordem decrescente de sua importância financeira, as seguintes (dados de 1995) [6]:

- o imposto sobre o valor acrescentado (IVA):   1.124,9 milhões de contos
- o imposto sobre o rendimento das pessoas singulares (IRS):   919,8 " " "
- o imposto sobre os produtos petrolíferos (ISP): feros (ISP):   427,9 " " "
- o imposto sobre o rendimento das pessoas colectivas (IRC):   390,1 " " "
- o imposto do selo (IS):   188,8 " " "
- o imposto sobre o consumo de tabaco (IT):   151,0 " " "
- o imposto automóvel (IA):   132,6 " " "

A receita destes impostos totalizam 3.335,1 milhões de contos, o que representa cerca de 98% das receitas fiscais do Estado (CGE). As contribuições para a segurança social atingiram, no mesmo ano, o valor de 1.157,1 milhões de contos, dos quais cerca de 60% provêm das contribuições patronais, e os restantes 40% dos descontos efectuados pelos trabalhadores integrantes dos vários regimes contributivos. As receitas do IVA consignadas à segurança social (não incluídas no quadro anterior) atingiram, por seu turno, os 45 milhões de contos.

Em termos de peso no conjunto dos impostos, aqui não incluídas as contribuições sociais, a sua importância relativa é como segue (valores em %):

Impostos	1995	1990	Δ
IVA	33,7	29,1	+4,6
IRS	27,6	24,1	+3,5
ISP	12,8	13,2	−0,4
IRC	11,7	11,3	+0,4
IS	5,7	8,5	−2,8
IT	4,5	3,7	+0,8
IA	4,0	3,2	+0,8

---

[6] Fonte: Conta Geral do Estado de 1995.

A evolução verificada nos últimos cinco anos evidencia alguma estabilidade na estrutura das receitas fiscais, embora o efeito das reformas fiscais empreendidas na segunda metade dos anos 80 não se tenha esgotado completamente. Como factores a destacar referem-se, mais recentemente, a subida de importância das receitas do IRS e do IRC (fruto da evolução dos salários, da redução dos benefícios fiscais e do crescimento económico em geral), a manutenção da relevância do IVA (após recuperação da quebra de 1993, e a subida de taxas posteriormente verificada), e a diminuição notória das receitas do imposto do selo, na sequência de medidas continuadas de redução da tributação sobre as operações financeiras e as remunerações.

ANEXO II

QUADROS CARACTERIZADORES DA EVOLUÇÃO DA ESTRUTURA FISCAL

QUADRO 1 – **EVOLUÇÃO DO NÍVEL DE FISCALIDADE**

	1965	1970	1975	1980	1985	1990	1995
AÚSTRIA	34.7	35.7	38.6	41.2	43.1	41.3	42.4
BÉLGICA	31.2	35.7	41.8	44.4	47.7	44.8	46.5
DINAMARCA	29.9	40.4	41.4	45.5	49.0	48.7	51.3
FILÂNDIA	30.3	32.5	37.7	36.9	40.8	45.4	46.5
FRANÇA	34.5	35.1	36.9	41.7	44.5	43.7	44.5
ALEMANHA	31.6	32.9	36.0	38.2	38.1	36.7	39.2
GRÉCIA	22.0	25.3	25.5	29.4	35.1	37.5	41.4
IRLANDA	25.9	31.0	31.3	33.8	36.4	35.2	33.8
ITÁLIA	25.5	26.1	26.2	30.2	34.5	39.1	41.3
LUXEMBURGO	30.6	30.9	42.8	46.3	46.7	43.6	44.0
HOLANDA	32.7	37.0	42.9	45.0	44.1	44.6	44.0
ESPANHA	14.7	16.9	19.5	24.1	28.8	34.4	34.0
SUÉCIA	35.0	39.8	43.4	48.8	50.0	55.6	49.7
GRÃ-BRETANHA	30.4	36.9	35.5	35.3	37.9	36.4	35.3
PORTUGAL (a)	**16.2**	**20.3**	**21.7**	**25.2**	**27.8**	**31.0**	**33.8**
UE 15 (média)	28.3	31.8	34.8	37.7	40.3	41.2	41.8

Fonte: OCDE (1997)
(a) Em 1996 o nível de fiscalidade entre nós é estimado em 33,3%.

QUADRO 2 – **EVOLUÇÃO DA ESTRUTURA FISCAL**

	1965	1970	1975	1980	1985	1990	1995	UE(*) (1995)
Imposto sobre o Rendimento	24.6	23.7	17.4	19.7	25.7	25.7	26.3	**33.9**
Contribuição para Segurança Social	21.9	23.9	34.6	29.5	25.9	27.2	27.0	**30.3**
Impostos sobre o património	5.1	4.2	2.5	1.4	1.9	2.7	2.5	**4.2**
Impostos sobre os bens e serviços	44.2	44.6	40.7	44.9	42.8	43.8	43.5	**31.0**
Outros	4.0	3.6	4.8	4.5	3.7	0.6	0.7	**0.5**
	100.0	100.0	100.0	100.0	100.0	100.0	100.0	100.0

(*) média de importância relativa de cada grupo de impostos em cada país da UE 15

Fonte: OCDE (1997)

QUADRO 3 – **PRINCIPAIS GRUPOS DE IMPOSTOS (EM % DO PIB)**

	1965	1970	1975	1980	1985	1990	1995	UE(*) (1995)
Imposto sobre o Rendimento	4.0	4.8	3.8	5.0	7.2	8.0	8.9	**14.4**
Contribuição para Segurança Social	3.5	4.8	7.5	7.5	7.2	8.4	9.1	**12.7**
Impostos sobre o património	0.8	0.9	0.5	0.4	0.5	0.8	0.8	**1.7**
Impostos sobre os bens e serviços	7.2	9.1	8.9	11.3	11.9	13.6	14.7	**12.8**
Outros	0.7	0.7	1.0	1.0	1.0	0.2	0.2	**0.2**

(*) média de importância relativa de cada grupo de impostos em cada país da UE 15

Fonte: OCDE (1997)

QUADRO 4 – RECEITAS FISCAIS DO ESTADO (CGE)
1989-1995 (em milhares de escudos)

DESIGNAÇÃO DAS RECEITAS	1989	1990	1991	1992	1993	1994	1995
IMPOSTOS DIRECTOS	603,620,680	723,926,711	941,030,549	1,174,608,946	1,118,419,196	1,190,222,759	1,323,639,069
Imposto sobre o rendimento das pessoas singulares (IRS)	95,032,943	213,772,097	291,112,300	348,347,755	279,106,071	310,426,516	390,083,383
Imposto sobre o rendimento das pessoas colectivas (IRC)	6,676,209	14,685,344	19,578,937	10,523,350	9,782,509	9,933,008	11,327,641
Imposto sobre as sucessões e doações							
Impostos abolidos pelos Decretos-Lei n.° 442-A/88 e 442-B/88, de 30 de Novembro	162,451,673	38,937,902	22,972,135	3,980,611	3,077,742	4,121,543	1,619,832
Imposto do uso, porte e detenção de armas	161,794	162,753	169,308	171,589	174,121	675,562	747,509
Impostos directos diversos	1,955,483	951,699	226,962	7,137	8,736	212,964	76,165
IMPOSTOS INDIRECTOS	1,017,519,435	1,167,074,957	1,354,886,865	1,670,737,080	1,667,790,282	1,970,148,610	2,073,291,377
Direitos de importação	18,801,378	21,572,099	19,572,346	12,332,203	1,670,492	87,060	131,947
Sobretaxa de importação	155,464	131,215	124,348	33,124	54,306	44,867	42,641
Imposto sobre os produtos petrolíferos	211,974,623	250,083,684	309,394,878	362,463,712	369,627,927	399,124,078	427,919,178
Imposto sobre o valor acrescentado	479,139,671	550,848,516	636,647,605	832,003,591	797,294,447	1,038,854,763	1,124,913,801
Imposto automóvel – IA	53,552,954	60,615,359	67,019,707	100,309,470	99,477,925	121,095,891	132,596,985
Imposto de consumo sobre o café	2,789,901	3,037,430	2,998,692	3,311,442	219,816	24	143,666
Imposto de consumo sobre o tabaco	60,803,361	70,424,131	86,526,561	108,671,892	132,327,261	141,503,074	151,001,865
Imposto de consumo sobre bebidas alcoólicas	4,260,521	4,371,075	5,594,569	9,926,408	13,194,285	14,573,005	14,440,667
Imposto de consumo sobre cerveja	7,943,084	10,686,420	13,041,317	14,321,622	11,415,637		
Imposto de consumo sobre cerveja	7,943,084	10,686,420	13,041,317	14,321,622	11,415,637	14,590,873	16,242,623
Imposto interno de consumo	5,634,847	6,919,732	606,254	4,021	314	27,728	6
Imposto especial sobre o álcool					168,125	200,598	388,186
Lotarias	2,266,487	3,837,518	4,226,659	4,350,551	3,368,058	7,633,215	4,066,007
Estampilhas fiscais	10,094,881	11,226,627	10,671,627	6,946,611	6,899,589	7,477,346	4,693,259
Imposto do selo	123,804,566	150,207,616	186,454,691	206,931,441	222,684,947	214,916,781	187,166,722
Imposto de transacções	1,687,475	1,364,906	930,598	646,625	555,666	577,307	262,567
Imposto sobre minas	22,723	18,033	9,908	13,306	18,482	11,106	3,896
Imposto do jogo	828,085	1,093,319	1,174,483	1,329,899	1,267,913	1,333,735	1,485,918
Impostos rodoviários:	11,343,214	2,499,451	560,665	0	0	-4,380	-280
De circulação	2,397,592	535,162	460,082			-3,517	
De camionagem	438,468	105,271	81,450			-638	-247
De compensação	8,507,154	1,859,018	19,133			-225	-33
Imposto e taxas sobre espectáculos e divertimentos	241,445	248,122	261,202	306,451	99,395	95,107	137,186
Participação nas receitas dos CTT			1,250,000				
Participação nas receitas dos TLP							
Impostos indirectos diversos	22,174,755	17,889,704	7,820,755	6,834,711	7,445,697	8,006,432	7,654,537
TOTAL	1,621,140,115	1,891,001,668	2,295,917,414	2,845,346,026	2,786,209,478	3,160,371,369	3,396,930,446

Fonte: Direcção Geral do Orçamento

ANEXO III

SÍNTESE DAS PRINCIPAIS CONCLUSÕES DA COMISSÃO PARA O DESENVOLVIMENTO DA REFORMA FISCAL

(COMISSÃO SILVA LOPES) [7]

a) QUANTO À ADMINISTRAÇÃO FISCAL

– Reestruturação da Direcção-Geral dos Impostos e sua transformação num Serviço de Administração Fiscal, integrado no Ministério da Finanças, com maior autonomia e flexibilidade de gestão.
– Descentralização de competências para as Direcções Distritais de Finanças.
– Incremento das inspecções, especialmente dos grandes contribuintes e dos que evidenciem sinais exteriores de riqueza.
– Desenvolvimento de um sistema de informações, com cruzamento de dados informáticos alargado.
– Penalização das violações do dever de colaboração por parte do contribuinte e inversão, nesses casos, do ónus da prova.

b) QUANTO AO PROCESSO TRIBUTÁVEL

– Flexibilização do processo administrativo tributário, e aumento do número de juízes tributários com a contingentação dos respectivos processos.
– Previsão de sanções mais pesadas contra a evasão fiscal e maior precisão dos limites de coimas, previstos no RJIFNA.
– Reestruturação da execução fiscal, dando-se prioridade aos processos de maior montante e referência da responsabilidade dos administradores ao incumprimento das suas obrigações e não ao património da empresa.
– Atribuição ao contribuinte do ónus da prova dos custos e deduções e inversão desse ónus, em caso de descoberta de omissões nas declarações, incumprimento de obrigações tributárias e impugnações ou recursos judiciais,

---

[7] Ministério das Finanças *Relatório da Comissão para o Desenvolvimento da Reforma Fiscal*. Lisboa, 1996. Está em publicação um conjunto de contribuições para o debate público do relatório, que se espera saia em volume autónomo no ano de 1998. De uma vez por todas se agradece aos membros da Comissão o estudo feito e a válida reflexão que suscitaram.

podendo ser obrigatória, nesses casos, a apresentação de todos os elementos do contribuinte, com derrogação do regime do segredo bancário.

– Previsão do recurso a métodos indirectos na determinação dos factos tributários, designadamente em caso de margens de lucro sensivelmente baixas em relação ao normal na actividade, sucessivos exercícios com rentabilidade insuficiente, existência injustificada de activos ou passivos contrários às regras de uma boa gestão e divergência significativa entre as variações de património e o consumo e o nível de rendimento.

– Ampliação das possibilidades de derrogação do sigilo bancário por parte da Administração Fiscal.

c) QUANTO AO IRS

– Tributação das remunerações acessórias.

– Limitação dos benefícios fiscais conferidos às aplicações financeiras, limitando-as a certas categorias de poupanças conexas com as necessidades essenciais do contribuinte.

– Uniformização da tributação das mais-valias, considerando-se rendimento ordinário, sujeito a englobamento pleno, o realizado em períodos inferiores ou iguais a 12 meses, englobando-as sempre por metade após esse período, excluindo-se da tributação as mais-valias de baixo valor em valores mobiliários e incluindo-se no cálculo das mais-valias prediais a sisa e os encargos de compra.

– Tributação dos ganhos cambiais em IRS.

– Possível adopção do princípio da tributação separada de cada cônjuge em IRS.

– Harmonização dos elementos de conexão no IRS e IRC.

– Limitação dos benefícios fiscais em IRS, que se deverão caracterizar pela simplicidade e transparência.

– Assegurar-se a garantia do mínimo de existência do contribuinte através da dedução à colecta, com a eliminação do art.º 73.º do CIRC.

– Equiparação a rendimentos da categoria A dos casos de trabalho dependente, qualificado como categoria B para efeitos de evitar o regime da cessação do vínculo laboral e instituição de um limite máximo de deduções nesta categoria, garantindo a existência de uma relação inequívoca com a respectiva actividade profissional.

– Aplicação da tributação com base em métodos indiciários em relação aos contribuintes com baixos rendimentos das categorias B, C e D.

— Revogação do benefício fiscal concedido à propriedade intelectual pelo artigo 45.º do EBF.
— Equiparação dos rendimentos agrícolas aos rendimentos empresariais.
— Consagração de um conceito geral de rendimentos de capitais, associado a uma tipificação meramente exemplificativa dos rendimentos já previstos pelo legislador.
— Ampliação do conceito de rendimento predial por forma a abranger todos os rendimentos que são atribuíveis aos prédios rústicos, urbanos ou mistos.
— Consagração da categoria I como uma verdadeira categoria residual de rendimentos, abrangendo, entre outros, as indemizações por lucros cessantes não previstas noutras categorias e os incrementos patrimoniais líquidos não tributados noutras categorias nem em imposto sobre sucessões e doações.
— Estabelecimento de um limite máximo de dedução para as despesas de saúde e equiparação a estas dos prémios de seguros que cobrem rendimentos de doença.
— Harmonização do regime de rentenções na fonte em IRS e IRC.
— Extensão às pessoas singulares residentes em território português da eliminação da dupla tributação jurídica internacional prevista nos arts. 71.º, n.º 2 b) e 73.º do CIRC, devendo, porém, ser restringida a sua aplicação às pessoas colectivas e outras entidades residentes em Portugal.

d) QUANTO AO IRC

— Precisão legal dos conceitos de representação permanente e de estabelecimento estável.
— Alargamento da tributação na fonte dos residentes sem estabelecimento estável.
— Extensão do regime da transparência fiscal a todas as sociedades em nome colectivo e comandita simples, deixando o mesmo regime de ser aplicável às sociedades de simples administração de bens.
— Restrição dos benefícios fiscais concedidos às empresas.
— Extensão do reporte dos prejuízos apurados nos primeiros cinco exercícios da actividade a um período de dez anos.
— Flexibilização do regime de reinvestimento das mais-valias resultantes da transmissão do imobilizado corpóreo.
— Maior concretização e especificação dos conceitos constantes do artigo 57.º do CIRC.
— Redução da taxa do IRC para valores entre 33% a 35%, incluindo derramas, após um aumento da base tributável resultante do combate à infracção fiscal.

– Flexibilização dos pressupostos para a aplicação do regime da eliminação da dupla tributação económica dos lucros distribuídos, reduzindo-se a percentagem de participação para 10% e o prazo de manutenção da participação para um ano e a extensão do regime, por convenção, às distribuições efectuadas a sociedades portuguesas por afiliadas não pertencentes à União Europeia.
– Previsão em legislação tributária das provisões admitidas na actividade bancária.
– Limitação da dedutibilidade das despesas pagas por sucursais de sociedades estrangeiras à sua sede.
– Aperfeiçoamento das normas legais e dos procedimentos administrativos relativos ao IRC por forma a combater a enorme evasão fiscal que grassa neste imposto.
– Introdução de um imposto mínimo em IRC, dedutível à colecta nos cinco exercícios seguintes, de valores baixos e com um montante mínimo e máximo definido previamente.

e) QUANTO AO IVA

– No caso das actividades imobiliárias, deverá ponderar-se adequadamente a revogação da sisa e a sua substituição pelo IVA, devendo, em qualquer caso legislar-se no sentido de que, em caso de renúncia à isenção do IVA, o IVA liquidado não faça parte da base tributável da sisa.
– Estabelecimento de regras precisas de determinação do valor tributável das operações financeiras isentas.
– Alteração do artigo 23.º, n.ºs. 2 e 3 do CIVA no sentido de permitir a utilização do método da afectação real pelas SGPS e sociedades financeiras, independentemente da comunicação prévia à administração fiscal.
– Alteração do artigo 21.º, n.º. 2 do CIVA por forma a permitir o direito à dedução do IVA das despesas referidas no n.º. 1, quando efectuadas por conta de outrém e seja efectuado o débito pelo mesmo montante.
– Reenquadramento dos sujeitos passivos no regime da periodicidade mensal e trimestral, aumentando para o dobro o volume de negócios a partir do qual se inicia a periodicidade mensal.
– Redução do desfasamento da entrega da declaração.

f) QUANTO AO IMPOSTO DO SELO

– Criação de um código que defina claramente as situações de incidência pessoal e real, a liquidação e cobrança e as obrigações e garantias dos contribuintes.

– Reformulação da Tabela Geral do Imposto do Selo, no sentido da sua simplificação, por via da eliminação de verbas cuja receita não tem significado, e adaptação a novas realidades.

– Clarificação e "alargamento" da base tributável deste imposto, por via da redução significativa do número de isenções.

– Simplificação das formas de pagamento do imposto, substituindo a cobrança através de estampilha pela cobrança através das guias de pagamento.

– Generalização da venda de valores selados nos cartórios notariais e conservatórias de registo predial, comercial e noutros locais onde seja frequentemente exigida a forma de pagamento por estampilha, e pelos CTT e retalhistas.

– Simplificação do processo de liquidação do imposto pela adopção de uma guia de pagamento comum ao imposto do selo e aos impostos sobre o rendimento.

– Eliminação da incidência sucessiva de Imposto do Selo sobre o contrato de abertura de crédito e posteriormente de confissão de dívida.

– Manutenção da incidência do imposto relativamente a operações praticadas por instituições não residentes como forma de nivelar as condições de concorrência das instituições portuguesas.

– Ponderação da concessão de uma isenção de imposto relativamente a operações praticadas por instituições financeiras portuguesas com clientes não residentes, como forma de potenciar a competitividade daquelas instituições no mercado europeu e até mundial.

– Clarificação da sujeição a imposto de todas as formas de financiamento por recurso a capitais alheios, designadamente a emissão de obrigações, papel comercial, leasing, empréstimos a empregados ainda que para fins sociais, de forma a evitar as actuais distorções entre formas alternativas de financiamento.

– Exclusão da incidência do Imposto do Selo do crédito ao consumo nas despesas com propinas, estudo e investigação, bem como das despesas para fazer face ao pagamento de impostos e encargos judiciais.

– Definição da incidência do imposto do selo sobre o crédito ao consumo pela positiva e não, como actualmente se verifica, pela negativa.

– Manutenção da tributação dos prémios e apólices de seguros em Imposto do Selo e realização de um estudo sobre as diversas taxas que oneram os prémios de seguro, para identificar e simplificar aquelas que têm verdadeiras características de imposto promovendo a uniformização da taxa de "selo de apólice de seguro", que actualmente varia de ramo para ramo.

– Estabelecimento de esquemas de cooperação entre o Instituto de Seguros de Portugal e a DGCI com o objectivo de melhorar as possibilidades de controlo da aplicação do Imposto do Selo e de encargos parafiscais a operações realizadas por instituições seguradoras não residentes, através de sucursais ou em regime de livre prestação de serviços.

– Exclusão de incidência do Imposto do Selo do recibo de vencimento que representa, na prática, uma dupla tributação de (apenas) os rendimentos do trabalho dependente.

– Compensação da quebra de receitas originada pela abolição do imposto com um aumento das taxas do IVA ou das contribuições para os sistemas de Segurança Social.

g) QUANTO AOS IMPOSTOS SOBRE O PATRIMÓNIO

– Actualização anual dos valores patrimoniais dos prédios com base nos índices de correcção monetária utilizados para cálculo das mais e menos-valias; em caso de transmissão onerosa o valor patrimonial seria actualizado com base no valor considerado para efeitos de sisa e, em caso de arrendamento, com base na capitalização do rendimento anual.

– Redução da taxa de contribuição autárquica e do imposto sobre sucessões e doações em conformidade com o aumento desse valor patrimonial.

– Sujeição da transmissão por morte das acções ao regime geral do imposto sucessório, através da instituição de um regime obrigatório de registo ou depósito, celeridade na avaliação de estabelecimentos comerciais e partes sociais e redução do número de isenções.

3. O XIII GOVERNO E A "REFORMA DA REFORMA FISCAL"

3.1. Fundamento da política fiscal do Governo

A política fiscal do XIII Governo Constitucional assenta na CRP, no seu Programa, nos princípios gerais de tributação, em particular dos relativos aos impostos sobre o rendimento e despesa e nos compromissos assumidos nos Acordos de Concertação de curto prazo e de Concertação Estratégica. Estes fundamentos tiveram e têm expressão no Orçamento rectificativo de 1995, e sobretudo, nos Orçamentos para 1996 e para 1997.

Nestes, em matéria fiscal, o Governo preocupou-se sobretudo em atenuar certas injustiças ou ineficiências, prosseguir algum esforço de harmonização fiscal, de direito ou de facto, com os regimes da União Europeia ou dos Estados-membros e lançar as bases para uma reforma do sistema.

3.2. Programa do Governo

3.2.1. *Prioridades*

Uma das prioridades fundamentais da política fiscal do XIII Governo Constitucional, como foi afirmado *ab initio* no seu Programa, consiste na introdução de uma maior justiça na repartição da carga tributária. Isto significa o progressivo desagravamento dos rendimentos do trabalho por conta de outrem em detrimento dos outros, e, de modo global, tendo em conta os resultados da luta contra a fraude e evasão, o desagravamento dos contribuintes cumpridores.

Um dos pressupostos para obter uma maior equidade tributária é o que se traduz no objectivo de, no final da legislatura, não aumentar os impostos. Não aumentar os impostos não significa, manter o *status quo* em sede de taxas, de incidência ou de formas de determinação de matéria colectável. Significa sim, no essencial, não aumentar nem o nível global de fiscalidade por razões que não advenham do alargamento da base tributária, de uma melhoria do sistema de fiscalização e controlo ou de cobrança da dívida exequenda, nem o esforço fiscal. Este compromisso, que representou no último ano o maior benefício de política fiscal, sobretudo em favor da classe média, que tem sido a mais penalizada pelo actual sistema fiscal, foi tomado não por razões eleitorais, de resto legítimas, mas por se entender que, a manterem-se sem substancial alteração as tendências económicas internas e externas durante os próximos tempos, tal compromisso seria indispensável e realista.

Uma segunda prioridade é a da readaptação do sistema fiscal às transformações verificadas na última década no sistema sócio-económico português e internacional, o que exige simultaneamente um sistema fiscal mais competitivo, o desenvolvimento das convenções de dupla tributação e uma posição activa, no quadro europeu, nas questões relativas à concorrência fiscal.

Uma terceira é a do reforço da confiança entre cidadãos e administração tributária, que é indispensável para a prossecução dos objectivos do Governo. Neste sentido, é necessário melhorar o sistema de informação aos contribuintes, dar prioridade a uma óptica de prevenção na actuação dos serviços, reforçar o diálogo com as associações e entidades representativas de interesses económicos e sociais, bem como a colaboração institucional com o Parlamento, sede do poder tributário, em particular em matéria de união aduaneira e de harmonização fiscal comunitária e com o Conselho Económico e Social. A criação do Conselho Nacional de Fiscalidade e do Defensor do Contribuinte contribuirá para o mesmo objectivo.

3.2.2. *Meios de acção*

Para corrigir as injustiças fiscais existentes, para adaptar o sistema fiscal aos novos desafios do meio ambiente e para reforçar a relação de confiança entre administração fiscal e contribuintes, o Governo actua essencialmente em três direcções:

- a melhoria da eficácia da Administração Fiscal e Alfandegária, combatendo, concomitante e firmemente, a evasão fiscal e aduaneira e melhorando a informação e o atendimento aos contribuintes;
- a correcção das disposições de legislação tributária que mais ferem o princípio da equidade ou que geram maiores níveis de ineficiência;
- a promoção de amplo debate público sobre a questão fiscal.

3.2.2.1. A melhoria da eficácia da administração tributária

Com a melhoria da Administração procura-se que os contribuintes cumpridores, em especial os que devido a mecanismos de retenção na fonte têm menos possibilidades de evasão fiscal – os trabalhadores por conta de outrem –, não tenham de suportar uma parte tão desproporcionada da carga tributária total.

Será possível obter gradualmente resultados significativos, no que respeita à cobrança efectiva dos impostos e no combate à evasão fiscal, através de maior eficiência dos Serviços da Administração. Com esse objectivo, são levadas a cabo medidas do seguinte tipo:

- modernização e adaptação da orgânica do sector às novas exigências tecnológicas e sócio-económicas;
- contribuição para um melhor planeamento da acção dos serviços, definindo objectivos e prioridades;
- reforço dos meios humanos e materiais em áreas-chave como serviços de inspecção, justiça, informática e formação profissional;
- estabelecimento das formas institucionais de cooperação e trocas de experiências entre as componentes da administração tributária;
- despolitização das nomeações dos cargos de chefia;
- criação de uma Unidade de Coordenação de Luta contra a Fraude e Evasão Fiscal e Aduaneira e dinamização de protocolos com outras entidades públicas inspectivas.

3.2.2.2. Correcção da legislação tributária iníqua ou ineficaz

Para atingir os objectivos pretendidos, o Governo proporá a modificação de um certo número das disposições actualmente em vigor.

Efectuado o balanço actual do sistema fiscal e aduaneiro pode afirmar-se que a necessidade, urgência e filosofia de reestruturação se reflecte de forma diferente em relação às suas diversas componentes normativas.

Em relação ao IRS, IRC e IVA trata-se, fundamentalmente, de corrigir práticas e mecanismos inadequados relativamente aos objectivos de maior justiça e eficácia do sistema, enquanto que em relação à tributação do património – Contribuição Autárquica, Sisa, Imposto sobre as Sucessões e Doações – à fiscalidade automóvel ou ambiental, a opção poderá implicar alterações de filosofia de tributação.

Por outro lado, o reforço da estabilidade do sistema aponta para a necessidade de criação de uma Lei Geral Tributária, em paralelismo com a revisão do Código de Processo Tributário e para a instituição de entidades de participação ou controlo cívico, como o Conselho Nacional de Fiscalidade e o Defensor do Contribuinte.

Nestes termos, e a título de exemplo, algumas medidas têm sido apontadas:

a) Revisão global do IRS, com:

neutralização e redução relativa da carga fiscal do trabalho por conta de outrem, em particular dos rendimentos médios e baixos;

reforma da tributação de outras fontes de rendimento, nomeadamente dos rendimentos de capital, tendo em conta as limitações decorrentes do princípio comunitário da liberdade de circulação de capitais;

reapreciação do sistema de taxas liberatórias e das situações de dupla tributação.

b) Revisão do sistema de benefícios fiscais, reduzindo a proliferação desses benefícios e dando-lhes, quando for o caso, estabilidade plurianual, por forma a não aumentarem as distorções e a complexidade do sistema fiscal; tanto quanto possível, eles serão limitados aos casos de maior interesse social e económico, com especial destaque para os benefícios temporários que estimulem a criação de empregos e o reforço da competitividade das actividades mais expostas às pressões da concorrência externa, nomeadamente às Pequenas e Médias Empresas (PME's).

c) Reforma da tributação do património, em particular da Contribuição Autárquica, do Imposto Sucessório e do Imposto de Sisa.

3.2.2.3. *O debate sobre a questão fiscal*

Tem o Governo afirmado que a questão fiscal exige um amplo debate nacional a efectuar com a activa e responsável participação do conjunto dos cidadãos.

Dinamizado pelo Executivo, esse debate tem vindo a ser efectuado, não só com os parceiros sociais em sede de concertação estratégica, como com especialistas, membros da administração tributária (em sentido amplo) e cidadãos em geral, a partir das propostas dos diversos interesses económicos e sociais, – nomeadamente através das entidades representativas dos respectivos sectores – do Relatório da Comissão para o Desenvolvimento da Reforma Fiscal, do Relatório sobre os impostos do património, de estudos efectuados pela Direcção-Geral dos Impostos (DGCI) e pela Inspecção-Geral de Finanças (IGF), de alguns trabalhos em curso no seio da Comissão de Restruturação dos Serviços Aduaneiros, de intervenções, reflexões e comentários produzidos por reputados fiscalistas, enfim, do debate público, técnico e político, levado a cabo em seminários ou pelos meios de comunicação social, sobre uma das questões centrais da reforma do Estado e das relações entre Estado e sociedade civil.

Tão notória tem sido a vivacidade com que a questão fiscal tem vindo a ser discutida publicamente que é legítimo concluir que estamos perante uma viragem cultural da maior relevância no sentido de uma progressiva consciencialização e participação dos cidadãos no esforço de construção de um sistema fiscal mais justo e mais eficaz. Só a consolidação de tal viragem cultural será capaz de responder aos desígnios de construção simultânea de um sistema económico mais competitivo, de um sistema social mais solidário e de um sistema político democrático, mais aberto e participado. Em síntese, de transformar a questão fiscal num instrumento ao serviço da progressiva extensão da democracia política à democracia financeira, económica e social.

Esta mudança implica o exercício da crítica sobre a forma como todos os cidadãos, mormente os mais favorecidos no plano sócio-económico, estão ou não a contribuir, na justa medida, para as necessidades de financiamento de bens públicos de que usufruem e uma atitude activa de controlo sobre a forma como são aplicadas as receitas, fundamentalmente fiscais. Implica, por outras palavras, a democracia activa.

3.3. A Política fiscal para a legislatura

3.3.1. *Programação da reforma*

Uma das principais conclusões do debate sobre a questão fiscal é a de o Orçamento do Estado não constituir o instrumento adequado para a concretização de uma restruturação do sistema fiscal, nas suas vertentes legislativa e administrativa, a qual implica um aprofundamento técnico que a lei orçamental não propicia por estar muito vinculada a uma lógica de curto prazo. De outro modo, e como frequentemente ocorreu em passado recente, corre-se o risco da proliferação de medidas avulsas, instáveis e, muitas vezes, incoerentes.

O principal instrumento de programação da reforma será uma Resolução do Conselho de Ministros que o presente Relatório acompanha, onde, tendo em conta as exigências sócio-económicas e os constrangimentos financeiros, técnicos e internacionais existentes, se anunciarão as linhas gerais e principais propostas de alteração do sistema fiscal a introduzir ao longo da legislatura, cada um dos quais constará da fonte normativa adequada.

Esta resolução será concretizada, no plano normativo, pelas Leis de Autorização referidas no OE 97 (artigo 80.º n.º 2).

Antecipando estes instrumentos, os Orçamentos do Estado têm funcionado como importante veículo de transformação gradual.

3.3.2. *Os Orçamentos de 1996 e 1997*

Num ano e meio de governação a principal preocupação do Governo foi a de, não aumentando a carga fiscal, efectuar ajustamentos inadiáveis motivados por razões de justiça, de eficiência ou de controlo.

Assim aconteceu nos Orçamentos do Estado para 1996 e para 1997, onde se deram pequenos, mas firmes passos na direcção dos objectivos programáticos do Governo. Reafirmou-se o primado da função financeira dos impostos, mas, simultaneamente, atendeu-se a imperativos de justiça social e a considerações de eficácia económica. Um e outro dos imperativos conjugam-se na justificação para o incremento da prevenção da evasão fiscal do combate à fraude, em particular à fraude organizada.

Ao dar cumprimento, pela primeira vez desde que foram aprovadas, à Lei das Finanças Locais e à Lei de Bases da Segurança Social, o Governo assegurou também, em orçamentos de anos particularmente difíceis (1996 e 1997), graças à eficiência fiscal conseguida, a necessária coerência financeira entre os diversos subsectores da Administração Pública financeira.

3.3.3 Os Acordos de Concertação Social [8]

Em 20 de Dezembro de 1996 foi celebrado na Comissão Permanente de Concertação Social do Conselho Económico e Social entre a UGT, pelo lado sindical, e a CIP, a CCP e a CAP, pelo lado patronal, um Acordo de Concertação Estratégica (ACE) para a legislatura (1996-1999). Este Acordo surge na sequência de um outro Acordo de Concertação, de curto prazo, subscrito pelas mesmas entidades em 24 de Janeiro do mesmo ano.

O Acordo de curto prazo contínua um capítulo VI dedicado à política fiscal com 40 medidas, umas com incidência nas famílias, nos rendimentos e na situação dos trabalhadores, outras com incidência na modernização do tecido empresarial ou da economia, outras ainda de prevenção e combate à evasão fiscal ou decorrentes do processo de harmonização comunitária. A grande maioria dessas medidas foram concretizadas em 1996, sendo algumas delas desenvolvidas no Acordo de Concertação Estratégica.

Estes acordos, em especial, o de Concertação Estratégica, são profundamente inovatórios e uma das razões de tal facto prende-se precisamente com a matéria da fiscalidade.

Com efeito, as medidas fiscais previstas no Acordo de Concertação Estratégica inserem-se numa visão mais global, traduzindo-se em importantes passos no sentido de uma reestruturação do sistema fiscal. Sendo esta, por definição, um processo dinâmico e moroso de adaptação das estruturas normativas, administrativas, tecnológicas e organizacionais aos sistemas económico-financeiro e sócio-cultural, nunca poderia ser concretizada num horizonte de curto prazo. A óptica de curto prazo, nomeadamente a centrada na influência exercida na preparação dos orçamentos, porque muito dependente de pressões conjunturais é, na maior parte dos casos, provocadora de turbulências de visões mais estratégicas.

A Concertação Estratégica (CE) define-se como um "fórum privilegiado de análise e discussão conjunta das grandes linhas de orientação de revisão do sistema fiscal e da definição da política fiscal de médio prazo que contribui para a decisão dos órgãos de soberania competentes", ao

---

[8] Este capítulo baseia-se em intervenções do Dr. A. Carlos Santos, proferidas aquando da divulgação do Acordo de Concertação Estratégica em 1997.

possibilitar, através da realização de consensos mais alargados, a viabilização social das medidas. Esta função de legitimação integra a esfera da democracia participativa, a qual não se confunde nem deve confundir com quaisquer derivas neo-corporativas. Por sua vez, o Acordo em matéria fiscal saído da Concertação representa um importante compromisso público que enriquece as linhas gerais do Programa do Governo e que deverá integrar as orientações constantes da Resolução de Conselho de Ministros sobre a Reforma do Sistema Fiscal, e plasmar-se em medidas concretas, de natureza legislativa ou administrativa.

Definida assim pela positiva, importa ainda esclarecer que a CE não é o único fórum ou a única forma de auscultação ou consulta em matéria fiscal. Para além da importância de outros protagonistas sociais sectoriais e de outras entidades associativas relevantes em certos domínios (autarquias, defesa dos consumidores, associações fiscais, etc...) a qual pode determinar contactos bilaterais ou multilaterais, importa ainda salientar que a função que por certo desempenhará o recente Conselho Nacional de Fiscalidade.

É igualmente importante recordar que nem todas as medidas fiscais que o poder político pode promover ou aprovar constam necessariamente do ACE. Não há nem poderia haver, num Estado democrático, uma prévia delimitação do âmbito da soberania fiscal fora dos órgãos constitucionais apropriados. Existem, sim, compromissos acordados que devem ser respeitados pelas partes, devendo os anteprojectos de diplomas legais que consistam na transposição de tais compromissos serem, antes de iniciado o processo legislativo, levados ao conhecimento dos Parceiros Sociais com assento na Comissão de Acompanhamento, para estes sobre eles se pronunciarem.

3.3.4 *O Programa de Convergência, Estabilidade e Crescimento*

Outro factor de relevância extrema que a Reforma Fiscal terá em consideração, consiste no esforço de convergência estrutural da economia portuguesa, atendendo ao objectivo, previsto no Programa do Governo, da participação plena do nosso país na terceira fase da União Económica e Monetária.

A Reforma deverá contribuir para a sustentabilidade do processo de consolidação orçamental, de desinflacção e de estabilidade cambial, processo essencial à criação de um ambiente macroeconómico estável propriciador de crescimento e expansão do emprego.

Neste contexto, e tendo em consideração, designadamente, o novo Programa de Convergência de médio prazo para o período 1998-2000, as medidas adoptadas em sede fiscal deverão revelar-se adequadas ao reforço das condições que assegurem uma convergência duradoura.

ANEXO I

PROGRAMA DO XIII GOVERNO CONSTITUCIONAL

TRIBUNAIS FISCAIS

«Justiça administrativa e fiscal – No que respeita à justiça administrativa e fiscal a situação é hoje em boa parte impeditiva da afirmação dos direitos dos administrados face ao Estado e do controlo da legalidade dos actos da Administração, importando nomeadamente:

    a) Alterar a Lei Orgânica dos Tribunais Administrativos e Fiscais com o fim de assegurar a capacidade de resposta destes tribunais;

(...)

    c) Alterar o Código de Processo Tributário com vista a garantir condições de independência e de imparcialidade das decisões.»

POLÍTICA ORÇAMENTAL E PRIVATIZAÇÕES

Política fiscal – O Governo não aumentará os impostos.

A prioridade fundamental da política fiscal será a de introduzir mais justiça na repartição da carga tributária, empreendendo para isso uma profunda alteração das regras e espécies fiscais existentes e investindo na modernização da Administração Tributária.

A reforma operada da tributação directa – relativa ao IRS e ao IRC – desrespeita o principio da equidade.

A progressividade do IRS aplica-se, na prática, sobretudo aos rendimentos do trabalho. Em contrapartida, os rendimentos do capital estão, na sua maior parte, dela excluídos: esses rendimentos estão em regra sujeitos a taxas proporcionais mais reduzidas. Além disso, as empresas e os titulares de rendimentos não provenientes do trabalho por conta de outrém conseguem escapar em larga escala ao fisco porque a introdução do novo modelo de tributação, baseado, fundamentalmente, em declarações dos contribuintes, não foi acompanhada por adequados reforços e aperfeiçoamentos na capacidade de controlo da Administração Fiscal.

O objectivo primacial da política fiscal do Governo será desagravar os rendimentos do trabalho em desfavor dos outros; despenalizar o capital reinvestido e, cobrando o mesmo, melhorar a equidade, beneficiando sobretudo a classe média, que é a mais penalizada pelo actual sistema fiscal.

Para corrigir as injustiças fiscais existentes, o Governo actuará em duas frentes:

- por um lado, acelerará a melhoria da eficácia da Administração Fiscal e Alfandegária e combaterá firmemente a evasão fiscal e aduaneira;
- por outro lado, promoverá a correcção das disposições de legislação tributária que mais ferem o princípio da equidade.

A melhoria da eficácia fiscal – Com a melhoria da Administração Fiscal procurar-se-á que os contribuintes que têm menos possibilidades de evasão fiscal – os trabalhadores por conta de outrem – não tenham de suportar uma parte tão desproporcionada da carga tributária total, só porque outros conseguem escapar aos impostos que deveriam pagar. Será possível obter gradualmente resultados significativos, no que respeita à cobrança efectiva dos impostos e no combate à evasão fiscal, através de maior eficiência dos Serviços da Administração. Com esse objectivo, o Governo porá em prática medidas destinadas a:

- modernizar a orgânica do sector;
- reforçar os meios humanos e materiais em áreas-chave como serviços de inspecção e informática e da formação profissional;
- despolitizar as nomeações dos cargos de chefia.

Em resultado das melhorias a promover em matéria de Administração, será de admitir que elas permitam suster e progressivamente erradicar fenómenos de evasão e fraude, aliviar a carga fiscal do IRS sobre os níveis mais baixos de rendimentos, e contribuir para o estabelecimento de uma concorrência sã e leal entre agentes económicos.

Correcção da legislação tributária – Quanto à correcção das normas da legislação tributária que mais ferem a equidade, para atingir os objectivos pretendidos, modificar-se-ão um certo número das disposições actualmente em vigor. Entre as correcções a pôr em prática para esse efeito, serão de mencionar especialmente as que incidirão sobre o IRS e o IRC e sobre o conjunto Sisa/ /Contribuição Autárquica/Imposto Sucessório.

Apontam-se, a título de exemplo, algumas medidas:

- Revisão global do IRS, com a modificação do sistema de concessão de benefícios no seu âmbito, de forma a atenuar a desproporção, que na prática existe, entre a tributação dos rendimentos do trabalho por conta de outrem e os rendimentos de outra origem.
- Introdução de maior equidade na tributação dos rendimentos de capital, em comparação com outros rendimentos, embora atendendo às limitações criadas pelo regime de liberdade de circulação de capitais com o

exterior, exigido pela nossa participação na UE; reapreciação do sistema de taxas liberatórias e das situações de dupla tributação.
– Revisão do sistema de benefícios fiscais, reduzindo a proliferação desses benefícios e dando-lhes estabilidade plurianual por forma a não aumentarem as distorções e a complexidade do sistema fiscal; tanto quanto possível, eles serão limitados aos casos de maior interesse social e económico, com especial destaque para os benefícios temporários destinados a estimular a criação de empregos e o reforço da competitividade das actividades mais expostas às pressões da concorrência externa, nomeadamente às Pequenas e Médias Empresas (PME's).
– Reapreciação da Contribuição Autárquica e do Imposto Sucessório e da relevância do Imposto de Sisa no quadro de uma reforma progressiva do sistema de avaliação de bens imóveis.

Clima de confiança entre o fisco e os cidadãos – Melhorar o sistema de informação aos contribuintes, dar prioridade a uma óptica de prevenção na actuação dos serviços, reforçar o diálogo com as associações e entidades representativas de interesses económicos e sociais, bem como a colaboração institucional com o Parlamento, sede do poder tributário, em particular em matéria de união aduaneira e de harmonização fiscal comunitária.

ANEXO II

AS MEDIDAS PREVISTAS NOS OE/96 E DE 97

1. Medidas de aplicação directa, já realizadas ou em curso

A) No Domínio da Promoção de Maior Justiça Social

a) Actualização, pela primeira vez, de forma diferenciada, dos limites de rendimento colectável estabelecidos pelo artigo 71.º do CIRS, sempre em valor não inferior à inflação esperada, neutralizando o factor fiscal na tributação destes rendimentos e beneficiando mais fortemente os agregados familiares de menores recursos;

Assim, actualizaram-se as taxas (normais):
- Em 1996, de 15 por cento até 1010 contos (actualização de 4,12 por cento) e em 1997 até 1050 contos (3,9%);

- em 1996, de 25 por cento de 1010 até 2350 contos (actualização de 3,98 por cento) e em 1997 até 2435 (3,6%);
- de 35 por cento de 2350 até 6000 contos (actualização de 3,63 por cento) e em 1997 até 6150 contos (2,5%);

b) Eliminação do quociente conjugal mitigado, tendo-se elevado, em 1996, de 1,9 para 1,95, e em 1997, para 2, o divisor aplicável, para efeitos do artigo 72.º do CIRS, às situações em que um dos cônjuges aufira rendimento superior a 95 por cento do rendimento englobado, conseguindo-se assim a atenuação do desfavor para os casais em que havia uma grande disparidade de rendimentos entre os cônjuges, por exemplo em consequência de desemprego de um deles;

c) Aumento do limite de dedução relativo aos rendimentos ao trabalho dependente, em 1996, de 440 para 465 contos, ou seja em 5,68 por cento, taxa muito superior à da inflação esperada e verificada;

Em 1997 estes limites foram fixados em função do salário mínimo nacional.

d) Consagração, em 1996, de deduções à colecta crescentes consoante o número de dependentes que integram o agregado familiar, favorecendo as famílias numerosas;

e) Autonomização, em 1996, dos abatimentos das quotizações sindicais no IRS, com uma majoração de 50 por cento, elevando substancialmente a anteriormente admitida, que era de 20 por cento, como forma de incentivo à taxa de sindicalização;

f) Inclusão, em 1996, dos pescadores no regime das profissões de desgaste rápido, permitindo, à semelhança dos mineiros, a dedutibilidade de prémios de seguros sem limite;

g) Aumento do limite de dedução relativo aos rendimentos dos pensionistas, em 1996, de 1272 contos para 1350 contos, ou seja em 6,13 por cento, número muito superior à taxa de inflação, o que representa um importante desagravamento fiscal. Em 1997, o limite aumentou para 1385 contos;

h) Aumento significativo dos limites de dedução ao rendimento colectável para efeitos do IRS, das importâncias afectas pelos sujeitos passivos a "Planos Poupança e Reforma" e a "Contas Poupança Habitação";

i) Consideração, em 1997, como custo dos donativos concedidos com vista à criação de oportunidade de trabalho e de reinserção social de pessoas, famílias ou grupos em situação de extrema pobreza;

j) Incentivo, em 1997, aos donativos às IPSS que se destinem especialmente à luta contra a exclusão social, inserindo-os no regime de mecenato social previsto no artigo 39.º-A do CIRC.

B) No Domínio da Dinamização da Economia e do Tecido Empresarial

a) Os principais objectivos destas medidas prendem-se com a dinamização da economia, designadamente de incentivo ao investimento, de incentivo ao consumo e de criação de condições de competitividade de alguns sectores.

Melhoria, em 1996, do regime de crédito fiscal por investimento, relativamente ao investimento adicional relevante efectuado em 1996, podendo o benefício ser elevado até 10 por cento desse investimento e até à concorrência de 30 por cento da colecta do IRC. Manutenção desse regime relativamente ao investimento adicional relevante efectuado em 1997 e em 1998.

Previsão de duas majorações, a funcionar de forma alternativa, para os investimentos em regiões menos favorecidos e para os investimentos de pequenas empresas.

Implantação de um regime específico de crédito fiscal para a despesa com a investigação e desenvolvimento, devidamente certificada;

b) Alargamento para 6 anos do período durante o qual, para efeitos de IRC, poderão ser reportados prejuízos, aplicando-se esta medida à determinação do lucro tributável de 1996 e anos seguintes;

c) Prossecução da redução do imposto do selo incidente sobre as operações financeiras, que se insere num processo que levará à sua total extinção;

d) Abolição do imposto do selo sobre operações de consumo;

e) Redução da taxa de juros de mora das dívidas ao Estado e aceitação, tendo em vista essencialmente os juros vencidos anteriormente à entrada em vigor da lei, no quadro de processo especial de recuperação de empresas, da redução de valor ou do diferimento de prazos de pagamento dos juros de mora;

f) Flexibilização do recurso à dação em pagamento como forma de extinção de dívidas fiscais;

g) Alargamento da possibilidade de compensação entre dívidas fiscais e reembolsos;

h) Criação de uma taxa reduzida de 12 por cento aplicável, de forma faseada, à tributação em IVA de produtos alimentares de consumo comum, de produção artesanal ou derivados de investimentos importantes, tais como manteigas, queijos, iogurtes, mel, conservas de peixe, batata em puré ou preparada por meio de cozedura ou fritura, óleos alimentares e margarinas, águas minerais ou de nascente, café, conservas de carne destinadas à alimentação humana, com exclusão das que constituam refeições confeccionadas, conservas de frutos e produtos hortícolas, flores de corte, plantas ornamentais e frutos secos;

i) Aplicação da referida taxa reduzida a prestação de serviços de alimentação e bebidas, cuja crise era atribuída pelo sector da restauração ao aumento da taxa do IVA operada na anterior legislatura;

j) Previsão da alteração do esquema de tributação do gasóleo sem afectar o preço final do produto (subida em IVA para a taxa intermédia de 12 por cento e redução das taxas do Imposto sobre os Produtos Petrolíferos – ISP aplicáveis), procurando obviar aos problemas sentidos na actividade transportadora nacional face, nomeadamente, à concorrência de empresas espanholas;

k) Alívio, em 1996 e 1997, em sede de Imposto Automóvel, da carga fiscal incidente sobre os veículos que se situam acima de 1500 cm^3, como incentivo à renovação do parque automóvel circulante e da melhoria da qualidade deste, em termos de segurança rodoviária e de impacto sobre o ambiente;

Continuou-se a reduzir, na sequência do processo iniciado no Orçamento de 1996, o número de escalões de taxas do IA, prevendo-se ainda a apresentação de um relatório sobre a reforma deste imposto em 1997;

l) Redução da taxa do ISP aplicável ao gasóleo agrícola em função dos ganhos obtidos no controlo por força da colaboração e marcação do gasóleo;

m) Prorrogação até 31 de Dezembro de 1998 do regime de isenção de sisa e de outros encargos legais devidos em resultado de actos de concentração ou de acordo de cooperação entre empresas, procedendo-se ainda à simplificação de tal regime;

n) Prolongamento, por dois anos, do regime de incentivos a grandes projectos de investimentos;

o) Revogação dos artigos 145 (reforço orçamental de capital das sociedades) e 155 (constituição de sociedades) da Tabela Geral do Imposto do Selo e autorização ao Governo para reformar o Regulamento do Imposto do Selo e a respectiva Tabela Geral, no sentido da sua simplificação.

C) NO DOMÍNIO DAS MEDIDAS DE PREVENÇÃO E COMBATE À EVASÃO E À FRAUDE FISCAIS

a) Realização, em 1996 e 1997, de um decisivo esforço de investimento de cerca de 10 milhões de contos em meios informáticos, realizado no âmbito da rede informática com algumas alterações do processo tributário, de modo a reforçar os meios de controlo e verificação tributária e,

simultaneamente, a garantia da legalidade das decisões tomadas aos vários níveis da Administração Fiscal com reflexo na situação tributária dos contribuintes;
b) Limitação, para a categoria B do IRS, das deduções globais por parte dos contribuintes que não tenham contabilidade organizada, facilitando-se, para 1996, a opção por contabilidade organizada, sem qualquer penalização;
c) Substituição, a partir de 1998, do regime especial dos pequenos retalhistas pelo regime simplificado de tributação dos pequenos contribuintes, com fixação de valores mínimos de imposto a pagar, sem prejuízo dos contribuintes que tenham optado pelo regime geral do imposto e instituição de um regime transitório para 1997 (posteriormente revogado);
d) Criação das condições legislativas para a melhoria do sistema de identificação dos contribuintes;
e) Clarificação do regime específico de dedução de prejuízos fiscais no âmbito da tributação pelo lucro consolidado, atendendo a que a ambiguidade da actual redacção tem conduzido a interpretações propiciadoras de evasão ao imposto, designadamente, através dos preços de transferência;
f) Previsão da exigência de um período de detenção mínima das partes sociais durante os três anos imediatamente anteriores à data da dissolução, pretendendo-se acautelar utilizações abusivas da possibilidade de dedução das menos-valias operadas aquando da operação de partilha, no encerramento da liquidação;
g) Penalização da utilização fraudulenta de gasóleo ou petróleo marcados, ou coloridos e marcados, tomando assim possível a criação de um carburante/combustível que será vendido ao público a um preço social, tal como acontece em todos os outros Estados membros da União Europeia;
h) Clarificação da extensão da responsabilidade tributária subsidiária dos administradores e gerentes aos casos em que eles o sejam meramente de facto, isto é, meros testas de ferro.
i) Actualização das coimas relativas a infracções fiscais previstas na legislação fiscal e aduaneira em valor não inferior à taxa da inflação, prevendo-se que serão anualmente actualizadas por portaria do Ministro das Finanças, em função do índice de preços no consumidor, e arredondadas para a centena de escudos imediatamente superior.

2. Principais medidas de política fiscal a adoptar no âmbito das autorizações legislativas previstas no Orçamento do Estado para 1997

A) No domínio da promoção de maior justiça fiscal

a) Autorização para harmonizar a taxa de retenção na fonte aplicável em IRS e IRC a não residentes no sentido de, quer o titular seja ou não originário, os direitos de propriedade intelectual e industrial com origem em território português serem sempre tributados à taxa de 15 por cento, alterando-se em conformidade o artigo 74.º do CIRS;

b) Autorização para o Governo reformular o quadro da tributação em IRS, transformando os abatimentos a que se refere o artigo 55.º do CIRS e outras deduções ao rendimento, previstas no Estatuto dos Benefícios Fiscais ou em diplomas próprios, em dedução à colecta, tomando-se tendencialmente por base a taxa média efectiva de tributação incidente sobre os respectivos abatimentos.

Com esta medida pretende-se conferir uma maior personalização efectiva na tributação dos rendimentos das pessoas singulares e consequente distribuição mais equitativa do impostos, ao tomar-se o valor do desagravamento fiscal independente da taxa de tributação, com benefício directo da progressividade do sistema;

c) Autorização para, em relação às pessoas singulares, à semelhança do que já acontece para as pessoas colectivas, se eliminar a dupla tributação internacional do rendimento de origem estrangeira, aplicável mesmo nos casos em que não exista convenção;

d) Autorização para legislar no sentido e harmonizar dos elementos de conexão de territorialidade e as taxas de tributação por retenção na fonte a título definitivo, aplicáveis a sujeitos passivos de não residentes em território português;

e) Autorização para o Governo definir uma colecta líquida mínima a pagar nos anos de 1997 e seguintes pelas pessoas colectivas e pelas pessoas singulares que aufiram rendimentos das categorias B e C do IRS, relativamente ao exercício normal das respectivas actividades, o que significa que através de um segundo mecanismo de limitação de deduções e custos, se opte, sem prejuízo das garantias dos contribuintes, por uma forma tributária mais apta, no caso concreto a aproximar-se do rendimento real daquelas categorias de contribuintes. Esta colecta assumirá a natureza de pagamento por conta.

B) No domínio da dinamização da economia e do tecido empresarial

a) Autorização para diminuir a taxa de IRC até 2 pontos percentuais, medida esta que será exequível em função do êxito da adopção do programa de regularização de dívidas e do combate contra a fraude e evasão;

b) Autorização para o Governo alterar o limite quantitativo para os pedidos de reembolso de IVA para 25 vezes o salário mínimo nacional, arredondado para a centena de milhar de escudos imediatamente inferior;

c) Autorização para prever que, no caso em que o Estado (Administração Central) é dono da obra, bem como nas situações de sub-empreitadas de obras públicas, o IVA se torna exigível no momento do recebimento do respectivo preço;

d) Autorização para rever o regime fiscal dos fundos de investimento, tal como vem definido no artigo 19.º do EBF, de forma a contemplar todos os rendimentos.

C) No domínio das medidas de prevenção e combate à evasão e à fraude fiscal

a) Autorização para reformular as normas de incidência das categorias E, F e I do Código do IRS, tendo em vista a definição de conceitos mais abrangentes de rendimento, o alargamento da base de incidência e a eliminação de fontes importantes de evasão fiscal;

b) Autorização para prosseguir a política de antecipação dos prazos de envio da declaração periódica do imposto a que se refere o artigo 40.º n.º 1, alínea a) do CIVA, preferencialmente em 10 dias ou extraordinariamente em 20 dias;

c) Autorização para rever a legislação que estabelece os condicionalismos de abertura, funcionamento e controlo dos entrepostos fiscais, de forma a melhor prevenir e combater a evasão e a fraude fiscais num domínio de reconhecida sensibilidade e bastante permeável ao ilícito fiscal.

ANEXO III

A. ACORDO DE CONCERTAÇÃO ESTRATÉGICA (1997-1999)

1. OBJECTIVOS

O Governo e os Parceiros Sociais subscritores consideram que o sistema fiscal necessita de reformas que tenham por objectivos uma redistribuição da carga fiscal, uma maior adequação ao sistema económico e ao processo de integração europeia, um aperfeiçoamento dos mecanismos de luta contra a evasão e fraude fiscais, uma modernização do aparelho fiscal e aduaneiro (sem a qual é impensável a sustentabilidade de qualquer política tributária), uma simplificação de mecanismos burocráticos, de molde a torná-lo simultaneamente mais justo, mais estável, mais eficaz, mais eficiente, mais competitivo e de contribuir para uma concorrência mais salutar.

O objectivo da reforma de, por razões de equidade e de protecção de uma concorrência mais salutar, obter ganhos de eficiência fiscal, de recuperar dívidas e de alargar a base tributária, deverá ser alcançado sem aumento de impostos. No final da legislatura, a carga fiscal global deverá situar-se próxima da média da União Europeia, podendo mesmo ser inferior em consequência das medidas que serão adoptadas para assegurar uma maior justiça, nomeadamente através de um desagravamento da fiscalidade que incide sobre os rendimentos dos trabalhadores por conta de outrem e dos contribuintes cumpridores, e uma maior eficácia do sistema fiscal que permita incentivar o investimento.

2. SENTIDO E LIMITES

Esta necessidade de reestruturação do sistema fiscal reflecte-se diferentemente em relação às diversas componentes normativas do sistema.

Assim, no que respeita à tributação do rendimento e da despesa (IRS, IRC, IVA), principais componentes do sistema, não se trata tanto de uma alteração da filosofia de base destes impostos, mas da correcção de mecanismos que se mostram inadequados ou disfuncionais em relação à consecução dos objectivos enunciados, mesmo se, em certos casos, isso possa implicar mudanças significativas. Uma década depois da sua introdução, mantendo-se, no essencial, os princípios em que se baseiam, é necessário reformular certos aspectos, a partir do balanço do seu funcionamento.

Já no que respeita às reformas incompletas ou ainda não encetadas, em particular em relação à tributação do património (e desde logo, quanto à reforma da Contribuição Autárquica e à progressiva substituição do Imposto Municipal de

Sisa, questão que se prende com a reforma das finanças locais), Imposto Automóvel e Imposto de Sucessões e Doações, poderá ser necessário proceder a uma verdadeira mudança de filosofia de tributação.

A introdução das medidas de reestruturação do sistema fiscal constantes deste acordo terá sempre em conta, quanto ao ritmo, extensão e profundidade, os constrangimentos financeiros e orçamentais existentes, o princípio da estabilidade de arrecadação de receitas e o quadro da fiscalidade comunitária, nomeadamente em sede de taxas de IVA, tendo em conta uma política orçamental assente na disciplina e consolidação financeira e no desenvolvimento da coesão social.

3. PAPEL DA CONCERTAÇÃO ESTRATÉGICA

O Governo e os Parceiros Sociais subscritores consideram que a Concertação Estratégica é um fórum privilegiado de análise e discussão conjunta das grandes linhas de orientação de revisão do sistema fiscal e da definição da política fiscal de médio prazo, contribuindo, deste modo, para a decisão política dos órgãos de soberania competentes (Assembleia da República e Governo).

Importa, com efeito, que as propostas relativas à fiscalidade, matéria, por natureza, intimamente ligada ao exercício da soberania, tenham em conta, a partir de um enquadramento que lhes é conferido pela Constituição, pelo Programa do Governo e pelas políticas decorrentes da integração europeia, não só a sua viabilidade técnica (administrativa, financeira, jurídica, informática e sistémica) como, na medida do possível, a sua viabilidade social que consensos mais alargados poderão facilitar.

4. INSTRUMENTOS

O Governo aprovará no primeiro semestre de 1997 uma Resolução do Conselho de Ministros onde serão definidas as linhas gerais relativas à revisão dos impostos sobre o rendimento e o consumo, do Código de Processo Tributário, do Regime Jurídico das Infracções Fiscais não Aduaneiras, bem como à redefinição dos incentivos fiscais e à reforma da tributação do património. Os Parceiros Sociais serão consultados na preparação daquela resolução e dos seus complementos e desenvolvimentos, o mesmo acontecendo relativamente à revisão dos sistemas contributivos da segurança social e à reformulação da lei de finanças locais.

As propostas de lei orçamental poderão, neste contexto, conter propostas de autorização legislativa a executar nos primeiros meses de cada ano ou prever ajustamentos de taxas, deduções, etc. com repercussões directas na previsão orçamental. Neste sentido, muitas das medidas fiscais decorrentes deste Acordo integram já o OE/97, devendo ser implantadas ao longo do próximo ano. Os projectos de alteração de Códigos ou de diplomas fiscais de base serão alvo de prévia divulgação pública. A execução do programa constante desse diploma será objecto de um relatório anual de acompanhamento a ser apresentado e discutido na Assembleia da República e em sede de Concertação Estratégica.

5. TRIBUTAÇÃO DO PATRIMÓNIO

5.1. Elaboração, até ao fim do ano, do relatório referido no n.º 1 do artigo 31.º da Lei do OE 96, com ponderação das vantagens e inconvenientes dos diversos modelos de tributação do património. Após auscultação dos Parceiros Sociais, da Associação Nacional de Municípios Portugueses e da discussão na Assembleia da República desse relatório, o Governo apresentará em 1997 um anteprojecto de diploma para discussão pública, apontando no sentido da progressiva substituição da sisa por realidades tributárias mais modernas com salvaguarda das receitas globais destinadas às autarquias.

5.2. Simplificação e modernização do imposto sobre as sucessões e doações, tendo em conta os objectivos constitucionais, de forma a fazer incidir o imposto sobre a herança (e não sobre as quotas hereditárias) e, durante a transição para o novo sistema, a proceder à baixa das taxas aplicáveis às transmissões para familiares (a partir de 1998).

6. REDISTRIBUIÇÃO DA CARGA FISCAL

6.1. Prossecução de uma política de maior equilíbrio na distribuição da carga fiscal entre os factores de produção, com progressivo desagravamento da fiscalidade que incide sobre os rendimentos dos trabalhadores por conta de outrem e, em particular, dos rendimentos dos estratos mais desfavorecidos. Para tal desenvolver-se-ão, em particular, as seguintes políticas:

  a) tributação diferenciada em IRS dos diversos escalões de rendimentos (política já iniciada em 1996 e a prosseguir a partir de 1997);
  b) passagem do quociente conjugal para 2 (em 1997);
  c) abolição do selo de recibo (até 1998);
  d) continuação da actualização da dedução específica dos trabalhadores por conta de outrem em valor superior à inflação esperada (a partir de 1997);
  e) consideração de um sistema que tenda a consagrar o mecanismo das deduções à colecta em detrimento de abatimentos à matéria colectável (a partir de 1998), em benefício dos contribuintes de menor rendimento e sem sobrecarga dos de rendimento médio;

f) análise do alargamento do número de escalões e das taxas do IRS, em benefício dos contribuintes de menor rendimento e sem sobrecarga dos de rendimento médio.

6.2. Prossecução, na sequência do relatório previsto no n.º 2 do artigo 31.9 da Lei do OE/96, de políticas de mais forte apoio à família, em particular de consideração de despesas de educação e de reforço da solidariedade com os ascendentes a cargo, bem como de aproximação progressiva do tratamento fiscal dos seguros de saúde ao que for definido para as despesas de saúde (a iniciar em 1997).

6.3. Prossecução de uma política de alargamento das bases de tributação, definindo formas de inserção dos "mercados paralelos" no sistema, eliminando isenções ou incentivos inadequados ou injustificados, reanalisando, entre outras coisas, a política de tributação de novas formas de distribuição de rendimentos, sem prejuízo de se poder estabelecer um regime mais favorável para as contribuições complementares para a segurança social (segundo pilar), nomeadamente no quadro da negociação colectiva (a partir de 1998).

6.4. Continuação do processo de simplificação e celeridade dos reembolsos em sede de IRS.

7. REFORÇO DA COMPETITIVIDADE DAS EMPRESAS E DO SISTEMA ECONÓMICO

7.1. Definição de estímulos à competitividade das empresas e do sistema económico, no quadro de uma concorrência leal e salutar, nomeadamente através de medidas que visem o apoio ao investimento, em particular em regiões mais desfavorecidas, o reforço da capitalização e o autofinanciamento das empresas, a criação de postos de trabalho, a neutralidade fiscal das formas de reorganização de empresas, a abolição do selo sobre as operações financeiras durante a legislatura e o apoio às PME's (a iniciar em 1997).

7.2. Início de uma política de diminuição progressiva da fiscalidade sobre as pessoas colectivas, em especial das pequenas empresas não enquadradas em grupos económicos e das localizadas geograficamente em zonas mais desfavorecidas, como forma não só de incentivar a competitividade das nossas empresas mas também de atracção de investimento, com reflexos no emprego e condições de trabalho. Esta diminuição será equacionada em função dos resultados das políticas anti-fraude, dos ganhos de eficiência do sistema fiscal e do alargamento da base tributária, bem como dos programas de disciplina financeira e consolidação orçamental e sem prejuízo do desagravamento da tributação dos rendimentos do trabalho dependente.

7.3. Introdução de melhorias necessárias ao bom funcionamento do sistema de reembolsos do IVA no sentido da sua simplificação e celeridade relativamente aos contribuintes cujo histórico demonstre serem de menor risco (a iniciar em 1997).

7.4. Análise da necessidade de prossecução, ao longo da legislatura, de uma política de reenquadramento nas taxas intermédia e reduzida de transmissões de bens e de prestações de serviços de primeira necessidade, bem como daquelas operações em relação às quais se verifique a existência de uma mais forte e efectiva concorrência fiscal.

7.5. Simplificação e modernização do imposto do selo, aproximando-o de outros modelos europeus, com extinção de verbas arcaicas, tendo por finalidade o equilíbrio entre as necessidades de financiamento do Estado, a tributação de realidades e formas económicas que de outro modo dificilmente o seriam e a desburocratização das relações sócio-económicas (a iniciar em 1997).

7.6. Consolidação, numa primeira fase, da legislação existente sobre imposto automóvel e produção de um relatório sobre as soluções alternativas, ponderando vantagens e inconvenientes de cada forma de tributação para discussão em sede política e de concertação estratégica, com vista à adopção, numa segunda fase, de um novo modelo de imposto, sem aumento da carga tributária dos veículos de uso corrente (1.ª fase a iniciar em 1997).

7.7. Inventário e balanço dos benefícios fiscais existentes, tendo em vista, através de uma revisão do Estatuto dos Benefícios Fiscais a da legislação avulsa, a diminuição do seu número, uma filosofia que assente na ideia de que os incentivos, sendo uma despesa mais difícil de contabilizar e controlar do que as que resultam das despesas não-fiscais e um mecanismo que distorce um princípio de neutralidade, devem ter um carácter excepcional e subsidiário, sendo de evitar a sua acumulação com outros benefícios e, consequentemente, a redefinição das áreas em que se justifique a manutenção ou mesmo a criação de incentivos fiscais (a iniciar em 1997).

7.8. Reanálise da fiscalidade da habitação de forma a promover o acesso à habitação própria e permanente dos estratos médios e médios-baixos da nossa população e o relançamento de um mercado de habitação para arrendamento a preços compatíveis com os rendimentos da maioria dos portugueses (a iniciar em 1997).

7.9. Análise da questão da adopção de créditos fiscais associados a custos salariais resultantes da criação de novos postos de trabalho (a definir em 1998).

7.10. Definição por um período experimental de um sistema extraordinário de incentivos fiscais às pequenas e médias empresas, dirigido à promoção do autofinanciamento, do reforço de capitais próprios e do fomento do investimento produtivo, não cumulativo com os sistemas já existentes (a definir em 1997).

7.11. Reformulação da actividade da Comissão de Normalização Contabilística.

8. LUTA CONTRA A EVASÃO E FRAUDE FISCAIS E ADUANEIRAS

8.1. Prossecução da luta contra a evasão e fraude fiscais e aduaneiras como condição de diminuição das injustiças do sistema e de alívio da carga fiscal dos contribuintes cumpridores, de eliminação de distorções de concorrência, de estancamento da quebra ilícita de receitas.

Reanálise, entre outras, das questões da declaração de património, da certificação das declarações, da eficácia da incriminação de práticas fraudulentas, da criação de condições para uma fiscalização interna e externa mais actuante, da celeridade processual, em particular das execuções fiscais, do reforço do controlo dos entrepostos, da redefinição do número fiscal, da constituição do "dossier" do contribuinte, no quadro das formas de desenvolvimento do controlo das declarações dos contribuintes.

Os Parceiros Sociais devem participar com o Governo na promoção, avaliação e estudo das medidas de defesa dos direitos dos contribuintes e de luta contra a fraude e a evasão.

8.2. Reorganização dos serviços tributários, aduaneiros, em particular os de fiscalização e combate à fraude, com aproveitamento de recursos humanos ligados ao sector (ex-despachantes oficiais, ex-Guarda Fiscal, Brigada Fiscal. etc.), de molde a melhorar a sua eficiência e eficácia na luta contra a evasão e fraude (a iniciar em 1997).

8.3. Estímulo a que as associações profissionais e sectoriais participem no processo de luta contra a evasão e fraude fiscal, formas gravosas de lesão de uma sã concorrência, nomeadamente através da aprovação de códigos de conduta e da definição de rácios e outros indicadores relevantes da actividade exercida.

8.4. Compromisso de não apresentação de qualquer outro plano de recuperação de dividas fiscais para além do previsto no Decreto-Lei n.º 124/96.

9. HARMONIZAÇÃO FISCAL COMUNITÁRIA

9.1. Informação e consulta periódicas dos Parceiros Sociais sobre a evolução do processo de harmonização fiscal comunitária em relação às principais questões em análise, nomeadamente o sistema comum do IVA e a passagem deste imposto ao regime definitivo, a tributação da poupança, a aproximação dos regimes de imposto automóvel, a fiscalidade "ecológica", e os princípios e objectivos decorrentes do documento de Verona.

9.2. Defesa dos interesses nacionais no quadro de uma maior coordenação e aproximação das políticas fiscais dos Estados-membros da UE.

9.3. Análise das medidas e procedimentos fiscais decorrentes da introdução da moeda única, devendo os Parceiros Sociais ser informados e consultados previamente sobre o desenrolar dos trabalhos.

10. SIMPLIFICAÇÃO DE PROCEDIMENTOS E REFORÇO DE GARANTIAS

10.1. Elaboração de uma proposta de lei geral tributária, de valor reforçado, necessária para a estabilidade do sistema fiscal, de onde constem os grandes princípios substantivos que regem a fiscalidade e uma definição mais precisa dos poderes da administração fiscal e das garantias dos contribuintes (a iniciar em 1997).

10.2. Regulamentação do Estatuto do Defensor do Contribuinte como forma de incrementar a efectividade das garantias deste e diminuir as eventuais zonas de discricionariedade existentes em mega-organizações (em 1997).

10.3. Simplificação e desburocratização do processo tributário, através, nomeadamente, da prossecução da harmonização do Código de Processo Tributário com os vários diplomas fiscais e de uma maior celeridade do processo contencioso, com a criação de uma Comissão de Revisão do Processo Fiscal (a iniciar em 1997).

10.4. Garantia de uma maior articulação e coordenação entre Repartições de Finanças, Direcções Distritais, Direcções de Serviços Tributários no quadro das competências definidas pela Lei Orgânica e pelo Código de Processo Tributário, de forma a reduzir o número de informações e despachos contraditórios e a criar maior estabilidade da doutrina administrativa (a iniciar em 1997).

10.5. Salvaguarda da independência dos Tribunais Tributários face à Administração Fiscal.

10.6. Melhoria de procedimentos e declarações de contribuintes, nomeadamente no que respeita à documentação contabilística e sua apresentação, procurando-se criar condições para uma maior veracidade desta, de forma a possibilitar um menor recurso a critérios fiscais de determinação da matéria colectável, e à simplificação do processo de rectificações de impostos cuja liquidação dependa da declaração do contribuinte (a partir de 1997).

10.7. Prossecução de uma política de qualidade no atendimento ao público nos serviços fiscais e aduaneiros, de melhoria da difusão da informação estatística, legislativa e administrativa por parte da Administração, devendo, para o efeito, desenvolver-se, em termos adequados, a formação dos funcionários responsáveis, de modo a reforçar a relação de confiança com os contribuintes (a partir de 1997).

10.8. Lançamento do cartão de contribuinte electrónico que permitirá visualizar a sua situação como devedor e pagador de impostos, obrigações declarativas cumpridas e incumpridas (durante o ano de 1998).

10.9. Introdução da faculdade de remessa da declaração modelo 2 de IRS na Internet, abrindo-se deste modo a possibilidade de entrega, pela mesma via, de outras declarações dos contribuintes (a partir de 1997).

10.10. Emissão do documento único de cobrança do IR (DUC) garantindo a curto prazo um conhecimento mais rápido e correcto da receita entrada nos cofres do Estado (1997 a 1999).

O calendário de execução das medidas enunciadas é condicionado pelo processo de preparação orçamental e por um processo legislativo cuja competência ultrapassa o próprio Governo, pelo que, de forma realista, apenas se deverá ter em conta o momento em que o Executivo formalmente inicia os trabalhos ou apresenta as suas iniciativas e a previsão, a título indicativo, dos prazos previstos para a sua conclusão.

B. ACORDO DE CONCERTAÇÃO DE CURTO PRAZO (1996) POLÍTICA FISCAL (NA ESPECIALIDADE)

1. COM INCIDÊNCIA NAS FAMÍLIAS

1.1. Exclusão de tributação dos subsídios para manutenção, educação e saúde no âmbito da acção social de acolhimento familiar e de apoio a idosos, deficientes, crianças e jovens;

1.2. Actualização dos montantes a deduzir com Planos de Poupança-Reforma, Contas Poupança-Reforma e Contas Poupança-Habitação, com alargamento da utilização destas para amortização de empréstimos já contraídos para os mesmos fins;

1.3. Admissibilidade de abatimento ao rendimento líquido total das despesas decorrentes de internamento de sujeitos passivos em lares ou instituições de apoio à terceira idade, mesmo sem prescrição médica;

1.4. Aumento do limite de isenção das pensões em IRS em valor superior ao da taxa de inflação verificada em 1995 e esperada em 1996;

1.5. Actualização dos abatimentos e das deduções à colecta em IRS de forma a compensar a inflação esperada;

1.6. Prolongamento da isenção de IRS dos rendimentos da actividade agrícola, silvícola ou pecuária (cat. D) no ano de 1996;

1.7. Actualização dos escalões da sisa no tocante à aquisição de habitação e dos limites para efeitos de isenção de contribuição autárquica;

1.8. Extensão do conceito de dependentes para efeito de abatimentos ao rendimento líquido total aos casados separados de facto que, por deficiência, fiquem a cargo da família de origem;

1.9. Equiparação dos regimes de isenção de imposto sobre as sucessões e doações aplicáveis à transmissão de certificados de participação em fundos de instrumentos mobiliários e imobiliários, com aumento do valor do limite de isenção.

2. COM INCIDÊNCIA NOS RENDIMENTOS E NA SITUAÇÃO DOS TRABALHADORES

2.1. Aumento da dedução específica dos rendimentos do trabalho para 465 contos;
2.2. Diminuição, no início do quarto trimestre, do selo de recibo em 1‰, iniciando-se assim o processo da sua extinção durante a legislatura;
2.3. Autonomização no formulário do IRS, dos limites de dedução de quota sindical, com aplicação de um acréscimo de 50%;
2.4. Melhoria do controlo do regime de aquisição e utilização de recibos verdes.

3. COM INCIDÊNCIA NA MODERNIZAÇÃO DO TECIDO EMPRESARIAL

3.1. Melhoramento do regime de "crédito fiscal por investimento" quanto ao montante do benefício, em particular quanto à previsão de condições mais vantajosas para as empresas localizadas em zonas menos desenvolvidas e para as pequenas e micro empresas;
3.2. Redução em 1‰ do selo das operações financeiras, acompanhada de uma harmonização de taxas, de forma a evitar distorções provocadas por desigualdades de tratamento de instrumentos idênticos;
3.3. Actualização do valor de veículos novos para efeito de reintegrações em efeitos de IRC;
3.4. Actualização dos valores relativamente a elementos do activo imobilizado cuja dedução é aceite como custo, num só exercício;
3.5. Redução da taxa de juros de mora;
3.6. Elevação do montante do volume de compras de que depende o enquadramento no regime dos pequenos retalhistas, para efeitos de IVA;
3.7. Elevação do montante de volume de negócios abaixo do qual os agentes económicos se situam no regime de isenção;
3.8. Reavaliação dos apoios e facilidades de pagamento que têm sido concedidos em sede de recuperação de empresas, designadamente quanto à prossecução do objectivo pretendido, quanto a ganhos obtidos pelo Estado na recuperação de créditos, e quanto às distorções na concorrência;

3.9. Desagravamento fiscal dos veículos de cilindrada superior a 1500 cm3 como forma de reduzir o impacto das importações paralelas e de melhorar a segurança nas estradas;
3.10 Alargamento do reporte de prejuízos para seis anos.

4. DECORRENTE DA HARMONIZAÇÃO COMUNITÁRIA

4.1. Adopção da 7ª Directiva do IVA relativa aos bens em segunda mão, obras de arte e antiguidades;
4.2. Adopção da 2ª Directiva de Simplificação do IVA relativa ao regime dos entrepostos não aduaneiros e ao trabalho por encomenda;
4.3. Conformação do direito português com o regime comunitário relativo às agências de viagens;
4.4. Transformação das directivas que alteram os regimes horizontal e vertical dos impostos especiais de consumo.

5. DE PREVENÇÃO E COMBATE À EVASÃO FISCAL

5.1. Introdução de medidas destinadas à melhoria dos sistemas de cobrança, pagamento por conta, e reembolsos e retenção na fonte no IRS e no IVA;
5.2. Melhoria dos processos de cobrança de dívidas exequendas;
5.3. Implantação da Rede Informática das Contribuições e Impostos;
5.4. Definição da coordenação entre os sistemas de fiscalização tributária e aduaneira bem como da articulação destes serviços com a brigada fiscal;
5.5. Melhoria do sistema do número fiscal do contribuinte.

6. OUTROS COMPROMISSOS (A CURTO E MÉDIO PRAZO)

6.1. Criação de um clima de confiança entre o Estado e os cidadãos, melhorando a difusão de informação estatística e administrativa e institucionalizando progressivamente a auscultação dos parceiros sociais em relação a propostas de revisão do sistema fiscal e de aprofundamento da harmonização fiscal comunitária;
6.2. Formulação de propostas no decurso do presente ano, relativas à reanálise do enquadramento de tributação em IVA dos produtos agrícolas, alimentares e florestais e defesa junto da Comunidade da necessidade de a restauração poder ser tributada por taxa inferior à taxa normal;
6.3. Equacionamento, em conjunto com os parceiros sociais, de fórmulas de incentivo fiscal ao autofinanciamento das empresas, tendo em vista a moder-

nização do tecido empresarial e o crescimento do emprego e dando prioridade ao estímulo ao reinvestimento de lucros e ao reforço de capital social das pequenas e médias empresas;

6.4. Análise da questão da progressiva harmonização do regime transitório da categoria D do IRS e da tributação das sociedades agrícolas;

6.5. Proposição, em conjunto com os parceiros sociais, de meios de integração dos "mercados paralelos" e de formas simplificadas de tributação para as empresas de pequena dimensão, sem contabilidade organizada, equacionando-se a questão da fixação de uma taxa reduzida em IRC para as micro empresas;

6.6. Abolição ao longo da legislatura, do imposto de selo de recibo, como forma de melhoria dos salários reais e de desburocratização e do imposto de selo sobre as operações financeiras, como modo de tornar menos oneroso o acesso ao crédito.

ANEXO IV

PROGRAMA DE CONVERGÊNCIA ESTABILIDADE E CRESCIMENTO

(1998-2000) [9]

UMA DAS REFORMAS ESTRUTURAIS – A REFORMA FISCAL

"A vertente das reformas estruturais será desenvolvida em módulo autónomo sobre as políticas estruturais, sendo contudo de realçar neste contexto os seguintes compromissos em áreas chave da intervenção da política orçamental:
– aprofundar a reforma fiscal, introduzindo maior justiça na repartição da carga tributária. Os ganhos de eficiência fiscal, através do aumento da base de tributação, permitirão reduzir as taxas dos impostos directos, mantendo-se sensivelmente o peso da receita fiscal no PIB ao longo do período do Programa, com ligeira redução a partir de 1999;
..."

---

[9] Ministério das Finanças, *Programa de Convergência, Estabilidade e Crescimento* (1998-2000), Março de 1997, págs. 16, 25, 26, 31; aprovado por Resolução do Conselho ECOFIN de 12 de Maio de 1997.

Reforma Fiscal

O Programa do Governo (1995-1999) prevê acções de profunda reestruturação e melhoria de eficácia no sistema fiscal, tanto na estrutura dos impostos como na organização e funcionamento da Administração Fiscal e na reformulação das garantias dos contribuintes no âmbito de um sistema coerente, racional e claro, nomeadamente no domínio da justiça fiscal.

O sistema fiscal será reestruturado de forma gradual, visando mais equilíbrio na distribuição da carga fiscal para melhorar a equidade entre os contribuintes e a eficiência e a eficácia económicas e sociais dos impostos. O Governo assumiu o compromisso, que tem cumprido, de não aumentar os impostos durante a legislatura, resultando o crescimento das receitas fiscais da luta contra a evasão e a fraude, da modernização e acréscimo da eficiência da Administração Fiscal, da simplificação dos mecanismos burocráticos, de medidas de alargamento da base de incidência fiscal e de reajustamentos pontuais ditados por critérios de equidade e eficiência. Prevê-se, na legislatura, a reestruturação dos impostos sobre o património, a reavaliação dos benefícios fiscais e da tributação das operações financeiras, a racionalização e a modernização dos impostos indirectos e a redução do sacrifício fiscal resultante dos impostos sobre o rendimento.

A luta contra a evasão e fraude fiscais e aduaneiras é condição essencial para a diminuição das injustiças do sistema e alívio da carga fiscal dos contribuintes cumpridores. Assim, o programa de extensão da Rede Informática das Contribuições e Impostos, a criação da Direcção-Geral de Informática e Apoio aos Serviços Tributários e Aduaneiros, o estabelecimento de protocolos com a Brigada Fiscal, a reorganização dos Serviços de Inspecção e de Justiça Fiscal e Aduaneira a integração das Tesourarias da Fazenda Pública na tutela da DGCI, serão decisivos no sentido do combate à evasão e fraude fiscais.

Prevê-se que, no seguimento do previsto na Lei do Orçamento para 1997 e do Acordo de Concertação Estratégica 1997-1999, celebrado com os Parceiros Sociais empresariais e sindicais, a reestruturação fiscal continue em 1997 e 1998, com manutenção do nível dos sacrifícios fiscais e aumento da receita tributária apenas por efeito do acréscimo da eficácia gestionária e da luta contra a evasão e a fraude, sendo assim possível, em 1999, iniciar o reajustamento do sistema. Este reajustamento permitirá reduzir ligeiramente a carga fiscal global, que é, em termos relativos, das mais baixas da União Europeia, com particular incidência na diminuição do IRS, em especial da tributação dos rendimentos médios e de menor expressão financeira, e nas alterações impostas por critérios de eficiência do sistema, em particular da sua incidência no estabelecimento de condições de competitividade e emprego da economia.

PRÍNCIPAIS VARIÁVEIS DO SPA

Milhões de contos

	1997		1998		1999		2000	
	Valor	% do PIB	Valor	% do PIB	Valor	% do PIB	Valor	% do PIB
Receita Corrente	7266,3	41,1%	7739,2	41,2%	8150,3	41,0%	8580,1	40,8%
Despesa Corrente	7132,4	40,3%	7500,8	39,9%	7823,7	39,3%	8165,0	38,8%
Despesa Corrente primária	6318,4	35,7%	6713,5	35,7%	7044,3	35,4%	7395,6	35,2%
Juros	814,0	4,6%	787,4	4,2%	779,3	3,9%	769,4	3,7%
Saldo Corrente	133,9	0,8%	238,3	1,3%	326,7	1,6%	415,1	2,0%
Saldo de Capital	-653,9	-3,7%	-700,1	-3,7%	-727,6	-3,7%	-728,3	-3,5%
Saldo Global	-520,0	-2,9%	-461,8	-2,5%	-401,0	-2,0%	-313,2	-1,5%
Saldo Primário	294,0	1,7%	325,5	1,7%	378,4	1,9%	456,1	2,2%
Dívida Pública Bruta	11311,1	64,0%	11747,2	62,5%	12149,7	61,0%	12498,6	59,4%

II
PRINCÍPIOS E OBJECTIVOS INSPIRADORES DE UMA ESTRATÉGIA FISCAL

4. A CONSTITUIÇÃO TRIBUTÁRIA [10]

Será razoável, dado o carácter programático da Constituição da República Portuguesa (CRP) de 1976, sucessivamente revista, tentar sistematizar os princípios e objectivos permanentes que devem inspirar qualquer estratégia da reforma tributária, bem como a simples gestão do sistema fiscal. Da versão actual do programa constitucional devem dimanar as principais directrizes normativas – quer fundamentadoras quer teleológicas – relativas à estrutura tributária, concentradas principalmente nos artigos 103.º e 104.º do texto constitucional [11].

Apontam-se de seguida os critérios (princípios, regras e objectivos) fundamentais:

4.1. Princípio da legalidade

O imposto constitui uma obrigação pública que tem de ser criada nos termos da Constituição e efectivada ("liquidação e cobrança", em sentido amplo) nas formas prescritas pela lei (artigo 103.º n.º 3), sendo objecto de

---

[10] Actualizaram-se as referências aos artigos da CRP, tendo em conta a revisão aprovada pela Lei Constitucional n.º 1/97, de 20 de Setembro.

[11] Cf., por todos, GOMES CANOTILHO e VITAL MOREIRA, *Constituição da República Portuguesa anotada*, 3.ª ed. revista, Coimbra, 1993, 456 – 464 e bibl.. aí citada; A. L. SOUSA FRANCO, *Finanças Públicas e Direito Financeiro*, 4.ª ed., 4.ª reimpressão, Coimbra, 1996, 243-267 (sobre a constituição financeira em geral); e, 260-264 (sobre a constituição tributária).

legalidade especial, mediante reserva de lei parlamentar, devido ao princípio da representação no consentimento do imposto (*"no taxation without representation"*) as matérias essenciais à garantia dos valores materiais da tributação na criação legal dos impostos: incidência, taxa, benefícios fiscais e garantias dos contribuintes (artigos 103.° n.° 2, e 165.°, n.° 1, al. *i*) da CRP) – princípio da *legalidade fiscal*, como forma peculiar e reforçada da legalidade.

Daqui decorre a sujeição da posição estatutária do contribuinte a um conjunto de regras "equivalentes às dos direitos fundamentais"[12] e a regras específicas: o direito de resistência dos contribuintes aos impostos ilegais (artigo 103.° n.° 3 e artigo 21.° CRP) e o princípio da universalidade (artigo 12.° n.° 1 CRP), o princípio da igualdade (artigos 12.° n.° 1 e 13.° n.° 2 CRP); o princípio da necessidade – isto é, da não arbitrariedade (artigo 18.° n.° 2 e 3). Tem-se discutido longamente se integra este núcleo de garantias a irretroactividade, sendo posição do Tribunal Constitucional que apenas assim será na medida em que o impunham as regras da confiança e da segurança, nucleares do Estado de direito democrático (artigo 2.° CRP), que seriam violadas pela imposição inesperada e arbitrária de novas obrigações. O acordo de revisão constitucional entre o PS e o PSD parece consagrar a expressa garantia de que os impostos não são retroactivos, seja o que for que isso signifique.

Sublinhe-se igualmente que a criação de impostos integra ainda a inscrição orçamental anual (cf. artigo 105.° n.° 1 al. a) CRP) e a aplicação do princípio da legalidade a impostos do Estado e de outras entidades públicas (artigo 103.° n.° 1) de qualquer natureza (orçamentais: artigo 105 n.° 1, al. a); ou não)[13].

4.2 Finalidades do sistema fiscal

O conjunto ordenado dos impostos – isto é, o *sistema fiscal* (artigo 103.° n.° 1 CRP) – tem por finalidades principais: a) – a satisfação das necessidades financeiras do Estado (e outras entidades públicas); b) – uma repartição justa dos rendimentos e da riqueza (artigo 103.°

---

[12] GOMES CANOTILHO e VITAL MOREIRA. *op. cit.*, pág. 459.

[13] Cf., ainda, para uma hermenêutica, da *igualdade* e da *solidariedade* (algo subalternizada) no texto constitucional, os art.°s 1.° *in fine*, 2.° *in fine*, 9.°, al. d) "igualdade real entre os portugueses", 11.° n.° 1 (como princípio material e extra-jurídico), etc

n.º 1; o critério igualitário da repartição aparece em vários locais do texto constitucional, inserindo-se em especial entre as incumbências prioritárias do Estado, no campo da despesa – artigo 81.º al. a) – e no da repartição, via despesa ou, normalmente, via receita – artigo 81.º al. b); "operar as necessárias correcções das desigualdades na distribuição da riqueza e do rendimento").

Parece claro que outros objectivos podem inspirar impostos concretos, regras fiscais ou mesmo a estrutura do sistema fiscal. Mas estes dois são constitucionalmente privilegiados – porventura com contextos e sentidos diversificados nas sucessivas versões do texto constitucional – e, por isso, não parece irrazoável considerá-los objectivos necessários ou vinculativos de todo o sistema fiscal (aliás, confirmados relativamente a algumas das espécies fiscais: cf. artigo 107 n.ºs 1, 3 e 4). São eles, pois:

1) o *fim financeiro*: satisfação das necessidades financeiras do Estado e outras entidades públicas (isto é: *proporcionar receitas públicas*), com as quais nomeadamente pela despesa se satisfazem as necessidades em termos reais;

2) um *fim extra-financeiro* privilegiado: a *repartição justa dos rendimentos e da riqueza*.

Como objectivos e como vectores condicionantes das escolhas possíveis, estes dois critérios estarão presentes na análise posterior e aí serão aprofundados. A própria Constituição privilegia, aliás, critérios que implicam a remissão para certos objectivos da política económica e social: desenvolvimento económico (artigo 104.º n.º 4), justiça social (artigo 104.º n.º 4), sem esquecer que também formula múltiplos objectivos susceptíveis de (livre) realização recorrendo a instrumentos da política tributária (v.g., nos artigos 9.º e 81.º).

4.3. O princípio da capacidade contributiva

Os *critérios de repartição do sacrifício fiscal* – ou, mais substancialmente, dos encargos públicos – também inspiram directrizes constitucionais, de modo mais ou menos explícito. Não está explícito, mas merece relativo consenso, o princípio da *capacidade contributiva* como forma privilegiada de permitir a justa repartição dos encargos – isto é, a função financeira ou redítica – e de alcançar, em geral, uma mais justa repartição da riqueza e dos rendimentos entre os cidadãos e as instituições da sociedade (função extra-financeira). São, na verdade, expressões de capacidade contributiva – e não do princípio do benefício, do da oportunidade, ou de qualquer outro – as referências a matérias tributáveis como o rendimento (artigo 104.° n.° 1 CRP) e o rendimento real (artigo 104.° n.° 2 CRP), e, pelo menos, a referência a justiça na repartição dos rendimentos e da riqueza (cf. artigos 103.° n.° 1 e 81.° n.° 1 al. b) CRP) implica que o critério da justiça não será meramente comutativo (troca de benefícios), devendo incidir sobre a capacidade contributiva, que é função do seu elemento real, a riqueza (património e rendimento), e das necessidades pessoais (relativamente menorizadas na redacção da parte final do artigo 104.° n.° 1, mas não obstante aí presentes: "tendo em conta as necessidades e os rendimentos do agregado familiar"). O princípio é, pois, objecto de uma personalização familiar, tanto do lado objectivo – recursos da capacidade contributiva, como do lado subjectivo – necessidades [confirmado, aliás, pelo artigo 67.° n.° 2, al. f) CRP: "Incumbe, designadamente, ao Estado (...): f) – regular os impostos e os benefícios sociais de harmonia com os encargos familiares"].

4.4. Justiça e progressividade

Se a *capacidade contributiva* há-de ser a base da solidariedade/ /partilha/sacrifício fiscal – o que não exclui o recurso a outros critérios, mas sempre de forma parcelar, especial e, em termos de sistema, subordinada às capacidades reveladas por cada contribuinte, individual ou colectivo, directo ou indirectamente –, qual o critério de partilha?

A Constituição, deixando campo livre, naturalmente, para ampla densificação pelo legislador, dá também indicações a esse respeito. Desde logo, pela referência à *justiça* na partilha dos sacrifícios fiscais, o que exclui o recurso (pelo menos de forma exclusiva ou predominante) a critérios de pura oportunidade e conveniência ou a critérios punitivos ou expoliatórios na repartição da carga fiscal, e ainda, claro, a critérios arbitrários. Embora não excluindo formas de tributação específica ou regressiva, se no caso concreto se não revelassem intoleravelmente injustas, a Constituição vedaria por certo que o sistema final fosse globalmente específico (capitação, por exemplo) ou regressivo, pois isso contraria frontalmente o objectivo igualitário.

Na alternativa entre tributação proporcional e progressiva, a Constituição toma formalmente partido, se não para o conjunto do sistema, ao menos no tocante a partes fundamentais dele:
- impõe a progressividade do imposto único sobre o rendimento pessoal (artigo 104.º n.º 1);
- sem directamente dispor sobre a progressividade, prevê para a tributação do consumo um modelo de discriminação de taxas "onerando os consumos de luxo" (artigo 104.º n.º 4), hoje só eventualmente concretizável em sede de impostos especiais sobre o consumo.

Parece, pois, claro que o texto constitucional privilegia a *progressividade* como forma de justa repartição do imposto e de luta contra as desigualdades, sem prejuízo da possível opção, em áreas do sistema que não estão cobertas pela vinculação de progressividade, por outras formas de repartição do sacrifício fiscal, desde que se não descaracterize essa opção fundamental que, afigura-se, há-de marcar especificamente o sistema.

4.5. Estrutura vinculativa do sistema fiscal

A Constituição estabelece ainda, no artigo 103.º, uma *estrutura vinculativa* do *sistema fiscal*, embora seja pacífico que nada impede a criação de outros impostos. Este programa mínimo, porém, uma vez concretizado, não poderia ser abandonado sem violação da Constituição: imposto único, progressivo e tendo em conta a família sobre o rendimento das pessoas singulares ("rendimento pessoal"); imposto sobre as empresas incidente fundamentalmente no respectivo rendimento real (este pode ser efectivo ou presumido *juris tantum*, mas não *jures et de jure*, sem pôr em causa a criação de regimes simplificados desde que não alterem a caracterização fundamental do imposto); imposto sobre o consumo com objectivos do desenvolvimento e justiça e onerando os consumos de luxo. O IRS, o IRC e, de algum modo, o ISD procuram dar hoje concretização a estes comandos constitucionais. O IVA – que é entre nós um imposto sobre a despesa – corresponde, tal como os impostos especiais de consumo (IEC's), ao programa do n.º 4, que deve, porventura, inspirar toda a tributação do consumo (se é que não da despesa; se é que não toda a fiscalidade indirecta...)[14].

---

[14] A recente revisão constitucional abriu a possibilidade de abolição do ISD.

4.6. Princípio da descentralização fiscal

Um último princípio da nossa constituição fiscal se configura com clareza: o da *descentralização fiscal*, no âmbito da *descentralização financeira*. A Constituição consagra – sem dúvida de forma reforçada em relação às autonomias de base extra-constitucional, e, no plano legal, como independência financeira, a forma máxima de autonomia pública, à margem do Orçamento do Estado – a *autonomia financeira das autarquias locais* – freguesias, municípios (concelhos e regiões administrativas – a constituir) (artigo 238.º n.º 1 CRP); e prevê que o regime legal das finanças locais "visará a justa repartição dos recursos públicos pelo Estado e pelas autarquias locais e a necessária correcção de desigualdades entre autarquias do mesmo grau" (artigo 238.º, n.º 2 CRP), estabelecendo aqui um duplo critério: (i) justiça na afectação de recursos ao centro (Estado) e à periferia descentralizada; ii) – correcção (isto é, redução) das desigualdades entre autarquias do mesmo grau (fiel, neste plano, ao geral impulso redistributivo da Constituição, em geral, e da constituição fiscal em especial). No restante, a matéria fiscal[15] é relegada para a lei ordinária (Lei das Finanças Locais), mas o artigo 254.º CRP prevê que "os municípios participam, por direito próprio e nos termos definidos pela Lei, nas receitas provenientes dos impostos directos".

A descentralização político-administrativa das regiões autónomas é radicalmente diversa e bem mais ampla, também no domínio fiscal. Recorde-se, apenas, que, com mediação dos respectivos estatutos político-administrativos, ela comporta poder tributário próprio, disposição de todas as receitas fiscais cobradas nas regiões e outras que lhes sejam atribuídas e adaptação do sistema fiscal nacional às especificidades de cada região nos termos de lei-quadro da Assembleia da República (cf. artigo 227.º n.º 1 al. i) CRP, por todos).

É claro que neste domínio – v.g., pela falta da lei-quadro do sistema fiscal regional, no caso das regiões autónomas insulares, ou pela não efectivação da regionalização administrativa do território do Continente – o princípio constitucional da descentralização permanece, em grande parte, por aplicar.

---

[15] A revisão constitucional prevê poderes autárquicos mais latos na fixação de elementos dos respectivos impostos próprios.

4.7. Síntese

Em resumo, algumas grandes directrizes da constituição fiscal hão-de ser tidas em conta no delineamento de uma reforma fiscal, a saber:

- Legalidade fiscal e respeito pelos direitos dos cidadãos;
- Rendimento fiscal;
- Igualdade (redistribuição) como critério prioritário da tributação;
- Tributação baseada na capacidade contributiva dos cidadãos e das instituições;
- Progressividade;
- Respeito pelo modelo estrutural do artigo 104.° CRP;
- Efectivação e reforço da descentralização tributária.

ANEXO I
PROJECTOS DE REVISÃO CONSTITUCIONAL

A. PROJECTO DE REVISÃO CONSTITUCIONAL N.º 1/VII
(apresentado pelo PP)

Artigo 106.º
Sistema fiscal

1 –

2 –

3 – Os princípios estruturantes do sistema fiscal serão definidos por uma lei geral tributária.

4 – Ninguém pode ser obrigado a pagar impostos que não tenham sido criados nos termos da Constituição e cuja liquidação e cobrança não se façam nas formas prescritas na lei.

5 – Nenhum cidadão pode ser executado ou condenado em qualquer pena por dívidas fiscais enquanto não lhe tiverem sido satisfeitos os créditos líquidos exigíveis que detenha sobre qualquer entidade pública.

Artigo 107.º
Impostos

1 – O imposto sobre o rendimento pessoal visará a diminuição de desigualdades e será único, tendo em conta as necessidades e os rendimentos do agregado familiar.

2 –

3 – A tributação do consumo visa adaptar a estrutura do consumo à evolução das necessidades do desenvolvimento económico e da justiça social.

Artigo 167.º
Reserva absoluta de competência legislativa

r) Princípios fundamentais do sistema fiscal;

s) Regime geral das relações financeiras entre o Estado e as Regiões Autónomas;

t) Estatuto das Autarquias Locais, incluindo o regime das Finanças Locais;

Artigo 168.º
Reserva relativa de competência legislativa

i) Criação de impostos e sistema fiscal, incluindo os que constituem recursos próprios da União Europeia;

B. PROJECTO DE REVISÃO CONSTITUCIONAL N.º 3/VII
(apresentado pelo PS)

Artigo 106.º

[[...]]

3 – *(novo)* As autarquias locais podem lançar impostos autárquicos, nos termos da lei, a qual estabelece os respectivos elementos essenciais, bem como as garantias dos contribuintes.

4 – *(novo)* A lei fiscal não pode ser aplicada retroactivamente, sem prejuízo de as normas respeitantes a impostos directos poderem incidir sobre os rendimentos do ano anterior.

Artigo 168.º

[[...]]

1 – É da exclusiva competência da Assembleia da República legislar sobre as seguintes matérias, salvo autorização ao Governo:
i) Criação de impostos, sistema fiscal e regime geral das taxas e demais contribuições financeiras a favor das entidades públicas;

Artigo 229.º

[[...]]

i) Exercer poder tributário próprio, nos termos da lei, e dispor das receitas fiscais nelas cobradas e de outras que devam pertencer-lhe, designadamente em função do lugar da ocorrência do facto gerador da obrigação de imposto e afectá-las às suas despesas, bem como adaptar o sistema fiscal nacional às especificidades regionais, nos termos de lei quadro da Assembleia da República;

Artigo 240.º

[[...]]

3 – As receitas próprias das autarquias locais incluem obrigatoriamente as provenientes da gestão do seu património, as cobradas por serviços utilizados, prestados directamente ou através de terceiros, as provenientes dos impostos autárquicos e da participação nos impostos nacio- nais e as transferidas do Orçamento do Estado.

C. PROJECTO DE REVISÃO CONSTITUCIONAL N.º 4/VII
(apresentado pelo PCP)

Artigo 106.º
Sistema fiscal

1 – O sistema fiscal é estruturado por lei, com vista à satisfação das necessidades financeiras do Estado e de outras entidades públicas e a uma justa repartição dos rendimentos e da riqueza.
2 –
3 –
4 – A lei define o regime das taxas.
5 – A lei que criar ou aumentar impostos não pode ter efeito retroactivo, sendo vedada a tributação relativa a factos geradores ocorridos antes da respectiva lei.

Artigo 167.º
Reserva absoluta de competência legislativa

m) (*Eliminar.*)
m.*A*) Criação de impostos, regime das taxas e sistema fiscal;
m.*B*) Regime financeiro das Regiões Autónomas;
m.*C*) Regime de finanças locais;

Artigo 214.º
Tribunais administrativos e fiscais

1 –
2 –
3 – Haverá tribunais administrativos e fiscais de 1ª e 2ª instâncias.
4 – O Supremo Tribunal Administrativo e os tribunais administrativos e fiscais de 2ª instância podem funcionar em secções especializadas.

D. PROJECTO DE REVISÃO CONSTITUCIONAL N.º 5/VII
(apresentado pelo PSD)

Artigo 106.º
Sistema fiscal

1 –
2 –
3 – Ninguém pode ser obrigado a pagar impostos que não hajam sido criados nos termos da Constituição, que tenham natureza retroactiva ou cuja liquidação e cobrança se não façam nos termos da lei.

Artigo 234.º
Competência da Assembleia Legislativa Regional

1 – É da exclusiva competência da Assembleia Legislativa Regional, salvo autorização ao Governo Regional, o exercício das atribuições referidas nas alíneas a), b), c) e f), na primeira parte da alínea i) e nas alíneas j), m) e p) do n.º 1 do artigo 229.º, bem como a aprovação do orçamento regional, das grandes opções do plano e das contas da Região, e ainda a adaptação do sistema fiscal nacional às especificidades da Região.

Artigo 240.º
Património e finanças locais

1 –

2 – O regime das finanças locais, a estabelecer por lei, dotará as autarquias locais de poder tributário e visará a justa e eficiente repartição dos recursos públicos pelo Estado e pelas autarquias.

3 – As receitas próprias das autarquias locais incluem obrigatoriamente as provenientes do poder tributário e da gestão do seu património e as cobradas pela utilização dos seus serviços.

ANEXO II

ACTUAL TEXTO CONSTITUCIONAL

Artigo 35.º
(Utilização da informática)

1 – Todos os cidadãos têm o direito de acesso aos dados informatizados que lhes digam respeito, podendo exigir a sua rectificação e actualização, e o direito de conhecer a finalidade a que se destinam, nos termos da lei.

2 – A lei define o conceito de dados pessoais, bem como as condições aplicáveis ao seu tratamento automatizado, conexão, transmissão e utilização, e garante a sua protecção, designadamente através de entidade administrativa independente.

3 – A informática não pode ser utilizada para tratamento de dados referentes a convicções filosóficas ou políticas, filiação partidária ou sindical, fé religiosa, vida privada e origem étnica, salvo mediante consentimento expresso do titular, autorização prevista por lei com garantias de não discriminação ou para processamento de dados estatísticos não individualmente identificáveis.

4 – É proibido o acesso a dados pessoais de terceiros, salvo em casos excepcionais previstos na lei.

5 – É proibida a atribuição de um número nacional único aos cidadãos.

6 – A todos é garantido livre acesso às redes informáticas de uso público, definindo a lei o regime aplicável aos fluxos de dados transfronteiras e as formas adequadas de protecção de dados pessoais e de outros cuja salvaguarda se justifique por razões de interesse nacional.

7 – Os dados pessoais constantes de ficheiros manuais gozam de protecção idêntica à prevista nos números anteriores, nos termos da lei.

Artigo 103.º
(Sistema fiscal)

1. O sistema fiscal visa a satisfação das necessidades financeiras do Estado e outras entidades públicas e uma repartição justa dos rendimentos e da riqueza.

2. Os impostos são criados por lei, que determina a incidência, a taxa, os benefícios fiscais e as garantias dos contribuintes.

3. Ninguém pode ser obrigado a pagar impostos que não hajam sido criados nos termos da Constituição, que tenham natureza retroactiva ou cuja liquidação e cobrança se não façam nos termos da lei.

Artigo 104.º
(Impostos)

1. O imposto sobre o rendimento pessoal visa a diminuição das desigualdades e será único e progressivo, tendo em conta as necessidades e os rendimentos do agregado familiar.

2. A tributação das empresas incide fundamentalmente sobre o seu rendimento real.

3. A tributação do património deve contribuir para a igualdade entre os cidadãos.

4. A tributação do consumo visa adaptar a estrutura do consumo à evolução das necessidades do desenvolvimento económico e da justiça social, devendo onerar os consumos de luxo.

Artigo 164.º
(Reserva absoluta de competência legislativa)

r) Regime geral de elaboração e organização dos orçamentos do Estado, das regiões autónomas e das autarquias locais;

t) Regime de finanças das regiões autónomas.

Artigo 165.º
(Reserva relativa de competência legislativa)

i) Criação de impostos e sistema fiscal e regime geral das taxas e demais contribuições financeiras a favor das entidades públicas.

Artigo 212.º
(Tribunais administrativos e fiscais)

1 – O Supremo Tribunal Administrativo é o órgão superior da hierarquia dos tribunais administrativos e fiscais, sem prejuízo da competência própria do Tribunal Constitucional.

2 – O Presidente do Supremo Tribunal Administrativo é eleito de entre e pelos respectivos juízes.

3 – Compete aos tribunais administrativos e fiscais o julgamento das acções e recursos contenciosos que tenham por objecto dirimir os litígios emergentes das relações jurídicas administrativas e fiscais.

Artigo 227.º
(Poderes das regiões autónomas)

i) Exercer poder tributário próprio, nos termos da lei, bem como adaptar o sistema fiscal nacional às especificidades regionais, nos termos de lei-quadro da Assembleia da República;

Artigo 238.º
(Património e finanças locais)

1 – As autarquias locais têm património e finanças próprios.

2 – O regime das finanças locais será estabelecido por lei e visará a justa repartição dos recursos públicos pelo Estado e pelas autarquias e a necessária correcção de desigualdades entre autarquias do mesmo grau.

3 – As receitas próprias das autarquias locais incluem obrigatoriamente as provenientes da gestão do seu património e as cobradas pela utilização dos seus serviços.

4 – As autarquias locais podem dispor de poderes tributários, nos casos e nos termos previstos na lei.

Artigo 254.º
(Participação nas receitas dos impostos directos)

1 – Os municípios participam, por direito próprio e nos termos definidos pela lei, nas receitas provenientes dos impostos directos.

2 – Os municípios dispõem de receitas tributárias próprias, nos termos da lei.

5. PERSPECTIVAS DA COORDENAÇÃO FISCAL NO ÂMBITO DA UNIÃO EUROPEIA

5.1. Coordenação fiscal negativa e não discriminação fiscal

Sabe-se que no âmbito das Comunidades Europeias (hoje União Europeia) houve uma linha de evolução, claramente marcada por patamares e por avanços significativos, no domínio da coordenação fiscal [16]. Não é este o lugar apropriado para fazer um balanço ou analisar essa evolução.

Recordar-se-á, todavia, que o primeiro dos adquiridos fiscais é co-natural ao aparecimento da Comunidade Económica Europeia e das duas comunidades suas irmãs: trata-se da Pauta Exterior Comum, imposta pelo conceito de União Aduaneira, e progressivamente comunitarizada, embora aplicada através dos serviços das alfândegas nacionais. Criou-se assim um Direito Aduaneiro Comunitário, com a dupla particularidade de assumir as especificidades próprias dos direitos aduaneiros nacionais e de as consolidar, por via da uniformização e do primado, no plano supranacional comunitário.

Na primeira fase de vida da Comunidade Económica Europeia, a construção da União Aduaneira foi acompanhada pela mera coordenação fiscal negativa, isto é, o controlo do Direito Comunitário, através das suas várias regras, instâncias e formas de controlo, sobre as medidas internas, tributárias ou de efeito equivalente, as pautas nacionais abolidas, as restrições quantitativas, criando assim uma abundante jurisprudência sobre o princípio da *não discriminação fiscal* dentro do espaço comunitário. Este era no Tratado de Roma, com o reforço de uma forte jurisprudência de aplicação, parte integrante, embora formalmente complementar, da construção da União Aduaneira, e constitui hoje elemento essencial e indiscutível do adquirido comunitário.

5.2. Recursos e harmonizações da tributação indirecta

No início dos anos 70, a disciplina dos recursos próprios veio dar importância a uma outra e inovadora forma de coordenação tributária. Apareceram então os impostos propriamente comunitários – como a tributação dos rendimentos do trabalho dos funcionários comunitários e o

---

[16] Em sentido amplo: incluindo harmonização, unificação e sobreposição de ordens fiscais.

desconto para os fundos de pensões dos funcionários comunitários –, os diferenciais de preços agrícolas e as transferências de recursos de base fiscal. Este é um domínio de particular importância, mais orçamental e financeiro do que fiscal, pois os recursos próprios são a base da autonomia do orçamento comunitário. Foi a lógica dos recursos próprios que levou, no entanto, ao segundo mais importante caso de harmonização comunitária, em que a escolha de um imposto neutro relativamente ao comércio intra-comunitário e, ainda, gerador de recursos regulares e seguros – o imposto sobre o valor acrescentado, de inspiração francesa – acabou por gerar uma forma de forte harmonização da tributação indirecta dos quinze Estados, aliás bastante diferente da que estava prevista no próprio texto originário do Tratado de Roma.

5.3. A difícil coordenação da tributação directa

Observe-se que, com excepções pontuais – como a harmonização dos impostos sobre o *rassemblement de capitaux* –, a problemática da coordenação e da harmonização fiscal tem poucos mais êxitos no seu activo. A panorâmica essencial da coordenação comunitária foi vista com particular lucidez e presciência por um Comité de peritos independentes, presidido pelo Prof. Fritz Neumark, constituído pela Comissão em 5 de Abril de 1960 e que apresentou o seu relatório em 1962. Mais conhecido por recomendar a adopção a nível comunitário de um sistema comum de IVA, ele analisa também objectivos e estratégias no domínio da fiscalidade directa, destacando a harmonização, numa primeira fase, das retenções na fonte sobre os juros e dividendos e, numa segunda fase, a harmonização do imposto de sociedades e a conclusão de uma convenção multilateral para evitar a dupla tributação, ao que se seguiria uma terceira fase constituída pela criação de um sistema comum de informações e por um tribunal especial na comunidade para resolver alguns litígios fiscais. Recomendava ainda o relatório Neumark que os movimentos de capitais no interior da Comunidade deveriam ser liberalizados, para o que se deveriam suprimir os impostos incidentes sobre os movimentos de capitais. A mesma preocupação da articulação entre livre circulação de capitais e impostos é a do relatório Segré (1966), que abordou a problemática no mercado de capitais integrado. Desde então em múltiplos relatórios, como o relatório MacDougall sobre o sistema financeiro de 1979 e o relatório Cockfield (1987) sobre a conclusão do mercado interno, foi feita uma análise da abolição das fronteiras fiscais e dos obstáculos fiscais e outros ao mercado interno e às quatro liberdades, concluindo-se pela verificação, que a Comissão fez constar de uma proposta apresentada em 1975, de que uma concepção centralizada da harmonização fiscal e da União Económica e Monetária estaria ultrapassada, pelo que a integração possibilitada pelo mercado interno deveria assentar nas diferenças entre os regimes fiscais dos Estados membros, as quais motivariam as decisões dos agentes económicos, nomeadamente as decisões de investimento, devendo todavia procurar-se que a concorrência fiscal não provocasse erosão das receitas fiscais ou graves problemas de equidade.

Os esforços feitos, nos "anos liberais" de oitenta e noventa para abordar os problemas da harmonização fiscal são marcados, por um lado, por algum confronto de perspectivas entre os liberais defensores da concorrência fiscal e os intervencionistas que, por razões de eficiência ou de equidade, apontam para uma certa harmonização fiscal, nomeadamente na tributação da poupança, com predomínio prático dos primeiros e consequente ausência de avanços no sentido da coordenação.

Esta falta de realizações neste domínio vai a par com a realização definitiva da livre circulação de capitais para Portugal em 1992, com a tendência para uma diminuição estrutural da tributação, em particular sobre a poupança, o investimento e os lucros das sociedades, com a forte internacionalização – e também a europeização ou integração intra-comunitária – das economias comunitárias e pela existência de esforços de troca de informação e cooperação administrativa na luta contra a evasão e a fraude que constituem, as mais das vezes, mais intenções do que realidades.

5.4. Tendências preocupantes na evolução dos sistemas fiscais europeus.

Importará sublinhar que a constituição de um grupo de trabalho de representantes pessoais dos Ministros das Finanças destinado a, em conjunto com a Comissão, elaborar um documento de reflexão sobre "A Fiscalidade na União Europeia" levou, em 20 de Março de 1996, à produção desse documento, que foi objecto de reflexão no ECOFIN Informal de Verona, de 13 de Abril de 1996, tendo então os Ministros das Finanças deliberado prosseguir a análise dessas questões num grupo de alto nível, constituído por representantes pessoais dos Ministros das Finanças e coordenado pela Comissão, o Grupo de Política Fiscal.

O relatório e a reflexão feita sobre a evolução dos sistemas fiscais na União Europeia permitiram verificar diversas tendências preocupantes.

A primeira é a tendência para uma grave perturbação da repartição do esforço fiscal em termos de equidade, sendo que os rendimentos de trabalho por conta de outrem são cada vez mais o sustentáculo dos sistemas fiscais como fonte de receita e os impostos incidentes sobre os outros factores de produção, invertendo critérios elementares e tradicionais de justiça ou equidade relativa, vêem diminuir sistematicamente a sua participação na cobertura fiscal dos recursos públicos.

Taxas de incidência implícitas 1980-1994

Gráfico anexo

Por outro lado, verifica-se entre 1980 e 1994 que o conjunto dos impostos e contribuições para a Segurança Social em percentagem do PIB aumentou cerca de 2 pontos percentuais no conjunto dos Estados da União Europeia, embora de maneira muito assimétrica, sendo 1,5% desse aumento constituído por contribuições para a Segurança Social.

É de prever que nos próximos anos surja, em articulação com a passagem à terceira fase da União Económica e Monetária e a respectiva preparação, um novo impulso de reformulação global da coordenação fiscal, entre outras pelas seguintes razões:

1.ª Pela necessidade que a União Monetária imporá de proceder à coordenação e harmonização, quer das políticas orçamentais quer das políticas fiscais, como componentes complementares indispensáveis à estabilização e ao funcionamento de médio e longo prazo da União Monetária;

2.ª Porque começa a surgir a consciência de que é intolerável manter situações de profunda degradação dos sistemas tributários nacionais e do ambiente económico e fiscal dentro da União Europeia: entre elas, a proliferação de diferenciações entre espaços fiscais de alta carga tributária e paraísos fiscais e zonas fiscalmente favorecidas, com as suas distorções profundas resultantes da desconexão das regras específicas (por exemplo, na tributação da poupança e nos "paraísos de capitais", há tanto tempo objecto de críticas por falta de medidas de harmonização fiscal no âmbito da União Europeia); na oportunidade para a fraude e evasão criadas por situações como o regime transitório do IVA, com as suas arrastadas dificuldades de passar ao regime definitivo e pelos regimes transfronteiriços, entrepostos e zonas francas; e ainda na concorrência fiscal, que leva cada Estado a tirar vantagem, para atrair capital, trabalho ou actividade produtiva, de regras cada vez mais favoráveis, com fins de atracção competitiva, capazes de distorcer a equidade e a justiça fiscal, a racionalidade e a eficiência económica relativamente a outros Estados.

5.5. O Grupo de Política Fiscal

O Relatório Monti (1996), já referido, chamou a atenção para vários destes aspectos. Na sequência dele foi criado em 1997 o Grupo de Política Fiscal, que dá continuidade, agora a nível político, aos trabalhos do Grupo de representantes pessoais dos Ministros das Finanças. A discussão ao longo de 1997 permite antecipar o regresso de uma dinâmica de coordenação fiscal, na qual podem avultar alguns dos pontos seguintes:

1.º A necessidade da manutenção, em termos sustentáveis e duradouros, da consolidação financeira e fiscal e de, para isso, lutar contra a erosão das bases tributárias que se tem verificado ultimamente, devido à desenfreada competição fiscal entre Estados e entre regiões tributárias e espaços com regimes diferenciados.

2.º A necessidade de remover barreiras e distorções, quer ao mercado interno unificado quer à moeda única, em particular pela eliminação de distorções na tributação dos rendimentos de capitais, juros e royalties (com particular relevo para a proposta da directiva sobre a tributação da poupança) e a eliminação de obstáculos fiscais às actividades económicas transfronteiriças; o estudo, presentemente em curso no grupo de política fiscal, de um código de conduta a adoptar pelos Estados no sentido de eliminar, ou pelo menos, restringir a concorrência fiscal excessiva, permitindo que a movimentação de transacções e de factores de produção no interior da Comunidade se faça sem detrimento significativo da justiça e da equidade e mais de acordo com factores de racionalidade e eficiência económica pura, não derivados, de meras manipulações tributárias.

3.º A criação de um sistema comum definitivo de IVA, que elimine as possibilidades de fraude e de evasão e a penalização do comércio transfronteiriço, no sentido da modernização, coerência e aplicação do IVA no espaço comunitário, com a necessária cooperação e troca de informações administrativa e com a passagem, de acordo com opções já tomadas, ao sistema de IVA na origem, radicalmente mais simples e capaz de evitar as distorções que hoje assumem dimensão e gravidade inusitadas.

4.º A partir do objectivo de favorecer o desenvolvimento sustentado e da necessidade de encontrar bases tributárias que equilibrem o desfavorecimento sistemático da tributação do trabalho por conta de outrem, tem sido objecto de reflexão nos últimos anos, tanto como tributação compensatória das iniquidades relativamente aos rendimentos do trabalho, como na qualidade própria de eco-tributação com fins extra-fiscais, o chamado imposto sobre o CO_2, hoje substituído, em termos mais amplos, pela problemática da tributação da energia, a partir da verificação de que, dentro da Comunidade, apenas são actualmente objecto de tributação alguns óleos minerais. A existência de distorções entre as diferentes fontes de energia e entre os diversos regimes fiscais dos Estados tem vindo a agravar-se, e a contradição entre alguns objectivos e critérios da tributação, antes referidos, e o actual sistema fiscal tem de ser reflectida e superada.

A Comissão propôs, em tal sentido, que se adoptasse na UE um sistema de tributação mínima para todos os produtos energéticos e que houvesse uma gradual aproximação das taxas nacionais de tributação dos produtos energéticos. Portugal tradicionalmente tem-se oposto a qualquer iniciativa neste domínio, mas é tempo de reflectir, para além da necessidade de manter a ausência de obstáculos fiscais ao desenvolvimento nacional, tendo em conta que somos o mais baixo consumidor de energia da Comunidade e a necessidade de discriminar a favor de energias limpas (como a hidroelectricidade e o gás natural), que o problema não pode ser resolvido por uma atitude puramente negativa no tocante às energias poluentes e que importa encontrar compensação para o crescente desequilíbrio, também patente entre nós, da repartição da carga fiscal em desfavor dos trabalhadores por conta de outrem.

5.º Há cada vez mais a consciência de que o espaço comunitário não é competitivo no tocante à atracção de factores de produção, em particular capital e iniciativa empresarial, em confronto com outros espaços regionais desenvolvidos da economia mundial, quer se trate dos Estados Unidos, do Japão ou da Ásia do Sueste. A redução e a racionalização dos sistemas fiscais nacionais, sem excluir uma certa coordenação, são imposições necessárias do estabelecimento de condições de competitividade da União Europeia, e de cada um dos seus Estados – com particular incidência no caso dos menos desenvolvidos, como Portugal –, em relação a outras regiões do comércio mundial.

A tendência para a baixa da tributação das sociedades e dos capitais tem conduzido a uma concorrência destruidora nos sectores económicos em que a mobilidade internacional é mais forte, levando à consideração de propostas como a da tributação mínima, discutida no seguimento do relatório do Comité *Ruding* (1992), visando preservar, na medida do possível, uma concorrência livre e justa mas, em simultâneo, combater a erosão fiscal, que constitui um dos principais obstáculos à consolidação financeira dos Estados membros e da União Europeia.

6.º A tendência dominante tem sido, por enquanto, numa perspectiva de mera análise e definição de objectivos ou estratégias, a de privilegiar uma discussão global da coordenação fiscal, de preferência à perspectiva tradicional da discussão de problemas pontuais (tributação da poupança, ou tributação das sociedades e dos movimentos de capitais, regime definitivo do IVA, cooperação e troca de informações administrativa, em particular no domínio da fiscalização e luta contra a evasão e fraude, critérios de prevenção, normativa e administrativa, da dupla tributação, e a evasão e a fraude).

6. A PERSPECTIVA PORTUGUESA

Esta perspectiva global pode ser importante para retraçar uma estratégia, parecendo certo que essa estratégia deve ter em conta, do ponto de vista português, pelo menos estes pontos:

a) A necessidade de reposicionar a competitividade da economia europeia, e da portuguesa em especial, no âmbito de uma economia global que nos últimos anos tem vindo a desfavorecer os Estados da União Europeia, também, no domínio fiscal;
b) A necessidade de reconstituir um mínimo de justiça e equidade na repartição do sacrifício fiscal, contrariando a tendência para a concentração excessiva da base tributária nos rendimentos de trabalho por conta de outrem e para a erosão das bases fiscais não laborais pela evasão e fraude, pelos conflitos negativos de competência e pelas quebras graves do princípio da generalidade por razões de competição fiscal;
c) Possibilitar que a consolidação financeira consiga fazer-se em termos regulados, sem esforços irracionais e não selectivos e sem uma constante pressão ou tensão sobre os sistemas fiscais, assegurando o funcionamento dos estabilizadores automáticos e de níveis regulares de tributação e crescimento das receitas tributárias;
d) Redução da pressão fiscal global – no caso português, dado que temos uma das mais baixas pressões fiscais da União Europeia, certamente de modo muito limitado. Em Portugal, este objectivo concretizar-se-á, sobretudo, na redistribuição da carga fiscal e no alargamento da base de incidência, através do reforço dos princípios da universalidade, generalidade e igualdade;
e) Em termos globais, a resolução do problema da concorrência intra e extra-europeia implicará, por certo, o desenho de um espaço fiscal europeu e internacional em que se verifique uma combinação adequada entre espaços nacionais de tributação normal e zonas de tributação aligeirada, de modo a criar alguma racionalidade num sistema caracterizado pela mobilidade, pelas deficiências de controlo dos movimentos de capitais e pela consequente evasão fácil, e, em menor medida, pela crescente mobilidade dos outros factores de produção e iniciativa empresarial;
f) Neste âmbito, haverá que dar prioridade a certos problemas específicos (cooperação no controlo fiscal e sua coordenação com a

supervisão financeira, a nível europeu e extra-europeu; resolução dos problemas da tributação da poupança; regime definitivo do IVA; eco-tributação e modalidades conexas) e à reflexão sobre problemas e perspectivas para o futuro (que, para Portugal – mas sempre numa perspectiva aberta pela europeização e pela mundialização – se reflectem na última parte deste Relatório).

7. ENQUADRAMENTO INTERNACIONAL DA TRIBUTAÇÃO

A abertura crescente da economia portuguesa tem sido sobretudo marcada pela europeização (cerca de 80% das transacções exteriores na média exportação/importação), mas contém também, e conterá cada vez mais, factores de internacionalização no sentido restrito – ou seja, a articulação, em número e com intensidade crescentes, de relações económicas nacionais com economias exteriores.

Esta internacionalização resulta de vários factores, os principais são em seguida analisados.

7.1. A globalização da economia

A globalização da economia que corresponde a um conceito mais amplo do que a mera mundialização ou, na perspectiva de um espaço económico único, a abertura de uma economia nacional. Pode demonstrar-se que, até ao momento, a economia europeia não estará substancialmente mais aberta ao exterior do que, por exemplo, nas vésperas da 1ª Guerra Mundial, mas isso não quer dizer que, dadas as características da globalização, a articulação com a economia mundial seja a mesma, quer no tocante ao valor acrescentado e aos termos de troca, quer em termos de efeitos sobre o nível da actividade produtiva interna, o emprego e o investimento. A globalização é uma transformação que não se confunde com a mera abertura de uma economia ou a mundialização de um espaço. Ela traduz uma forma globalmente diferente de articulação mundial entre economias e entre sociedades, marcada pela sociedade de informação, pela "aldeia global" em termos de comunicação, pela revolução das telecomunicações, pela deslocalização dos factores de produção, mais forte nos capitais mas tendencialmente também existente no trabalho, pela desmaterialização e deslocalização da produção, pela extrema volatilidade das operações financeiras, abrindo vias a uma competição dura e global, que afecta particularmente, entre os Estados, os que têm mais elevados custos sociais, menores ganhos de produtividade, maiores custos de protecção ambiental ou ecológica, populações mais envelhecidas e com um nível de vida mais alto e, por tudo isso, menor capacidade de inovação a médio e longo prazo. Ora isso sucede mais em bom número de economias europeias do que nos Estados Unidos e no Japão, e ainda bem mais do que nas novas economias industriais ou, até, nas novas economias em transição para o capitalismo – sendo este um dos efeitos mais evidentes e mais profundos da globalização para os Estados europeus. À globalização deve imputar-se também, em boa parte, a crise de desemprego e a menor capacidade de inovação económica, tecnológica e sócio-cultural, sendo sabido como é que, para citar Paul Romer, são as ideias mais que os produtos os factores decisivos na competição global.

7.2. A articulação de Portugal num mundo global

A reduzida dimensão da economia portuguesa tornaria inútil – mesmo que fosse possível – um desenvolvimento proteccionista e baseado no mercado interno, como, até certo ponto, aconteceu até 1974, com a agravante de que as alternativas tradicionais na vertente externa (sobretudo os mercados e recursos produtivos africanos) se esgotaram e não são hoje protegidas nem têm a curto e médio prazo capacidade económica suficiente para substituir ou apenas complementar os actuais mercados e aqueles para os quais uma expansão por internacionalização poderia operar-se.

A articulação de Portugal na economia internacional está a mudar: deixou de ser um país exportador de mão de obra para passar a ser um país que também – e crescentemente – importa mão de obra e é importador líquido; a demografia galopante, enriquecida após o 25 de Abril de 1974, pela desmobilização do serviço militar obrigatório, pelo regresso de alguns emigrantes legais ou clandestinos e, sobretudo, pelo retorno das ex-colónias tornadas independentes, converteu-se numa demografia de envelhecimento, incapaz de assegurar a simples reposição natural da população e, por isso, geradora nas faixas e níveis mais baixos do mercado, de mais procura de trabalho pouco qualificado, a qual é assegurada por uma emigração basicamente de origem africana ou brasileira; o envelhecimento demográfico também produz efeitos de redução da competitividade, quer por menor capacidade de inovação quer pelos custos da segurança social dele emergentes. Portugal deixou pois de ser o tradicional país de emigração e repulsão, que foi, para se tornar tendencialmente um país de imigração e atracção; já não é o tradicional país de demografia jovem, tendendo cada vez mais para ser, como já é, um país demograficamente envelhecido.

Estas transformações principais – e outras mais, particularmente no domínio cultural – obrigam a rever muitas das posições que quer em matéria de normas internas unilaterais relativas à definição bilateral ou plurilateral do regime tributário das situações internacionais (em convenções destinadas a combater a dupla tributação, a evasão e a fraude) têm sido adoptadas. O modelo da articulação internacional de Portugal alterou-se profundamente: no plano do trabalho pelas razões já referidas; no plano da empresa pela aproximação, da ordem de grandeza de 50% para 70% em pouco mais de dez anos, à média europeia, com padrões de vida que são os da União Europeia e já não os de um país em grau intermédio de desenvolvimento; e, no domínio financeiro, por uma economia que começa a internacionalizar-se, exportando capitais e não só importando-os, tanto por razões financeiras como por motivos de investimento directo, e por um mercado financeiro que a partir de 2 de Dezembro de 1997 deixará de ser qualificado como emergente para passar a ser desenvolvido, – não pela sua dimensão, que continua a ser pequena, mas pela estabilidade macroeconómica e também pelo desenvolvimento institucional operado muito recentemente, o que significa que será cada vez mais um mercado financeiro profundamente integrado nos mercados financeiros globais, regionais ou mundiais.

7.3. Reflexos na fiscalidade

Esta transformação da posição de Portugal no Mundo obriga a uma reflexão global sobre as orientações negociais relativas a acordos de dupla tributação e evasão, que não podem mais pressupor as análises anteriormente feitas, que correspondiam a uma outra inserção de Portugal no mundo e nas relações económicas internacionais; e que por essa via não podem também continuar a depender de opções meramente casuísticas e pontuais, devendo assentar antes numa revisão da estratégia global a seguir nos referidos acordos de prevenção e eliminação da dupla tributação e na luta contra a fraude e evasão, quer por via de tratados e acordos quer pela, crescentemente necessária, cooperação política, judicial e administrativa.

Por outro lado, as normas unilaterais relativas à definição de elementos de conexão, taxas liberatórias ou outros factores que se reflectem, directa ou indirectamente, nas motivações da circulação de factores de produção, da localização dos patrimónios ou rendimentos e nos movimentos de localização, quer atractiva quer repulsiva, têm de ser objecto de análise urgente, tanto mais que, com o processo de alargamento da União Europeia, um espaço com condições competitivas comparáveis às da economia portuguesa (ou vantajosas em relação a ela) vai abrir-se na Europa Central e Oriental, muito mais próximo dos principais locais de concentração de riqueza do Continente europeu do que Portugal. Cumpre, assim, que as normas unilaterais e as convenções – por outras palavras, os instrumentos de uma política fiscal internacional do nosso país – não funcionem como factor de dissuasão, e sejam, no mínimo, um factor neutro, e até desejavelmente, se isso não brigar com exigências internas de justiça que sejam mais fortes, possam funcionar como factores de atracção da localização dos factores de produção, de iniciativa empresarial ou de capacidade produtiva estrangeiras no espaço português e como enquadramento de apoio à sua expansão para o exterior. Por outras palavras: a internacionalização da economia portuguesa multiplica e generaliza as situações tributárias multilocalizadas e o efeito global das opções tributárias meramente internas, e todas estas têm crescente influência no modo de internacionalização da economia portuguesa e nas decisões dos agentes económicos e sociais, quer do exterior, quer internos.

7.4. Uma estratégia a desenvolver

Esta reflexão não está feita e é suficientemente importante para que sobre ela se processe um debate, com preparação e recolha de informação e definição e ponderação de novas alternativas de estratégia tributária. Por outras palavras, de um novo conceito estratégico nacional, em se localize Portugal no mundo conforme os seus objectivos, interesses e valores, devem extrair-se consequências do domínio das mais diversas políticas externas extra-europeias. E uma dessas áreas com consequências importantes, porque dela depende toda a movimentação de capitais e sua localização no espaço mundial[17] (e outros factores de produção) é a que se refere aos regimes tributários em geral (tanto internos como internacio-

---

[17] Em rigor, dependem delas todas as decisões económicas e todos os fluxos de bens.

nais) e, sobretudo, os regimes tributários dos capitais (comparação dos regimes nacionais; normas nacionais unilaterais; acordos de dupla tributação e de luta contra a evasão da fraude; cooperação entre administrações no domínio da supervisão, controlo, fiscalização e repressão).

Haverá pois que definir um conceito estratégico fiscal – que é indissociável na política financeira isto é, a relativa aos mercados de capitais, englobando a sua articulação, não apenas com os mercados europeus, mas também, ou sobretudo nos mercados mundiais – e que deve ser objecto de um Livro Branco sobre a posição de Portugal no domínio da fiscalidade e do direito fiscal internacionais.

Entende-se que a ausência desta reflexão de conjunto perante a profunda inovação resultante da mudança da situação portuguesa, dos novos termos em que ocorrerá a definição de um conceito estratégico nacional e seus reflexos na estratégia internacional em vários domínios, fiscal e financeiro, e ainda a necessidade de orientações para actuações políticas e formulação de instrumentos jurídicos nos domínios relevantes da tributação interna e nas questões tributárias internacionais, exigem um levantamento da situação, com formulação de alternativas e sua discussão pública – com particular relevo para os agentes económicos e financeiros e para os centros académicos de pesquisa – propiciando as correspondentes tomadas de posição políticas.

De outra maneira, se continuarmos apegados a uma repetida tradição de diplomacia e negociação fiscal, que, na melhor das hipóteses, foi objecto de reflexão e de opção quando Portugal era diferente e diferente era o Mundo, pagaremos um preço muito elevado por opções desajustadas tomadas no domínio da política fiscal internacional e nas questões internas com relevância sobre a internacionalização da economia e a política internacional económica do nosso país.

O Governo empenhar-se-á na promoção do estudo e definição de uma nova política fiscal, recorrendo para isso ao contributo dos agentes económicos, sociais e culturais e à reflexão das instituições académicas, preparando, com a participação dos departamentos competentes incluindo o Ministério dos Negócios Estrangeiros, a publicação de um livro branco sobre a política internacional tributária de Portugal – incluindo as opções relevantes dos domínios interno e europeu –, para que, através do debate que sobre ele incida, se procure definir uma estratégia neste domínio adequada às novas condições de Portugal e do Mundo.

ANEXO I

CONVENÇÕES DE DUPLA TRIBUTAÇÃO NEGOCIADAS POR PORTUGAL

1. CONVENÇÕES DE DUPLA TRIBUTAÇÃO CELEBRADAS POR PORTUGAL EM VIGOR
(entre parêntesis figura o ano de ratificação)

   Alemanha (1982)
   Áustria (1971)
   Bélgica (1968)
   Brasil (1971)
   Bulgária (1996)
   Coreia do Sul (1997)
   Espanha (1995)
   Estados Unidos da América (1995)
   Finlândia (1970)
   França (1971)
   Irlanda (1994)
   Itália(1982)
   Moçambique (1992)
   Noruega (1970)
   Reino Unido (1968)
   República Checa (1997)
   Suíça (1974)

2. OUTROS TRATADOS OU ACORDOS INTERNACIONAIS CELEBRADOS POR PORTUGAL COM INCIDÊNCIA FISCAL

   Portugal assinou ainda os seguintes acordos bilaterais:
   – com a Venezuela, para evitar a dupla tributação relativamente aos impostos sobre o rendimento quanto às empresas de transporte aéreo (Decreto-Lei n.º 118/79, de 6 de Novembro);
   – com a França, sobre isenções em matéria de imposto sobre as sucessões e doações de certas entidades públicas (Resolução da Assembleia da República n.º 48/94).

   No quadro da União Europeia, Portugal celebrou a Convenção para evitar a dupla tributação entre empresas associadas, vulgarmente designada por "Convenção de arbitragem" (aprovada por Resolução da Assembleia da República n.º 60/94 e, quanto à adesão da Áustria, Finlândia e Suécia, por Resolução da Assembleia da República n.º 40/97).

Deverá igualmente ter-se em conta as recomendações e outros actos de incidência fiscal provenientes da OCDE.

Existem outros acordos internacionais de conteúdo não fiscal relativos a Organizações Internacionais de que Portugal faz parte que também têm incidências fiscais.

3. CONVENÇÕES DE DUPLA TRIBUTAÇÃO JÁ NEGOCIADAS E CONCLUÍDAS MAS AINDA NÃO VIGENTES

Importa distinguir, de entre as convenções já negociadas e concluídas, as que estão assinadas e as que estão apenas rubricadas ao nível técnico.

Assim, de acordo com as informações disponíveis quanto a convenções que já passaram a fase da assinatura (a cargo do Ministério dos Negócios Estrangeiros) tem-se:

a) Convenções assinadas (entre parêntesis figura a data da assinatura):

Bélgica – revisão (6 de Março de 1995)
Hungria (16 de Maio de 1995)
Polónia (9 de Maio de 1995)
Venezuela (23 de Abril de 1996)

b) Convenções concluídas ao nível técnico (entre parêntesis figura a data da sua rubrica):

Argélia (3 de Setembro de 1996)
Grécia (27 de Junho de 1995)
Marrocos (15 de Outubro de 1996)
Paquistão (25 de Julho de 1996)
Roménia (27 de Março de 1997)
Rep. Popular da China (11 de Abril de 1997)

4. CONVENÇÕES DE DUPLA TRIBUTAÇÃO EM NEGOCIAÇÃO

4.1 Convenções em vigor e a renegociar

Brasil
França
Noruega

4.2 Novas Convenções cuja negociação já se iniciou

África do Sul	Lituânia
Cabo Verde	Luxemburgo
Canadá	Malta
Dinamarca	Maurícias
Eslováquia	Rússia
Estónia	Singapura
Holanda	Suécia
Índia	Tunísia
Letónia	Ucrânia

8. OBJECTIVOS E ESTRATÉGIA POLÍTICA RELATIVAMENTE AO SISTEMA FISCAL

8.1. Objectivos da reforma do sistema fiscal

Os objectivos do sistema fiscal, numa opção que tenha em conta a hierarquia de valores constitucional e as considerações de enquadramento que precedem, podem seriar-se basicamente – sem ordem de prioridade, mas por mera ordenação lexicológica – segundo três grandes ordens de finalidades:

a) Finalidade reditícia: o sistema tem de proporcionar receitas bastantes para a satisfação das necessidades através da despesa pública, com níveis de equilíbrio orçamental adequados; embora em Portugal não exista consagração constitucional nem do princípio do equilíbrio nem de padrões máximos de desequilíbrio consentido, como defendem os neoliberais para as constituições dos Estados modernos, há que contar com uma restrição desse tipo no âmbito da União Europeia, consistente no valor máximo de 3% para o défice do SPA consagrado no Protocolo Adicional ao Tratado da União Europeia (Revisão de Maastricht-1992) e no protocolo denominado Pacto de Estabilidade e Crescimento para os países que integrem a moeda única, ambos em execução do artigo 104-C do Tratado da União Europeia;

b) Objectivos de igualdade, com critério privilegiado de justiça nos termos da Constituição da República [18];

c) Objectivos de desenvolvimento, como síntese possível das formas de busca de eficiência extra-fiscal relativa ao conjunto do sistema económico-social.

Estes três objectivos devem inspirar o sistema e, por conseguinte, qualquer reflexão sobre a respectiva reforma e estratégia de transformação e gestão.

---

[18] Bem como no Programa do Governo e no Acordo da Concertação Estratégica, como opções políticas tomadas no seu âmbito e para sua execução.

8.2. O sistema fiscal como fonte de receitas

A reforma fiscal não pode deixar de ter em conta a necessidade de manter a consolidação orçamental, em termos bem sintetizados no Programa Português de Convergência, Estabilidade e Crescimento para 1998/ /2000: por um lado manter um nível de receita adequado ao financiamento das necessidades públicas, com prioridade para a consecução de um nível de satisfação de necessidades sociais adequado ao pretendido reforço do Estado Social, obtenção de recursos mínimos suficientes para assegurar o funcionamento em qualidade do aparelho do Estado, nomeadamente nas áreas de despesa consideradas prioritárias, e canalização de recursos para o investimento público.

Isto implica, no horizonte que consideramos, uma certa manutenção do nível da carga fiscal, dadas as restrições do sacrifício fiscal global – sem usar agora conceitos muito precisos, sejam os de carga, esforço ou sacrifício –, com a busca, a médio prazo, de um certo grau de estabilização ou redução (inspirado por razões de eficiência: evitar o "travão fiscal" sobre o dinamismo e inovação da economia e sua capacidade de desenvolvimento).

As restrições fiscal, orçamental ou reditícia, constituem, pois, elementos fundamentais a ter em conta, aspirando-se a conseguir uma redução do sacrifício fiscal global, resultante, nomeadamente, do alargamento da base de incidência (efectiva – através da luta contra a fraude e a evasão; e potencial – através da redução das situações de não tributação e de benefícios fiscais injustificados), uma redistribuição da carga fiscal em termos de justiça e uma redistribuição da carga em função da eficácia e eficiência determinadas por critérios de desenvolvimento económico.

Não se deixa de chamar a atenção, sem que daí resulte uma prioridade formal, para o lugar central da "função receita", sem a qual não há satisfação de necessidades pelo Estado nem consolidação financeira e sem a qual, como é evidente, nem haveria necessidade de impostos; dela resulta, desde logo, a necessidade de contrariar a má tradição de favores e privilégios fiscais que existe entre nós e é causa principal de muitas desigualdades, existentes ou agravadas, e, bem assim, da má qualidade da satisfação de necessidades públicas pelo Estado. A sua prioridade prática desdobra-se em duas funções: a propriamente fiscal, financiamento e partilha dos custos das despesas, de forma justa e solidária; e a de através da despesa, que os impostos financiam, permitir a realização das funções e fins do Estado.

8.3. Igualdade fiscal, justiça e solidariedade

8.3.1 A necessidade de reduzir desigualdades

Pondo de lado, agora, o princípio de igualdade de tratamento, igual dade jurídica ou não discriminação – que não interessa para este efeito –, o sistema fiscal é um instrumento decisivo na redução das desigualdades e na promoção do máximo de igualdade possível, nomeadamente na partilha dos recursos e em tudo quanto, na dignidade humana efectiva, na qualidade de vida e no acesso aos bens, deriva da repartição dos recursos, sejam do património estável, sejam do rendimento periódico dos cidadãos e dos agentes e instituições económicas.

Esta parece ser a visão constitucional, a qual há-de ser interpretada com particular intensidade, e não de forma redutora ou desencarnada, à luz do Programa do XIII Governo Constitucional e surge ainda particularmente reforçada, como objectivo predominante, no articulado sobre matéria tributária do Acordo de Concertação Estratégica.

Não considerando a igualdade jurídica – que tem importantíssimas concretizações no domínio fiscal, as quais em outros pontos se abordam –, não se ignora a multiplicidade de ângulos em que o princípio/critério social da igualdade se desenvolve. Mencione-se apenas que o modelo constitucional não aponta para conceitos de igualdade efectiva ou absoluta, eivados de concepções igualitaristas.

Ele inspirará, sem dúvida, o recurso ao sistema fiscal para a redução das desigualdades emergentes do funcionamento, sem limites, de um modelo baseado na apropriação individual dos bens, na sua afectação pelo mercado e na sucessão *mortis causa*; é este o campo privilegiado do recurso a formas tributárias como as do artigo 107.º (imposto sobre o rendimento, imposto sucessório, tributação do rendimento real, imposição dos consumos de luxo, progressividade...) e das referências feitas no texto constitucional à função e objectivos dos impostos. Desta visão – típica, entre outros, de forma da intervenção económico-social do modelo socialista reformista ou social-democrático, assente na fiscalidade e na concertação social como instrumentos permanentes de reforma – emergem formas diversas de luta contra a desigualdade:

a) Criação de condições fiscais para a igualdade de oportunidades;
b) Intervenção fiscal tendente a reduzir as desigualdades pessoais na distribuição da riqueza (rendimento e património), as desigualda-

des funcionais (trabalho/capital) e as desigualdades regionais, nomeadamente;

c) Intervenção fiscal baseada no acesso ou exclusão de bens constitutivos da cidadania substancial ou de níveis mínimos de satisfação (v.g. necessidades básicas), podendo incluir-se entre esses bens o emprego.

Está fora de causa fazer um conjunto sistemático destes critérios com a situação portuguesa, mas não deixam de se apontar algumas situações evidentemente carecidas de intervenção:

a) A desigualdade na distribuição da carga fiscal directa entre os rendimentos do trabalho subordinado e todos os outros;
b) A desigualdade (que em parte é cumulativa com a anterior) entre quem paga impostos e os evasores e defraudadores;
c) A desigualdade que resulta do afastamento dos princípios da generalidade (todos devem pagar imposto igualmente conforme as suas capacidades) e da universalidade (todas as situações reveladoras de riqueza tenderão a ser tributadas), resultantes, nesses casos, da duradoura suspensão de regimes fiscais (rendimentos das actividades agrícola, silvícola e pecuária, imposto sobre sucessões e doações por avença), em outros, da não incidência sobre certas situações reveladoras de riqueza, em outros, ainda, de benefícios fiscais carecidos de suficientes contrapartidas de utilidade social ou que, pela duração excessiva, a perderam, passando a ser meros privilégios.

A nossa lei fiscal enxameia de situações deste tipo e as pressões para aumentar o seu número e intensidade são constantes, afastando o sistema, cada vez mais, de um mínimo de justiça, moralidade e igualdade e reduzindo a sua capacidade de gerar receitas. Ora, os benefícios fiscais injustificados constituem a pior forma de desviar recursos da necessária cobertura dos encargos públicos: a despesa fiscal em que se traduzem não é transparente como os subsídios de gasto e, por isso, escapa à crítica e à avaliação e tende a durar além do tempo necessário e justificado, confundindo-se com "direitos de não tributação" (o que nunca são); por outro lado, o afastamento da igualdade que geram contribui para reforçar a evasão e a fraude, dotando-se de motivações baseadas na "(in) justiça relativa"; enfim, estas situações minam a cidadania, principal fundamento da fiscalidade democrática, por via da partilha solidária e justa de recursos e da sua afectação a fins colectivos ou aos mais carenciados, e levam a satisfação das efectivas necessidades públicas, que não pode fazer-se sem receita efectiva (logo, basicamente dependente dos impostos).

À luz de todas estas observações restituir ao sistema fiscal a função de instrumento prioritário de luta contra as desigualdades num País tão inigualitário como o nosso, é e deve ser o objectivo primário da transformação do sistema fiscal que o XIII Governo se propõe.

Cumpre observar (embora a matéria não esteja suficientemente estudada), que os sistemas fiscais como o nosso – e tudo indica que em Portugal idêntico fenómeno terá ocorrido, até pelo agravamento das desigualdades verificado nos anos 80 e 90 e como factor decisivo do seu reforço – a desigualdade tem-se agravado nos últimos anos, tanto em termos funcionais – a tributação do trabalho tem aumentado e a tributação da propriedade, capital ou outros factores não laborais tem diminuído – como em termos funcionais – a busca de reduções do nível de tributação para detentores de capitais, geradores de poupança, titulares de *royalties* ou empreendedores, que terá boas razões de ser à luz da eficiência capitalista de um sistema mundializado e fortemente atingido por ideologias neoliberais, tem nesta situação uma particular relevância e efeito perverso. Acresce que o sistema fiscal português tem denotado particular tendência para sacrificar mais fortemente os rendimentos de trabalho e para, de facto, – por via da delimitação normativa de incidência ou da fraude e da evasão – incidir mais levemente sobre os outros rendimentos. Também no domínio da repartição funcional pode presumir-se que, com excepção dos isentos com mais baixo nível de riqueza – a título mínimo de existência ou em situações de pobreza – a tributação incida mais fortemente sobre as classes médias do que sobre as classes mais elevadas, para as quais é mais fácil o planeamento fiscal, a evasão e a fraude.

8.3.2. *Redistribuição de carga fiscal e articulação com políticas sociais*

A *redução das desigualdades na sociedade portuguesa* é, pois, para o XIII Governo uma prioridade central da reforma fiscal. Para isso se apontam algumas linhas orientadoras, contidas aliás no Cap. 8.º sobre a "Restruturação do sistema fiscal" do Acordo da Concertação Estratégica

Social (1997/1999), já referido, e adiante referidas ou ampliadas. Assim, a tributação do património (Acordo Estratégico, Cap. 8.° n.° 1) deve ser modernizada e racionalizada, também para possibilitar maior justiça na repartição da carga em função da detenção da propriedade, quer através da alteração da tributação global do património (substituição da sisa por formas tributárias mais modernas e revisão da tributação da contribuição autárquica) e da simplificação e modernização do imposto sobre sucessões e doações, em termos que também adiante se desenvolvem.

Mas a *redistribuição da carga fiscal* constitui outro objectivo convergente, igualmente consagrado pelo Acordo de Concertação Estratégica, mencionando-se entre as medidas que a possibilitem um maior equilíbrio da distribuição da carga fiscal entre os factores de produção, com progressivo desagravamento da fiscalidade que incide sobre os rendimentos dos trabalhadores por conta de outrem e em particular dos rendimentos dos estratos sociais mais desfavorecidos (n.° 2.1), a prossecução de políticas de mais forte apoio à família, em particular a consideração de despesas de educação e o reforço de solidariedade com os ascendentes a cargo, bem como a aproximação progressiva do tratamento fiscal de seguros de saúde ao que for definido para as despesas de saúde (n.° 2.2), a prossecução de políticas de alargamento das bases de tributação, evitando que haja bolsas de não tributação, eliminando isenções ou incentivos inadequados ou injustificados e reanalisando a tributação de novas formas de rendimento (n.° 2.3), a definição, como forma de diminuir a carga fiscal dos contribuintes cumpridores e de reduzir desigualdades tributárias e distorções de concorrência, de colectas mínimas moderadas (nos termos do n.° 2.4), a continuação do processo de simplificação e celeridade dos reembolsos em sede de IRS, evitando que os contribuintes cumpridores se vejam mais penalizados, financiando assim a Tesouraria do Estado (n.° 2.5). Enfim, conforme se refere no Programa de Convergência, Estabilidade e Crescimento, tentar-se-á quanto possível promover uma redução em 1999 do IRS, com redistribuição da carga num duplo sentido: mais favorável aos contribuintes de mais baixos rendimentos e às classes médias; e mais favorável aos rendimentos do trabalho relativamente aos rendimentos de outras fontes.

Não menos importante, em termos do critério/objectivo da igualdade, é a *articulação do sistema fiscal com políticas sociais*, de que encontramos numerosos exemplos no Acordo de Concertação Estratégica, sendo certo que as políticas sociais visam alcançar melhores níveis de satisfação das necessidades sociais para os cidadãos mais desfavorecidos.

8.3.3 Luta contra a evasão e fraude

Finalmente, visa ainda a igualdade, em outra vertente, essencial na concreta situação portuguesa, um conjunto de medidas de luta contra a evasão e fraude fiscal (englobando as duas modalidades: fiscal em sentido estrito e aduaneira) do n.º 4 Cap. 8.º do Acordo de Concertação Social. Para isso se recordam os seguintes objectivos principais:

a) Prossecução da luta contra a evasão e fraude fiscais e aduaneiras como condição de diminuição das injustiças do sistema e de alívio da carga fiscal dos contribuintes cumpridores, de eliminação de distorções de concorrência e de estancamento da quebra ilícita de receitas. Reanálise, entre outras, das questões da declaração de património, da certificação das declarações, da eficácia da incriminação de práticas fraudulentas, da criação de condições para uma fiscalização interna e externa mais actuante, da celeridade processual, em particular das execuções fiscais, do reforço do controlo dos entrepostos, da redefinição do número fiscal, da constituição do "dossier" do contribuinte, no quadro das formas de desenvolvimento do controlo das declarações dos contribuintes.

b) Reorganização dos serviços tributários e aduaneiros, em particular os de fiscalização e combate à fraude, com aproveitamento de recursos humanos ligados ao sector (ex-despachantes oficiais, ex-Guarda/Brigada Fiscal, etc.), de molde a melhorar a sua eficiência e eficácia na luta contra a evasão e fraude.

c) Estímulo a que as associações profissionais e sectoriais participem no processo de luta contra a evasão e fraude fiscal, formas gravosas de lesão de uma sã concorrência, nomeadamente através da aprovação de códigos de conduta e da definição de rácios e outros indicadores relevantes da actividade exercida.

d) Não apresentação de qualquer outro plano de recuperação de dívidas fiscais para além do previsto no Decreto-Lei n.º 124/96.

e) Coordenação dos esforços de luta contra a fraude em toda a Administração, através da criação de uma estrutura adequada da coordenação (a UCLEFA), do reforço da prevenção e polícia fiscal (criando uma polícia fiscal que retome funções perdidas com a integração em 1992, da Guarda Fiscal na GNR), inspecções e fiscalizações e de adequados mecanismos sancionatórios.

8.3.4 *Síntese*

Em resumo, se o primeiro elemento – de consolidação financeira – é essencial para o funcionamento equilibrado do Estado, para o desenvolvimento e a competitividade da economia num contexto de economia aberta e para o crescimento de emprego não inflacionário, nas condições que – bem ou mal – hoje prevalecem no mundo, a estrutura fiscal constitui o principal instrumento de intervenção do Estado na redução das desigualdades e na luta contra a exclusão, criando uma verdadeira cidadania real e não meramente formal, de acordo com o modelo constitucional e, em particular, com a opção socialista deste Governo.

Pensa-se que, não obstante, o nível das desigualdades existente em Portugal é de tal ordem que se poderá encontrar pontos de larga coincidência entre o reforço programático da igualdade que caracteriza a proposta da reforma fiscal deste Governo, em conformidade com o seu projecto social, e as necessidades gerais do próprio desenvolvimento da sociedade portuguesa, ameaçadas pelos níveis de desigualdade, exclusão e pobreza a que se chegou.

8.4. O desenvolvimento económico-social, em especial mediante o reforço da competitividade das empresas e do sistema económico e a promoção do crescimento e do emprego

O desenvolvimento, o crescimento e o emprego implicam uma concepção global do sistema fiscal, parecendo que, nesta fase, o vector da competitividade das empresas e da economia portuguesa assumem prioridade.

É neste sentido que, recorde-se, o Acordo de Concertação Estratégica contém um conjunto de medidas que se sumariam:

a) Definição de estímulos à competitividade das empresas e do sistema económico, no quadro de uma concorrência leal e salutar, nomeadamente através de medidas que visem o apoio ao investimento, em particular em regiões mais desfavorecidas, o reforço da capitalização e o autofinanciamento das empresas, a criação de postos de trabalho, a neutralidade fiscal das formas de reorganização de empresas, a abolição do selo sobre as operações financeiras durante a legislatura e o apoio às PMEs;

b) Início de uma política de diminuição progressiva da fiscalidade sobre as pessoas colectivas, em especial das pequenas empresas não enquadradas em grupos económicos e das localizadas geograficamente em zonas mais desfavorecidas, como forma não só de incentivar a competitividade das nossas empresas mas também de atracção de investimento, com reflexos no emprego e condições de trabalho. Esta diminuição será equacionada em função dos resultados das políticas anti-fraude, dos ganhos de eficiência do sistema fiscal e do alargamento da base tributária, bem como dos programas de disciplina financeira e consolidação orçamental e sem prejuízo do desagravamento da tributação dos rendimentos do trabalho dependente;

c) Introdução de melhorias necessárias ao bom funcionamento do sistema de reembolsos do IVA no sentido da sua simplificação e celeridade relativamente aos contribuintes cujo histórico demonstre serem de menor risco;

d) Análise da necessidade de prossecução, ao longo da legislatura, de uma política de reenquadramento nas taxas intermédia e reduzida de transmissões de bens e de prestações de serviços de primeira necessidade, bem como daquelas operações em relação às quais se verifique a existência de uma mais forte e efectiva concorrência fiscal;

e) Simplificação e modernização das situações tributadas no imposto do selo, aproximando-as de outros modelos europeus, com extinção de tributações arcaicas, tendo por finalidade o equilíbrio entre as necessidades de financiamento do Estado, a tributação de realidades e formas económicas que de outro modo dificilmente o seriam e a desburocratização das relações sócio-económicas;

f) Consolidação, numa primeira fase, da legislação existente sobre imposto automóvel e produção de um relatório sobre as soluções alternativas, ponderando vantagens e inconvenientes de cada forma de tributação para discussão em sede política e de concertação estratégica, com vista à adopção, numa segunda fase, de um novo modelo de imposto, sem aumento da carga tributária dos veículos de uso corrente;

g) Inventário e balanço dos benefícios fiscais existentes, tendo em vista, através de uma revisão do Estatuto dos Benefícios Fiscais e da legislação avulsa, a diminuição do seu número, uma filosofia que assente na ideia de que os incentivos, sendo uma despesa mais difícil de contabilizar e controlar do que as que resultam das despesas não-fiscais e um mecanismo que distorce um princípio de neutralidade, devem ter um carácter excepcional e subsidiário, sendo de evitar a sua acumulação com outros benefícios e, consequentemente, a redefinição das áreas em que se justifique a manutenção ou mesmo a criação de incentivos fiscais;

h) Reanálise da fiscalidade da habitação de forma a promover o acesso à habitação própria e permanente dos estratos médios e médios-baixos da nossa população e o relançamento de um mercado de habitação para arrendamento a preços compatíveis com os rendimentos da maioria dos portugueses;

i) Análise da questão da adopção de créditos fiscais associados a custos salariais resultantes da criação de novos postos de trabalho;

j) Definição por um período experimental de um sistema extraordinário de incentivos fiscais às pequenas e médias empresas, dirigido à promoção do autofinanciamento, do reforço de capitais próprios e do fomento do investimento produtivo, não cumulativo com os sistemas já existentes;

k) Reformulação da actividade da Comissão de Normalização Contabilística, num sentido mais desburocratizado;

l) Simplificação e desburocratização do Sistema Fiscal e da Administração Tributária;

m) Revisão da tributação das instituições, instrumentos e operações financeiras, de modo a evitar a dissuasão fiscal por excessiva onerosidade ou incomodidade do sistema num contexto de competição fiscal aberta, europeia e mundial;

n) Revisão da tributação das PMEs;

o) Exoneração tributária dos factores de competitividade, fora de um quadro de privilégio fiscal;

p) Apoio à internacionalização da economia portuguesa e das suas empresas.

8.5. Cidadania e democracia fiscal

A estes objectivos principais, à luz da Constituição, poderão adicionar-se objectivos complementares, que brevemente se mencionam.

Importa, desde logo, destacar uma ordem de objectivos políticos que resulta de uma adequada combinação das ideias de administração e sistema fiscal ao serviço dos contribuintes, defesa das garantias dos contribuintes, simplificação e desburocratização: por outras palavras, as facetas de uma ideia de *democracia fiscal*, assente em instrumento ela própria de uma nova *cultura fiscal*, em que o imposto se configure como uma forma de exercício da cidadania e não uma imposição feita pelo poder ou pela força àqueles que menos conseguem lograr o Estado ou escapar-lhe.

A esta luz, apontam-se como elementos particularmente importantes também os seguintes, referidos no Acordo de Concertação Estratégica, ou dele decorrentes:

a) Elaboração de uma proposta de lei geral tributária, de valor reforçado, necessária para a estabilidade do sistema fiscal, de onde constem os grandes princípios substantivos que regem a fiscalidade e uma definição mais precisa dos poderes da administração fiscal e das garantias dos contribuintes;

b) Regulamentação do Estatuto do Defensor do Contribuinte como forma de incrementar a efectividade das garantias do cidadão-contribuinte e de diminuir as eventuais zonas de discricionariedade existentes em mega-organizações;

c) Simplificação e desburocratização do processo tributário, através, nomeadamente, da prossecução da harmonização do Código de Processo Tributário com os vários diplomas fiscais e de uma maior celeridade do processo contencioso, e da criação de uma Comissão de Revisão do Processo Fiscal;

d) Garantia – no seguimento de medidas já tomadas – de uma cada vez maior articulação e coordenação entre Repartições de Finanças, Direcções Distritais, Direcções de Serviços Tributários no quadro das competências definidas pela Lei Orgânica e pelo Código de Processo Tributário, de forma a reduzir o número de informações e despachos contraditórios e a criar maior estabilidade da doutrina administrativa;

e) Salvaguarda da independência dos Tribunais Tributários face à Administração Fiscal;

f) Melhoria de procedimentos e declarações de contribuintes, nomeadamente no que respeita à documentação contabilística e sua apresentação, procurando-se criar condições para uma maior veracidade desta, de forma a possibilitar um menor recurso a critérios fiscais de determinação da matéria colectável, e à simplificação do processo de rectificações de impostos cuja liquidação dependa da declaração do contribuinte;

g) Prossecução de uma política de qualidade no atendimento ao público nos serviços fiscais e aduaneiros, de melhoria da difusão da informação estatística, legislativa e administrativa por parte da Administração, devendo, para o efeito, desenvolver-se, em termos adequados, a formação dos funcionários responsáveis, de modo a reforçar a relação de confiança com os contribuintes;

h) Lançamento do cartão de contribuinte electrónico que permitirá visualizar a sua situação como devedor e pagador de impostos, obrigações declarativas cumpridas e incumpridas;

i) Introdução da faculdade de remessa da declaração modelo 2 de IRS na Internet, abrindo-se deste modo a possibilidade de entrega, pela mesma via, de outras declarações dos contribuintes.

j) Emissão do documento único de cobrança do IR (DUC) garantindo a curto prazo um conhecimento mais rápido e correcto da receita entrada nos cofres do Estado;

k) *Personalização* da relação entre a Administração e os contribuintes e criação do "dossier" do *contribuinte;*

8.6. Consolidação financeira

Já se mencionou também que, sendo a manutenção da disciplina orçamental uma restrição permanente da UEM, a relação entre consolidação financeira e reforma fiscal configura-se decisiva e permanente. Anote-se que, nesta fase da convergência evolutiva, a prioridade à consolidação do controlo dos défices excessivos passa à frente da desejada redução da carga fiscal (sobretudo num país que tem, no contexto da UE, uma pressão fiscal do nível intermédio e exigências de recuperação de atrasos – *catching up* – no domínio económico e no social, ou seja, nas duas vertentes do "Estado de bem-estar"), como notou a resolução do Conselho ECOFIN sobre o *Programa de Convergência, Estabilidade e Crescimento* de Portugal, aprovada em 12.5.1997. Uma vez alcançados níveis estáveis de estabilidade, a sua defesa – além do bom funcionamento dos estabilizadores automáticos e da adequação das medidas discricionárias, nomeadamente ao longo do ciclo médio – dependerá da luta contra a erosão fiscal (*maxime*, das bases da incidência tributária), que condiciona essencialmente a componente orçamental do *trade-off* estabilidade orçamental e fiscal/estabilidade monetária, que é a base da UEM do lado monetário-financeiro.

9. ALGUMAS OUTRAS ORIENTAÇÕES GERAIS

O que se pretende propor não é uma reforma fiscal global, com a ambição de substituir todos os impostos existentes, pois muitos deles e a estrutura em que se integram têm sentido e futuro. Pretende-se, sim, uma reflexão e intervenção globais sobre aquilo que ficou incompleto ou aquilo que está errado nas denominadas reformas fiscais recentes, que por vezes de reformas fiscais pouco tiveram, traduzindo-se apenas na adopção de alguns textos, de qualidade entre si muito diversa, com a pretensão de regular impostos ou áreas importantes da organização e da actuação fiscal, e desprezando elementos extra – legislativos do sistema (a Administração, os procedimentos, a relação com os cidadãos).

Pretende-se que essa reforma fiscal para o Século XXI, a reforma fiscal do Portugal desenvolvido, obedeça a algumas características fundamentais:

9.1. Consensualidade

Desde logo, há-de ser tanto quanto possível *consensual*. A apresentação do projecto de Resolução do Conselho de Ministros que este relatório visa introduzir e provocar um debate que revele ou gere consensos resultantes da identidade de posições entre forças políticas, económicas e sociais; e este processo, evidentemente, pressupõe também, por igual, o apuramento das áreas de divergência. Não se entende que o consenso seja a única condição para a decisão política eficaz e democrática; mas desejar-se-ia que em matéria como a reforma fiscal ele fosse tão largo quanto possível, por ambas as razões: legitimação democrática profunda e eficiente aplicação e acatamento das medidas aprovadas. Ora, para além das consequências no domínio fiscal do Estado de direito democrático – que são imposição constitucional e de certo constituem matéria de consenso em Portugal –, as quais, aliás, só muito imperfeitamente encontram tradução na ordem jurídica vigente (por razões que vão da falta de uma lei geral tributária até às imperfeições do regime das infracções tributárias), apenas a existência dos impostos que são hoje mais comunitários do que nacionais – os direitos aduaneiros e de outro modo o IVA e os IEC's – e a existência do imposto sobre o rendimento das pessoas singulares e das pessoas colectivas, seja qual for o seu regime concreto (mais unificado ou mais dualista), constitui matéria consensual; tudo o resto traduz um conjunto de instrumentos que não foram objecto de um esforço de consensualização e que são por isso profundamente criticados e, em muitos casos, também profundamente deficientes, pois o consenso também pode permitir, através de um diálogo aberto, criterioso e participado, que se busquem e encontrem as melhores soluções.

9.2. Estabilidade do sistema

Exigência complementar e não menos essencial será aquela para que este Governo apontou desde o início: a grande *estabilidade* das normas fiscais. Nas Leis do Orçamento de 1996 e 1997 foi clarificada essa opção, que os partidários de uma revolução fiscal em cada orçamento não entenderam, criticando precisamente aquilo que se quis fazer: um mero conjunto de alterações pontuais, que traduziam uma linha de acção sobre o sistema antes explicitada e claramente coerente, mas que visavam evitar a aparência de uma aparatosa reforma total, substituindo na globalidade aquilo que não precisava de ser substituído ou carecia de estudo suficiente. Assim se quis prestar homenagem à ideia da estabilidade das leis fiscais, por razões de assegurar o seu cumprimento, espontâneo, de racionalidade económica, de melhor garantia dos direitos dos contribuintes e de maior previsibilidade da actuação da administração fiscal. O cumprimento da própria ordenação fiscal, a legalidade fiscal, bem como os direitos dos contribuintes, a par do eficiente funcionamento da nossa economia, em termos internos, e da sua capacidade de atrair a localização de operações, capital, trabalho e iniciativa empresarial oriundos doutros espaços – tudo isso passa pela estabilidade, previsibilidade e clareza da legislação fiscal e da prática da sua aplicação. Por isso se pretende que as medidas a introduzir, agora muito mais largamente de fundo, sejam discutidas tão amplamente quanto possível, garantindo assim o seu maior acerto e o máximo compromisso de agentes políticos e sociais com o seu conteúdo, gerando assim adesão, acatamento e eficácia. E se visa tudo fazer para que, em vez das tradicionais mudanças de leis, se mudem conceitos, práticas, organizações, em coerência com normas exequíveis e realistas.

9.3. Perspectiva sistémica

Consoante as áreas, definir-se-ão *formas de actuação reformadora diversificadas:* nuns casos um mero levantamento da situação, quando nada se encontrou feito que permita tomar uma decisão política de fundo;

em outros, a substituição de instrumentos legislativos existentes; em outros a reformulação pontual ou parcelar desses instrumentos; em outros a reformulação ou remodelação das estruturas de aplicação ou controlo – judiciais, administrativas ou sociais. O que é importante é que o conjunto de acções que se propõe assenta numa *visão sistémica da reforma fiscal*, apontando muito mais para medidas de carácter administrativo ou sobre as estruturas sociais, culturais, administrativas e jurisdicionais do que para o tradicional legalismo com que as reformas fiscais entre nós têm nascido e se têm implementado. O que se propõe é uma completa inversão dessa atitude, sem prejuízo de se não poder deixar de recorrer a importantes medidas legislativas para dar execução à transformação desejada do sistema.

Por outro lado, não se esquece que os correspectivos da reforma fiscal são a *reforma orçamental* e a *reforma da dívida*. Ambas estão consubstanciadas nas políticas de convergência que o Governo tem prosseguido com vigor e êxito. A contenção do crescimento da despesa e a redução do défice (*maxime*, do corrente) metem-se pelos olhos dentro. E o controlo da despesa – no plano externo (Tribunal de Contas) como no interno (Inspecção-Geral de Finanças e sistema de controlo financeiro interno do Estado) – tem avançado mais com este Governo do que nos vinte anos anteriores.

9.4. Ética de responsabilidade e democracia

Julga-se importante sublinhar que a questão básica da reforma fiscal entre nós é a introdução, no domínio tributário, de uma *ética de responsabilidade*, de uma cultura democrática – em suma, trazer enfim a *democracia para a fiscalidade*. Isto significa que os impostos não podem continuar a ser considerados como uma mera imposição coactiva do Estado, mas devem ser encarados, à luz da cultura democrática, como uma forma de partilha, legitimada pela intervenção parlamentar na aprovação das leis fiscais e dos orçamentos em cada ano, de modo que, assim, os recursos dos contribuintes, em função da sua capacidade e de critérios de justiça legitimados pela democracia representativa, sejam postos ao serviço de todos, satisfazendo necessidades públicas (isto é, do povo). A democracia dos contribuintes só se legitima, ainda, na medida em que haja um controlo da eficácia e eficiência da economia e da legalidade de despesa, e por isso este Governo (nomeadamente através das reformas do controlo externo do Tribunal de Contas e da estruturação do sistema nacional de controlo interno da Administração financeira do Estado), se tem empenhado na transformação dos instrumentos de controlo da despesa como forma não menos essencial de realização da *democracia dos cidadãos*, na forma de *democracia dos contribuintes*. O estatuto de contribuinte é parte do estatuto do cidadão; tem, assim, vertente colectiva, e não se esgota nas garantias individuais da posição subjectiva de cada pessoa perante a administração tributária; estas são, sem dúvida, elemento essencial da defesa da posição individual de cada pessoa, que importa operacionalizar para evitar uma certa legitimação moral da fuga e da evasão ("roubar o rei não é roubar"); mas não menos importante é a inserção, cultural e normativa, do estatuto de contribuinte no estatuto geral da cidadania.

Entende-se, por outro lado, que esta transformação, que corresponde a *levar a democracia ao próprio coração do instituto fiscal*, como forma de uma ética de partilha de solidariedade e da responsabilidade – e não de uma cultura de imposição arbitrária e de fuga socialmente tolerada – exige uma verdadeira reforma de mentalidades. O domínio tributário é daqueles em que cidadãos, funcionários e políticos, mais têm de recorrer a esta invocação sergiana. Importa para isso pensar todo um conjunto de transformações – da educação cívica até ao esclarecimento contínuo dos cidadãos em matéria de impostos – que passem a integrar o imposto nas matérias que são objecto de educação, de debate e de crítica, como questão fulcral da cidadania, em particular no que toca aos sistemas de educação e formação; e como matéria que não é meramente técnica, mas constitui o conteúdo de uma obrigação fundamental dos cidadãos relativamente ao Estado democrático e social de direito e de uma correspectiva obrigação deste, dos seus políticos e agentes, relativamente à correcta aplicação dos dinheiros comuns no serviço público responsável. Para além desta transformação de fundo, cuja necessidade apenas se refere, importará melhorar a comunicação da administração com o público e voltar a dar a devida prioridade às acções de formação profissional dos funcionários da administração fiscal criando para isso um Instituto de Formação no âmbito da administração tributária, pois sem tais medidas não se logrará a transformação profunda do lado da administração, sem a qual, como parte necessária, embora não suficiente, também não ocorrerá a transformação de mentalidades do lado dos contribuintes. Disse-se que não era suficiente o que o Estado pode fazer: a participação dos parceiros sociais, dos partidos políticos, dos titulares de órgãos políticos, da comunicação social, de todos os cidadãos acima de tudo, é absolutamente necessária para tal tarefa. Seria bom que todos, defendendo embora legitimamente interesses particulares, colocassem os problemas fiscais numa óptica de interesse público dominante e de exercício prático da democracia, em vez de se esgotarem na mera luta por formas individuais ou grupais, que por vezes pouco se diferencia da defesa e da prática de certas formas de evasão e fraude, ou outras manifestações de egoísmo tributário, só tradicional na medida em que são tradicionais certas atitudes e valores não democráticos que ainda perduram.

9.5. Fiscalidade adaptada ao novo Portugal

Será necessário considerar o vector decisivo desta reforma, que é a adaptação de Portugal aos novos tempos e à nova sociedade que aí está, quer lançando investigações, que não estão em curso entre nós, sobre a *problemática da nova sociedade* que está a despontar, quer pensando prospectivamente estratégias que transformem o sistema fiscal num factor de desenvolvimento, com crescimento, emprego e competitividade, tanto como um factor de justiça e solidariedade; que realizem as finalidades da nossa comunidade nacional, proporcionando para isso os principais meios práticos que estão disponíveis para uso do Estado, através do Orçamento do Estado ou da Segurança Social, das comunidades regionais ou locais e mesmo de entidades privadas que entram em parceria com o sector público; e, ao mesmo tempo, adoptem, neste campo, opções racionais decorrentes da articulação de Portugal com a dupla vertente, europeia e internacional, da nossa economia e da nossa sociedade.

9.6. A unicidade do direito fiscal

Enfim, importa dizer que há uma lógica interna que também se considera decisivo ter em conta como elemento orientador desta reforma fiscal. Trata-se da *uniformização*, tanto quanto possível, das soluções de direito fiscal aduaneiro e de direito fiscal não aduaneiro. É importante reconhecer que haverá diferenciações necessárias; que existem tradições respeitáveis; que em alguns casos a referência primordial a soluções autónomas resulta de imposições comunitárias, pois largamente comunitária é muita da matéria de direito aduaneiro (embora o problema a nível comunitário se ponha exactamente nos mesmos termos em que se põe a nível nacional; e também impostos não aduaneiros podem importar instrumentos técnicos aduaneiros, como acontece com o IVA). A ordem jurídico-fiscal é uma só, o direito fiscal é um só corpo integrado de instrumentos e conceitos, a defesa dos direitos dos contribuintes e uma racional administração impõem a integração de estratégias e de comandos, a máxima aproximação de conceitos e instrumentos; em suma, uma orientação global e as harmonizações possíveis entre regras, instituições e organizações aduaneiras e não aduaneiras. A esta luz, as diferenciações serão causa de enriquecimento; mas a segmentação gera enfraquecimento da Administração e debilitação das garantias e direitos dos cidadãos. Pôr isto em prática é todo um trabalho por fazer, que vai demorar anos, mas que importa desde já definir com clareza e decidir com rigor: o da *integração entre os diversos ramos do Direito Tributário*.

9.7. Especificidade da realidade fiscal

Um outro princípio que importa respeitar é o da especificidade da realidade fiscal, fundada na solidariedade e na justiça e virada para a função de as impor e realizar no concreto das relações sociais. Assim, recorrer às declarações fiscais para outros efeitos (lançamento de taxas, fiscalização do cumprimento de deveres não fiscais, atribuição de benefícios) é um desvio que só por excepção e transitoriamente pode admitir--se,[19] pois prejudica o instituto fiscal e introduz desvios, muitas vezes no funcionamento das regras e instituições não fiscais. Do mesmo modo, as dívidas fiscais – expressão do cumprimento de deveres cívicos ou de cidadania, obrigações *ex lege* nascidos e criados por força do princípio do legislador e da democracia representativa, concretização da forma mais proeminente da solidariedade e da partilha de bens são inspiradas por critérios de legalidade, igualdade e, por regra, universalidade, não podendo ser negociadas à mistura com quaisquer outros direitos *patrimoniais*.

9.8. Simplicidade e clareza

Evidentemente um critério essencial da reforma fiscal deve ser o da *simplificação* e da *desburocratização*. Não apenas porque por essa via se conseguem resultados economicamente mais eficientes, poupando aos

---

[19] Com a óbvia excepção da Segurança Social cuja natureza fiscal se nos afigura evidente (aliás, cada vez mais).

contribuintes e à administração o inútil desperdício de recursos gerados por regimes fiscais materiais ou procedimentos fiscais formais que sejam irracional e desnecessariamente complicados, demorados e custosos. Também – e sobretudo – porque o imposto deve ser entendido como o cumprimento de uma obrigação de cidadania, que deve facilitar-se e não dificultar-se, e que deve ser reduzido, não apenas no seu montante como nos custos de incomodidade ou desperdício que dele possam resultar para o contribuinte, a fim de ser tão alto quanto necessário mas tão baixo quanto possível. A redução da pressão fiscal, eliminando o que se poderia chamar a pressão fiscal inútil – o aumento de custos económicos ou extra-económicos, contabilizáveis ou meramente psicológicos, sem contrapartida de utilidade social, resultantes de tributos injustificáveis, de formas de tributação irracionais ou desproporcionadamente complexas, de procedimentos incómodos para o contribuinte ou ineficazes para a administração – deve ser tanto quanto possível prosseguida. Ela é fonte de desperdício de recursos para a sociedade e constitui factor grave de incumprimento do imposto, de injustiça e de ineficiência tributária.

9.9. Clareza da lei

Enfim, observe-se que – como todas as leis que têm decisivos reflexos na vida dos cidadãos – a lei fiscal deveria ser *clara e perceptível* pelos cidadãos, ao menos naquilo que mexe com a sua vida (assumindo a complexidade necessária apenas quando estão em causa organizações e actividades complexas, como as empresariais, e quando se trata de relações profissionalizadas). Procurar-se-á que assim suceda – na formulação da lei como na sua aplicação –, sem ter ilusões sobre a viabilidade deste intuito no curto prazo. Recorde-se a recente observação relatada pela imprensa de Maio de 1997, do Ministro das Finanças da Baviera, Erwin Huber: "O Teorema de Pitágoras tem 24 palavras, os dez Mandamentos 179 – e o parágrafo 19 da Lei do Imposto sobre o Rendimento alemão tem 1862 palavras". Sem esqueçer a "Parábola do Guarda-chuva" de Banacloche.

III
ENQUADRAMENTO DA REFORMA FISCAL NO SECTOR PÚBLICO ADMINISTRATIVO

10. RAZÃO DE ORDEM

É tradicional pensar que o sistema fiscal em Portugal se reduz à tributação orçamental e, quando muito, à tributação local.

Ora, a verdade é que a carga fiscal que incide sobre os cidadãos é bastante mais ampla e complexa e, mesmo que, por falta de elementos de estudo, não seja possível pensar, neste momento, numa estratégia relativamente a ela, será necessário delimitar o campo de análise e traçar métodos para melhor o conhecer a fim de o avaliar e, se for caso disso, transformar.

Para isso importa progredir em duas linhas.

A primeira delas é a integração dos impostos do Estado no sector público administrativo.

Cada vez mais a diversificação de formas de intervenção pública evita a polarização liberal entre Estado e poder local. Mesmo pondo de lado "impostos" económicos que representam formas de o Estado amputar o rendimento dos cidadãos ou de o redistribuir para realizar objectivos de política económica e, às vezes, também para financiar a despesa pública (a inflação de origem financeira, a dívida pública como a fonte geradora da necessidade de recorrer aos impostos sobre as gerações futuras para financiar as despesas das gerações presentes), a verdade é que esta visão foi translada pelos critérios de convergência nominal de *Maastricht* do domínio da contabilidade nacional e da teoria financeira para o campo do traçado e da execução das políticas em relação ao sector público administrativo

Colocou-se, também, de lado o sector empresarial (no qual podem igualmente existir formas de tributação económica que não configuram a situação de tributação jurídica: desde a inflação derivada da contenção artificial de preços até ao recurso a empresas públicas para assegurar o financiamento anormal do Estado proprietário).

Nestes termos, existem "em sentido económico" impostos diferentes do tradicional campo de análise, que se limita aos impostos orçamentais do Estado acrescido, por vezes, dos impostos das autarquias locais e das Regiões Autónomas: além do carácter tributário que inequivocamente assumem – seja qual for a sua natureza jurídica, a qual depende, aliás, dos regimes financeiros da Segurança Social – as contribuições para a Segurança Social, importa sublinhar que existem impostos fora do Orçamento, situação anómala que à partida parece relevante.

Em segundo lugar, será importante e constitui, mesmo, uma necessidade, a integração das espécies tributárias diferentes do imposto tanto nos aspectos jurídico-políticos como nos aspectos económico-financeiros da reforma fiscal. É hoje já evidente, até pela problemática política das taxas tanto na alternativa de serviço público taxado como na dimensão que assumem na repartição dos encargos públicos, que outras formas de tributos especiais existem igualmente.

Importa fazer este enquadramento, pois a sua remissão faz esquecer a dimensão real do sacrifício tributário que o Estado impõe à comunidade.

Ao fazê-lo não esquecemos, também, que a redução da inflação, do défice e a redução da dívida, constituem formas de diminuição da carga fiscal económica (mas não jurídica) que incide sobre as gerações presentes e, no caso da dívida, sobre as gerações futuras, pelo que a redução, mediante as políticas de estabilidade e consolidação orçamental, destes factores, constitui uma diminuição da tributação económica-financeira.

Importará, pois, abordar de seguida:

a) Os pequenos impostos orçamentais;
b) As taxas orçamentais;
c) Os impostos e taxas extra-orçamentais;
d) As contribuições tributárias para a Segurança Social;
e) A tributação local;
f) A tributação regional.

11. PEQUENOS IMPOSTOS ORÇAMENTAIS

No Orçamento do Estado são qualificados como impostos diversas realidades que importa discriminar:

DADOS RELATIVOS ÀS RECEITAS PROVENIENTES DOS IMPOSTOS, A SEGUIR DISCRIMINADOS, ENTRE 1990/96

Unidade: Escudos

PROVENIÊNCIA \ Anos	1990	1991	1992	1993	1994	1995	1996 ***
Imp. Uso porte det. De armas	162 752 920	169 308 034	171 588 435	174 121 021	675 562 002	747 508 729	798 275 183
Imp. Directos diversos							
– Imp. Extraordinários	656 263 429	216 068 410	*	*	*	*	36 680 625
– Imp.cadastro	886 282	343 524					446 380
– Adicionais	16 753 278	6 671 364	*	*	*	*	3 212 884
– Imp. Sisa	197 054 482	1 090 897	*	*	*	*	8 154 561
– Imp. Especial s/veículos	79 661 709	*	*	*	*	*	14 360
– Contribuição especial **	–	–	–	–	–	–	92 868 400
– Outros – residual	1 079 996	2 788 088	7 137 079	8 735 350	212 964 062	76 165 473	–
Imp. S/ alcool	18 033 423	---	---	168 124 798	200 597 970	388 186 400	453 204 946
Imp. S/minas	---	9 908 455	13 305 691	18 482 366	11 105 859	3 895 868	5 570 981
Imp. Do jogo	1 093 318 739	1 174 482 537	1 329 898 959	1 267 913 098	1 333 734 873	1 485 918 273	1 594 691 622
Imp. Taxas s/espect. Divert.	248 122 227	261 201 804	306 450 769	99 394 841	95 106 924	137 186 371	48 660 407
TOTAL COBRADO	2 473 926 485	1 841 683 113	1 828 380 933	1 736 771 474	2 529 071 690	2 838 861 114	3 041 780 349
* Imp. Abolidos DL n.º 442-A e B/88	–	–	3 980 610 777	3 077 741 661	4 121 542 290	1 619 832 012	–
TOTAL GERAL	2 473 926 485	1 841 863 113	5 808 991 710	4 814 513 135	6 650 613 980	4 458 693 126	3 041 708 349

Fonte: DSPE

OBS: * A partir de 1992, inclusive, estes impostos surgem CGE aglutinados numa única rúbrica designada "**Impostos Abolidos pelos Decretos-Lei n.º 442-A e 442-B/88 , de 30 de Novembro**" com os valores que se indicam:

1992 – 3 980 610 777$00
1993 – 3 077 741 661$00
1994 – 4 121 542 290$00
1995 – 1 619 832 012$00

Em 1996 os valores já se encontram discriminados
** Inclui os impostos arrecadados pelo Decreto-Lei n.º. 51/95, 20-3 – Nova Ponte S/Tejo e Decreto-Lei 54/5 de 22/3 – Expo/98
*** Valores provisórios, faltando explicitar os Impostos Abolidos (em 1996 ainda não disponível)

Neste momento, o conhecimento da situação, para além de quanto se disse anteriormente, não permite traçar linhas de política pormenorizadas, devendo sublinhar-se, apenas, que há anos e anos se vem, por rotina, mantendo espécies tributárias em que pouco se atenta e que não são tidas em conta na política fiscal.

Importará por isso, mediante a coordenação de esforços da Direcção-Geral do Orçamento e da Direcção-Geral dos Impostos, empreender um estudo dos pequenos impostos de modo a conseguir:

a) Identificar as situações dos impostos que actualmente existem distinguindo-as daqueles em que, por haver apenas contabilização de cobrança de impostos distintos, não há medidas a tomar para a racionalização do sistema fiscal;

b) Analisar o fundamento legal do peso jurídico e o peso económico-financeiro desses impostos.

Uma vez apurada a situação de facto, importará preparar decisões políticas tendentes a avaliar se se justifica a existência desses pequenos impostos, ou, se a sua reclassificação orçamental, económico-financeira ou jurídica, levará a considerá-los como receitas de outra natureza (integradas no sistema tributário como taxas ou mesmo fora do sistema tributário), ou se se tratam realmente de verdadeiros impostos, para além da formal classificação orçamental.

Neste último caso, importará pesar a manutenção ou a distinção desses impostos, à luz dos seguintes critérios:

a) Existência de alguma função económica, social ou cultural específica que justifique a sua existência, independentemente do montante financeiro e da relação custo/benefício;

b) Efeito económico-social desses impostos, a fim de avaliar a sua justificação social e da eventual realização das possíveis funções ou finalidades que tenham;

l) Pôr à decisão política a extinção desses impostos, sempre que tenham sido criados de modo contrário ao princípio da legalidade ou, tendo base legal, não tenham justificação suficiente, do ponto de vista da articulação, tendo efeitos negativos (despesas de cobrança, custos económicos, perturbação social ou cultural) e efeitos positivos (receita ou efeito económico-social positivo – benefício).

O princípio geral deve ser o da simplificação do sistema, concentrando um número pequeno de impostos, significativos, rentáveis e sensíveis à realidade económica, suprimindo os pequenos impostos que são factor de incómodo para o contribuinte, de burocracia para a administração e de relação custo/benefício negativo ou insuficientemente positivo para a comunidade.

12. IMPOSTOS E TAXAS EXTRA-ORÇAMENTAIS DA ADMINISTRAÇÃO CENTRAL (ESTADO E OUTRAS ENTIDADES PÚBLICAS)

12.1. Questões gerais

No âmbito da Administração Central (Estado em sentido estrito-administração directa e Serviços e Fundos Autónomos), não deverão existir, teoricamente, taxas e impostos extra-orçamentais.

A distinção que é usual fazer-se relativamente às receitas orçamentais é entre receitas gerais e receitas consignadas. Se o Orçamento do Estado for entendido em sentido lato, então todas as receitas dos organismos autónomos serão receitas consignadas (e até as da Segurança Social). Esta consignação global tem como característica principal (no caso dos SFA's) o facto de consubstanciar uma autonomia financeira não real, uma vez que a maior parte destas receitas são transferências do OE.

Considerando, porém, cada subsector na sua identidade, então cada orçamento de um serviço autónomo é um "mini" OE, prevendo as suas leis orgânicas, em alguns casos, que determinadas receitas sejam afectas a determinados fins. Trata-se de excepções à regra orçamental da não consignação.

Quanto ao OE em sentido estrito, estas excepções que determinam consignações de receitas podem dividir-se em duas categorias: as existentes até 1992, e as posteriores a esse ano. As primeiras referem-se: às transferências da UE (fundamentalmente FEDER), como participação comunitária nos programas do PIDDAC prosseguidos pela administração directa, incluídos no Capítulo 50.º-Investimentos do Plano; aos recursos próprios comunitários tradicionais (impostos aduaneiros liquidados relativamente a mercadorias de países terceiros); a verbas da NATO destinadas a compensar determinadas despesas das Forças Armadas.

A acrescer a estas receitas, foram integradas no OE no decorrer da execução de 1992, por força do disposto no n.º5 do artigo 2.º da Lei n.º 2/92, de 9 de Março (OE para 1992), as receitas próprias de organismos com autonomia administrativa.

Até 1992, estas receitas próprias dos organismos com autonomia administrativa eram incluídas em orçamentos privativos (em número de cerca de centena e meia, que constavam de anexos indicativos na proposta de Lei do OE e não de mapas a aprovar pela Assembleia da República), regendo-se pelas normas do Decreto-Lei n.º 459/82, de 26 de Novembro. No entanto, parte das normas deste diploma, nomeadamente a obrigatoriedade de inscrição em contas de ordem e o envio de elementos de execução ao Ministério das Finanças, não eram cumpridas. Este comportamento configurava efectivamente uma situação de receitas extra-orçamentais.

Com a integração destas receitas no OE pretendeu-se atingir três ordens de objectivos:

a) a unidade e universalidade orçamental, uma vez que elaborando orçamentos privativos para estas receitas, os organismos que delas beneficiavam detinham um regime misto de administração financeira: autonomia administrativa para as dotações integradas no OE em sentido estrito (cobertas por receitas gerais) e autonomia financeira para as receitas próprias e respectivas aplicações. Esta duplicidade não se enquadrava na Lei de Bases da Contabilidade Pública (Lei n.º 8/90, de 20 de Fevereiro) e na Lei n.º 6/91, de 20 de Fevereiro (Lei de Enquadramento do Orçamento do Estado);

b) obtenção atempada de elementos de execução;

c) uma aproximação à unidade de tesouraria que não se tinha conseguido alcançar através do regime de contas de ordem do Decreto-Lei n.º 459/82. Reafirme-se "aproximação" porque em qualquer destes regimes a maior parte das receitas não é directamente depositada no Tesouro, passando previamente por tesourarias próprias dos serviços, o que pode conduzir à ocultação de receitas e respectivas aplicações, principalmente em termos de execução (cobranças e pagamentos).

Se o primeiro dos objectivos parece que foi totalmente conseguido, o segundo e o terceiro apenas em parte o foram, pelas razões expostas. São exemplo as importâncias relativas às multas e coimas por infracção ao Código da Estrada, cuja execução apresenta um enorme desvio relativamente aos montantes orçamentados. Será necessário passar para uma segunda fase do controlo destas receitas, e à sua integração total na tesouraria do Estado, o que poderá ser conseguido por três vias:

a) revogação das disposições legais que permitem as consignações, pelo menos no que se refere às receitas fiscais e parafiscais; um

organismo que disponha de dotações cobertas por receitas gerais e dotações cobertas por receitas consignadas tem sempre tendência a ter uma atitude mais despesista, porque as receitas próprias permitem-lhe efectuar despesas supérfluas, com a agravante de os gastos de estrutura serem suportados pelas dotações cobertas com receitas gerais. Um argumento em desfavor desta solução poderá ser o desincentivo na cobrança, particularmente no caso das receitas que em parte são receitas gerais e parte receitas consignadas;
b) integração destas receitas no sistema "DUC"(documento único de cobrança) e consequentemente nos previstos Sistema de Gestão de Receitas (SGR) e Sistema de Cobranças do Estado (SCE); estes sistemas estão em fase experimental, e por enquanto só para os grandes administradores de receitas: Direcção-Geral dos Impostos, Direcção-Geral das Alfândegas e Impostos Especiais sobre o Consumo e Direcção-Geral do Tesouro;
c) alteração da legislação na parte que se refere à forma de cobrança, não permitindo a "passagem" por tesourarias próprias, enquanto não for possível a integração no sistema "DUC".

Os seguintes quadros demonstram a evolução da receita dos impostos e taxas extra-orçamentais:

EVOLUÇÃO 1990-1995

Unid: contos

	1990	1991	1992	1993	1994	1995
Imp.Directos	7736	3498	752671	1269	903	796
Imp.Indirect.	83561216	55800212	56677655	44647076	39204245	42190344
Taxas, M. e Out.Penal.	35042752	39321554	49000772	47290869	393398298	487106978
Total	118 611 704	95125264	106431098	919322214	432603446	529298118

Fonte: Conta Geral do Estado

Na evolução destas receitas destaca-se o acentuado aumento ocorrido em 1994 nas Taxas, Multas e Outras Penalidades com mais 346.1 Milhões de contos, justificado pela inclusão da Caixa Geral de Aposentações no universo dos Serviços e Fundos Autónomos, cujas quotas pagas pelos subscritores, subsídio do Estado e comparticipação de outras entidades, ascenderam a 339.1 milhões de contos.

MAPA 2
DADOS RELATIVOS ÀS RECEITAS COBRADAS ENTREGUES ÀS AUTARQUIAS ENTRE 1990/96

Unidade: Contos

Anos Proveniência	1990	1991	1992	1993	1994	1995	1996
C.Autárquica.	25.238.568	32.376.999	39.098.000	45.501.225	51.336.533	62.193.000	63.089.334
I.M.Sisa	39.500.943	43.201.239	48.839.000	49.650.354	55.825.688	60.145.841	63.378.501
I.M.Veículos	4.279.184	4.700.749	7.609.000	8.920.837	8.019.279	10.676.547	11.172.651
IVA Turismo	6.269.476	7.061.196	7.383.800	7.383.800	7.786.600	8.200.000	8.400.000
Derramas IRC	17.721.093	19.508.988	22.609.000	23.110.886	21.605.274	25.327.249	33.871.424
Restantes	5.487.382	2.731.160	2.667.000	1.936.499	881.477	458.271	273.014
Total Cobrado	96.496.646	109.580.331	127.805.800	136.503.601	145.454.851	167.000.908	180.184.925
Total Entregue	93.936.836	107.769.634	122.627.000	131.104.317	143.913.095	165.918.086	175.166.275

Fonte: DSPE

12.2. Impostos extra-orçamentais em especial

Perante este estado de coisas importa proceder a algumas considerações específicas. A existência de impostos da Administração Central fora do Orçamento do Estado é uma realidade que, em princípio, e como já se afirmou, seria de excluir. Na verdade, os impostos são uma receita exclusiva do Estado e de outras entidades públicas, nos termos do artigo 103.º n.º 1 da Constituição, e a sua racionalidade e função, prendendo-se com o financiamento dos serviços públicos gerais, no mais amplo sentido, apontam para que apenas o Estado e entidades que colaborem desconcentrada ou descentralizadamente nas suas funções disponham de soberania tributária, isto é, o poder de criar impostos, e de capacidade tributária activa, isto é, o poder de serem sujeitos activos da relação de imposto e beneficiários do interesse privilegiado que concretiza a sua função. Só por excepção a dissociação entre estas várias categorias será de admitir e somente com poderosos fundamentos de princípio ou de eficácia.

Mesmo quando tal ocorra, os impostos extra-orçamentais da administração central, como decorre do disposto no artigo 103 n.º 1, devem estar plenamente sujeitos ao princípio da legalidade, à generalidade dos outros princípios que – ao menos como garantias do contribuinte, se é que não como critérios orientadores da subordinação do imposto ao interesse público e às actividades da actuação financeira do Estado – são também definidos na Constituição.

Não se está certo de que isso suceda sempre e para tal se propõe que se proceda ao levantamento de todas as situações de impostos extra-orçamentais da administração central, para:

a) Verificar o integral cumprimento dos preceitos constitucionais que constituem garantias dos contribuintes ou garantias do interesse público na estruturação financeira.

b) Verificar se dentro de uma óptica de simplificação, que implica a concentração, alguns desses impostos não representam excrescências ou sobrevivências anómalas que será racional suprimir ou integrar em impostos mais modernos e de vocação mais geral.

12.3. Caso especial – Direitos aduaneiros

Os direitos aduaneiros aplicáveis na importação de mercadorias, contidos na Pauta Aduaneira Comum, instrumento fundamental da Política Comercial Comum da União Europeia, constituem recursos próprios da Comunidade.

Assim, a sua fixação, bem como a sua modificação, não podem ser determinadas autonomamente por Portugal, uma vez que dependem da Política Comercial Comum da U.E., definida a nível do Comité 113, do Conselho, a qual segue, de perto, os princípios gerais do GATT/OMC, apostando claramente na liberalização do comércio como alavanca do desenvolvimento, na reciprocidade, na abertura dos mercados e no reforço das regras e disciplinas no âmbito da OMC, para assegurar a defesa contra práticas desleais de comércio.

A Política Comercial Comum na sua vertente externa terá de respeitar os resultados do Acordo de Marraquexe, ser transparente e funcional, permitir dinamismo, abertura do mercado e vigilância a práticas desleais, passando por uma gestão verdadeiramente comunitária ao nível da fronteira externa.

Com o Acordo de Marraquexe e a recente Conferência de Singapura, os países membros da OMC estão a participar num processo alargado de redução dos direitos aduaneiros cumprindo com o objectivo definido no Acordo de abertura generalizada dos mercados. Para tanto, acordou-se na harmonização progressiva dos direitos aduaneiros, através da consolidação geral das pautas, da redução ou eliminação dos picos pautais, da diminuição geral dos direitos em cerca de 1/3 e da diminuição ou redução e consolidação dos obstáculos não pautais, permitindo-se, deste modo, um benefício para a economia mundial bastante significativo, segundo estudos feitos pela OCDE.

As taxas consignadas na Pauta Aduaneira Comum aplicam-se apenas a cerca de 20% das trocas comunitárias, em consequência dos vários Acordos Comerciais Preferenciais celebrados entre a Comunidade e vários países terceiros, do Regime de Preferências Generalizadas e das medidas derrogatórias autónomas, consubstanciadas nos contingentes, tectos e suspensões pautais comunitários.

Estes sistemas preferenciais atribuem às mercadorias incorporadas a isenção ou redução de direitos aduaneiros, tendo em vista variadíssimos objectivos que vão desde os compromissos internacionais de apoio ao desenvolvimento dos países beneficiários, até à defesa da indústria comunitária e das suas necessidades de abastecimento, contribuindo, assim, para o aumento da força competitiva das empresas.

A participação dos Estados membros nos vários níveis do processo de tomada de decisões comunitárias, permite definir e defender, a cada momento, os interesses nacionais. Tal é conseguido quer através da fixação do âmbito dos regimes preferenciais (definição dos produtos sensíveis e não sensíveis de acordo com a perspectiva nacional), quer pela definição das regras de origem a incluir nos mesmos Acordos Preferenciais (definição das condições a que deve obedecer o processo de fabrico de uma mercadoria para aceder ao regime preferencial) quer, finalmente, pela abertura de contingentes pautais ou pelo estabelecimento de suspensões de direitos aduaneiros, que vão permitir à indústria nacional fazer, em melhores condições económicas, o seu aprovisionamento em matérias-primas, semi-produtos e componentes de que a produção comunitária é insuficiente ou nula.

13. TAXAS

A taxa, sendo uma prestação tributária que pressupõe, ou dá origem a, uma contraprestação específica, resultante de uma relação concreta (que pode ser ou não de benefício) entre o contribuinte e um bem de serviço público [20], deverá ser referida nesta sede, ainda mais após a inclusão – no projecto de acordo político de revisão da CRP entre o PS e o PSD de 1997 – do *regime geral das taxas e demais contribuições financeiras a favor das entidades públicas* nas matérias incluídas na área de reserva relativa da Assembleia da República.

De facto, em termos jurídico-financeiros, as taxas podem assumir três formas principais, consoante os seus fundamentos: i) podem resultar da remuneração de uma concreta relação com um serviço público; ii) podem resultar da remuneração pela utilização de um bem do domínio público; iii) podem resultar da remoção de obstáculos jurídicos a um comportamento de particulares.

Na globalidade a receita do capítulo 03 do Orçamento do Estado apresenta, no período 1990-1993, uma evolução bastante significativa, tendo o seu valor mais que duplicado entre 1990 e 1993. A evolução das taxas orçamentais e extra-orçamentais pode apreender-se analisando o mapa seguinte (no qual aparecem em conjunto com as receitas punitivas, que estão fora deste relatório).

---

[20] António de Sousa Franco, *Manual de Finanças Públicas*, II vol., Almedina, 1996, pág. 63-64;

TAXAS, MULTAS E OUTRAS PENALIDADES

	1990	1991	Variação percentual	1992	Variação percentual	1993
Serviço de passaportes	554529,0	473824,0	(14,55)	454086,0	(4,17)	176631,0
Serviços judiciais	802470,0	2277639,0	183,83	2959230,0	29,93	3926257,0
Serviços gerais e licenciamentos	331185,0	472638,0	42,71	541103,0	14,49	505093,0
Emolumentos do Tribunal de Contas	21415,0	22765,0	6,30	8663,0	(61,95)	17,0
Descontos nos vencimentos dos beneficiários da ADSE	5828375,0	7626418,0	30,85	8607240,0	12,86	9430010,0
Sobretaxa prevista no D.L.338/87, de 21 de Outubro	581,0	386,0	(33,56)	28174,0	7.198,96	4418,0
Adicionais	43811,0	48687,0	11,13	60798,0	24,88	85282,0
Taxas diversas	50196,0	199770,0	297,98	27990,0	(85,99)	882977,0
Juros de mora	10642961,0	9162049,0	(13,91)	9325955,0	1,79	12282770,0
Taxa de relaxe	32926,0	29010,0	(11,89)	21728,0	(25,10)	26768,0
Taxa de regularização de cheques sem provisão	99439,0	117779,0	18,44	98495,0	(16,37)	126631,0
Multas por infracção do imp. de selo	45898,0	16388,0	(64,29)	48676,0	197,02	20998,0
Multas por infracção ao Código da Estrada	12724,0	4772,0	(62,50)	1304234,0	27.230,97	3226293,0
Multas e penalidades diversas	2141576,0	1090815,0	(49,06)	1005900,0	(7,78)	999482,0
Coimas e penalidades por contra-ordenações	494705,0	600257,0	21,34	826801,0	37,74	1733089,0
TOTAL	21102791,0	22143197,0	4,93	25319073,0	14,34	33426716,0

Fonte: Conta Geral do Estado

No que se refere apenas às "Taxas" verifica-se que até 1995 a maior componente desta receita era a rubrica "Descontos nos vencimentos dos beneficiários da ADSE", cujas contribuições variaram entre 76.4% em 1990 e 59.2% em 1994. Em 1995 é a rubrica Taxas Diversas que apresenta o maior peso percentual, precisamente, 54.1%.

Também um estudo neste domínio – integrante do sistema tributário *lato senso*, pois as taxas constituem modalidades de exercício do poder tributário, relacionado com a vinculação específica do contribuinte e com o serviço público concreto [21] – é importante e está longe de se encontrar efectuado.

Por outro lado, uma certa harmonização – sem prejuízo de uma maior flexibilização das garantias, pois as taxas prendem-se com o funcionamento concreto da Administração e sua articulação com o contribuinte – deverá determinar um levantamento da situação e a preparação de um regime geral das taxas do Estado e de outras entidades públicas, o qual aplique a estas figuras tributárias as garantias do contribuinte referentes à taxa que decorram da Constituição, admitindo-se, porém, que elas podem ser menores que as do contribuinte de imposto [22].

Para além deste estudo e da preparação de um instrumento que efective as garantias dos contribuintes em articulação com o regime jurídico da taxa, importará não perder de vista que, nos Estados modernos, o recurso às taxas tem vindo a colocar problemas novos que também se verificam em Portugal, aos quais cumpre estar atento e que obrigam a reflexões profundas.

Um dos problemas é o da necessidade, perante uma convicção muito generalizada do esgotameno das capacidades contributivas e da base tributável, ocorrida nos países desenvolvidos a partir do final dos anos 70 [23], do recurso às taxas, como forma mais anestésica, oculta e mais directamente justificada pelo princípio do benefício relativo a um concreto

---

[21] Do qual é ou não beneficiário.

[22] Por exemplo, é de admitir a existência de uma formulação mais mitigada do princípio da legalidade; mas tem-se maior dúvida sobre a possibilidade de criação ou de alteração dos elementos essenciais da taxa por fonte normativa inferior à lei (Decreto-Lei ou Decreto Legislativo Regional).

[23] E é indiferente saber o que é que há aqui de convicção política real ou de influência ideológicas de correntes conservadoras liberais, pois trata-se de um ponto que tem vindo a marcar a agenda política das correntes da esquerda como das da direita, sobretudo nos países mais desenvolvidos.

vínculo entre o contribuinte da taxa e a Administração. Todas essas razões políticas implicam uma certa ressurreição da taxa, após o seu esmagamento entre o imposto e o preço que marcou a evolução dos sistemas tributários desde o início do nosso século.

Por outro lado, a figura jurídica da "taxa" – designação que aqui se usa no mais amplo sentido cobrindo-se, pois, realidades que podem ser muito diversas (sem aludir, pois, à *vexata questio* sobre o carácter bipartido dos tributos – impostos e outros, designados, por comodidade, por taxas – ou o seu carácter tripartido – lançado pela Escola dos financeiros italianos do norte, que contrapõe imposto, taxa e contribuição especial) –, cobre uma multidão de figuras em que o exercício da autoridade do Estado se liga à finalidade de obtenção de receitas sem carácter sancionatório, tais como as licenças (pagamento pela remoção de um obstáculo à actividade do contribuinte licenciado), certas contribuições especiais (resultantes de benefícios especiais à actividade do Estado ou de custos especiais para o funcionamento do Estado gerados pelo contribuinte), os direitos de mercê (prestações obrigatórias cobradas por ocasião da concessão de um benefício), os emolumentos (contribuições, pelo menos historicamente, afectas à remuneração dos trabalhadores que a prestam, constituindo como que uma remuneração obrigatória para o contribuinte e um complemento remuneratório para o funcionário), etc. Sem excluir a existência de figuras tributárias avulsas, que dependerão do regime de cada país – um exemplo típico destas é o monopólio fiscal, reconduzível quer ao imposto quer à taxa –, a verdade é que a maior parte destas prestações específicas tende a reconduzir-se ao mesmo regime jurídico da taxa, se é que não a uma idêntica natureza ou aproximada natureza económica. Pelas razões expostas a designaremos assim, sem prejudicar a possibilidade de haver outras alternativas ao conceito de taxa; e, por outro lado, a concentração na taxa de uma multidão de diferentes figuras de prestações obrigatórias poderá ser um factor adicional de intensificação do recurso à taxa e de enriquecimento e densificação do conteúdo desta receita e do seu regime.

Em terceiro lugar, a querela da gratuitidade ou do acesso remunerado aos serviços públicos renasceu com a existência de serviços públicos de massa, com a sua multiplicação e o aumento do seu custo e com os aspectos de crise do Estado social que nos Estados mais desenvolvidos têm vindo a desenhar-se. A ocorrência, entre nós, de situações desse género é paralela à de muitos países estrangeiros e o choque violento de concepções entre a defesa da gratuitidade de serviços públicos essenciais ou sociais e a necessidade de partilhar o seu custo pelos utentes, por razões de moderação do uso ou por simples escassez financeira ou ainda por critérios mutuantes de justiça social, estão na origem de alguns dos mais violentos conflitos que nos anos 80/90 têm envolvido fenómenos fiscais, por vezes, com reflexos hoje em dia. Recordemos, em Portugal, a crise das taxas moderadoras de saúde (quando era Ministra da Saúde a Dr.ª Leonor Beleza) e a crise das propinas (com os Ministros da Educação Eng.º Couto dos Santos e a Dr.ª Manuela Leite) ou a crise das portagens (com o Ministro das Obras Públicas, Eng.º Ferreira do Amaral), para se ter uma ideia de como o carácter concreto da relação entre o contribuinte da taxa e o serviço, a impossibilidade da anestesia tributária e o já referido conflito de valores entre o financiamento por solidariedade geral ou o financiamento por utentes de serviços públicos, nomeadamente de carácter social, estão na origem da delicadeza desta questão e da multiplicidade de conflitos e de tensões sociais que ela tem colocado, podendo proporcionar uma útil análise da relação entre o funcionamento dos serviços públicos e a cidadania.

Enfim, não pode deixar de reconhecer-se que a taxa – por mais que se tente confundi-la com o imposto, que não é – coloca de maneira aguda a articulação entre o princípio do benefício e o princípio da capacidade e os problemas da gratuitidade ou onerosidade na prestação de serviços do Estado, sendo certo que a gratuitidade implica sempre o financiamento pelos impostos gerais, que o mesmo é dizer por uma forma de solidariedade geral em vez da solidariedade específica e imposta pelo recurso privilegiado à taxa nos serviços públicos considerados. Recorde-se que um problema semelhante – posto em termos não individuais, mas de categorias sociais – é o que decorre da opção entre financiamento do orçamento da Segurança Social pelos impostos gerais ou pelas contribuições dos beneficiários.

Dito isto, parece importante chamar a atenção para, perante a evidente exaustão da pressão fiscal, a continuação, nos próximos anos, por razões de necessidade e por razões de justiça, do revigoramento da taxa como forma de financiamento dos encargos públicos. Nestes termos, não se propõe mais do que o estudo da estrutura das taxas em Portugal e dos problemas que coloca, e a preparação de uma lei do regime geral das taxas, nos termos já referidos.

14. O REGIME FISCAL DA SEGURANÇA SOCIAL

14.1. Financiamento da Segurança Social

A Segurança Social (S.S.) sofreu nas últimas décadas alterações significativas. O sistema que assentava na separação entre o Fundo de Desemprego e a Segurança Social foi substituído, em 1986, por um sistema de Segurança Social integrado que tornou possível a eliminação da taxa do desemprego e a fixação de uma Taxa Social Única, inicialmente de montante percentual de 35%, a suportar pelos trabalhadores e pelas entidades patronais, respectivamente em 11% e 24% (taxa esta que, pelo menos na parte respeitante às entidades patronais, se poderá configurar como um imposto). Este montante é ainda acrescido de 0,5%, destinado ao financiamento da cobertura do risco de doença profissional, suportado pelas entidades patronais abrangidas pelos regimes de previdência.

A filosofia de capitalização que caracterizava o sistema anterior foi igualmente substituída pela de distribuição.

Alargou-se o universo dos trabalhadores beneficiários do sistema de Segurança Social, passando a integrar trabalhadores do serviço doméstico, pescadores, membros do clero e associações religiosas, trabalhadores independentes não abrangidos por sistemas específicos de Segurança Social e, em certos segmentos do regime, certos grupos de trabalhadores anteriormente abrangidos pelo regime de Segurança Social da Função Pública (que, embora sujeitos ao pagamento de uma taxa para o Fundo de Desemprego, dele não beneficiavam).

A Segurança Social suporta ainda os custos das pensões e benefícios aos cidadãos de regime não contributivo, de subsídios e prestações familiares, de apoios especiais a situações específicas – v.g., sectores de actividades em reestruturação, Vale do Ave.

A tudo isto acresce o aumento de encargos provocado pelo envelhecimento da população portuguesa e pelas crises de emprego que se verificaram nas últimas décadas.

Estamos, pois, face a uma situação potencialmente contraditória: por um lado, as receitas contributivas da Segurança Social poderão, a prazo, revelarem-se insuficientes para custear novos encargos decorrentes da construção do Estado Social; por outro, a situação do mercado internacional, a necessidade de não dificultar o crescimento económico interno e de procurar não agravar as condições de competitividade das empresas nacionais no mercado interno e externo, obstam ao aumento do montante da taxa por elas suportado e pressionam mesmo os poderes públicos no sentido de baixa da taxa social única, com o previsível agravamento do financiamento público efectuado pelo Orçamento do Estado.

Foi o que se passou em 1994. A Lei n.º 39-B/94, de 24 de Dezembro, que aprovou o Orçamento do Estado para 1995, procedeu à redução, em 0,5%, da taxa de 24% suportada pelas entidades patronais. Simultaneamente, foi então aumentada a taxa normal do IVA, de 16% para 17%, tendo sida consignada à Segurança Social a receita adicional obtida com esta alteração (impropriamente designada por "IVA Social").

No capítulo " Reforma da Protecção Social" do recente Acordo de Concertação Estratégica para 1996/1999, ficou consagrado um compromisso quanto ao desenvolvimento da medida de ajustamento da taxa social única, desde que exista possibilidade de compensação da receita, com vista à criação de emprego e redução dos custos indirectos do trabalho, sem penalização dos beneficiários e tendo em conta a avaliação custo-eficácia e custo-benefício da medida.

No tocante ao trabalho a tempo parcial, aventa-se a hipótese, nesta mesma sede, de os incentivos revestirem, já em 1997, a forma de redução da taxa a aplicar nas contribuições para a Segurança Social, quer da taxa de 24% paga pela entidade patronal, quer da taxa de 11% paga pelos trabalhadores.

É, pois, necessário encontrar uma alternativa de financiamento da Segurança Social que garanta a sua sustentabilidade de forma economicamente eficiente, sem esquecer o respeito pelos princípios da equidade e solidariedade.

Neste contexto vislumbram-se três alternativas possíveis: a continuidade do recurso ao chamado "IVA Social"; o recurso a transferências orçamentais não resultantes de consignação de impostos (ou a afectação de um "cabaz de impostos"), ou a afectação de receitas provenientes de um novo tipo de imposto (eventualmente, o imposto sobre a energia, cuja criação tem vindo a ser discutida no plano comunitário ou uma contribuição social generalizada como ocorre em França).

A primeira alternativa teve carácter provisório e pontual e deverá ser abandonada. A consignação de aumentos de taxas de IVA à Segurança Social retira maleabilidade a um dos poucos impostos onde o Estado tem alguma margem de flexibilidade para fazer face a questões de regulação da procura ou a problemas financeiros. Por outro lado, torna a Segurança

Social muito dependente de um imposto cuja receita é muito sensível a variações conjunturais.

A segunda dará certamente mais estabilidade às receitas da SS que acompanharão a evolução dos principais impostos, com a flexibilização decorrente da composição do cabaz.

A terceira sob a forma de imposto sobre a energia em substituição do ISP poderá ser a forma privilegiada de financiamento da SS num futuro próximo. Não é incompatível com a segunda, caso o peso desse imposto no financiamento da SS seja mais que proporcional ao dos restantes impostos.

14.2. Outros problemas

14.2.1. *Tributação das Prestações da Segurança Social (Pensões)*

Actualmente o CIRS prevê, relativamente aos rendimentos de pensões (categoria H) que se deduza um montante bastante elevado (1 385 000$00), muito superior à dedução específica prevista para os rendimentos do trabalho dependente.

Relativamente à tributação das pensões, suscita-se, fundamentalmente, a questão de ponderar qual a filosofia que deverá presidir à actualização da dedução específica desta categoria. Dado os rendimentos dos pensionistas serem bastante distintos entre nós, e não raro muito superiores aos do trabalho dependente, uma das questões que se põe é a de saber se não será mais justo aproximar-se os dois regimes de tributação, tal como ocorria no anterior sistema e como é regra nos outros países europeus.

14.2.2. *Tributação do Fundo de Estabilização da Segurança Social e dos fundos de capitalização geridos pelo Instituto de Gestão Financeira da Segurança Social*

Nos termos da alínea e) do n.º 4 do artigo 30.º da Lei n.º 52-C/96, de 27 de Dezembro de 1996, que aprovou o Orçamento do Estado para 1997, foi concedida autorização ao Governo para rever o enquadramento fiscal do Fundo de Estabilização Financeira da Segurança Social e dos fundos de capitalização geridos pelo Instituto de Gestão Financeira da

Segurança Social, no sentido de harmonizar a sua tributação com o dos restantes fundos de capitalização.

A fundamentação desta autorização radica no facto de o tratamento fiscal dos capitais daqueles fundos ser desigual ao tratamento aplicável aos capitais dos fundos privados, que são isentos em conformidade com o previsto nos artigos 20.º e 21.º do Estatuto dos Benefícios Fiscais.

A harmonização do regime aplicável ao F.E.F.S.S. com os fundos de pensões e poupança-reforma tem vindo a ser defendida nos últimos anos, mas sem que até agora haja consenso nesta matéria.

Os defensores da equiparação dos regimes defendem que:

a) a harmonização dos referidos regimes justificar-se-ia considerando a importância dos rendimentos obtidos pelos referidos fundos no contexto das dificuldades com que se depara o Sistema da Segurança Social e dado não existirem divergências essenciais quanto às entidades em causa relativamente à respectiva natureza e funções;

b) os rendimentos de capitais obtidos pelo Fundo de Estabilização Financeira da Segurança Social não resultariam da aplicação temporária de recursos excedentários, como sucede noutros organismos do Estado, mas decorreriam da gestão, em regime de capitalização, do património que lhe é afecto, desempenhando um relevante papel na dinamização do mercado de capitais;

c) o actual regime fiscal do Fundo de Estabilização Financeira da Segurança Social subverteria o princípio de contribuição do Orçamento do Estado para o financiamento do Sistema de Segurança Social, uma vez que tem vindo a ser contribuinte líquido para o Orçamento do Estado, pela via da retenção na fonte do imposto incidente sobre os rendimentos de capitais;

d) os Fundos de Pensões e os Fundos de Pensões Reforma beneficiariam de isenção relativamente aos rendimentos gerados precisamente pelo reconhecimento da sua função específica na contribuição para as pensões e complementos de pensões de reforma.

A estes argumentos são contrapostos os seguintes:

a) as entidades previstas no artigo 8.º do CIRC, incluindo o Estado, não estariam isentas de imposto sobre rendimentos de capitais por se ter entendido que, no quadro de um princípio de transparência da política financeira do Estado, importaria que as entidades, cujo financiamento é total ou parcialmente garantido pelo OE, deveriam contribuir para as receitas quando realizam aplicações financeiras com os fundos que lhe são disponibilizados pelo Estado, porque só desta forma as contribuições do OE não seriam potenciadas pelas receitas de imposto que deixariam de ser arrecadadas;

b) a diferença de técnica tributária entre os fundos de pensões e o FEFSS seria legitimada por uma diferença importante entre eles: enquanto o funcionamento das instituições da Segurança Social obedece preferencialmente a um esquema de repartição, os fundos de pensões e os fundos de poupança reforma assentariam num esquema de capitalização, no âmbito do qual as contribuições dos participantes seriam canalizadas para aplicações, sendo os rendimentos atribuídos pelos fundos aos participantes tributados no momento da sua atribuição a estes;

c) neste contexto, em relação ao FEFSS (e outros análogos) seria preferível e mais transparente agir pela óptica da despesa do que pela óptica da receita.

14.2.3. *Cobrança coerciva das receitas e fiscalização*

Discute-se se a cobrança coerciva das receitas da Segurança Social deverá ser efectuada pela DGCI por conta da Segurança Social, mediante o pagamento de uma comissão, ou se deverá ser realizada pelos serviços da própria Segurança Social.

A favor da primeira hipótese, invocam-se vantagens dos pontos de vista da redução dos custos de cobrança, comodidade para os contribuintes, eficácia na fiscalização e nas actuações contenciosas.

A favor da segunda, entende-se que se os serviços da Segurança Social fossem suficientemente apetrechados, poderiam, de forma mais racional, proceder à cobrança coerciva dos seus créditos, evitando a existência de um elevado número de processos executivos pendentes nas Repartições de Finanças e de valores muito elevados de quantia exequenda.

De qualquer modo, uma coisa parece certa: urge encontrar formas de colaboração mais estreita entre as entidades que fiscalizam a liquidação e cobrança dos impostos e das receitas à Segurança Social. O incremento das trocas de informações, possibilitado pela recente revisão constitucional, é fulcral neste domínio.

15. TRIBUTAÇÃO LOCAL

15.1. Enquadramento geral

Tal como tem sido diversas vezes anunciado, um dos principais objectivos do XIII Governo Constitucional, é a efectivação da Reforma Fiscal nesta área. Ora, os impostos locais são uma componente bastante importante e significativa do sistema fiscal português, quer a nível quantitativo quer a nível qualitativo. Acresce que a componente fiscal das receitas das finanças locais não se limita à percepção directa da receita proveniente desse tipo de impostos, mas traduz-se, até por imposição constitucional, igualmente, na participação, por direito próprio, dos municípios nas receitas provenientes de impostos directos nacionais.

Sendo certa a importância da componente local no sistema fiscal português, a verdade é que é ainda maior a importância e o peso das receitas fiscais no sistema das finanças locais.

No entanto, actualmente, o problema das finanças locais é tanto de receita como de despesa, logo, deverá ter-se obrigatoriamente em consideração na construção do sistema não somente a futura reforma fiscal mas, igualmente, a futura reforma orçamental e das finanças locais. Em suma, a reforma financeira global do Estado.

De facto, toda esta problemática deverá ser integrada num conjunto de opções relativas ao sistema financeiro do Estado – Administração Pública, o que pressupõe opções globais que abrangem o Orçamento do Estado, os Fundos e serviços autónomos, a Segurança Social, a Administração Regional Autónoma e a Administração Local (regiões administrativas, municípios e freguesias).

Acresce que este conjunto de opções tem de se integrar na programação financeira de médio prazo e na programação de estabilidade e de crescimento a nível da União Europeia (nomeadamente o próximo programa de convergência), sem esquecer as perspectivas de evolução das próximas Perspectivas Financeiras da União Europeia e do QCA-III, em preparação na União Europeia.

Para além destas observações, salienta-se o facto de que a disciplina orçamental da União Europeia também deve ser obedecida pelo Sector Público Administrativo local, e por essas razões não se afigura razoável projectar um crescimento líquido/relativo das receitas, salvo na parte relativa às taxas, preços e receitas patrimoniais próprias das autarquias, onde se deve encorajar um maior esforço tributário.

Poderá, todavia, antever-se um crescimento bruto/absoluto, pela alteração da base de transferência fiscal (que poderá abranger impostos directos e se mostra muito dependente da evolução da tributação do património), ou, sobretudo, pela transferência de receitas estritamente decorrentes da transferência de funções e despesas do Estado para a Administração Local. Esta segunda orientação, que é o verdadeiro coração da descentralização, constitui o único núcleo viável, nos próximos anos, de uma descentralização responsável e não demagógica.

15.2. A nova lei das finanças locais

A nova proposta de Lei das Finanças Locais tem em conta algumas inovações fundamentais:

a) O compromisso constante do programa do Governo, relativamente ao aumento dos recursos afectos às finanças locais, nomeadamente mediante a revisão do quadro de atribuições e competências dos municípios e das freguesias *(Programa do XIII Governo Constitucional,* edição da Assembleia da República, página 26, n.º 5, ponto 6) "designadamente nas áreas de apoio ao desenvolvimento local e de promoção das potencialidades endógenas, do ensino e da extensão educativa, da solidariedade e do combate à exclusão, da habitação, da defesa do ambiente e do património construído, da ocupação dos tempos livres e da ocupação cultural, da segurança e da tranquilidade pública";

b) O compromisso assumido no sentido da regionalização do território do continente;

c) Os compromissos assumidos em matéria de Moeda Única, nomeadamente a existência actual de obrigações em matéria de convergência, que cobrem todo o sector público administrativo, e a disciplina futura dos défices excessivos para os países da zona do euro, constante do Pacto de Estabilidade e Crescimento, cujas directrizes políticas foram aprovadas no Conselho Europeu de Dublin em 13 de Dezembro de 1996;

d) As alterações já operadas em poderes, funções e recursos financeiros atribuídos às freguesias;

e) Obviamente, a reforma fiscal com as suas consequências sobre o sistema de financiamento das autarquias (pois tem de abranger importantes impostos locais);

f) A revisão constitucional com o reforço dos poderes dos municípios em matéria fiscal, definidos em termos que se aplaudem e que podem ser já antecipados no projecto a apresentar.

Do quanto precede julga-se necessário sublinhar os seguintes pontos práticos e imediatos:

a) A nova Lei das Finanças Locais não pode agravar o défice das autarquias locais, não pode agravar o seu endividamento, salvo na medida em que tenha contrapartida na redução do défice ou do endividamento de outra entidade do Sector Público Administrativo; tem de ter em conta as regras de contabilização do Sector Público Administrativo em confronto com o Sector Público Empresarial também a nível local; e deve instituir sistemas de coordenação, solidariedade e controlo que tenham em conta que é o défice do Sector Público Administrativo que está em causa na articulação da disciplina orçamental portuguesa com a União Económica e Monetária.

b) Assim sendo, em princípio, as novas transferências diferenciais ou marginais de receitas – nomeadamente do Estado ou de outras entidades do Sector Público Administrativo central – são desejáveis mas apenas na medida em que correspondam a necessidades de despesa resultantes da transferência de funções, atribuições e áreas de despesa; de outra maneira, aumentariam o défice do Sector Público Administrativo, pois as receitas no sector local aumentam sem haver correspondente aumento de funções, atribuições e despesa, ao passo que no sector central se mantêm os níveis de funções, atribuições e despesa e diminuem as receitas. Uma transferência unilateral (leia-se, só de receita) seria tão negativa, do ponto de vista da posição de Portugal com a União Europeia, como seria injusta uma transferência unilateral de despesa para as autarquias sem a receita correspondente. Deve, aliás, ser esse o sentido de uma verdadeira descentralização.

c) É absolutamente necessário definir um novo modelo de financiamento que, além desta conjugação global das despesas e receitas do Sector Público Administrativo e das respectivas transferências internas, considere ainda a repartição global de receitas do subsector público local pelos três subsectores de nível inferior que o deverão constituir: regiões administrativas, municípios e freguesias. Qualquer modelo que não tivesse em conta estes três níveis seria incoerente e descoordenado.

É escusado sublinhar, até pelas considerações precedentes, a importância da responsabilização e do controlo, pois, não apenas os compromissos nacionais em matéria de consolidação orçamental e controlo da dívida se estendem igualmente ao subsector local, como o recurso das entidades locais aos mercados financeiros têm uma influência decisiva na reputação e no *rating* da República, pelo que não pode ser considerada matéria indiferente ao conjunto das finanças públicas nacionais. Cada vez mais se toma evidente que, perante as restrições exteriores da União Europeia, a ideia de solidariedade passa a ter dois sentidos: não apenas o tradicional da solidariedade do Estado e o todo nacional com os municípios ou as Regiões Autónomas, por exemplo, mas igualmente a solidariedade dos municípios e das Regiões Autónomas com o Estado ou o todo nacional perante as obrigações financeiras exteriores, nomeadamente as assumidas perante a União Europeia. É uma dimensão nova que terá sido devidamente tida em conta por tantos responsáveis locais ou regionais.

15.3. Reforma fiscal e finanças locais

Para se proceder às alterações legislativas a que o Governo se propôs, é necessário proceder a uma prévia definição clara da articulação da tributação do Estado com as formas descentralizadas e com as formas paralelas de tributação. Não é possível, como já se afirmou, uma reforma fiscal que não tenha em conta a articulação das finanças do Estado com as finanças regionais e locais. A razão porque a tributação do património tem estado congelada é porque se atirou para as autarquias locais um conjunto desconexo de impostos que está irracionalmente estruturado. O diálogo com as autarquias locais sobre a revisão do seu sistema é ao mesmo tempo um diálogo sobre a reforma das finanças locais.

É, pois, necessário definir quais os impostos, se serão impostos próprios das autarquias e que participação terão elas nas receitas dos impostos nacionais. Esse é um diálogo nuclear para se pensar em reforma fiscal.

Ora, o Programa do Governo refere que: "quanto à correcção das normas da legislação tributária que mais ferem a equidade, para atingir os objectivos pretendidos, modificar-se-ão um certo número das disposições actualmente em vigor. Entre as correcções a pôr em prática para esse efeito, serão de mencionar especialmente as que incidirão sobre o IRS e o IRC e sobre o conjunto Sisa/Contribuição Autárquica/Imposto Sucessório".

Nessa sede, apontaram-se, a título de exemplo, algumas medidas como a reapreciação do conjunto de impostos constituído pela Contribuição Autárquica, pelo Imposto Sucessório e pelo Imposto Municipal de Sisa.

Pelo exposto, a necessária correcção prevista deverá ter em consideração as disfunções de distribuição a nível macro-económico, sob pena de ampliação das disparidades regionais que se pretendem, a grande custo, atenuar. Mas não só: a tributação em Imposto Municipal de Sisa e em Contribuição Autárquica, base das receitas fiscais autárquicas, suscita reparos de vária natureza na esfera micro-económica, que obrigam a rever de raíz o sistema de tributação do património imobiliário e dos rendimentos patrimoniais.

O Governo aponta claramente para a extinção da Sisa, pois é um imposto economicamente irracional e ineficiente, violador do princípio da neutralidade fiscal e, além disso, profundamente desmoralizador de todo o sistema fiscal. Será preferível conceber alternativas de tributação para os imóveis que sejam racionais e que se insiram na lógica do sistema. Desta forma pretende-se que a distribuição do encargo fiscal deixa de ser efectuada, como tem sido até agora, de um modo injusto e ao mesmo tempo ineficiente.

A Contribuição Autárquica é suportada sobretudo pelos proprietários de prédios novos, não é paga pelos prédios antigos, e outros factores de distorção são igualmente de ineficiência. Poderá pensar-se a este título, eventualmente, numa tributação acrescida de imóveis em abandono ou deficientemente explorados.

Ao nível dos impostos municipais entende-se, ainda, que além de alterações a nível da estrutura dos impostos, deverá ser incentivado o incremento das funções administrativas inerentes à liquidação dos impostos, embora não se considere adequada a transferência obrigatória para os mesmos das competências relativas à fiscalização e cobrança desses impostos.

Por outro lado, considera-se desejável o reforço do acesso dos municípios à informação que fundamenta a determinação da matéria colectável nos impostos locais, bem como o reforço das competências no domínio da participação em avaliações.

Sublinha-se, para concluir, que no âmbito da reforma fiscal haverá que ter em conta três aspectos fundamentais:

a) Além da valorização das taxas locais, poderá repensar-se o elenco de impostos locais, em termos de plena responsabilidade dos órgãos locais pela decisão sobre eles. Independentemente da correcção de mais volumosas assimetrias, este sistema é preferível em termos de responsabilidade – pois que as autarquias sofrem os efeitos das decisões que tomam – e de transparência aos sistemas de transferência baseados na solidariedade.

b) No entanto, por imposição constitucional, em virtude das desigualdades entre autarquias, deverão sempre existir sistemas de transferência baseados na solidariedade. É insensato conceber esses sistemas como transferência deste ou daquele imposto. O critério básico deve ser, antes, o de, com toda a transparência, contabilizar os encargos a financiar com a base das receitas a transferir e, depois, especificar claramente quais as transferências de qualquer natureza – obrigatórias ou facultativas, com ou sem contrapartida, etc., que se operam do Estado para as Autarquias e destas para aquele.

c) A actual participação local na tributação nacional, além das transferências de origem fiscal, que é fundamentalmente constituída por impostos sobre o património, deve ser objecto de um estudo que vá além do meramente circunstancial.

A revisão da tributação do património é, pois, matéria decisiva, sem prejuízo de, no plano tributário, dever a lei tributária ser diferente da Lei das Finanças Locais, do regime financeiro das finanças locais. Importará escolher o sistema de tributação autárquica – eventualmente em termos que assegurem uma maior participação e uma discricionariedade diferenciada dos órgãos locais – tendo em conta, tanto a sua lógica no conjunto do sistema de partilha dos encargos públicos nacionais com base nas capacidades contributivas, como os efeitos orçamentais previsíveis para as autarquias locais. Não é indiferente a possibilidade de aumento da contribuição autárquica resultante de alguns dos modelos em estudo em confronto com a situação actual e com outros modelos, bem como não poderá deixar de se considerar o efeito de substituição resultante da proposta de abolição da sisa. Seria ainda caso de pensar se o imposto sobre sucessões e doações não poderia ser, também ele, transferido para as autarquias, que assim ficariam, no seu conjunto, com a tributação do património e do rendimento da propriedade imobiliária (a ela muito ligada). A própria lógica de tributação subjacente ao Imposto Municipal de Veículos deverá ser alterada de forma a não privilegiar, como hoje acontece, os veículos usados. Num futuro próximo, deverá ser articulada com a revisão da filosofia de tributação do Imposto Automóvel.

15.4. Algumas pistas a seguir

É neste contexto que deverão ser analisadas questões como:

a) a de uma lei quadro relativa à atribuição de competências para as autarquias, de onde constem o elenco das competências próprias e de opções e os princípios fundamentais da futura Lei das Finanças Locais;

b) a forma como deverá evoluir o FEF, de modo a garantir a sua estabilidade, previsibilidade e simplificação;

c) a determinação do nível e forma de participação dos municípios na receita global do IRS;

d) endividamento e limites de recurso ao crédito por parte dos municípios;

e) reforço do acompanhamento do processo tributário gracioso relativo aos impostos municipais;

f) os critérios de determinação de tarifas de serviços prestados pelo Estado às autarquias;

g) a determinação das necessidades técnicas para desempenho de novas atribuições (vg. alargamento da Rede Informática das Contribuições e Impostos a municípios que optem por maior participação em processos de cobrança);

h) redefinição do processo de outorga de isenções de impostos autárquicos.

Por esta ligeira exposição poderá observar-se que a revisão da Lei das Finanças Locais e a reforma fiscal, além de serem indissociáveis, reagem com todas as componentes do Estado, quer sejam económico-

-financeiras, quer sejam sociais, num ambiente em grande mutação, como é o actual, em pleno alvor da terceira fase da União Económica e Monetária. Pelo exposto, é um assunto que deve ser tratado sem leviandade, sem demagogia e com um elevado sentido de Estado.

A descentralização é uma peça importante da organização do poder democrático num Estado moderno e, por acréscimo, pode gerar mais eficácia e eficiência pela proximidade da decisão relativamente aos beneficiários ou utentes e aos produtores de bens e serviços colectivos. Mas uma boa concepção teórica pode ter péssimos resultados práticos se for executada sem tino ou sem sentido de responsabilidade: por exemplo, neste caso, se não houver adequado controlo e responsabilização; se se pensar em transferir receita sem despesa e despesa sem receita; se não houver adequada coordenação, como impõe a actual política de consolidação financeira da União Europeia, ou se se não perceber que a solidariedade tem três dimensões: do Estado com as autarquias; destas com o poder central; de uns e outros no âmbito do sector público administrativo nacional.

Descentralizar é imperativo e para isso já levamos demasiado atraso. Mas mais grave do que o atraso seria fazê-lo sem competência, sem rigor ou sem responsabilidades. A melhor maneira de matar o princípio é corrompê-lo na aplicação. Pois, como diziam os romanos, *corruptio mali, malum; corruptio boni, pessimum* (a corrupção do mal dá o mal; a corrupção do bem dá o péssimo).

16. TRIBUTAÇÃO REGIONAL

16.1. O estado da questão

A distribuição de funções entre os diferentes níveis de administração e, consequentemente, também de receitas e de despesas, constitui uma das áreas mais fascinantes que, actualmente, se colocam aos cultores das finanças públicas e que exige, necessariamente, uma reflexão aprofundada.

É uma reflexão que tem sido muito pouco desenvolvida em Portugal, provavelmente na sequência da tradição jacobina fortemente centralizadora.

Não se crê que se possa abordar o tema da descentralização financeira, mesmo na sua componente mais restrita de descentralização fiscal, sem recordar que ela se integra num modelo de Estado descentralizado que o legislador constituinte consagrou de forma inequívoca, ligando a descentralização aos objectivos de participação política e de democratização.

Mas mesmo que se pretendesse fazer uma abordagem da descentralização financeira que abstraísse totalmente de qualquer consideração política ou sociológica – e essa seria uma abordagem muito redutora –, sempre haveria que ter presente o conjunto significativo de argumentos que a economia pública de raiz norte americana e, em especial, os cultores do *fiscal federalism*, vieram desenvolver a favor de uma opção pela descentralização.

Se tivermos num determinado país diferentes modelos de receita e de despesa pública é de crer, de facto, que ocorrerá um saudável efeito de competição que muito contribuirá para uma mais judiciosa afectação dos dinheiros públicos.

Porém, a dimensão territorial de Portugal e as suas características intrínsecas colocam algumas dúvidas na tarefa de edificação deste processo de competição financeira, pois é pacífico que o momento actual decorrente da eventual passagem à terceira fase da União Económica e Monetária, implica alguma centralização da decisão financeira.

No entanto, estas circunstâncias temporais não devem inviabilizar totalmente a opção por uma linha que, no futuro, será cada vez mais importante no próprio quadro da União Europeia, com as regiões a afirmarem-se como uma forma privilegiada de redução do défice democrático europeu.

Portugal, de uma certa forma, teve a possibilidade de poder conhecer em escala relativamente reduzida - a das Regiões Autónomas –, uma experiência de descentralização financeira efectiva.

Durante muitos anos, houve um grande consenso sobre a importância dessa experiência que se viria a esbater sob o efeito conjugado de lutas políticas de decisões porventura mais controversas e do renascimento do já referido pensamento centralizador jacobino.

Também não se poderá ignorar que o legislador constituinte de 1976 não se guiou por uma sólida lógica económica, tendo antes privilegiado razões de ordem histórica (a ilusão de auto-suficiência que fizera carreira cem anos antes) que o levaram a criar um modelo de atribuição de receitas sem uma clara ligação com o montante das despesas, o que viria a originar não poucas das dificuldades posteriores.

Consagrado, no entanto, na Constituição, o princípio de que as receitas fiscais cobradas nas Regiões são receitas próprias, não será possível alterar esse estado do coisas, que se traduz numa lógica de duplo benefício.

16.2. As vias a trilhar

Qual é, então, o caminho que deverá ser trilhado?

Em primeiro lugar, o de resolver claramente qual a extensão das receitas fiscais que pertencem às Regiões, dando conteúdo à referência constante dos estatutos às receitas nela cobradas ou geradas que, ao que tudo indica, deverá passar para o texto da Constituição por força do acordo de revisão celebrado entre os dois principais partidos. Nesse sentido, os serviços da Direcção do IR avançaram já com a elaboração de guias que permitirão apurar com maior facilidade quais as receitas geradas nas Regiões e espera-se que a Lei das Finanças Regionais consiga uma mais clara definição entre receitas do Estado e das Regiões em relação às diversas figuras fiscais.

O segundo e porventura mais importante aspecto é o de conseguir também tornar efectivas disposições que até agora foram letra morta, como sucede, por exemplo, com o poder tributário próprio ou a possibilidade de as Regiões adaptarem o sistema fiscal nacional às suas próprias realidades.

Crê-se, pois, que a Lei das Finanças Regionais deverá consagrar essa possibilidade de adaptação, atribuindo às assembleias legislativas regionais poderes para a efectivarem, se assim o entenderem, dentro dos limites fixados pela lei.

Naturalmente que esta adaptação não deverá ser feita em prejuízo das medidas que já foram tomadas a nível nacional em relação a alguns impostos, como o IVA, a Sisa ou o Imposto de Circulação e Camionagem.

Num processo de regionalização financeira em que parece ser determinante a crescente responsabilização dos agentes regionais, deverá também ser equacionada a possibilidade de atribuição às Assembleias Regionais da faculdade de conceder benefícios fiscais de âmbito regional.

No entanto, todas estas soluções terão de ser enquadradas num conjunto mais amplo de medidas que terão por objectivo garantir a solidez das autonomias regionais e a responsabilidade dos seus gestores financeiros.

A definição de um quadro claro de regras, que se espera que substitua a negociação casuística será, nesse aspecto, decisiva.

Nestes termos, poderão ser indicadas a título meramente enunciativo e provisório algumas opções referentes ao regime futuro da tributação regional, a saber:

a) Conservação das situações de taxas diferenciadas, que estão já consagradas em legislação nacional, em relação a alguns impostos (IVA; Imposto de Sisa; Imposto de Circulação e Camionagem, etc.);
b) Criação da possibilidade de adaptação do sistema fiscal nacional às especificidades regionais, de harmonia com o previsto na Constituição;
c) Manutenção da disponibilidade das Assembleias Legislativas Regionais da possibilidade de concretização efectiva de tal adaptação, dentro dos limites fixados na lei das finanças regionais;
d) Subordinação de tal adaptação aos princípios da solidariedade entre o Estado e as Regiões e entre estas últimas; da coerência com o sistema fiscal nacional; da legalidade; da igualdade regional; da transparência; da flexibilidade; da suficiência e da eficiência funcional;
e) Clarificação de que os poderes tributários regionais previstos na Constituição se podem traduzir quer na adaptação de impostos já existentes, quer na criação de impostos novos, incidindo sobre matérias ainda não tributadas e que não criem obstáculos à circulação de pessoas ou mercadorias;
f) Atribuição de competência às Assembleias Regionais para a criação de benefícios fiscais nas condições tipificadas na lei;
g) Confirmação da possibilidade de criação de taxas pelos órgãos de governo regional;
h) Afirmação da possibilidade de as Regiões recorrerem a serviços próprios para as cobranças fiscais, ou em alternativa aos serviços do Estado sendo, nesse caso, devida uma compensação que, no caso de não ser cobrada, deverá ser contabilizada como transferência.

IV
ESTRUTURA E ACÇÃO DA ADMINISTRAÇÃO TRIBUTÁRIA

17. A ORGÂNICA DA ADMINISTRAÇÃO TRIBUTÁRIA

17.1. Estrutura

17.1.1. *Três direcções-gerais*

A Administração Tributária integra actualmente três departamentos, com as seguintes missões:
- Direcção-Geral dos Impostos (DGCI), que é responsável pela aplicação da política e pela administração dos impostos directos e indirectos, com excepção dos direitos aduaneiros e dos principais impostos especiais sobre o consumo;
- Direcção-Geral das Alfândegas e dos Impostos Especiais sobre o Consumo (DGAIEC), à qual incumbe exercer o controlo da fronteira externa comunitária e do território aduaneiro nacional, para fins fiscais, económicos e de protecção da sociedade, e administrar os direitos aduaneiros e os impostos especiais sobre o consumo que lhe estão cometidos;
- Direcção-Geral da Informática e Apoio aos Serviços Tributários e Aduaneiros (DGITA), à qual, enquanto serviço integrado de suporte e apoio às outras direcções-gerais, compete a concepção, desenvolvimento, implementação e exploração das tecnologias de informação e comunicações.

Destas Direcções-Gerais, duas delas (DGCI e DGAIEC) caracterizam-se por serem organizações centenárias, que desenvolveram uma cultura profissional própria e que ocupam uma situação destacada no âmbito da Administração Pública; a outra, embora seja o desenvolvimento do Serviço de Informática da DGCI e do idêntico serviço da DGAIEC, é uma nova Direcção-Geral, recentemente criada no âmbito da lei orgânica do Ministério das Finanças, com características específicas, quer em virtude do "know-how" que possui no domínio das modernas tecnologias da informação, quer, ainda, por ser o suporte de apoio técnico e instrumental às outras duas, contribuindo para a racionalização e especialização dos seus processos técnicos e administrativos, bem como para a sua libertação de actividades acessórias à sua área operativa. Deve sublinhar-se que, embora de momento, a DGITA concentre apenas – e não é pouco, dado o seu carácter central em toda a estratégia de reformulação e remodelação do sistema – os serviços informáticos, ela poderá no futuro integrar outros serviços de apoio afins, comuns às duas Direcções-Gerais operativas.

Esta reestruturação – operada pelo Decreto-Lei 158/96, de 3 de Setembro –, completada pela clarificação do papel da DGAIEC no plano dos impostos especiais de consumo, possibilitou uma melhor clarificação de funções, articulação e coordenação entre os Departamentos da Administração Tributária, além de assegurar uma gestão mais eficiente e progressivamente integrada dos recursos comuns a toda a Administração Tributária, coroada pela instituição e efectivo funcionamento do Conselho de Directores-Gerais especializado para os Assuntos Fiscais (Despacho MF n.º 166/97, de 31 de Março de 1997). Note-se que a aproximação de condições estatutárias entre os trabalhadores das três Direcções-Gerais tem sido tentada pelo Governo, chocando, até ao presente, com lógicas de diferenciação puramente corporativas (assim ocorreu com a rejeição do artigo 53.º da Proposta de Lei do OE/97 na Assembleia da República).

17.1.2. *Outros órgãos*

A mesma lógica de gestão integrada e coordenada de uma só Administração Tributária, apesar de constituída por três Direcções-Gerais, preside a outras medidas que se tomaram ou estão preparadas:

A) CONSELHO ESPECIALIZADO DE DIRECTORES-GERAIS PARA OS ASSUNTOS FISCAIS

É um conselho sectorial do Conselho de Directores-Gerais, instituído pela Lei Orgânica do Ministério das Finanças. Presidido pelo Secretário de Estado dos Assuntos Fiscais, é composto pelos directores gerais da DGCI, da DGAIEC e da DGITA e pelo Chefe de Gabinete da SEAF, tendo por funções a coordenação das matérias de interesse comum às três Direcções-Gerais.

B) CONSELHO NACIONAL DE FISCALIDADE

Foi criado pelo Despacho n.º 107/97, de 25/2/1997, do Ministro das Finanças, o Conselho Nacional de Fiscalidade, órgão participativo e consultivo nos domínios da política e da administração fiscais, com as incumbências de promoção e controlo do enquadramento e harmonia do sistema tributário e aduaneiro com os princípios e normas da Constituição e da ordem comunitária, em termos de política estrutural e conjuntural. Em especial, terá ainda como mandato:

1. A elaboração de um relatório anual, até 30 de Junho, sobre a situação fiscal e parafiscal em Portugal, contendo, nomeadamente, elementos que dêem a conhecer a estrutura da fiscalidade e a evolução do seu nível, a distribuição da carga tributária, as implicações económicas do sistema fiscal e o funcionamento dos tribunais tributários e da administração fiscal;
2. A emissão de pareceres e a elaboração de relatórios sectoriais sobre quaisquer assuntos relativos à fiscalidade, por iniciativa própria ou a solicitação do Ministro das Finanças ou do Secretário de Estado dos Assuntos Fiscais;
3. A promoção, junto dos órgãos competentes, de acções que facilitem as relações entre a administração fiscal e os contribuintes bem como de medidas legislativas tendentes a tornar o sistema fiscal mais simples, económico e justo, e a administração fiscal mais eficaz;
4. A colaboração, quando solicitada, na feitura da legislação fiscal ou na elaboração de regulamentos e actos administrativos de carácter genérico.

A presidência do Conselho é atribuída ao Ministro das Finanças, que poderá delegar (permanente ou eventualmente) no Secretário de Estado dos Assuntos Fiscais, com faculdade de subdelegação, e que designará um Vice-Presidente, com mandato trienal. O seu plenário é composto por diversos directores-gerais do Ministério, com responsabilidades na área tributária ou em áreas anexas, pelo Defensor do Contribuinte, por representantes dos contribuintes e dos interesses económicos, sociais e culturais, a definir por despacho do Ministro das Finanças, designadamente:

1. Os presidentes dos parceiros sociais representados no Conselho Permanente de Concertação Social, que, se o desejarem, podem fazer-se representar;
2. Representantes de outras entidades e organizações que representem categorias de interesses económicos, sociais ou culturais designados trienalmente pelo Ministro das Finanças ou solicitados a colaborar em pareceres ou tarefas especiais no âmbito de Secções ou Grupos de Trabalho; e ainda por individualidades de reconhecida competência e mérito, científico ou técnico, em matéria tributária, ou em política económica e financeira, mediante designação do Ministro das Finanças, sendo os respectivos mandatos trienais com possibilidade de renovação. O Conselho funciona em Plenário, em Secções ou em Grupos de Trabalho e dispõe, ainda, para coordenação da sua actividade, de uma Comissão Permanente.

O Conselho tem competências para:

1. Realizar directamente, ou promover a realização através dos órgãos ou sectores presididos ou representados pelas entidades mencionadas, investigações e debates sobre as matérias de sua competência, e elaborar as conclusões correspondentes;
2. Colaborar nas acções dos demais serviços do Ministério, a solicitação destes ou por sua iniciativa, e em conformidade com os respectivos dirigentes;
3. Solicitar aos sectores e órgãos públicos e privados informações, respostas, estudos, representações e pareceres sobre as matérias da sua competência, quanto ao objecto do sistema fiscal e à política tributária;
4. Emitir pareceres sobre os projectos de leis tributárias e sobre a existência e projectos de criação de taxas estaduais, regionais ou locais e contribuições parafiscais, relativamente às quais, por natureza do seu objecto, seja ou possa ser posta em dúvida a sua qualidade de impostos, ou afectada a ordem de justa distribuição do dever contributivo;

5. Elaborar relatórios, reflexões ou sugestões sobre as linhas e caracteres gerais do sistema fiscal e sobre a relação entre as suas bases e fundamentos, o nível geral da sua efectiva adequação à ordem económica e social, e a eficácia dos serviços públicos;
6. Promover ou participar em conferências, seminários ou outros actos de divulgação da nova ordem tributária;
7. Elaborar esquemas de acção formativa relativa aos deveres e direitos fundamentais em matéria tributária e aos requisitos culturais indispensáveis para o exercício de funções ou actividades que impliquem decisão ou assunção de responsabilidades naquele contexto.

C) UNIDADE DE COORDENAÇÃO DE LUTA CONTRA A EVASÃO E FRAUDE FISCAL E ADUANEIRA (UCLEFA)

Aguarda-se a definição do estatuto jurídico da UCLEFA criada pela lei orgânica do Ministério das Finanças, no âmbito do Conselho Superior de Finanças, com o objectivo fundamental da coordenação da actividade de prevenção e repressão da fraude fiscal e aduaneira e composta por representantes de diversas instituições e serviços, do Ministério das Finanças ou do exterior, com actividades relevantes – mas descoordenadas – no domínio da luta contra a fraude e a evasão fiscal ou em domínios conexos.

17.2. Insuficiências da situação orgânica e funcional dos serviços da administração tributária

Quer em termos gerais, quer com incidência exclusiva na Direcção-Geral dos Impostos, têm sido feitos diagnósticos sobre a situação da Administração Tibutária e estudos sobre vias possíveis de resolução dos problemas existentes [24].

---

[24] *Comissão para o Desenvolvimento da Reforma Fiscal*, citado, págs. 9-54; Price Waterhouse, *Direcção-Geral das Contribuições e Impostos e Diagnóstico e Desenvolvimento dos Sistemas de Organização e Gestão*, Março de 1996.págs. 22-47. *Parecer* Prof.ª Doutora Maria da Glória Garcia solicitado pela Comissão para o Desenvolvimento da Reforma Fiscal.

Sumariam-se alguns dos aspectos genéricos que merecem maior consenso, antes de uma referência especificada e da propositora de linhas de actuação para melhorar a situação segundo um conceito estratégico de mudança[25]:

- Indefinição de objectivos, estratégias e modelos por parte dos órgãos do poder político;
- Desfasamento entre a legislação orgânica e a realidade;
- Peso excessivo da estrutura orgânica e funcional e "cultura de função pública";
- Fortes constrangimentos administrativos e financeiros, cuja resolução é difícil pela cultura do igualitarismo cego à eficiência na política estatutária da Administração Pública e pela pressão dos grupos de interesse contra tudo o que aumente a eficácia da Administração Tributária;
- Elevada afectação de recursos a actividades de reduzido valor acrescentado (v.g., imposto sobre sucessões e doações), em detrimento das essenciais;
- Ausência de relações institucionalizadas (e mesmo informais) entre as Direcções-Gerais tributárias;
- Ausência de um quadro estratégico de actuação, substituído pelo decisionismo casuístico, e falta de estruturas de elaboração de políticas e acompanhamento da sua execução;
- Inexistência de mecanismos de motivação, de definição clara de objectivos e respectiva assunção e de critérios adequados de avaliação do desempenho;
- Desajustamentos entre qualificações profissionais e funções exercidas (justificando, aqui como na Administração em geral, um estudo de análise e qualificação de funções);
- Postura mais tecnicista e legalista do que gestionária;
- Política remuneratória e de carreiras desajustada da realidade e dos mercados de trabalho, originando desmotivação, elevado número de saídas, rarefacção e envelhecimento, em particular em grupos profissionais mais qualificados;

---

[25] Cf., por todos, Fundo Monetário Internacional. Departamento de Finanças Públicas, *Portugal: Estabelecimento do Sistema Tributário,* Agosto de 1994; Price Waterhouse, *Direcção-Geral das Contribuições e Impostos e Diagnóstico e desenvolvimento dos sistemas de organização e gestão,* Março de 1996.

- Dificuldades de comunicação entre serviços e circuitos complexos;
- Elevado grau de centralização (começado a corrigir logo em 1996) e descoordenação entre níveis de decisão;
- Insuficiente qualidade na prestação de apoio ao contribuinte e deficiências na comunicação com o contribuinte;
- Informação dispersa e não atempada [26], proveniente de fontes distintas, por vezes não conciliada, conduzindo a uma ineficiência e desperdícios;
- Processos de administração/apoio logístico pouco rentabilizados e com insuficiente controlo (defeito começado a corrigir em 1996) e falta de auditorias internas;
- Sistemas de informação/informática insuficientes com prioridade para os processos de gestão do IVA e do IR;
- Significativas mudanças tecnológicas, com elevado grau de realização desde 1996, as quais vão ter impacto elevado nos procedimentos, mas sem adequado enquadramento num Plano Estratégico desenvolvido e implementado;
- Multiplicidade de estruturas e duplicação de funções, com falta de adequados meios de controlo e avaliação;
- Dificuldades de avaliação de alternativas;
- Insuficiente automatismo e falta de aproveitamento da informação existente em organismos externos, como consequência da estrutural verticalização da Administração Pública portuguesa.

Esta situação deve-se à incapacidade dos níveis políticos de decisão, desde o final dos anos oitenta, e a luta contra ela tem ocupado parte substancial do tempo e esforço dos responsáveis políticos e dirigentes em 1996 e 1997. Infelizmente, as forças de paralisia e inércia são ajudadas, na Administração Pública, pelo sempre presente travão da inveja uniformizadora e, no exterior, pelos grupos de interesses que pretendem continuar a aproveitar, na fraude, na evasão e na ausência de fiscalização, os factores de ineficácia e ineficiência da Administração Tributária.

---

[26] Em 1997 foram publicadas as *Estatísticas das Contribuições e Impostos. 1989--1992*

17.3. A Direcção-Geral dos Impostos (DGCI) – competências e dimensão

No âmbito das missões antes referidas, o principal departamento é a DGCI, cujas atribuições abrangem a administração – incluindo hoje a cobrança de 13 impostos, bem como a realização de importantes actividades relacionadas, como a negociação de convenções internacionais, a prevenção, o combate à fraude e evasão fiscais (inspecção tributária) e a justiça tributária.

O volume das receitas imputáveis à actuação da DGCI atingiu, em 1996, 2800 milhões de contos, ou seja, 75% do total das receitas fiscais.

Para corresponder às importantes missões que lhe estão cometidas, a DGCI dispõe de estruturas e meios que fazem dela, seguramente, o maior departamento da Administração directa do Estado.

Dispõe dos seguintes serviços:

- 35 direcções de serviços centrais;
- 18 direcções distritais de finanças no continente e 4 direcções de finanças nas Regiões Autónomas;
- 834 serviços locais (417 repartições de finanças e igual número de tesourarias da fazenda pública).

O seu quadro de efectivos abrange 14082 lugares repartidos pelos seguintes grupos de pessoal:

- Pessoal dirigente – 189 lugares;
- Pessoal de chefia tributária – 1046 lugares;
- Pessoal técnico de administração fiscal – 8519 lugares;
- Pessoal técnico superior e técnico – 643 lugares;
- Pessoal das tesourarias da fazenda pública – 1431 lugares;
- Pessoal técnico profissional – 555 lugares;
- Pessoal administrativo – 1216 lugares;
- Pessoal auxiliar e operário – 483 lugares.

A dotação do orçamento corrente da DGCI para 1997 é de 46,9 milhões de contos, dos quais 37 milhões (79%) se destinam a despesas certas e permanentes com o pessoal. As verbas previstas no PIDDAC atingem 4,5 milhões de contos destinados a suportar as despesas com equipamento informático e com a implementação da Rede de Informática.

17.4. Constrangimentos à actuação da DGCI

Não obstante as missões da DGCI, de crucial importância estratégica para a actividade do sector público e da sociedade em geral, bem como a sua dimensão, quer em termos orgânicos quer quanto aos recursos humanos e financeiros, o seu funcionamento continua a pautar-se conforme o modelo organizativo e as regras de gestão, de cariz burocrático, impostos à generalidade dos serviços e organismos da Administração Pública, de que resultam indesejáveis constrangimentos que limitam a sua eficácia e eficiência, designadamente:

- Ausência de estruturas adequadas à recolha e tratamento de informação legislativa e estatística de apoio à decisão e previsão orçamental ("Observatório Fiscal") e de estruturas de elaboração, avaliação e coordenação da execução *(policies)*;
- Rigidez do modelo organizativo legal, que torna difícil a adaptação das estruturas orgânicas e de pessoal às mutações constantes do meio ambiente externo e interno;
- Proliferação de carreiras com regimes diferentes quanto à estrutura e dinâmica, de que deriva uma gestão dos recursos humanos complexa e ineficaz;
- Nítido envelhecimento dos quadros devido à política de contenção de admissões que vigora para a função pública;
- Morosidade excessiva no recrutamento e promoções, em virtude da obrigatoriedade de complexos concursos mesmo quando às promoções não correspondam novas exigências em matéria de qualificações e responsabilidades, bem como da rigidez da regulamentação dos procedimentos a que está sujeita a realização dos mesmos;
- Desvalorização notória das remunerações, em especial dos quadros dirigentes e do pessoal técnico qualificado, com a consequente desmotivação e dificuldade de recrutar e reter funcionários com elevada qualificação profissional;
- Não atribuição de incentivos ao empenhamento activo do pessoal, em função da sua contribuição para a realização dos grandes objectivos fixados para a Direcção-Geral;
- Dificuldade de adaptação dos quadros de pessoal às necessidades, devido ao sistema de fixação e alteração dos mesmos;
- Incipiente autonomia orçamental, que impede uma gestão de tipo empresarial quanto à realização de despesas e à gestão do orçamento.

17.5. A Direcção-Geral das Alfândegas e dos Impostos Especiais sobre o Consumo (DGAIEC) – Competências e dimensão

Como vimos, as missões da DGAIEC são multifacetadas, na medida em que, para além da administração dos impostos indirectos que lhe estão cometidos, implicam o controlo da fronteira externa comunitária e do território aduaneiro nacional para fins que ultrapassam os especificamente fiscais.

Por isso, as suas atribuições são corolário do inter-relacionamento ao nível técnico-normativo e operativo dos seguintes subsistemas:

- O subsistema aduaneiro, que regula as trocas comerciais com países terceiros;
- O subsistema dos impostos especiais sobre o consumo, que inclui a administração dos impostos sobre o consumo do álcool e bebidas alcoólicas, dos tabacos manufacturados, dos óleos minerais e, ainda, do imposto automóvel;
- O subsistema da prevenção e repressão da fraude, que implica o tratamento central da informação, a orientação da acção e a definição das áreas de risco, comportando particularidades no seu funcionamento, que se traduzem numa relação directa e flexível do nível central com o nível periférico, bem como no funcionamento em matriz, através de equipas pluridisciplinares de intervenção, que compatibilizam valências centrais, periféricas e externas.

Para a realização das suas atribuições a DGAIEC dispõe de serviços centrais e periféricos:

- Os serviços centrais são os de apoio à gestão e os técnico-normativos específicos das áreas aduaneira, dos impostos especiais sobre o consumo e da prevenção e repressão da fraude, num total de dez direcções de serviços;
- Os serviços periféricos são constituídos pelas alfândegas, delegações e postos aduaneiros, num total de dezasseis. Os serviços aduaneiros implantados no distrito de Lisboa e do Porto foram objecto de uma organização específica por forma a atender ao elevado volume de actividade que neles se regista, a exigir um nível de coordenação intermédio relativamente às alfândegas

neles integradas. Os restantes distritos do território do continente foram agrupados em seis Alfândegas, tendo na sua dependência delegações dimensionadas à respectiva escala quantitativa e qualitativa.

O volume de receitas cobrado pela DGAIEC, em 1996, atingiu 1 011,4 milhões de contos.

A DGAIEC conta com 1653 efectivos distribuídos pelos seguintes grupos de pessoal:

– Dirigente – 58;
– Técnico superior – 268;
– Técnico – 166
– Técnico-profissional – 1081;
– Administrativo – 54;
– Auxiliar – 21;
– Operário – 5;

A dotação do orçamento para o ano de 1997 é de 6,1 milhões de contos, a que acrescem 2,2 milhões de contos por conta do orçamento de despesa com compensação em receita.

As verbas inscritas no PIDDAC atingem 265 mil contos, sem a cativação de 6%, distribuídas pelos seguintes programas:

– Melhoria da gestão da fronteira externa e da regulação das trocas para a realização do Mercado Único – 200 mil contos;
– Participação da DGAIEC no projecto de controlo das receitas do Estado – 65 mil contos.

17.6. Constrangimentos à actuação da DGAIEC

Tal como já foi referido a propósito da DGCI, também quanto à DGAIEC existem constrangimentos que limitam a sua eficácia e eficiência, designadamente:

– Uma departamentalização na área técnico-normativa dos serviços centrais que dificulta a aplicação da regulamentação horizontal dos impostos especiais sobre o consumo face à actual integração dos impostos comunitariamente harmonizados em duas direcções de serviços distintas, logo, com diferentes níveis de coordenação e de decisão;

- Ausência de uma unidade no domínio da cooperação que, de uma forma horizontal e integrada, assegure a coordenação da preparação e participação da DGAIEC nas reuniões internacionais, bem como nas acções de cooperação internacional;
- Ausência de uma unidade na área financeira relativamente ao controlo orçamental da despesa da Direcção-Geral enquanto organismo com serviços desconcentrados e dotado de receitas próprias;
- Inadequação dos pressupostos legais dos instrumentos de mobilidade interna, designadamente quanto aos critérios de delimitação de distâncias para atribuição dos subsídios de deslocação e de fixação do período máximo para deslocação temporária, que deverão ser alternados no sentido de facilitar e tornar mais flexível a sua aplicação;
- Envelhecimento dos efectivos devido à política de contenção de admissões que domina a função pública;
- Processo de concursos de ingresso e acesso excessivamente pesado;
- Carreiras que evoluem por um elevado número de categorias;
- Quadros de pessoal deficientemente estruturados por força de restrições no domínio da função pública.

17.7. Direcção-Geral da Informática e Apoio aos Serviços Tributários e Aduaneiros (DGITA)

Como já se afirmou, a Lei Orgânica do Ministério das Finanças aprovada pelo Decreto Lei n.º 158/96, de 3 de Setembro, para além de reestruturar o Ministério, criou um coerente subsistema dos assuntos fiscais, assente em três direcções-gerais, formando no seu conjunto um todo que concorre para um fim comum, consubstanciado na execução da política fiscal de forma correcta e eficaz.

A Direcção-Geral da Informática e Apoio aos Serviços Tributários e Aduaneiros (DGITA), surge como novidade na Lei Orgânica do Ministério das Finanças, enquanto organismo definido, nos termos do n.º 1 do artigo 20.º da citada lei, como tendo natureza de apoio às outras duas unidades orgânicas, nomeadamente, no âmbito dos recursos da informação.

À DGITA – dotada de natureza *"sui generis"* – compete, por um lado, apoiar do ponto de vista técnico-informático a DGCI e a DGAIEC, contribuindo para a flexibilização dos seus processos, bem como para a sua emancipação relativamente às actividades acessórias à sua "área de negócio".

Por outro lado, a DGITA concentra em si um "know-how" no âmbito das novas tecnologias que lhe poderá permitir proporcionar às restantes duas direcções-gerais importantes contributos ao nível da própria natureza do negócio.

Por fim, detém competência de natureza operativa que lhe permite operacionalizar e gerir a infra-estrutura tecnológica dos serviços, e participar na concepção, desenvolvimento, implementação e exploração dos sistemas de informação, bem como na gestão do património da informação, em suporte informático, dos serviços que apoia.

17.8 Fenómenos de evolução do sistema integrado da Administração Tributária

No âmbito do sistema integrado dos assuntos fiscais, existem diferentes competências disseminadas pelas diferentes Direcções-Gerais, que deverão ser geridas em conjunto e de forma articulada, devendo essa coordenação estar prevista na lei orgânica de cada uma das três Direcções-Gerais. A este nível, as áreas que de imediato ressaltam são as da legislação comum, informação técnica, partilha de recursos, sistemas de informação centrados nos contribuintes (que permitam acções conjuntas de fiscalização coordenadas quer pela DGCI quer pela DGAIEC).

Os aspectos práticos que pode assumir a organização que evite os constrangimentos antes apontados podem, em abstracto, sintetizar-se em três cenários distintos.

17.8.1. *Cenário 1*

Assim, como *cenário 1* podemos pensar numa evolução dentro de um quadro organizativo no domínio do Direito Público, tipo Direcção-Geral, que assegure a gestão articulada das actuais três Direcções-Gerais com base nas seguintes regras e procedimentos:

- Aproveitamento do Conselho dos Directores-Gerais para os Assuntos Fiscais, sob a égide da SEAF, onde se estabeleçam e aprovem todas as medidas relacionadas com política de pessoal e planeamento de actividades comuns às três Direcções-Gerais;

- Ao nível destas Direcções-Gerais deve ser criado um Conselho de Coordenação, constituído por dirigentes das mesmas, que teria como atribuição fundamental a concretização da estratégia informática para os assuntos fiscais, através da identificação dos vectores fundamentais de desempenho na formalização e controlo do planeamento anual da DGITA;
- O trabalho deste Conselho deveria dar expressão a contratos programa anuais entre as três Direcções-Gerais que estabelecessem de forma clara os serviços a prestar, sua calendarização, definição de padrões de qualidade, obrigações mútuas, por forma a reforçar-se a relação de parceria entre os três organismos na obtenção dos resultados pretendidos;
- A DGITA, pelas funções que lhe foram cometidas, é a organização que mais necessita de um relacionamento horizontal com os diferentes níveis hierárquicos das restantes organizações. Assim, é fundamental a constituição de equipas mistas no desenvolvimento dos seus projectos;
- Por outro lado, dada igualmente a natureza das suas funções, nomeadamente no suporte a redes de comunicações, suporte a aplicações em produção, funções de "help-desk" de utilizadores informáticos, etc., não é possível à DGITA manter, na sua articulação com os restantes órgãos quer da DGCI quer da DGAIEC, um nível de relacionamento demasiado formal, sob o risco de inoperância em caso de excessivo formalismo;
- Poderiam equacionar-se novas formas de articulação entre os diversos sectores tributários em presença (impostos directos, impostos indirectos, impostos aduaneiros).

Estas são algumas medidas que poderão flexibilizar e operacionalizar as três Direcções-Gerais no actual quadro normativo.

17.8.2 *Cenário 2*

Como *cenário 2* podemos pensar numa evolução dentro de um quadro organizativo conducente à flexibilização e diminuição dos constrangimentos do actual quadro. As actuais DGCI e DGAIEC manteriam a presente natureza jurídica dentro do quadro do Direito Público, sendo-lhes atribuída autonomia administrativa e financeira e a gestão de parte das receitas arrecadadas, recorrendo-se à DGITA como fornecedora não só dos necessários recursos ao nível das tecnologias da informação, mas também como um verdadeiro suporte à ultrapassagem de outros problemas sentidos por essas organizações, como, por exemplo, através do fornecimento pela DGITA de serviços de selecção, recrutamento de funcionários e formação técnica, entre outros.

Esta solução passava pela transformação da DGITA numa sociedade anónima de capitais públicos, de que poderiam ser detentores outros organismos públicos, como a Direcção-Geral do Tesouro, Caixa Geral de Depósitos, entre outros, constando nos seus estatutos que a actividade da DGITA se exerceria unicamente no âmbito dos assuntos fiscais do Ministério das Finanças.

Desta forma poderiam desencadear-se todos os processos na base do direito privado, podendo competir no mercado dos recursos técnicos e para além de trabalhar na área de gestão dos recursos de informação que lhe são inerentes, poderia ainda obter receitas das próprias Direcções-Gerais através da realização de serviços que lhe fossem por elas encomendados.

Esta organização deveria ter como base as receitas pelo serviço público prestado nos recursos da informação e uma dotação orçamental, mantendo o controlo da despesa face a essa dotação orçamental, podendo as verbas que venham a ser cobradas às restantes Direcções-Gerais pela execução de outro tipo de serviços constituir receitas complementares.

A fim de manter a coordenação entre os três organismos, a direcção da sociedade seria assegurada, por terem assento no Conselho de Administração, por inerência de funções, pelos Directores-Gerais dos Impostos, das Alfândegas e da Informática.

Por outro lado, dadas as dificuldades e limitações conhecidas para se proceder ao recrutamento e manutenção de técnicos de elevada craveira profissional dentro da Administração Tributária e nas Alfândegas, se fosse a DGITA a organizar os cursos de formação por encomenda, por exemplo, seria possível recrutar os formadores nas próprias Direcções-Gerais.

17.8.3 *Cenário 3*

Finalmente, como *cenário 3*, podemos pensar numa evolução dentro de um quadro organizativo no domínio do Direito Público, tipo Instituto Público.

Habitualmente, no quadro da Administração Pública quando se abordam os problemas de gestão corrente ou de estabelecimento de políticas a longo prazo, é comum falar-se nos Institutos Públicos como forma de organização alternativa para a solução destes problemas. Assim, poder-se-ia pensar na criação de um grande Instituto Público dos Assuntos Fiscais onde se pudesse efectivar a coordenação integrada das áreas de competência das três Direcções-Gerais em análise, ou, caso a DGITA evoluísse para sociedade de capitais públicos, da DGCI e da DGAIEC.

Importa, contudo, verificar se a criação de um Instituto Público, pelo quadro normativo que rege actualmente este tipo de organizações, traria ou não maior flexibilização na área da gestão, de forma a poderem distinguir-se.

Por outro lado, haveria que evitar que a transformação de duas organizações paradigmáticas para a Administração Pública, como são a DGCI e a DGAIEC, em Instituto Público conduzisse, por arrastamento, à criação de movimentos de imitação por parte de outros organismos públicos, com o risco de descaracterização do quadro normal de funcionamento da Administração Pública.

17.8.4 *Avaliação dos cenários e seu eventual faseamento*

Qualquer dos cenários apontados pode ser um ponto de partida para reflexões mais aprofundadas sobre a evolução da Administração Tributária, em particular da DGITA, na perspectiva de uma permanente melhoria na execução da política fiscal portuguesa, tendo como pano de fundo os problemas graves de competitividade com o sector privado, em termos de estatuto remuneratório oferecido aos seus funcionários, agentes e colaboradores.

Dada a importância dos departamentos acima mencionados para a obtenção dos recursos financeiros do Estado, e atendendo aos constrangimentos já assinalados, a maior parte dos quais influenciarão, também, a Direcção-Geral recém criada – a DGITA –, torna-se necessário encontrar soluções conducentes à melhoria da eficácia e da eficiência da Administração Fiscal globalmente considerada.

Neste sentido, desde logo é imprescindível actuar ao nível da macro--estrutura, visualizando-se, como se referiu, três cenários possíveis, não incompatíveis, na medida em que cada um pode servir de base para uma evolução posterior, de acordo, aliás, com a estratégia apontada pela Secretaria de Estado dos Assuntos Fiscais, de uma acção assente em pequenos passos, naturalmente inserida numa estratégia geral, com objectivos claramente definidos.

Fase 1. Evolução dentro do quadro organizativo actual, através de:
– Aproveitamento do Conselho dos Directores-Gerais para os Assuntos Fiscais, sob a égide da SEAF, onde se equacionem e proponham todas as medidas relacionadas com as políticas do sector;
– Criação de um Conselho de Coordenação, constituído por representantes dos três organismos, com competência para formular e acompanhar os planos de actividades comuns a todas ou a parte deles.
– Dotar a DGCI, DGAIEC e DGITA com leis orgânicas que lhes permitam, por um lado, ter regimes de pessoal próprios, em especial no que se refere a vínculos, carreiras, recrutamento, incentivos e escalas remuneratórias; e, por outro, maior autonomia na gestão orçamental e na realização de despesas.

Vantagens:
– Potencia, no imediato, a coordenação ao nível das actividades comuns aos três organismos;
– É de fácil implementação e não envolve encargos adicionais significativos;
– Facilita a comunicação horizontal entre os vários níveis hierárquicos dos diferentes serviços.

Desvantagens:
– Dificuldade de libertação dos normativos relativos à organização, regime de pessoal e funcionamento das direcções-gerais, dado o carácter monolítico da legislação aplicável à função pública e ao regime financeiro dos serviços e organismos do Estado.

Fase 2. A partir daqui a Fase 2 comporta, pelo menos, duas alternativas:

Alternativa a) – Unificação da Administração Fiscal num Instituto Público[27].

Trata-se, neste cenário, da criação de um grande departamento administrativo de novo tipo, na medida em que incluiria no seu seio, pelo menos, três direcções-gerais.

---

[27] Dada a indefinição actual dos novos institutos públicos, admitem-se duas alternativas típicas: com regime administrativo ou com regime empresarial.

Vantagens:
- Permite uma gestão integrada dos três organismos;
- Possibilita o aproveitamento integral de sinergias (v.g., não duplicação de serviços horizontais e legislação comum, bem como fiscalizações, formação, e recrutamentos comuns);
- Pode favorecer alguma flexibilidade no âmbito da gestão, designadamente dos recursos humanos, na medida em que torna viável a existência de regimes de pessoal que exorbitam do direito da função pública (v.g., a possibilidade de contratação segundo o direito comum do trabalho);
- Permite remunerar o pessoal dirigente ao nível dos gestores públicos.

Desvantagens:
- Estrutura de difícil desenvolvimento e mesmo gestão, pelo menos a curto prazo, devido à cultura própria de cada uma das direcções--gerais operativas;
- Permanência de constrangimentos relativos ao modelo de gestão pública, embora possam ser atenuados em alguns domínios.

Alternativa b) – Modernização das duas direcções-gerais operativas, integralmente integradas num instituto, com a transformação do departamento de apoio (DGITA) numa sociedade anónima de capitais públicos.

Vantagens:
- Libertação de parte do sistema dos constrangimentos da gestão pública, com o consequente impacto no funcionamento dos outros departamentos (novos métodos de trabalho, libertação de actividades de apoio e instrumentos e consequente reorientação dos recursos para as missões próprias);

Desvantagens:
- Diferenciação de regimes na mesma Administração;
- Possibilidade de resistências devido à inovação que representa na Administração tradicional.

Importa definir uma estratégia, a qual, na fase actual, não obriga a optar desde já por um dos cenários, mas por linhas de actuação a médio prazo que poderão – ou não – deixar liberdade de opção para escolher em definitivo entre diversos cenários, num momento ulterior da actuação programada. Estas linhas de actuação poderão contemplar, a curto prazo a criação de um Instituto de Formação Fiscal e Aduaneira, destinado sobretudo à preparação de dirigentes e técnico superiores e de um Centro de Política Fiscal e Aduaneira, sob a égide da Secretaria de Estado dos Assuntos Fiscais.

18. O COMBATE À FRAUDE E EVASÃO FISCAL [28]

18.1. Enquadramento geral

O incremento do combate à fraude e evasão fiscal e aduaneira é um dos principais aspectos da política fiscal definida pelo XIII Governo Constitucional. Sendo ponto assente que o Governo não aumentará os impostos, isto é, que no final da legislatura, a carga fiscal que não advenha de ganhos de eficiência, de recuperação de dívidas ou de alargamento da base tributária, deverá manter-se sensivelmente idêntica à existente em 1995, o programa de luta contra a fraude e evasão ganha por certo enorme relevância. Por isso ele atravessa em filigrana todo o programa da política fiscal do Governo, quer quando este se refere à melhoria da eficácia fiscal, quer quando equaciona a correcção das normas jurídicas que mais ferem a equidade, quer quando estabelece orientações de promoção da melhoria do clima de confiança entre o fisco e os cidadãos. Tal facto revela só por si que o Governo se opõe a certas teses ultraliberais, segundo as quais a evasão é um bem em si e os mercados paralelos os verdadeiros mercados.

Do mesmo modo, o objectivo de melhoria dos sistemas de prevenção e de combate à fraude é também afirmado nos dois acordos de concertação social, o de curto prazo e o de concertação estratégica.

No primeiro eram equacionadas, entre outras, medidas destinadas à melhoria dos sistemas de cobrança, de retenção na fonte, de implantação e alargamento da rede informática dos impostos, de coordenação entre os sistemas de inspecção fiscal e aduaneiro e destes com a brigada fiscal e a melhoria do sistema de atribuição e gestão do número fiscal do contribuinte.

---

[28] Este capítulo baseia-se sobretudo em comunicações do Dr. A. Carlos dos Santos, proferidas em seminários realizados em Caserta (Itália – 1996), na Brigada Fiscal (1996) e na Universidade Lusíada (1997).

No segundo propõe-se a reanálise, entre outras, das questões da declaração de património, da certificação e maior controlo das declarações dos contribuintes, da eficácia da incriminação de práticas fraudulentas, da criação de condições para uma fiscalização interna e externa mais actuante, da celeridade processual, em particular das execuções fiscais, do reforço do controlo dos entrepostos, da redefinição do número fiscal e da constituição do "dossier" do contribuinte. A modernização e informatização dos serviços, em especial, a reorganização dos de natureza inspectiva e a coordenação e articulação horizontal entre serviços, é o principal instrumento para atingir tal desiderato.

A consequência mais evidente da evasão e fraude é a financeira, isto é, a perda da receita potencial que ela envolve. A existência implícita de uma certa taxa de fraude e evasão está presente nas previsões orçamentais de qualquer país. As leis nunca são perfeitas. Os sistemas de controlo também não. E é óbvio que o decisor político não pode esquecer que também os homens não são perfeitos e a tentação da transgressão (por análise custo-benefício baseada no pressuposto do comportamento racional dos agentes, por mero jogo ou desafio, por preguiça ou desorganização, os comportamentos nem sempre são racionais... etc.) é, no plano individual, um facto (para alguns mesmo um direito) socialmente visto, de modo indulgente, como natural.

Contudo, a questão financeira não vale tanto por si própria, mas em primeiro lugar pelos efeitos sócio-económicos que dela decorrem. E estes tanto podem dizer respeito às dificuldades de construção do Estado Social de Direito como às dificuldades de diminuição sustentada do défice ou da dívida pública ou ainda do equilíbrio da balança comercial. Por outro lado, a evasão e fuga prejudicam as funções de regulação económica, quer por parte dos mercados, distorcendo a concorrência interna e internacional, promovendo uma concorrência desleal através de uma forma de subsidiação ilícita, alterando os factores de decisão económica desviados por razões fiscais, quer por parte do Estado, por quebra dos recursos financeiros disponíveis para o exercício de tal função.

A fraude não é, porém, uma mera questão económico-financeira. É, tal como a fiscalidade, sobretudo uma questão ético-jurídica e uma questão política.

No plano político, a menos que pensemos numa economia estatizada ou em estado de anarquia, onde, por definição, o Estado não estaria presente (hoje muito em voga nos discursos anarco-capitalistas), os impostos são condição de existência de uma sociedade aberta e de uma separação entre esfera política e esfera económica, uma das heranças políticas positivas do liberalismo. É essa distinção que impede quer a absorção da esfera económica pelo Estado, com a consequente eliminação da iniciativa privada ou cooperativa, quer a absorção do Estado pela esfera económica, com a consequente afirmação da liberdade como direito do mais forte. É que o mercado é também um mecanismo de poder. O mercado é também uma forma de distribuição de poder. Porém, muitas vezes, não é perfeito.

No plano jurídico, a fraude viola os princípios da legalidade e da universalidade do imposto. A evasão viola este e o da igualdade tributária. No plano ético põe em causa os fundamentos de uma sã convivência no seio de um povo e entre povos, interna e internacional, e de um modelo civilizacional baseado na afirmação da cidadania. Por isso uma reforma fiscal não pode desconhecer esse problema. A fiscalidade deve ser analisada em relação com o seu contexto e com a evolução deste. Num mundo de incertezas, fragmentações e transformações, a reforma só pode ser uma articulação estratégica de micro-mudanças, articulada com a reflexão mais global sobre a recomposição dos poderes e as transformações do Estado. Se assim não for, cede aos desígnios corporativos, às derrogações e regimes específicos, e o poder fiscal torna-se local de afrontamento, reflectindo uma refeudalização do sistema. Ténue é, neste contexto, a linha de demarcação entre neocorporativismo e democracia participativa.

Por outro lado, a fraude é propiciada pelos sistema declarativos (Duverger). É, em parte, o preço da desconcentração do sistema.

Por tudo isto o incremento do combate à evasão e fraude é um imperativo não do Governo, não do Estado, mas da sociedade nacional e internacional. Neste sentido, os louvores aos homens que conseguem evitar os impostos, os quais deveriam ser tomados como exemplos por todos os seus concidadãos ou os apelos para que os contribuintes façam prova de imaginação e de talento suficientes para escaparem às obrigações fiscais, mais não são do que formas subtis de *marketing* de consultores pagos a peso de ouro. A sua incongruência está à vista: não há relação de cidadania (e portanto não há concidadãos) numa sociedade civilmente organizada sem impostos; não há desenvolvimento equilibrado e sustentado, sem exclusão social, sem impostos. Por isso tais apelos significam na prática um voto para que Portugal se situe, no plano fiscal, numa situação fáctica de subdesenvolvimento, ainda que porventura mascarado com uma roupagem normativa de país desenvolvido, mas que manifestamente se mostra inadequada.

18.2. Os meios psicossociológicos e organizativos de combate à fraude

Mais complexa é a questão dos meios de combate à evasão e fraude. E isso porque importa estabelecer um equilíbrio praticável entre os poderes da Administração e as garantias dos contribuintes. Sendo a evasão e a fraude questões que começam a suscitar reprovação social (facto que entre nós já vai acontecendo embora com menos intensidade do que seria desejável) e reacção por parte do Estado, elas não justificam todo e qualquer tipo de reacção. Esta tem de ser equacionada tendo em conta não só a gravidade dos actos e a legitimação social, como a própria gravidade dos mecanismos de reacção.

Com que meios pode e deve reagir o Estado?

Na linha da análise económica de ALLINGHAM e SANDMO, é usual distinguir três mecanismos fundamentais de dissuasão: o aumento da severidade dos castigos (com a inerente disseminação de hábitos repressivos), o aumento da probabilidade da tributação e a redução das taxas, articulando-se os três mecanismos de uma forma mais eficiente.

A análise económica, sendo útil para a decisão é, porém, insuficiente, se partirmos da ideia que a problemática da fraude é, sobretudo, ética ou ético-jurídica (clareza das leis, menor opacidade do processo, e política – alargamento de consensos –).

Da análise económica retêm-se contudo, a ideia de que no combate à fraude se devem minimizar os custos (económicos, mas também sociais e políticos da fraude) líquidos dos custos (económicos, sociais e políticos) que a luta contra a evasão implica.

Numa outra perspectiva, poder-se-ão distinguir os instrumentos jurídicos dos instrumentos fácticos (ainda que estes possam estar enquadrados juridicamente).

Quanto a estes, eles são fundamentalmente de três ordens de natureza: financeira, organizativa e psicossociológica.

Os mais importantes são, certamente, os citados em último lugar, pois são eles que estão na base da relação entre Fisco e contribuintes, em particular os de natureza comunicacional, que influenciam a opinião pública, que sustentam os níveis de confiança, e que permitem, em última instância, transformar a questão fiscal, de mera questão financeira ou centrada na análise custo-benefício dos contribuintes ou do Estado, numa questão política por excelência.

São também estes instrumentos que permitem centrar o combate à evasão fiscal numa óptica de prevenção. O que implica coisas tão diversas como a explicação da função social dos impostos, para que servem, que bens materiais e imateriais são por eles viabilizados, demonstrando-se o que se pode ganhar e perder com redução ou com a alta de impostos; como desenvolver, por todos os meios tecnologicamente disponíveis, a informação legislativa, administrativa e estatística existentes (a simples divulgação pública das orientações e decisões administrativas é uma das formas de controlo da Administração mais eficazes); como melhorar a formação técnica e as competências sociais dos funcionários; como incrementar o recurso, ainda que dentro de condições não utópicas, à informação vinculativa; como proceder à discussão pública de projectos legislativos, ainda que com isso o processo se torne mais lento; como – e esta parece decisiva - desenvolver nas escolas, desde cedo, uma consciência cívica de uma noção de cidadania de que os impostos são por definição parte integrante; etc.

A resolução a montante dos problemas é sempre menos custosa que a sua resolução a jusante. Mas nem sempre é possível. Sobretudo porque, embora tudo o que for feito neste âmbito não caia em saco roto, os seus efeitos são mais notórios a médio prazo. E há problemas urgentes que requerem soluções a curto prazo, mesmo que transitórias ou idealmente mais imperfeitas.

A médio prazo, poderá pensar-se numa estratégia de persuasão, pela interiorização de uma conduta cívica na escola ou pela estigmatização social (a percepção do outro, o controlo pela opinião publica). Poderá igualmente pensar-se em campanhas tipo – "Peça factura", como forma de controlo do IVA cobrado pelos agentes económicos a consumidores finais.

Mas não se pode esquecer que se não houver um risco elevado para a maior parte dos comportamentos fraudulentos estes vão continuar a ocorrer.

Neste campo, o Conselho Nacional de Fiscalidade poderá, e deverá, ter um papel fundamental. Tal como a colaboração com os Parceiros Sociais e outras entidades associativas (através de Códigos de comportamento, pactos de moralização, etc.).

Os instrumentos que se situam no plano organizativo, o qual envolve os aspectos de recursos humanos, em particular os da inspecção tributária e aduaneira, os meios tecnológicos, os sistemas de informação e os aspectos de estrutura institucional e administrativa em sentido estrito, bem como os recursos financeiros, representam o sustentáculo material das políticas de prevenção e combate à evasão.

Neste campo, naquilo a que vulgarmente se chama a modernização do aparelho fiscal, joga-se a eficácia e a técnica do combate à fraude.

Sendo os recursos humanos e financeiros escassos, por natureza, os problemas de definição de prioridades ganham, neste campo, importância acrescida. Especial atenção deve ser dada à forma como se processa a passagem das formas tradicionais de sistemas de informações e de fiscalização para formas mais sofisticadas tendo por base os sistemas informáticos. Não podem ser abandonadas as primeiras, durante todo o período de transição, em nome da construção das segundas. Outra questão de relevo está no modo como se tira partido de economias de escala e das sinergias existentes entre os diversos sistemas de inspecção. A UCLEFA terá aqui um importante papel a desempenhar.

No plano organizativo, é ainda de salientar a instituição da DGITA, cuja lei orgânica será apresentada até final de 1997.

18.3. Os meios financeiros e técnicos de combate à fraude

O Governo disponibilizou em 1996 e 1997 cerca de 10 milhões de contos para a implantação da Rede Informática das Contribuições e Impostos (RICI) destinados a infraestruturas e sistemas locais e ao ajustamento de capacidade dos serviços centrais necessário para o desenvolvimento de aplicações. Durante o ano de 1996 a rede passou a abranger mais de 120 novos locais e de 1400 estações de trabalho. Durante o ano de 1997 deverá abranger cerca de 204 locais no seu conjunto e, até ao fim de 1998, 371 locais e 3260 estações de trabalho. Ao mesmo tempo, a rede informática passará a incluir as Tesourarias da Fazenda Pública, já a partir do corrente ano, as quais serão informatizadas em conjunto com as Repartições de Finanças e também os serviços aduaneiros, começando-se aí pela componente de telecomunicações. Crê-se que, no fim da legislatura, este processo esteja concluído, passando o país a dispor de uma única Rede Informática Tributária, das Tesourarias e Aduaneira (RITTA).

Mas a introdução de inovações tecnológicas com reflexos directos ou indirectos em sede de controlo não se ficaram por aí. Um aspecto muito importante é o da introdução, no IVA, do sistema de leitura óptica, o qual suporta hoje todo o esforço de recolha das declarações periódicas e meios de pagamento enviados pelos contribuintes à DGCI. Importante é igualmente o facto de ter começado a ser implantado, em articulação com o sistema de contas-correntes, a emissão de autos de notícia com base na informação relativa a infracções detectáveis automaticamente. No plano preventivo procedeu-se à comunicação aos contribuintes de erros de preenchimento verificado nas declarações.

Um aspecto crucial é o da melhoria dos sistemas de identificação dos contribuintes. Está em curso a instituição de um Cadastro Único de suporte à globalidade da acção fiscal e aduaneira. Este cadastro deverá permitir resolver os problemas que actualmente se põem quanto à identificação das pessoas colectivas, permitindo um melhor funcionamento do VIES e portanto do controlo das trocas intracomunitárias. No plano do controlo, (mas também da comodidade da relação fisco-contribuinte) deverá salientar-se o desenvolvimento do projecto Visão do contribuinte como sistema de apoio à informação de onde consta a integração de toda a informação relevante de cada sujeito passivo, superando-se assim a visão fragmentada por imposto.

A reacção da Administração Fiscal a situações de incumprimento tem vindo a ser melhorada através do desenvolvimento de um conjunto de projectos ligados à obtenção de informação relativa aos pagamentos dos contribuintes e à antecipação da notificação dos faltosos. Neste campo poderá falar-se da conta corrente virtual, do desenvolvimento de rácios e de indicadores de anomalias.

Nestes termos, torna-se imprescindível a sistematização de informação para utilização de técnicas de análise de risco, bem como o desenvolvimento de projectos dirigidos à recolha, armazenamento, processamento e divulgação de informações, dando origem à elaboração da ficha de irregularidades.

Não se pode esquecer, neste campo, a importância das funções preventivas exercidas pelos Técnicos Oficiais de Contas em favor da regularidade fiscal das declarações de impostos. É necessário que se conjuguem esforços para que esta profissão atinja a dignidade que merece, o que implica naturalmente uma participação activa tripartida: a nível da Administração Fiscal, dos Técnicos Oficiais de Contas e dos próprios contribuintes e suas associações.

O Governo terá pois todo o empenho no desenvolvimento e aperfeiçoamento das estruturas da profissão. Nestes termos, a Associação de Técnicos Oficiais de Contas irá estar representada na Comissão de Normalização Contabilística, devendo estar igualmente, presente em secções próprias do Conselho Nacional de Fiscalidade.

De acordo com a lei, será obrigatória, em 1998 a assinatura dos Técnicos Oficiais de Contas relativamente às declarações do imposto sobre o valor acrescentado e dos impostos sobre o rendimento das pessoas colectivas e das pessoas singulares, com contabilidade organizada.

18.4 Os instrumentos jurídicos

Os instrumentos jurídicos relativos ao sistema fiscal (em sentido estrito) são, no essencial, de dois tipos: normativos e de interpretação/ aplicação da lei. Os normativos, decorrentes da política fiscal, poderão ser internos ou internacionais, resultando de legislação (em sentido amplo) ou de convenções. Neste campo, um adequado sistema sancionatório e a clareza do processo e das condições para a sua aplicação são fundamentais. Devem ser utilizados para suprirem lacunas, para a resolução de novas situações de evasão ou para o estancamento das existentes, para o estabelecimento de coordenação de formas de acção, para a diminuição das margens de acção desconformes aos objectivos da lei por parte dos contribuintes e para a legitimação da repressão quando for o caso.

Os instrumentos jurídicos relativos à aplicação das leis prendem-se sobretudo com a questão da interpretação das normas fiscais, aí se suscitando a questão de saber se, e em que medida, a elisão pode ser combatida com recurso à interpretação extensiva e a uma especial consideração do elemento teleológico.

Especial atenção deverá ser dada, neste campo, à subcapitalização internacional, bem como ao número de identificação fiscal, ao regime dos pequenos contribuintes e aos isentos do artigo 53.º do CIVA, à assistência mútua, à adequação contínua do quadro legal, colmatando lacunas e insuficiências e à instituição de uma maior selectividade na concessão de benefícios fiscais. Como exemplo da intervenção nestes dois últimos aspectos poderá anunciar-se:

a) o controlo dos combustíveis para diplomatas (Portaria n.º 147/96, de 8 de Maio);

b) a introdução do gasóleo colorido para a agricultura, pesca e navegação costeira, consagrada legalmente pelo Decreto-Lei n.º 15/97, de 17 de Janeiro;

c) a adopção do corante e do marcador para o petróleo destinado a usos que beneficiem de taxa reduzida do ISP;

d) o processo, em curso, de instituição de um novo sistema de controlo de entrepostos fiscais de produção de tabacos manufacturados;

e) o controlo dos entrepostos de bebidas;

f) o desincentivo fiscal às despesas confidenciais

Por outro lado, encontram-se já constituídos, ou em fase de arranque, diversos Grupos de Trabalho, de alcance horizontal, com reflexos nesta matéria, como o Grupo encarregado de elaborar a Lei Geral Tributária, o Grupo para a reformulação das Infracções Fiscais, o Grupo dirigido à reformulação do Estatuto dos Benefícios Fiscais, bem como diversas iniciativas no sentido da reestruturação dos serviços, de que a nova Lei Orgânica do Ministério das Finanças constituíu um primeiro passo. Não deverão, igualmente, ser esquecidos os meritórios trabalhos da Inspecção-Geral de Finanças sobre os impostos especiais sobre o consumo (Imposto Automóvel, sobre os produtos petrolíferos, sobre os tabacos e sobre as bebidas alcoólicas), com múltiplas sugestões sobre o aperfeiçoamento legislativo do controlo destes impostos.

Privilegiar-se-á, no controlo dos IECS, um reforço do controlo contabilístico, da inventariação de existências (v.g., nos entrepostos), no controlo da saída efectiva, bem como na actividade de recolha de amostras para análise.

Como métodos *ex post*, reforçar-se-á o combate às facturas falsas, incrementar-se-ão as inspecções alfandegárias, nomeadamente operações de controlo de carácter imediato sobre meios de transporte ou mercadorias visando a correcta tributação e o combate aos tráficos ilícitos, bem como a inspecção a empresas.

Neste campo, será de primordial importância a constituição de uma Polícia Fiscal especialmente vocacionada para as actividades fraudulentas organizadas.

O Governo não encara, de momento, a revisão do regime actual do sigilo bancário, procurando, no entanto, usar neste domínio, as prerrogativas legais já existentes.

Todavia, se no final da legislatura se verificar que os resultados da luta contra a evasão e a fraude pelos métodos seleccionados não são satisfatórios, será talvez imperioso rever esta posição, com ou sem intervenção da autoridade judiciária na limitação ao sigilo.

Por último, tendo em consideração a globalização de mercados resultante do sistema instituído pelo *Uruguai Round,* não se deverá esquecer a perspectiva internacional, privilegiando-se o reforço da cooperação internacional, a nível comunitário e mundial, e neste campo deverá citar--se a UCLEFA, bem como a definição rigorosa e sistemática da estratégia de Portugal na celebração de convenções relativas à dupla tributação e à evasão fiscal, uma vez que este instrumento é de fundamental importância nesta sede.

ANEXO

QUADRO SÍNTESE ENUNCIATIVO DAS PRINCIPAIS ACÇÕES DIRECTAS E INDIRECTAS DE LUTA CONTRA A EVASÃO E FRAUDE FISCAIS

1. ENQUADRAMENTO GERAL

   - Prioridade a uma óptica de prevenção na actuação dos serviços;
   - Prossecução da luta contra a evasão e fraude fiscais e aduaneiras como condição de diminuição das injustiças do sistema e de alívio da carga fiscal dos contribuintes cumpridores, de eliminação de distorções de concorrência, de estancamento da quebra ilícita de receitas;
   - Tributação em IRS dos acréscimos patrimoniais não justificados;
   - Contribuição para o estabelecimento de uma concorrência sã e leal entre agentes económicos;
   - Reformulação da actividade da Comissão de Normalização Contabilística, de molde a propiciar directrizes contabilísticas cada vez mais modernas e adequadas;
   - Reanálise, entre outras, das questões da declaração de património, da certificação das declarações, da eficácia da incriminação de práticas fraudulentas, da criação de condições para uma fiscalização interna e externa mais actuante, da celeridade processual, em particular das execuções fiscais, do reforço do controlo dos entrepostos, da redefinição do número fiscal, da constituição do "dossier" do contribuinte, no quadro das formas de desenvolvimento do controlo das declarações dos contribuintes;

2. ACÇÕES NA ÁREA ADMINISTRATIVA E TECNOLÓGICA

   - Unificação dos cadastros dos contribuintes e melhoria do NIF;
   - Melhoria do suporte administrativo, humano e material;
   - Melhoria do suporte informático, com aperfeiçoamento do cruzamento de informações;
   - Garantia de uma maior articulação e coordenação entre Repartições de Finanças, Direcções Distritais, Direcções de Serviços Tributários no quadro das competências definidas pela Lei Orgânica e pelo Código de Processo Tributário, de forma a reduzir o número de informações e despachos contraditórios e a criar maior estabilidade da doutrina administrativa;

– Melhoria de procedimentos e declarações de contribuintes, nomeadamente no que respeita à documentação contabilística e sua apresentação, procurando-se criar condições para uma maior veracidade desta, de forma a possibilitar um menor recurso a critérios fiscais de determinação da matéria colectável e à simplificação do processo de rectificações de impostos, cuja liquidação dependa da declaração do contribuinte;
– Certificação pelos TOCs das declarações de impostos.

3. IMPOSTO SOBRE O RENDIMENTO DAS PESSOAS SINGULARES

– Harmonização dos elementos de conexão de territorialidade e as taxas de tributação por retenções na fonte a título definitivo, aplicáveis a sujeitos passivos de IRS e IRC não residentes em território português;
– Reformulação das normas de incidência das categorias E, F, G e I do Código do IRS, tendo em vista a definição de conceitos mais abrangentes de rendimento, o alargamento da base de incidência e a eliminação de fontes importantes de evasão fiscal;
– Tributação em IRS dos acréscimos patrimoniais não justificados;
– Fiscalização intensiva das categorias B e C;
– Mapas recapitulativos de recibos verdes;
– Melhoria dos processos indirectos de determinação do rendimento.

4. IMPOSTO SOBRE O RENDIMENTO DAS PESSOAS COLECTIVAS

– Harmonização dos elementos de conexão de territorialidade e as taxas de tributação por retenções da fonte a título definitivo, aplicáveis a sujeitos passivos de IRS e IRC não residentes em território português;
– Revisão do regime das provisões bancárias;
– Reanálise dos regimes de consolidação e do "off-shore";
– Instituição do inventário permanente de stocks.

5. ESTATUTO DOS BENEFÍCIOS FISCAIS

– Inventário e balanço dos benefícios fiscais existentes, tendo em vista, através de uma revisão do Estatuto dos Benefícios Fiscais e da legislação avulsa, a diminuição do seu número, uma filosofia que assente na ideia de que os incentivos, sendo uma despesa mais difícil de contabilizar e controlar do que as que resultam das despesas não-fiscais e um mecanismo que distorce um princípio de neutralidade, devem ter um carácter excepcional e subsidiário, sendo de evitar a sua acumulação com outros benefícios e, consequentemente, a redefinição das áreas em que se justifique a manutenção ou mesmo a criação de incentivos fiscais.

6. IMPOSTOS ADUANEIROS

- Revisão da legislação que estabelece os condicionalismos de abertura, funcionamento e controlo dos entrepostos fiscais, de forma a melhor prevenir e combater a evasão e a fraude fiscais num domínio de reconhecida sensibilidade e bastante permeável ao ilícito fiscal;
- Reorganização dos serviços tributários aduaneiros, em particular os de fiscalização e combate à fraude, com aproveitamento de recursos humanos ligados ao sector (ex-despachantes oficiais, ex-brigada fiscal, etc.), de molde a melhorar a sua eficiência e eficácia na luta contra a evasão e fraude;
- Reintrodução do selo de controlo nas bebidas e nos tabacos.

V
ELEMENTOS ESTRUTURANTES DA ORDEM JURÍDICA TRIBUTÁRIA

19. GARANTIAS DOS CONTRIBUINTES E DEFENSOR DO CONTRIBUINTE

19.1. Enquadramento

A Constituição da República Portuguesa e o Código de Processo Tributário, em vigor desde 1 de Julho de 1991 (artigo 2.º do Decreto-Lei n.º 154/91, de 23 de Março) estabeleceram um alargado conjunto de princípios gerais que devem reger a actividade da Administração Fiscal, os quais, à partida, constituem a mais sólida garantia dos direitos e interesses legítimos dos contribuintes. Não se deverá esquecer, igualmente, relativamente a esta matéria, o Código de Procedimento Administrativo, que consagrou, pela primeira vez, de um modo explícito, um catálogo exaustivo de princípios gerais que todos os órgãos do Estado e da Administração Pública devem observar "no desempenho da actividade administrativa da gestão pública", aplicáveis, naturalmente à Administração Fiscal.

Poderão enumerar-se alguns princípios enquadrantes da relação jurídica tributária [29]. O princípio da procedimentalização dos direitos tributários estabelece que o exercício dos direitos do sujeito activo da relação

---

[29] Alfredo José de Sousa, "Evolução do Contencioso Tributário: Garantias dos Contribuintes" in *As Reformas Fiscais dos anos 80 e Perspectivas de Evolução*, Seminário dos Administradores Tributários Portugueses, 1995, págs. 75-96.

tributária deverá enquadrar-se num procedimento administrativo entendido como "sucessão ordenada de actos e formalidades tendentes à formação e manifestação da vontade da Administração" (artigo 1.º n.º 1 do CPA). Por seu lado, os princípios da legalidade dos actos tributários, da igualdade e da proporcionalidade, da justiça e da imparcialidade, da certeza, segurança e celeridade, são corolários de aplicação necessária numa administração fiscal que se pretende solidária e avançada.

19.2. Garantias dos contribuintes

Para assegurar a observância destes princípios gerais o artigo 19.º do Código de Processo Tributário enuncia um leque de garantias dos contribuintes: o direito à informação; o direito à fundamentação e notificação de todos os actos praticados em matéria tributária que afectem os seus interesses; os direitos de reclamação administrativa e impugnação judicial dos actos tributários ilegais; o direito de audição e defesa nos processos de contra-ordenação fiscal, bem como de redução do pagamentos das coimas antes da instauração dos respectivos processos; o direito de oposição à execução fiscal e o direito a juros indemnizatórios por impostos indevidamente pagos ou por restituições oficiosas para além dos prazos legais, sempre que haja erro imputável aos serviços.

Sem prejuízo de se considerar que todos estes princípios são fundamentais para a instituição de um sistema fiscal eficiente e justo, poderão distinguir-se, pela sua importância relativa e pela sua abrangência, o direito à informação e o direito à fundamentação e notificação dos actos tributários. Isto não significará que os restantes sejam esquecidos, pelo contrário, serão potenciados e aplicados de forma cada vez mais vigorosa, tanto na administração tributária como na administração aduaneira, e nos mesmos termos.

O conteúdo do direito à informação vem detalhadamente concretizado no artigo 20.º do CPT. A potenciação desta garantia implica, pois, a melhoria dos canais de informação entre a Administração Fiscal e o Contribuinte, não somente nas matérias respeitantes ao processo em concreto mas igualmente à interpretação da legislação tributária. Os aspectos relacionados com os processos fiscais têm particular premência relativamente ao ordenamento jurídico aduaneiro. Além das melhorias que serão concretizáveis a nível do relacionamento directo Administração Fiscal/ /Contribuinte, através de instituição de novos serviços, ou pela remodelação do sistema administrativo actual (prosseguindo-se uma política de qualidade no atendimento ao público nos serviços fiscais e aduaneiros, de melhoria da difusão da informação estatística, legislativa e administrativa por parte da Administração, devendo, para o efeito, desenvolver-se, em termos adequados, a formação dos funcionários responsáveis, de modo a reforçar a relação de confiança com os contribuintes), o diálogo indirecto será igualmente importante, numa lógica de representação de grupos de interesses. Nestes termos, deverá reforçar-se o diálogo com as associações e entidades representativas de interesses económicos e sociais, nomeadamente através da instituição do Conselho Nacional de Fiscalidade.

No respeitante à interpretação tributária, a futura Lei Geral Tributária terá um importante papel a desempenhar, pois consolidará as orientações dominantes.

O direito à fundamentação, por seu lado, obriga a que as decisões em matéria tributária que afectem os direitos ou os interesses legalmente protegidos dos contribuintes contenham os respectivos fundamentos de facto e de direito. Os contribuintes têm direito ao conhecimento da fundamentação que será notificada com a decisão (artigo 21.º do CPT). Segundo Rui Machete[30], os objectivos do dever de fundamentação são: a pacificação; a defesa do administrado/contribuinte; o auto-controle da Administração; a clarificação e prova. Ora, todas estas vertentes serão necessariamente melhoradas através da alteração das estruturas fiscais, dotando-se a Administração Fiscal de meios técnicos e melhor organização racional do respectivo pessoal, sobretudo nos serviços de fiscalização tributária, para a recolha de elementos probatórios necessários a uma fundamentada quantificação do acto tributário, e procedimentos subsequentes.

No respeitante ao acesso à justiça fiscal, segundo os artigos 19.º alínea c) e 23.º do CPT, o direito de reclamação, impugnação, audição e oposição, enquanto garantia dos contribuintes, compreende, no que concerne ao contencioso tributário, a impugnação dos actos tributários e dos actos de fixação de valores patrimoniais, a audição e defesa no processo de contra-ordenação fiscal e recurso judicial das respectivas decisões, o recurso dos actos do chefe de repartição de finanças no processo de execução fiscal e a oposição neste processo. Neste campo, a Lei Geral Tributária deverá prever uma maior participação dos contribuintes na fase

---

[30] Rui Machete, *Estudos de Direito Público e Ciência Política*, pág. 380.

graciosa do processo, de forma a que na fase contenciosa as questões de facto estejam já estabilizadas e consolidadas. Esta medida contribuirá decisivamente para atenuar os longos períodos de litigância, reduzindo os custos quer administrativos quer para o contribuinte.

Na reforma legislativa relativa às garantias dos contribuintes deverá evitar-se quer o ultra-garantismo que leva, muitas vezes, à paralização da Administração e da Justiça Fiscal, em benefício apenas de alguns contribuintes, quer a discricionariedade da Administração que conduz igualmente ao desenvolvimento de situações de desigual tratamento perante a lei.

Finalmente, toda esta problemática deverá ser integrada, porque não destrinçável, com a reforma da justiça fiscal, actualmente em curso, quer a nível legislativo quer a nível institucional. Só assim os princípios delimitados positivamente poderão alcançar uma verdadeira aplicabilidade, pois no caso de mau funcionamento serão certamente os contribuintes os sujeitos prejudicados.

19.3. Defensor do Contribuinte

A instituição do Defensor do Contribuinte, figura criada pelo artigo 27.º do Decreto-Lei n.º 158/96, de 3 de Setembro (Lei Orgânica do Ministério das Finanças), e regulamentada pelo Decreto-Lei n.º 205/97, de 12 de Agosto, tem como objectivo a potenciação das garantias dos contribuintes de uma forma institucional e não simplesmente material ou processual.

Nestes termos, o Defensor do Contribuinte, entidade independente, juridicamente distinta da do Provedor de Justiça, logo sem qualquer prejuízo das competências deste órgão, deverá exercer a sua actuação no sentido: da garantia e do respeito dos direitos dos contribuintes e de outros cidadãos que invoquem direitos contra o Estado, representado pelo Ministério das Finanças; da melhor realização dos valores de legalidade; da boa gestão e justiça social; e do diálogo e participação dos cidadãos e dos grupos de interesses sociais com a administração fiscal.

Este órgão não terá um papel de mero figurante, pois terá a faculdade de fazer propostas e recomendações ao Ministro das Finanças e aos responsáveis do Ministério, devendo analisar as petições que sejam dirigidas sobre assuntos da sua competência e formular recomendações sobre elas. No sentido da sua operacionalidade, poderá obter de todos os responsáveis políticos e administrativos do Ministério das Finanças informações sobre o andamento dos processos.

Pelo exposto, é facilmente verificável que a instituição de Defensor do Contribuinte é, na realidade, a instituição de um órgão novo destinado a apoiar e a defender os contribuintes junto da administração tributária, dotado de um estatuto de inteira autonomia, independência hierárquica e estabilidade no exercício das suas funções, o qual é assegurado pela duração do respectivo mandato e pelo facto do mesmo não ser renovável. Esta opção vai de encontro às modernas tendências de criação de órgãos de provedoria e auditoria, independentes mas próximos da estrutura administrativa. Assim, sem prejuízo da função específica de garante dos princípios e regras fundamentais da legalidade e dos direitos do homem que cabe ao Provedor de Justiça, a actuação deste Defensor será particularmente importante para estimular e efectivar uma preocupação constante de respeito dos direitos humanos por parte da administração fiscal, reforçando a acção do Provedor de Justiça, cujo estatuto eminente e poderes prevalecentes não estão, obviamente, em causa.

Porém, e no sentido de obstar à inércia que iria corromper as virtudes deste modelo, o estatuto jurídico do Defensor do Contribuinte deverá assentar num princípio de informalidade, não devendo alterar nem influenciar as relações processuais fiscais.

Nestes termos, e em concretização do que foi anteriormente referido, o seu regime é pautado pelas seguintes características básicas: nomeação por despacho conjunto do Primeiro Ministro e do Ministro das Finanças; mandato de longa duração, ou seja, 7 anos; independência, inamovibilidade e irresponsabilidade, quer civil quer criminal; clara definição das incompatibilidades; e não confusão com os serviços administrativos do Ministério das Finanças.

A adopção deste regime, em conjugação com um regime de confidencialidade dos documentos colocados à sua disposição pelos contribuintes, fornecerá a estes a necessária confiança, essencial para uma iniciativa deste género, tornando o Defensor do Contribuinte num mecanismo auxiliar de justiça efectivo e um meio de reforço das garantias dos contribuintes.

20. LEI GERAL TRIBUTÁRIA

O XIII Governo Constitucional acentua no seu Programa a necessidade do aprofundamento do Estado-de-Direito democrático em matéria fiscal. O vector da Justiça é colocado como critério fundamentante do Direito: "mais justiça na repartição da carga tributária"; "mais equidade na tributação dos rendimentos de capital"; "alterar o Código de Processo Tributário com vista a garantir condições de independência e imparcialidade das decisões".

Na mesma orientação, o Estado-de-Direito democrático, na sua vertente de Estado-dos-cidadãos, exige uma cada vez maior participação dos contribuintes no procedimento administrativo.

A prossecução incessante, no campo tributário, do Estado-de-Direito em sentido material, implica a definição dos princípios fundamentantes do Direito tributário e a sua contínua concretização em normas jurídicas de obrigações de imposto, de procedimento, de processo, de Direito criminal, etc.

A Constituição da República, ao definir o Estado português como um Estado-de-Direito, dispôs um importante conjunto de princípios estruturais do Estado com aplicação em matéria tributária e previu, directamente, alguns princípios estruturais do Direito Tributário.

A tarefa consequente é a de desenvolver estes princípios do Estado-de-Direito em sentido material, completando-os com uma maior concretização dos princípios do Estado-de-Direito em sentido formal, na via de acrescidas garantias dos direitos dos cidadãos.

É pois, imprescindível – a exemplo do que ocorre em numerosos Estados – a instituição de uma lei geral tributária de onde constem os grandes princípios substantivos que regem a fiscalidade e uma definição mais precisa dos poderes da administração fiscal e das garantias dos contribuintes. Esta experiência não é totalmente nova no enquadramento jurídico nacional pois, antes da independência das ex-colónias, existiram duas leis gerais tributárias para Angola e Moçambique.

Note-se, porém, que quando se refere a figura da "lei geral tributária", o seu significado é exactamente esse, não devendo ficar de fora o direito tributário aduaneiro, tradicionalmente hermético e campo de investigação de iniciados. De facto, este tratamento uniforme dos dois sistemas, tradicionalmente desfasados, será uma das grandes vantagens do futuro sistema.

Na elaboração desta lei de garantias deverá, porém, partir-se do pressuposto de que não existe no nosso país um défice das garantias dos sujeitos passivos, pois o Código de Processo Tributário atingiu um grau de garantia razoável. Nestes termos, não se pretenderá fazer qualquer revolução.

Na prossecução deste objectivo, a Lei Geral Tributária deverá condensar num único diploma os princípios gerais orientadores do sistema fiscal, eliminar os canais de estrangulamento e abrir novas perspectivas ao legislador.

Nestes termos, deverá prever uma maior participação dos contribuintes na fase graciosa do processo, de forma a que na fase contenciosa as questões de facto estejam já estabilizadas e consolidadas. Esta medida contribuirá decisivamente para atenuar os longos períodos de litigância.

No contexto da Lei Geral Tributária, deverão ser estabelecidos os princípios fundamentais do Direito Fiscal Português através da sua estabilização a nível legislativo.

Nestes termos, poderão clarificar-se a nível sistémico, diversas matérias, nomeadamente: o posicionamento da Administração Fiscal perante os contribuintes; o sistema de direitos e garantias dos contribuintes; os direitos e deveres da inspecção tributária; o regime jurídico de enquadramento da norma tributária, quer estático quer dinâmico, ou seja, na sua aplicação prática; a teoria geral da relação jurídica-tributária e seus elementos constitutivos; a tipologia dos tributos e respectivo regime jurídico; a definição da obrigação principal e das obrigações acessórias dos contribuintes; o regime da responsabilidade; o regime básico da avaliação; as formas de extinção da relação jurídica fiscal e o sistema de garantias.

No entanto, o objectivo de elaboração de uma Lei Geral Tributária não poderá ser confundido com a pretensão de elaboração de uma "pequena Constituição" relativa à matéria fiscal integrada apenas por princípios programáticos. Nestes termos, a Lei Geral Tributária deverá também, sempre que possível, apresentar-se como uma lei que propicie directa ou indirectamente, a resolução de casos.

Assim, na feitura desta lei deverão eliminar-se as referências aos aspectos particulares dos impostos, optando-se, por um modelo, nesse particular, semelhante ao que existe em Espanha, Alemanha e na grande generalidade dos países que têm no seu ordenamento jurídico uma lei geral tributária.

21. JUSTIÇA FISCAL

21.1. Justiça tributária e processo tributário

Pedra de toque do cumprimento dos fins de simplicidade, eficácia e equidade de qualquer sistema fiscal é o estado da justiça tributária. Sem uma moderna justiça fiscal – entendida como o conjunto de procedimentos reguladores do exercício dos direitos de natureza tributária do Estado e dos próprios contribuintes – não se concretizam os objectivos essenciais do sistema fiscal e são os próprios fundamentos do Estado de direito que são postos em causa por uma arbitrária, porque não legalmente desejada, repartição dos encargos tributários, para além de ficarem em risco os próprios objectivos de ordem macro-económica e financeira definidos e prosseguidos pelo Governo.

O Código de Processo Tributário (C.P.T., 1991) consagrou, na esteira da reforma da tributação do rendimento de 1989 e das próprias primeira e segunda revisão da Constituição de 1976, um amplo conjunto de garantias a favor dos contribuintes, designadamente, os direitos de informação, à fundamentação e notificação, a juros indemnizatórios, à redução das coimas e à audição, reclamação, impugnação ou oposição de todos os actos da administração fiscal que firam os seus direitos e interesses legítimos.

Paralelamente, o C.P.T. reforçou de modo substancial os deveres a que a actividade tributária está vinculada, que incluem a certeza e segurança na definição das situações tributárias, a celeridade, a confidencialidade e a presunção de verdade das declarações e escrita do contribuinte, entendida como corolário do princípio da tributação do rendimento real decorrente da reforma da tributação do rendimento de 1989. O processo de execução fiscal seria igualmente alterado (anteriormente ao C.P.T, pelo próprio C.P.T. ou por legislação posterior) com o objectivo de lhe imprimir maior rapidez e eficiência, avultando a substituição do sistema de arrematação em hasta pública dos bens penhorados ao devedor pelo sistema da venda por proposta em carta fechada, a instituição da regra geral da competência territorial da repartição de finanças do domicílio do devedor e a simplificação e flexibilização do pagamento em prestações e da dação em pagamento. (Seria também em 1997 introduzida a possibilidade de extinção por compensação, mesmo já na fase da execução fiscal, das dívidas fiscais por créditos não só de natureza fiscal como de outra natureza que o contribuinte detenha perante o Estado).

O actual ordenamento processual tributário não é um sistema acabado, devendo acompanhar as mudanças do ordenamento substantivo e as alterações do meio tecnológico, económico ou judicial envolvente. Por exemplo, haverá que articular o CPT com a futura Lei Geral Tributária, com a Lei Orgânica do Ministério das Finanças e adaptá-lo aos impostos especiais sobre o consumo geridos pela DGAIEC. Por isso, o Governo criou a Comissão de Estudo e Análise da Regulamentação do Processo Fiscal, que tem justamente por missão preparar e propor os aperfeiçoamentos indispensáveis ao actual processo tributário.

Questão fulcral para os objectivos do sistema fiscal é a da qualidade da justiça fiscal. Sem ela, as vastas garantias dos contribuintes consagradas no C.P.T. ficam sem conteúdo efectivo. Sem ela, o Estado não logra cobrar parte substancial dos seus créditos, em prejuízo dos contribuintes que cumprem pontualmente as suas obrigações fiscais. Sem qualidade da justiça fiscal, fica impune o sistemático incumprimento das obrigações tributárias por contribuintes relapsos.

Com efeito, de que serve consagrar os mais amplos fundamentos dos direitos de reclamação graciosa ou impugnação judicial se o prazo para a sua resolução se alargar muito para além de qualquer limite razoável? Igualmente, a simplificação da tramitação da execução fiscal não obtém qualquer resultado se o desempenho das tarefas da justiça fiscal não for adequado. Do mesmo modo, o agravamento das sanções de natureza tributária nada vale se não for coroada de êxito a tarefa da sua investigação e descoberta. Grande parte das dificuldades que o sistema fiscal vem enfrentando deve-se ao facto de a justiça fiscal não ter atingido o grau de qualidade – incluindo a eficácia e celeridade – que lhe é exigível de acordo com os padrões de uma administração fiscal moderna.

Assim, enquanto não for completada a reestruturação da justiça fiscal não só as garantias dos contribuintes consagradas no C.P.T. continuarão na prática aquém do que é desejável num verdadeiro Estado de direito, como, não raro, certas categorias de contribuintes continuarão a utilizá-las, como expedientes dilatórios.

21.2. Justiça tributária e procedimentos graciosos

21.2.1. *A necessidade das Comissões de Revisão*

Os actos tributários – o que é uma característica que os distingue dos comuns actos administrativos – têm a natureza de actos de massa, por serem praticados em grande quantidade pelos serviços da administração fiscal. Não surpreende, assim, que um número relativamente substancial de liquidações padeça de erros, em boa parte imputáveis ao próprio contribuinte, por preenchimento incorrecto das declarações. O número de erros nas liquidações pode ser substancialmente reduzido, mas não completamente eliminado.

Os referidos erros são frequentemente de fácil reparação por via administrativa, sem que seja absolutamente indispensável o emprego da via judicial, que é onerosa para o contribuinte, e mesmo quando funciona bem é sempre mais lenta do que o procedimento administrativo e implica pesados custos de transacção. Mesmo que os actuais tribunais tributários funcionassem com as desejáveis eficácia e celeridade, não seria recomendável a solução de os asfixiar com bagatelas fiscais, que, embora pressuponham um qualquer conflito, não têm verdadeira dignidade jurisdicional.

Por outro lado, em caso de mera divergência na quantificação da matéria tributável, é recomendável que o recurso à via judicial só se efectue após o esgotamento do meio preliminar de composição de interesses entre a administração fiscal e o contribuinte, que é actualmente a reclamação para as comissões de revisão nos termos do C.P.T.. Essa é a melhor solução que encontramos nos mais avançados ordenamentos processuais.

21.2.2. *As Comissões de Revisão Corporativas e suas insuficiências*

Algumas questões, porém, se levantam à volta das comissões de revisão. A tradição da tributação segundo o lucro normal, reafirmada pela reforma de 1929, conheceu a sua primeira oposição em termos de política tributária, quando a reforma de 1958-65 tentou europeizar a relação jurídico-tributária com a introdução do lucro real.

Mas essa introdução só seria possível com a criação de um sistema de fiscalização muito mais agressivo e eficiente que aumentasse radicalmente o grau de conhecimento pela Administração da situação real do contribuinte e permitisse a não aceitação das declarações falseadas.

Mas os maus hábitos criados à administração pela tradição da solução autoritária dos conflitos levou a que, a breve trecho, e apesar dos protestos do Prof. Teixeira Ribeiro (in *A Contra Reforma Fiscal,* 1969) se voltasse ao *status quo ante.*

E concederam-se, assim, a órgãos da justiça administrativa onde os contribuintes estavam representados ao modo corporativo – as comissões de revisão – poderes para decidir sem recurso em todas as questões de quantificação.

A administração podia assim tomar decisões inapeláveis, decisões subtraídas ao controlo judicial, pois uma doutrina baseada na infalibilidade administrativa nas chamadas questões técnicas – resumida na expressão de que não fazia sentido substituir decisões problemáticas da Administração por outras ainda mais problemáticas dos tribunais – dispensava o reexame judicial das decisões.

Tudo isto apoiado num conjunto de princípios que impossibilitavam quase sempre o conhecimento judicial dos litígios, excepto quando se tratava de puras questões de qualificação.

Primeiramente, porque se presumia que o acto tributário era legal, cabendo ao contribuinte provar o contrário. Segundamente, porque não havia recursos sobre questões respeitantes à discricionariedade técnica, à excepção dos problemas processuais. Finalmente, porque os códigos proibiam que os recursos fossem além da preterição das formalidades legais.

E por isso quase não havia modo de julgar sobre o bem ou mal fundado das decisões administrativas sempre que estas atingiam a zona decisiva da quantificação do imposto.

Ou seja, a estrutura orgânica das comissões e os limites legais à possibilidade de recurso criavam uma administração autoritária no sentido de administração paternalista: as taxas eram baixas e as injustiças raras (a fraude e a evasão toleradas e frequentes): mas o que a Administração decidia, estava decidido.

Não admira por isso que tais comissões, onde o contribuinte nem sequer podia defender pessoalmente a sua causa ou escolher directamente o seu representante, não se apresentassem perante este como estando dotadas do mínimo exigível de imparcialidade e independência e por isso estivessem inteiramente por legitimar.

O problema central não era o facto de as comissões serem compostas maioritariamente por membros da Administração fiscal. Recorrendo ao direito comparado vemos que os *comissioners* que no Reino Unido resolvem grande parte dos litígios são membros da administração fiscal.

O problema central está, pois, na distância entre a Administração e o contribuinte, na sua dificuldade em ouvir com humildade antes de decidir com autoridade e de forma que convença o contribuinte.

Nestes termos, se as comissões estiverem marcadas por um défice de legitimidade irá, necessariamente, surgir a tendência para a não aceitação das suas decisões por parte do contribuinte e estas perdem importância como filtro pré-judicial que deveriam ser.

21.2.3. *O actual modelo das Comissões*

Com o Código de Processo Tributário as clássicas comissões corporativas com a representação profissional do contribuinte, que os Códigos do IRS e do IRC teimaram em manter, passaram a ter a concorrência das comissões onde o contribuinte podia pleitear directamente: em pessoa ou através de um seu representante.

O pecado original destas comissões era serem presididas pelo director distrital de finanças ou um seu representante em vez de se caminhar para a nomeação de funcionários qualificados, apoiados por peritos independentes, quando necessário, que tenham essa tarefa em exclusivo.

A sua indispensável função de convencimento do contribuinte exige que sejam reforçadas a sua independência e a sua transparência: nomeação de funcionários qualificados em dedicação exclusiva, criação de regras de funcionamento que impeçam a chicana, reforço da fundamentação nos casos em que o contribuinte não aceita a decisão.

A necessidade de lhe conferir transparência e legitimidade deveria também levar a que nos casos em que o imposto em litígio ultrapassasse certas quantias elas fossem presididas por um entidade estranha à DGCI: e a melhor hipótese seria o representante do Ministério Público junto dos tribunais fiscais, como medida destinada a legitimar as comissões e a reduzir o número de recursos para os tribunais fiscais.

21.2.4. *As vias da Reclamação Graciosa e da Impugnação Judicial. Novos desenvolvimentos*

Nesse sentido, e apesar deste estado de coisas, o actual ordenamento jurídico-tributário consagra, como meios alternativos de reacção contra o acto tributário de liquidação à escolha do contribuinte, a reclamação graciosa e a impugnação judicial, embora seja obrigatório o recurso para a comissão em questões de quantificação. A utilização, em vez da via judicial, do meio gracioso de reclamação, não prejudica a possibilidade de, posteriormente, o contribuinte impugnar o indeferimento expresso ou tácito da reclamação. O actual ordenamento processual tributário incentiva, assim, em caso de não se prever a emergência de um verdadeiro litígio, a utilização da via graciosa em detrimento da impugnação judicial, não significando a utilização da via graciosa qualquer preclusão do direito de ulterior impugnação judicial.

O actual sistema revela-se adequado, desde que efectivamente as reclamações graciosas sejam resolvidas em prazo razoável e que as decisões da administração mostrem que se cumpriu o dever de imparcialidade que sobre ela impende. É incompatível com a natureza simples, rápida e informal da reclamação graciosa, o protelamento até há pouco verificado por largo período de tempo da sua resolução, em prejuízo dos contribuintes ou da própria administração fiscal, neste último caso quando, por esse motivo, a execução fiscal for suspensa nos termos do C.P.T..

Tal como é incompatível com uma administração que não saiba distinguir entre as legítimas razões de queixa do contribuinte e as reclamações que constituam pura chicana processual.

A descentralização do poder de resolução de reclamações graciosas em escalões inferiores da cadeia hierárquica da administração fiscal nos casos mais simples, a informatização das repartições de finanças de modo a que tenham acesso a toda a informação relevante para a solução das reclamações, designadamente através da extensão da Rede Integrada da Informática Tributária e Aduaneira (RITTA), e a própria formação dos funcionários, são as medidas que vêm sendo tomadas para pôr cobro aos atrasos na resolução das reclamações graciosas e que devem continuar a ser desenvolvidas.

O seu sucesso exprime-se já no movimento dos processos de reclamação graciosa de 1996. O saldo reduziu-se de 61.262 para 46.443, com inversão da tendência de acumulação das reclamações graciosas por resolver, que se vinha acentuando designadamente após a reforma da tributação do rendimento de 1989. Para 1997 vem prevista uma redução em 10 por cento dos saldos dos processos de justiça fiscal de natureza administrativa.

No âmbito das comissões de revisão da matéria tributável previstas no C.P.T., apesar das suas disfunções inatas acima referidas, vêm-se registando igualmente sensíveis progressos que se manifestam não apenas no período relativamente curto – 3 ou 4 meses – de resolução, como na elevada percentagem de processos concluídos por acordo entre o contribuinte e a Fazenda Pública, que atinge actualmente os 40 por cento. As alterações agora introduzidas no C.P.T. no sentido de reforçar a garantia da imparcialidade da decisão das comissões de revisão, atribuindo a presidência a um funcionário agindo com independência técnica, e as que se seguem com a introdução em casos de maior complexidade técnica da figura de um perito independente escolhido peias partes (de acordo com o n.° 2 do artigo 52.° do Orçamento de Estado para 1997) vão certamente reforçar o papel das comissões de revisão de composição pré-judicial dos litígios. Na verdade, as medidas em causa podem contribuir substancialmente para uma maior legitimação das comissões de revisão perante os contribuintes e uma utilização mais adequada e racional desse instrumento pré-contencioso.

Enfim, a instituição, em curso, do Defensor do Contribuinte, entidade não pertencente à cadeia hierárquica da administração fiscal, mas que intervém ainda na fase graciosa, é susceptível de actuar como mais um importante filtro pré-judicial e como um reforço da confiança dos contribuintes para uma solução atempada dos seus problemas, que lhes evite o recurso à via judicial.

21.2.5. *A importância da informação ao contribuinte*

Os direitos do contribuinte perante a administração fiscal não se reduzem aos da reclamação ou recurso. Avulta, designadamente pela importância de que se reveste nas sociedades modernas, o direito à informação. É fulcral o acesso do contribuinte não só aos dados sobre a sua concreta situação tributária, como à vasta massa de normas internas da administração fiscal respeitante ao exercício dos seus direitos de natureza tributária.

Outra das prioridades do Governo consiste, assim, em disponibilizar aos contribuintes, através inclusivamente dos meios tecnológicos mais modernos, a informação de que carecem para o cumprimento das suas obrigações fiscais, como é o caso da recente instalação via INTERNET de um serviço de informações fiscais de carácter geral.

Outro dos aspectos em que necessariamente se deve traduzir a melhoria da actuação dos serviços de justiça fiscal é uma mais correcta fundamentação de facto e do direito dos actos em matéria tributária, possibilitando ao contribuinte o exercício integral das suas garantias e impedindo, em benefício da Fazenda Nacional, que os referidos actos possam ser judicialmente anulados por vício de forma pelos tribunais tributários. Uma melhor fundamentação traduz-se também num reforço da legitimação da administração fiscal perante os contribuintes, que é uma condição de sucesso da acção de justiça fiscal. Importa ainda nesta perspectiva assegurar uma mais efectiva participação dos contribuintes na formação das decisões da administração fiscal que lhes digam respeito. A administração fiscal deve criar as condições para que, antes da decisão, possam prestar os esclarecimentos que desejem sobre a sua situação tributária, sem que o facto deva protelar o acto de liquidação, sujeito a rigoroso prazo de caducidade.

21.3. Justiça tributária e tribunais tributários

Outro dos aspectos que merece a maior atenção de um diagnóstico sobre o estado da justiça tributária é o da actual situação dos tribunais tributários, especialmente dos tribunais tributários de 1ª. instância. O Tribunal Tributário de 2ª Instância foi, por iniciativa do Governo, extinto e substituído pelo Tribunal Central Administrativo que, ao contrário do primeiro, não é administrado pelo Ministério das Finanças mas pelo Ministério da Justiça, reunindo simultaneamente competências nos âmbitos administrativo e fiscal.

Um enquadramento histórico é, porém, necessário. Do ponto de vista orgânico, antes da publicação do Estatuto dos Tribunais Administrativos e Fiscais (1985), os juízes fiscais tinham uma excessiva ligação com a DGCI o que, mesmo quando não afectava a sua independência, não podia deixar de afectar a sua imagem.

Só após a publicação do ETAF os tribunais administrativos passaram a ser preenchidos com magistrados de carreira, mas ainda assim verificou--se um facto bastante negativo: o ETAF previa que, antes do acesso a esta carreira especializada, num área mal dominada pelos juristas sem experiência específica nestas zonas, houvesse para estes magistrados uma preparação especializada.

Ora, é sabido que a profissão jurídica no seu conjunto tem tido dificuldade em se adaptar às necessidades da especialização e isso reflecte-se na carreira dos magistrados que circulam entre os mais diversos tribunais sem qualquer esforço de formação prévia.

E foi isso que se passou nos tribunais administrativos e fiscais onde a escolha dos juízes para a primeira instância não teve lugar mediante concurso onde seria apresentado um trabalho sobre um tema administrativo e ou fiscal ou um curso de especialização no Centro de Estudos Judiciários, tal como previa o ETAF.

O preenchimento dos lugares em tribunais fiscais por juízes sem preparação prévia não pode, assim, ter deixado de ter más consequências para o trabalho que lhes ia ser exigido, em especial quando depois da reforma fiscal de 1989 desapareceram todas as barreiras existentes para o recurso aos tribunais fiscais e estes ficaram submersos com impugnações sobre a quantificação dos impostos.

Recursos cujo conhecimento de mérito exige o domínio de matérias (ou pelo menos um conhecimento mínimo) como a contabilidade e o seus princípios.

A entrada desta forma realizada nos litígios fiscais – com as conhecidas especialidades da área fiscal – pelos novos juízes dos tribunais fiscais que só foram adquirindo preparação técnica depois de tomarem posse dos seus lugares, não pode ter deixado de se projectar em consequências negativas: ou no tempo necessário para tomar decisões ou na qualidade destas.

Os tribunais viram-se assim submersos com processos de elevada complexidade ou por vezes com bagatelas fiscais (o que foi agravado pelo fim das alçadas) mas sempre com um número excessivo de litígios que não conseguem resolver em tempo útil. Sem conseguirem desempenhar a sua tarefa mais nobre: definir os princípios fundamentais das relações administração-contribuintes e contribuir para uma situação de equilíbrio entre os poderes de que a Administração necessita para desempenhar as suas tarefas e os direitos dos contribuintes.

Actualmente, os tribunais tributários de 1.ª instância, numa solução porventura controversa mas que apresenta inequívocas vantagens a par de alguns inconvenientes, são auxiliados no exercício das suas atribuições por funcionários da Direcção-Geral dos Impostos. São também do Ministério das Finanças os meios logísticos afectos ao funcionamento dos referidos tribunais. Este estado de coisas só poderá ser alterado a longo prazo, pois qualquer alteração no curto e médio prazo seria inexequível porque irrealista.

Os tribunais tributários de 1.ª Instância apresentam, no entanto, carências diversas, por vezes quase ancestrais, supracitadas, que dizem respeito à insuficiência de instalações condignas e do adequado equipamento informático, bem como de um corpo de pessoal técnico-tributário afecto exclusiva e duradouramente às funções. Realce tem a necessidade de, para garantia da imagem de independência dos tribunais tributários de 1ª. instância, as suas instalações funcionarem fisicamente separadas de quaisquer serviços da administração fiscal, o que até agora ainda não acontece na maioria dos tribunais tributários de 1ª instância do país. Também não se revela adequada a situação de facto que se vive em vários dos tribunais tributários de 1ª instância, que é a afectação dos mesmos funcionários simultaneamente a funções dos referidos tribunais e a funções de justiça fiscal nas direcções distritais de finanças. Deve ser plenamente visível aos olhos dos cidadãos a plena separação entre a administração fiscal e o órgão independente que é o tribunal tributário de 1ª. instância. Nestes termos, independentemente da necessidade de reduzir o número de processos que aflui aos tribunais fiscais, há que tomar medidas para aumentar a sua funcionalidade.

Não faz sentido ter tribunais especiais para questões fiscais (com a quebra da regra da competência universal do juiz comum) se não estiverem providos com magistrados com especial qualificação nesta área e preparação, que deve ser uma condição prévia para o exercício de funções.

E a necessária preparação deve ser obtida antes da ocupação de lugares.

Além disso deverá ser revista a situação dos representantes da Fazenda Pública junto dos tribunais fiscais, que deveria ser articulada com o trabalho das comissões de revisão. E deve pensar-se na criação de uma ligação institucional entre representantes da Fazenda Pública e o Ministério Público.

A dupla representação do Estado nos tribunais fiscais tem que ser reponderada, uma vez que a Administração pública está também sujeita ao princípio da legalidade que deve defender. Primeiro porque é fonte de alguma controvérsia jurídica e, em segundo lugar, porque em muitos casos funciona contra o contribuinte por alongar desnecessariamente os prazos de decisão.

Certas questões organizativas – quadro de pessoal para os juízes, poderes disciplinares destes – também devem ser resolvidas.

A regulamentação excessivamente complexa dos recursos, com um regime para cada imposto, e o número muito elevado de preclusões por razões processuais também têm que ser reexaminados.

Mas nesta área está ainda por fazer o levantamento exaustivo dos problemas.

Tem sido, no entanto, desenvolvido considerável esforço no sentido da dotação dos tribunais tributários de 1.ª instância dos meios materiais e humanos necessários ao exercício da sua actividade que, em particular e numa primeira fase, incidiram na instalação dos juízes e magistrados do Ministério Público. Importa prosseguir o esforço, posto que implique a disposição de consideráveis meios financeiros, que, no entanto, são sempre bem empregues num objectivo tão premente como é o da melhoria da justiça tributária.

A melhoria da qualidade da justiça tributária passa também, como se referiu anteriormente, por uma adequada formação especializada dos magistrados – juízes e representantes do Ministério Público – , que intervêm no processo judicial tributário. O Centro de Estudos Judiciários deverá cumprir a função que a sua própria orgânica prevê de organização de cursos específicos para os juízes dos tribunais tributários que os habilitem, após o ingresso, a resolver as questões frequentemente complexas que se lhes colocam. Seria igualmente desejável, para que os magistrados adquiram a experiência indispensável a toda a função judicativa, que o Conselho Superior dos Tribunais Administrativos e Fiscais assegurasse a permanência de funções dos juízes dos tribunais tributários de 1ª. instância por um período mais dilatado de tempo. A complexidade das questões fiscais reclama essa formação e experiência específicas, sem a qual processos envolvendo, por vezes, meras mas muitas vezes extremamente complexas questões de direito, ficam a aguardar resolução anos a fio, com o consequente prejuízo do Estado e dos próprios contribuintes. A excessiva rotatividade dos juízes dos tribunais tributários de 1ª. instância é um dos factores de relativa perturbação da acção da justiça fiscal.

Também, de todo o modo, tem decrescido o saldo das impugnações judiciais pendentes: de 10642 em 1995 para 8502 em 1996. O acréscimo de saldos nos processos judiciais abrange apenas as oposições à execução (5902 para 7768 e embargos de terceiros 852 para 1074), o que se deve em parte ao próprio acréscimo das execuções fiscais e, em última análise, a uma maior eficiência e empenho da administração fiscal. A administração fiscal tem, também, uma intervenção não despicienda no processo judicial tributário. Não apenas reaprecia, antes da remessa dos processos a tribunal, a legalidade do acto tributário de liquidação, como igualmente lhe cumpre fornecer as informações necessárias ao conhecimento das questões de facto. Uma maior eficácia dos serviços contribuirá para uma maior celeridade na resolução das impugnações. O Plano de Actividades da Direcção-Geral dos Impostos prevê em 1997 uma redução em 10 por cento dos saldos dos processos de impugnação judicial. Também, entre as prioridades da acção da justiça fiscal, figura uma melhoria da intervenção dos representantes da Fazenda Pública, que são quem representa a administração fiscal no processo judicial tributário. Está prevista igualmente a revisão da legislação sobre custas nos processos tributários, adequando o seu montante aos praticados nos tribunais comuns, o que garante que o sistema respeite os princípios da igualdade e proporcionalidade.

21.4. Justiça tributária e processo sancionatório fiscal

Um dos papéis relevantes da justiça tributária consiste na intervenção no processo sancionatório fiscal. Com a substituição do processo de transgressão fiscal pelo processo de contra-ordenação fiscal, a aplicação de sanções fiscais sem natureza criminal deixou de fazer-se de forma jurisdicionalizada, sem prejuízo do direito de impugnação pelo contribuinte do acto de aplicação das novas sanções pecuniárias que são as coimas e respectivas sanções acessórias.

A medida teve o mérito de libertar os tribunais tributários de 1.ª instância da vasta massa de processos de transgressão que periodicamente lhes afluía e dificultava o exercício das suas funções de essência verdadeiramente jurisdicional. A intervenção dos tribunais tributários de 1.ª instância nas transgressões fiscais era meramente formal e dificultava o preenchimento das tarefas essencialmente judicativas.

Subsiste, no entanto, um ainda pesado lastro de processos de transgressão pendentes, não obstante as sucessivas providências amnistiatórias entretanto tomadas. Ainda é de 36 184 o número de processos de transgressão por encerrar, o que, mesmo assim, implica em 1996 uma sensível redução, dado que 1995 era de 61.168. Importa concluir os referidos processos, aliviando os serviços do citado lastro do passado.

Tem-se acentuado, pelo contrário, o saldo dos processos de contra-ordenação fiscal que passou de 53305 em 1995 para 75604 em 1996. O acréscimo, no entanto, não tem a ver com qualquer novo foco de ineficiência da administração fiscal mas, pelo contrário, com uma intervenção mais eficaz na repressão das infracções fiscais. A automatização dos autos de notícia por falta de entrega e pagamento de IVA, procedimentos que até aqui não eram de facto objecto de qualquer reacção punitiva, contribuiu decisivamente para o novo aumento de processos.

Também a um acréscimo de eficiência e firmeza da administração fiscal está ligado o crescimento dos processos de averiguações por crimes fiscais que, de 1995 para 1996, quase triplicaram: passaram de 1.458 para 4 157.

Independentemente de medidas legislativas que possam contribuir, sem prejuízo das garantias dos arguidos, para uma maior eficácia do processo sancionatório fiscal, interessa afectar-lhe um maior número de funcionários e dotar estes da formação adequada. Impõe-se igualmente o reforço do acompanhamento central dos referidos processos, evitando-se indesejáveis casos de caducidade do procedimento.

Cabe à administração fiscal contribuir para a definitiva eliminação da ideia de que há sectores de contribuintes intocáveis perante a administração fiscal, aplicando com celeridade as medidas adequadas aos casos de incumprimento que venha a detectar.

É indispensável, por outro lado, a utilização, de acordo com o princípio da proporcionalidade e sempre que o comportamento do contribuinte o justifique, do vasto leque de sanções acessórias de que a administração fiscal dispõe e cujo potencial preventivo e repressivo não é desprezível.

21.5. Justiça tributária e recuperação dos créditos fiscais

O meio de cobrança coerciva não só dos créditos da Segurança Social e dos créditos resultantes de actos administrativos nos casos previstos na lei, é o processo de execução fiscal.

Perante o processo comum de execução, a execução fiscal reveste-se de maior eficácia e celeridade, não podendo nela ser discutida, salvo nas excepções expressamente previstas, a legalidade da liquidação da dívida exequenda. Por outro lado, os actos administrativos da execução fiscal são praticados pela repartição de finanças, só subindo o processo a tribunal em caso de questões de natureza verdadeiramente jurisdicional, como são a oposição à execução, os embargos de terceiros e as reclamações e verificação de créditos.

O objectivo de uma efectiva e atempada cobrança dos créditos fiscais não é de segunda ordem na hierarquia dos fins do sistema fiscal. Os créditos do Estado devem ser realizados e a sua realização tem de ser objectivo fundamental dos poderes públicos.

Uma conjuntura perfeitamente identificada nas suas causas e consequências conduziu desde o início da presente década e particularmente em 1993 a uma preocupante acumulação dos processos de execução fiscal. A degradação de parte do tecido empresarial português reflectir-se-ia no acumular de situações de incumprimento. Os impostos – particularmente o IVA liquidado a terceiros e o IRS retido na fonte –, transformaram-se em fonte de financiamento de muitas empresas que, assim, adiavam a inevitável mas dolorosa reestruturação ou a pura e simples morte económica.

Os diplomas de recuperação de dívidas ao Fisco e à Segurança Social e de recuperação de empresas (Decretos-Lei n.ºs 124/96 e 127/96, de 10 de Agosto) são a resposta do Governo a essa situação preocupante, orientada pelo objectivo de salvação das empresas efectivamente viáveis, ficando as empresas manifestamente inviáveis votadas inevitavelmente à liquidação e falência.

À administração fiscal cabe obviamente um insubstituível papel na aplicação desta legislação, que se prolongará nos próximos anos. A sua função consiste especialmente no acompanhamento da execução, na fiscalização do respeito das obrigações tributárias dos contribuintes aderentes e na rápida reacção contra quaisquer incumprimentos dos compromissos assumidos. Está em causa a recuperação de dívidas de elevado significado económico para a Fazenda Nacional.

Situações de acumulação das dívidas fiscais semelhantes às que suscitaram esta intervenção legislativa não devem, por outro lado, repetir-se. O Fisco tem de utilizar efectiva e integralmente os poderes que tem de promover a rápida e eficaz cobrança das dívidas fiscais. De nenhum procedimento seu deve resultar a imagem de qualquer tolerância ou condescendência perante o sistemático incumprimento das obrigações fiscais, reduzindo-se assim drasticamente o número de indivíduos ou empresas que vivem de facto à margem do sistema fiscal.

É vital também para que o fim do processo de execução fiscal – a cobrança coerciva dos impostos e outros créditos do Estado – seja alcançado, uma adequada formação dos funcionários. Efectivamente o processo de execução fiscal suscita, por vezes, complexos e delicados problemas jurídicos resultantes da necessária conjugação dos interesses fazendários com as de outros credores do executado. Esses problemas jurídicos devem ser tidos em conta no andamento da execução, o que exige obviamente uma capacidade adequada dos seus intervenientes.

Por outro lado, uma mais eficaz fiscalização das obrigações declarativas dos contribuintes é susceptível de evitar a própria instauração do processo de execução fiscal. O incumprimento das obrigações declarativas não implica necessariamente a intenção do não pagamento. Uma atempada intervenção da fiscalização, contribui para evitar alguns casos de cobrança coerciva.

Entre as metas previstas para 1997 figuram a afectação entre 30 – 40 por cento do pessoal das repartições de finanças aos processos de execução fiscal, com o inerente aumento da receita obtida por este meio em 70 por cento, ou seja, 37,5 milhões de contos, a redução em 30 por cento – com a inerente aceleração das penhoras e vendas – da duração média de cada processo e o abatimento ao cadastro dos processos das dívidas cuja cobrança é manifestamente inviável (estão previstas cerca de 240.000 declarações em falhas ou anulações).

O sucesso destas medidas depende de uma visão e gestão integradas dos processos de execução fiscal, através da conclusão da sua informatização.

Perante o incumprimento sistemático das obrigações fiscais das empresas, a reacção da administração fiscal será como reclama o processo de execução fiscal: rápida e eficaz. Caso não se encontrem bens, serão accionados os procedimentos indispensáveis a que o Ministério Público promova a declaração de falência com o consequente afastamento do tecido empresarial das empresas manifestamente inviáveis.

21.6. A vertente alfandegária da justiça tributária

Uma das questões importantes a resolver é a da clarificação da aplicação do CPT aos impostos especiais sobre o consumo geridos pela DGAIEC. Com efeito, as Alfândegas não aplicam as normas de processo tributário gracioso nem as normas do processo de contra-ordenação fiscal às contra-ordenações fiscais-aduaneiras. Quanto às dívidas ao Estado liquidadas pelas Alfândegas, elas seguem os trâmites processuais em vigor para a generalidade das dívidas ao Estado e as normas do processo tributário contencioso são, de acordo com a jurisprudência, subsidiariamente aplicáveis ao recursos de actos de liquidação praticados pelas Alfândegas.

Esta situação justifica-se em relação aos direitos aduaneiros em sentido estrito. Sendo a legislação que os rege de matriz comunitária e contendo esta especificidades que se afastam das regras do CPT, a aplicação deste código só poderá ser feita a título subsidiário e desde que não contenda com o direito comunitário.

Já quanto aos impostos especiais de consumo, que são impostos nacionais específicos sobre a despesa, embora sujeitos, com a excepção do IA, a um processo comunitário de harmonização fiscal, que são receita nacional e não receita própria das Comunidades, não se vislumbram razões de fundo que impliquem que as questões processuais decorrentes da aplicação dos IECs não estejam submetidas ao CPT.

Outra questão a equacionar resulta da actual autonomia dos tribunais aduaneiros. No actual enquadramento a dualidade de foro poderá já não se justificar.

21.7. Justiça tributária e sistema fiscal

O sistema fiscal não visa a pura e simples arrecadação da receita. Procura também atingir, através das opções do legislador, a justiça fiscal. Mas a justiça fiscal só se alcança com a eficácia da administração fiscal. Eficácia e justiça do sistema fiscal não são, assim, ideias antagónicas, mas complementares.

O estado da justiça tributária revela que, mau grado as dificuldades que enfrenta, têm sido dados passos seguros mas firmes no sentido da sua melhoria. A acção da justiça fiscal continuará a ser uma das prioridades na política fiscal do Governo, que é essencial à obtenção de qualquer sucesso.

Entre as directrizes que podem ser estabelecidas relativamente à revisão do CPT sobressairão as seguintes:

- deverá delimitar-se o campo de aplicação do CPT às questões especificamente processuais, deixando para a LGT a regulação das matérias substantivas que hoje se encontram naquele diploma;
- deverá prosseguir-se o esforço de harmonização de linguagem e soluções entre o CPT e os Códigos dos diversos impostos;
- deverá clarificar-se a forma como o CPT se aplica aos IECs;
- deverá reformular-se o processo das contra-ordenações tendo em conta a unificação dos regimes das infracções fiscais.

Por outro lado, algumas medidas conjunturais poderão auxiliar a desbloquear a situação dos tribunais fiscais, e com reduzidos custos, como por exemplo, o julgamento em falhas de processos mais antigos e de menores montantes e que constituem o maior número de processos em atraso.

Concluindo, a má situação da justiça fiscal tem dois lados: uma má distribuição da carga fiscal entre os contribuintes e a impossibilidade de garantir uma tutela judicial atempada para as reclamações destes.

E a má situação existente tem levado a uma defesa difusa de medidas que permitam um certo regresso ao passado: quer quanto à tributação segundo o lucro normal, quer quanto a questões menores relativas aos poderes da Administração fiscal.

Mas tal regresso não nos parece necessário: a atribuição ao contribuinte dos deveres ligados ao cálculo do imposto (autoavaliação, *self assessment*) é não apenas a forma mais justa de aplicar a lei fiscal como a mais eficiente.

A consideração de situações especiais de pequenas empresas com dificuldades contabilísticas pode justificar a criação de regimes especiais simplificados, mas não é hoje desejável a determinação administrativa do lucro de centenas de milhares de empresas, por vezes com objectos que escapam à detecção administrativa.

E, por isso, nos sistemas de hoje, a solução mais correcta é atribuir ao contribuinte deveres de cooperação muito intensos com a penalização dos comportamentos desviantes, mas sempre com a determinação do imposto e o dever de dar conhecimento da sua existência e da sua actividade postos a cargo das empresas.

A gestão fiscal tende hoje a consistir no acompanhamento dos deveres de cumprimento postos a cargo do sujeito passivo, criando a este um risco suficientemente elevado para o incumprimento, de forma que este se torne a excepção em vez da regra.

O regresso a maiores poderes conferidos à administração fiscal será, em princípio, uma solução a evitar. Em particular, a ideia de um regresso a um ónus da prova sistemáticamente a cargo do contribuinte é um exemplo de regresso ao passado dificilmente sustentável, tanto maior que hoje se reconhece que o direito à fundamentação abrange os actos tributários.

Em rigor, o ónus da prova, tal como está regulado pelo Código Civil, só se pode aplicar no processo civil. O processo fiscal, dominado como está pelo princípio da investigação, permitirá falar do ónus da prova objectivo ou material mas não do ónus subjectivo ou formal, que limita (ou limitava antes da reforma do Código do Processo Civil) a actividade do juiz.

E isto porque certas consequências básicas da aplicação das regras do ónus da prova, como a condenação de preceito ou a absolvição do réu porque o queixoso não levou para o processo provas suficientes, são inaplicáveis em processo fiscal: o facto do contribuinte não ter documentado custos não inibe a administração, em alguns casos, de os levar em conta. E não há nenhuma razão para que o juíz anule o acto tributário com base em circunstâncias ou situações de facto em tudo diferentes das que foram, de forma inepta, alegadas pelo contribuinte.

Podemos ter por isso um ónus da prova a cargo do contribuinte em certas zonas, como sucede com o encargo, que a lei lhe atribui, de demonstrar que houve exagero na quantificação no caso do recurso a métodos indiciários. Esta situação corporiza, pois, uma obrigação de convencer o juíz ou a administração. Mas não uma obrigação de realizar uma certa actividade probatória sob pena de decair como sucede (sucedia) no processo civil. O juíz ou a administração podem sempre corrigir as falhas do contribuinte.

Nestes termos, não são poderes que faltam à Administração Fiscal para poder cumprir a suas tarefas. O que falta é informação e a efectivação de uma adaptação mais completa aos modernos métodos de controlo fiscal, por exemplo, a adopção de uma metodologia de fiscalização, determinação do lucro e fundamentação das decisões que possa suportar o escrutínio judicial.

22. AS INFRACÇÕES FISCAIS ADUANEIRAS E NÃO ADUANEIRAS

22.1. Enquadramento

As normas de Direito Tributário não são normas sem sanções. A sua violação tem de suscitar reacção adequada, sob pena de multiplicação das situações de incumprimento.

O êxito do combate à fraude e evasão fiscal passa, assim, por um adequado sistema sancionatório que conjugue os valores de justiça com os objectivos de prevenção e repressão. As penas devem ser proporcionais à gravidade das condutas a que se aplicam e simultaneamente dissuasoras de novas infracções.

O direito sancionatório fiscal sofreu, em passado ainda recente, diversas vicissitudes que se reflectiram, obviamente, na sua aptidão para a prevenção e repressão das infracções fiscais. As vicissitudes afectaram não apenas o direito tributário clássico ou comum, mas também o direito tributário especial que é o direito aduaneiro.

Especialmente, fracassou a tentativa efectuada pelo Decreto-Lei n.º 619/76, de 27 de Julho, da consagração da pena de prisão para as infracções fiscais de maior gravidade. Entre a introdução da reforma da tributação do rendimento de 1989 e a aprovação pelo artigo 1.º do Decreto-Lei n.º 20-A/90, de 15 de Janeiro, do Regime Jurídico das Infracções Fiscais não Aduaneiras (RJIFNA), passou um período indesejável superior a um ano em que a violação das obrigações acessórias do novo sistema fiscal ficou sem qualquer sanção de natureza penal. As próprias soluções iniciais do RJIFNA revelaram-se em parte inadequadas (designadamente os princípios da pena de prisão meramente alternativa da multa não paga, ou seja, como medida meramente subsidiária ou suplente da pena de multa, e a obrigatoriedade do automático arquivamento pelo Ministério Público do processo penal fiscal, caso o contribuinte satisfizesse o imposto em falta e acréscimos legais), o que conduziria à sua alteração pelo artigo 1.º do Decreto-Lei n.º 394/93, de 24 de Novembro.

Do mesmo modo, o direito contra-ordenacional aduaneiro anterior ao Regime das infracções Fiscais Aduaneiras (RJIFA aprovado pelo artigo 1.º do Decreto-Lei n.º 376-A/89, de 25 de Outubro) seria objecto de sucessivas declarações de inconstitucionalidade, com o consequente prejuízo do combate à fraude e evasão fiscais aduaneiras e incerteza sobre as sanções a aplicar.

Com a entrada em vigor do RJIFNA e do RJIFA, o direito sancionatório tributário passou a dispor de um quadro jurídico estável, embora bicéfalo, assente fundamentalmente na distinção entre o ilícito criminal e o ilícito de mera ordenação social, o chamado ilícito administrativo das contra-ordenações.

22.2. Os princípios do novo direito sancionatório fiscal

O novo quadro jurídico do direito sancionatório fiscal apresenta óbvios progressos perante o Direito anterior.

Por um lado, contribuiu indiscutivelmente, em especial, após as modificações introduzidas no RJIFNA pelo Decreto-Lei n.º 394/93, de 24/11 para o afastamento da ideia de que as infracções fiscais mais graves são meros "delitos de cavalheiros" insusceptíveis de ferir os valores éticos fundamentais radicados na consciência colectiva, que, por um longo período, constituiu o principal travão à criminalização dessas condutas.

Por outro lado, libertou os tribunais tributários de julgamento das infracções fiscais anteriormente puníveis mediante processo de transgressão que, pelo seu número, prejudicavam o desempenho das suas funções de essência verdadeiramente jurisdicional, como são o julgamento das impugnações, oposições, embargos e reclamações de créditos.

Enfim, o referido quadro jurídico instituiu um núcleo de princípios fundamentais do direito sancionatório fiscal, que anteriormente inexistiam ou se dispersavam pela mais variada legislação tributária. A consagração desses princípios reforçou a coerência e a própria legitimidade do direito tributário.

22.3. Sanções fiscais e combate à evasão e fraude

No entanto, o sucesso do combate à fraude e evasão fiscal não depende apenas da consagração de um adequado sistema punitivo. A administração fiscal deve igualmente dispor dos meios adequados a uma eficaz investigação dos factos tributários e de todas as condutas que consubstanciem violação dos deveres de cooperação dos contribuintes ou visem a ocultação dolosa ou negligente dos factos tributários. O colapso das receitas fiscais de 1993 ilustra claramente os imediatos reflexos negativos na cobrança das prestações tributárias de qualquer abrandamento na prevenção e repressão das infracções fiscais. A fiscalização sistemática dos factos tributários e consequente reacção contra quaisquer incumprimentos das obrigações fiscais é uma das tarefas regulares da administração fiscal que não pode, a pretexto algum, ser relegada para plano secundário.

As modernas tecnologias devem ser utilizadas plenamente no combate à fraude e evasão fiscal. O cruzamento da informação, a automatização da detecção de situações de incumprimento das obrigações fiscais, a administração dos processos de contra-ordenação fiscal, a centralização de todos os dados que permitam a cada momento uma visão global da situação tributária de cada contribuinte e a criação de um registo nacional de infracções, são instrumentos fundamentais, ao mesmo título que o quadro sancionatório, na política de prevenção e repressão das infracções fiscais. Todos estes instrumentos estão em vias de criação ou aperfeiçoamento pelo Governo e a sua utilização plena possibilitará os desejáveis planeamento, gestão e controlo da acção de justiça fiscal, o que permitirá igualmente uma avaliação mais segura da adequação ou não do actual quadro punitivo aos fins preventivos e repressivos da política fiscal.

22.4. Os ajustamentos exigíveis nos crimes e contra-ordenações

De qualquer modo, a experiência revelou já que os RJIFNA e RJIFA são susceptíveis de ajustamentos positivos.

À cabeça desses ajustamentos, figura a harmonização dos respectivos sistemas sancionatórios que ainda mantêm discrepâncias injustificadas à luz do objectivo da unidade que subjaz a qualquer sistema jurídico.

O Direito Fiscal Aduaneiro não é um ramo autónomo do Direito Tributário. Integra, posto que como Direito especial, o próprio Direito Tributário. As normas do Direito Fiscal Aduaneiro apenas se devem afastar das normas do Direito Tributário quando, inequivocamente, o motivem os interesses determinantes da sua regulamentação.

Institutos como a actuação em nome de outrem, a responsabilidade das pessoas colectivas ou entes fiscalmente equiparados, e responsabilidade subsidiária, devem receber, assim, uma regulamentação uniforme no Direito Tributário comum e no Direito Fiscal Aduaneiro. Não se vislumbram especialidades que devam originar uma disciplina separada. Os próprios tipos da infracção, como a fraude fiscal, e a dosimetria das sanções, sem prejuízo de continuarem a receber enquadramento jurídico-tributário diferenciado, têm de ser modificadas em ordem à eliminação de toda e qualquer divergência arbitrária que ainda se manifeste na actual previsão legal. A harmonização deve ser, pois, extensiva aos impostos especiais de consumo actualmente administrados pela Direcção-Geral das Alfândegas e dos Impostos Especiais sobre o Consumo.

O RJIFNA foi, nos aspectos fundamentais, adequado ao sistema punitivo do novo Código Penal, pelo Decreto-Lei n.º 394/93, de 24 de Novembro. Subsistem, ainda, no entanto, aspectos a reclamar harmonização. A harmonização é, sem dúvida, mais premente no RJIFNA, que mantém, contra o sistema do Código Penal, a possibilidade de aplicação cumulativa da pena de prisão com a pena de multa, em vez da regra geral da multa alternativa da prisão, para além de outras normas, designadamente sobre a moldura penal, em que o fim da harmonização se faz igualmente sentir. Esse esforço de harmonização é dirigido pela ideia desenvolvida pela jurisprudência do Tribunal de Justiça das Comunidades Europeias de que as violações ao Direito Comunitário, designadamente ao aduaneiro (e o relativo à protecção dos interesses financeiros da União), devem ser sancionadas de modo análogo às violações do direito nacional similar, de modo a que as sanções tenham um carácter suficientemente efectivo, proporcionado e dissuasor.

Merece igualmente reponderação a tipificação efectuada nos RJIFNA e RJIFA das infracções fiscais e aduaneiras e a dosimetria das sanções.

O legislador criou, a partir da data da entrada em vigor dos referidos regimes, novas obrigações acessórias dos sujeitos passivos das prestações tributárias, aduaneiras ou não. Nem todas têm o enquadramento adequado perante o actual direito sancionatório fiscal. Importa também confrontar com a experiência da sua aplicação o equilíbrio das soluções actualmente consagradas. Efectivamente no RJIFA avultam, como alterações a reflectir o alargamento da punibilidade da tentativa para vários crimes e contra-ordenações, a introdução da regra geral da punibilidade da negligência, o alargamento dos pressupostos do crime de fraude no transporte de mercadorias ao trânsito comunitário de mercadorias, a criminalização da fraude na obtenção das restituições à exportação e, em geral, a modificação dos pressupostos de previsão e punição das infracções às normas dos impostos especiais sobre o consumo e do imposto automóvel. Embora os tipos de crime e contra-ordenação fiscal do RJIFNA sejam mais reduzidos, interessaria igualmente torná-los objecto de reflexão idêntica, com a inerente modificação das normas que os recortam, se for caso disso.

22.5. O aperfeiçoamento do processo

Como é sabido, a aplicação das coimas e respectivas sanções acessórias rege-se, no Direito Tributário comum, pelas normas do processo de contra-ordenação fiscal que integram o Código de Processo Tributário. Por outro lado, a aplicação das sanções de natureza criminal é efectuada pelos tribunais comuns, sem prejuízo de uma fase preliminar de investigação em que a administração fiscal detém as competências próprias dos órgãos de polícia criminal e que deveriam ser extensivas à administração fiscal aduaneira.

O processo de contra-ordenação fiscal é ainda susceptível, como, por exemplo, no caso da aplicação de sanções acessórias, de alguma simplificação, sem prejuízo, obviamente, do direito de defesa do arguido. A fase de investigação dos crimes fiscais e a articulação entre os poderes de indagação da administração fiscal e dos tribunais comuns poderá igualmente ser reapreciada à luz da revisão que se vier a efectuar das normas do processo penal, tendo em vista uma mais rápida efectivação da justiça.

O RJIFA carece igualmente de revisão das normas sobre o processo de contra-ordenação, tendo em conta a insuficiência, como direito subsidiário, das normas da lei quadro das contra-ordenações perante algumas das especialidades manifestamente reconhecidas do direito aduaneiro. Deverão, por outro lado, ser redefinidas as competências dos diversos órgãos intervenientes na instrução e decisão das contra-ordenações aduaneiras, tendo em conta a reforma da Lei Orgânica da Direcção-Geral das Alfândegas e dos Impostos Especiais sobre o Consumo e a própria harmonização com o RJIFNA e o direito geral das contra-ordenações. Devem, por outro lado, ser articulados os processos de contra-ordenação e da própria investigação dos crimes de natureza fiscal ou aduaneira, tendo em conta razões de eficácia e a própria necessidade de evitar contradição de julgados.

A transformação do actual direito sancionatório fiscal deve visar, pois, a realização dos objectos de justiça e eficiência que lhe subjazem e que são também os objectos da justiça e eficiência de todo o sistema fiscal.

22.6. Conclusões

a) O direito sancionatório fiscal deve orientar-se no sentido da criação de um conjunto de princípios comuns ao Direito Tributário comum e ao Direito Aduaneiro, especialmente no que diz respeito à actuação em nome de outrem, responsabilidade das pessoas colectivas ou entes fiscalmente equiparados e responsabilidade subsidiária.

b) Devem igualmente ser revistos e harmonizados os tipos e dosimetria das sanções aplicáveis às infracções fiscais e aduaneiras, quer sejam crimes, quer meras contra-ordenações;

c) Impõe-se também a plena utilização dos mecanismos informáticos disponíveis, ou a criar (designadamente o cruzamento da informação, a automatização da detecção das situações de incumprimento e o registo nacional dos processos e infractores) no combate à fraude e evasão fiscais aduaneiras e não aduaneiras;

d) A investigação dos crimes aduaneiros deve passar por uma fase prévia de investigação em que a administração aduaneira goze dos mesmos poderes dos órgãos de polícia criminal, à semelhança do que se passa para a investigação dos crimes fiscais;

e) Deve ser simplificado, racionalizado e coordenado, sem prejuízo das garantias dos arguidos, o processo de aplicação dos crimes e contra-ordenações fiscais, aduaneiras ou não aduaneiras;

f) Devem distinguir-se as entidades que intervêm na fase de acusação daquelas que intervêm na fase da decisão.

23. BENEFÍCIOS FISCAIS

23.1. Enquadramento

Para se proceder a uma revisão geral dos benefícios fiscais existentes em Portugal – que é uma tarefa vasta e demorada – importa, em primeiro lugar, analisar o conceito de benefício fiscal, de modo a proceder a um recorte operacional do mesmo que possibilite essa revisão.

Um benefício fiscal, qualquer que seja a forma que revista, caracteriza-se por: ser uma derrogação das regras gerais de tributação; constituir uma vantagem para certos contribuintes e ter um objectivo económico ou social relevante. Para o Estado ou outra entidade pública a quem seja devida prestação tributária que assim se vê reduzida, o benefício fiscal é uma despesa fiscal.

Os benefícios fiscais caracterizam-se, em primeiro lugar, por se traduzirem numa derrogação às regras gerais de tributação. Costuma falar-se a propósito de um "sistema normativo de imposto" (que, no caso do imposto sobre o rendimento, inclui, designadamente, as regras de incidência real e pessoal, de determinação da matéria colectável, as taxas de tributação), sendo um benefício fiscal um afastamento desse "quadro normativo". Tratando-se de derrogação a regras gerais, ao regime normal de tributação, está implícito no conceito de benefício fiscal uma natureza excepcional. Isso permite distinguir o benefício fiscal de situações de não sujeição tributária – das chamadas exclusões tributárias – já que nestes casos se está perante uma manifestação do próprio sistema normal de tributação: faz parte da tributação-regra que certas situações não sejam tributadas.

A mencionada excepção há-de, porém, constituir uma vantagem (ou desagravamento) em favor de certa entidade, actividade ou situação. A referência a vantagem é indispensável, pois relativamente àquele sistema normativo também poderá haver derrogações através das quais se usa a fiscalidade como elemento dissuasor: em vez de se beneficiar certos factos pretende-se penalizá-los.

Por fim, os benefícios fiscais são sempre instrumentos de política que visam certos objectivos económico-sociais ou outras finalidades que justifiquem o seu carácter excepcional em relação à normalidade. Não se vê como o sistema fiscal possa infringir o princípio básico da igualdade de todos os contribuintes para as receitas do Estado sem que tal excepção à regra se justifique face aos objectivos que a determinam. Sem objectivos que a fundamentem, aquela vantagem não é um benefício fiscal, mas, outrossim, um privilégio que, face ao princípio da igualdade, não tem razão de ser. Deste modo, não se concebe um benefício fiscal que não seja um meio de atingir um fim assumido de valor hierarquicamente superior ao da igualdade de todos os contribuintes.

A legislação portuguesa saída da reforma fiscal dos finais dos anos 80 dá, aliás, uma definição de benefício fiscal totalmente consonante com este conceito. Assim, no n.º 1 do artigo 2.º do Estatuto dos Benefícios Fiscais definem-se benefícios fiscais como as "medidas de carácter excepcional instituídas para tutela de interesses públicos extra fiscais relevantes que sejam superiores aos da própria tributação que impedem". Neste conceito resultam evidentes as características enunciadas: derrogação de natureza excepcional à tributação-regra e prossecução de finalidade extra-fiscal com relevante interesse público. Não se alude à característica da vantagem, mas tem de considerar-se a mesma implícita na própria natureza de um benefício.

23.2. A despesa fiscal

Os benefícios fiscais integram-se nas chamadas "despesas fiscais" (*tax espenditures* ou *dépenses fiscales*), conceito que pode ser definido como uma derrogação deliberada ao sistema normal de tributação, que permite actuar sobre a economia privada do mesmo modo que por despesas directas, representando um pagamento implícito feito pelos poderes públicos por intermédio de uma redução dos impostos a pagar, ou seja uma despesa pública feita através do sistema fiscal. Ela é, assim, ao mesmo tempo, o "simétrico" da expressão "despesas orçamentais" e o "negativo" da expressão "receitas fiscais".

Pela sua natureza substitutiva das despesas directas, as "despesas fiscais" devem ser contabilizadas e objecto dos mesmos controlos que aquelas. É com este objectivo que, não obstante as inúmeras questões metodológicas que se levantam e que ainda não estão resolvidas, se têm vindo a institucionalizar em vários países os denominados "orçamentos de despesas fiscais", que são um primeiro passo para a integração destas na rotina orçamental normal. Com efeito, se as "despesas fiscais" são um meio de acção governamental como as despesas directas, ambas devem ser objecto dos mesmos processos de avaliação e controlo, sem o que a própria análise das "despesas públicas" nos vários domínios de actuação fica distorcida.

Em Portugal, de acordo com o artigo 106.º, n.º 3, alínea g), da Constituição da República, a proposta de Orçamento de Estado é acompanhada, entre outros, de um relatório sobre os benefícios fiscais e da estimativa da receita cessante. Nesta linha, têm sido apresentadas nos últimos anos estimativas sobre as perdas de receitas fiscais decorrentes dos benefícios fiscais, em conformidade com o estabelecido no artigo 13.º, n.º 1, alínea g), da Lei de Enquadramento do Orçamento do Estado (Lei n.º 6/91, de 20 de Fevereiro). Esta mesma lei estabelece também a obrigatoriedade de apresentação junto ao Orçamento do Estado de um relatório sobre a justificação económica e social dos benefícios fiscais [alínea g) do n.º 2 do artigo 13.º].

No sentido de uma ainda maior inserção no Orçamento do Estado, o n.º 3 do artigo 2.º do Estatuto dos Benefícios Fiscais estabelece que "benefícios fiscais são considerados despesas fiscais, as quais podem ser previstas no Orçamento do Estado ou em documento anexo e, sendo caso disso, nos orçamentos das regiões autónomas e das autarquias locais". E o n.º 4 do mesmo artigo, de modo a possibilitar o cálculo da despesa fiscal, prevê a possibilidade de exigência aos interessados da declaração dos rendimentos isentos auferidos, "salvo tratando-se de benefícios fiscais genéricos e automáticos", casos em que os serviços fiscais terão de obter os elementos necessários de outra forma.

23.3. Enquadramento passado

A reforma fiscal de finais dos anos 80 operou uma significativa revisão dos benefícios fiscais até aí existentes, ainda que limitada sobretudo aos impostos sobre o rendimento. A situação que então se vivia a era caracterizada por uma proliferação de medidas legislativas, muitas delas apenas se mantendo por inércia e que, por isso, estavam completamente ultrapassadas face à conjuntura que as tinha determinado, contando-se por muitas dezenas os benefícios fiscais de carácter individual.

Assim, paralelamente à abolição de muitos benefícios fiscais decorrente da entrada em vigor dos Códigos do IRS e do IRC, o Decreto-Lei n.º 485/88, de 30 de Dezembro, revogou nada menos do que 43 benefícios fiscais, muitos deles de natureza individual. Por outro lado, ainda que com algumas indecisões de permeio – cujos efeitos ainda hoje se fazem sentir – vem a estabelecer-se a aplicação aos títulos da dívida pública de regime idêntico ao aplicável à generalidade das obrigações.

Definem-se três graus de estabilidade para os benefícios fiscais que devem perdurar no novo sistema. Alguns – caracterizados por um grau máximo de permanência e estabilidade –, são inseridos nos códigos tributários, outros – dotados de uma estabilidade relativa –, passam a figurar no Estatuto dos Benefícios Fiscais, publicado em 1 de Julho de 1989, outros ainda – os marcadamente conjunturais –, são remetidos para os orçamentos anuais.

Passados oito anos desta reforma, julga-se que permanecem válidos os critérios básicos por que se orientou. No entanto, em muitos aspectos estes estão já hoje subvertidos e continua por fazer uma revisão geral dos benefícios fiscais que os submeta a um modelo comum, dotado de coerência e eficácia, evitando a proliferação de benefícios em legislação avulsa, que aliás tem vindo a aumentar para dar satisfação aos interesses dos grupos de pressão mais fortes.

23.4. Revisão dos benefícios fiscais

23.4.1 *Os principais vectores*

Justifica-se, por isso, uma revisão geral dos benefícios fiscais. Esta parece que deverá obedecer a seis vectores principais:

a) Definição criteriosa dos objectivos económicos e sociais a prosseguir através dos benefícios fiscais e sua hierarquização, sempre que for caso disso, dentro de um quadro globalmente coerente, privilegiando-se uma lógica de incentivo sobre a lógica (mais passiva) dos benefícios;

b) Selecção da modalidade técnica a usar de modo a que os benefícios fiscais obedeçam a critérios de generalidade, equidade e transparência, não existam duplicações e não constituam vantagens desproporcionadas em face dos objectivos visados ou entorses aos princípios gerais de tributação;

c) Garantia de inexistência de discriminação fiscal para além daquela que decorre do próprio benefício fiscal, ou seja, neutralidade

fiscal relativa face ao objectivo económico e social prosseguido com o beneficio, o que significa que este não dependerá da forma jurídica do sujeito passivo e assegurará igualdade de tratamento aos diferentes instrumentos e agentes económicos;
d) Estabelecimento de um horizonte temporal bem definido para os benefícios fiscais, de acordo com o princípio de que os benefícios fiscais devem, em regra, ser temporários e a lei que os autoriza deve ter uma vigência temporária e criação de condições para que, dentro desse horizonte temporal, sejam estáveis e, desse modo, permitam a tomada de decisões económicas com alguma segurança;
e) Transparência dos benefícios fiscais, o que significa publicitação adequada da sua concessão de acordo com critérios objectivos e quantificação do seu custo orçamental e avaliação permanente dos efeitos económicos e sociais induzidos pelos mesmos;
f) Estabelecimento, como regra de boa gestão, de um tecto para a despesa fiscal tendo em conta o PIB e/ou os acréscimos de receitas fiscais previsto.

Uma revisão com esta amplitude terá ainda de acautelar sempre os direitos já adquiridos e pautar-se em muitos casos pelo gradualismo, de modo a não constituir alterações bruscas de regime com efeitos económicos e sociais indesejáveis.

23.4.2 *Os objectivos*

Na esteira do recomendado pela Comissão para o Desenvolvimento da Reforma Fiscal, ao nível das pessoas singulares apenas se julga apropriado que os benefícios visem a aquisição de habitação própria, a poupança para a reforma e os donativos a instituições socialmente relevantes, mas sem a complexidade que actualmente os caracteriza e que leva a majorações diferenciadas conforme a entidade beneficiária dos mesmos. Terão ainda de manter-se os benefícios decorrentes de compromissos internacionais regularmente assumidos e, após revisão que lhes imprima coerência interna, os relativos a deficientes.

Parecem, por isso, de reduzir ou eliminar os benefícios relacionados com rendimentos de acções cotadas ou acções adquiridas no âmbito de processos de privatização. Mau grado a importante limitação que lhe foi introduzida recentemente, não parece ter também justificação razoável o tipo de benefício relativo a rendimentos provenientes da propriedade literária, artística ou científica (artigo 45.° do Estatuto dos Benefícios Fiscais), devendo ser ponderada a sua substituição por uma medida que, tendo em consideração a natureza irregular destes rendimentos, acautele, através da possibilidade de reporte de rendimentos a um conjunto de anos (o chamado *averaging*), a não acumulação de rendimentos em determinados exercícios e consequente agravamento da tributação num imposto de taxas progressivas.

No tocante a pessoas colectivas, julga-se de privilegiar apenas o investimento directamente produtivo, modulando-se eventualmente o benefício para ter em conta a dimensão da empresa e a região em que se efectua o investimento. O beneficio deverá estar predominantemente ligado ao montante do investimento, sendo a sua rendibilidade condição para a sua eficácia. Poderá ainda justificar-se, numa perspectiva de incentivo à internacionalização das empresas portuguesas, a existência de benefícios com este objectivo. Serão ainda de manter os benefícios à reestruturação e cooperação entre empresas.

Não se considera que devam existir benefícios fiscais directamente associados a criação de empregos, parecendo eventualmente mais apropriado o sistema actual de reduções nas contribuições patronais para a segurança social.

São de eliminar os benefícios que subsistam e que se traduzam em vantagens para determinados investimentos financeiros, devendo proceder-se a uma revisão total dos que privilegiam determinados tipos de actividades em especial os quais, aliás, poderão configurar, de acordo com a Comissão Europeia, ajudas de Estado de natureza fiscal. Neste quadro, bem como no quadro do Código de Conduta comunitário, se insere a reponderação do regime do "off-shore" financeiro da Madeira, assim como os benefícios concedidos à indústria de transportes marítimos.

23.4.3 *As modalidades técnicas*

Quanto à modalidade técnica que os benefícios fiscais devem assumir – isenções, reduções de taxa, deduções à base tributável ou deduções à colecta -, não há dúvida de que, por razões de equidade e transparência, a modalidade técnica a usar nos impostos sobre o rendimento deve ser preferencialmente a do crédito de imposto ou dedução à colecta.

Esta conclusão é particularmente válida num imposto de taxas progressivas, de modo a que a despesa fiscal subjacente ao beneficio não dependa da taxa marginal aplicável ao sujeito passivo beneficiado.

Assim, são de evitar num imposto pessoal de rendimento as isenções ou as deduções ao rendimento por se ajustarem mal à técnica de funcionamento do imposto: os abatimentos vão efectuar-se apenas aos rendimentos não isentos e as deduções à colecta reflectem-se apenas obviamente na colecta correspondente à parte do rendimento não isenta. Em qualquer caso, as isenções que subsistam deverão ser sempre do tipo isenções com progressividade, entendendo-se mal como é que essa é a excepção e não a regra (alínea b) do n 3 do artigo 21.º do Código do IRS).

Também quanto à tributação das empresas se devem evitar os benefícios de dedução ao rendimento, que, mau grado a regra de correlação entre custos e proveitos definida no artigo 23.º do Código do IRC, se vêm a traduzir em muitos casos em não consideração de uma parte substancial dos proveitos sem correcção para menos dos custos que lhes estão associados. Tendo sido deduzidos ao rendimento tributável em IRC, no ano de 1995, a título de benefícios fiscais 82 milhões de contos, será que também se expurgaram do lucro tributável os custos correspondentes?

A técnica da isenção ou redução de taxa é especialmente válida para impostos patrimoniais, sem prejuízo da sua aplicação, no domínio dos impostos sobre o rendimento das pessoas colectivas, em casos justificados, que terão então de obrigar, se for caso disso, a uma segmentação das actividades que permita distinguir os resultados das actividades isentas dos resultados das actividades não isentas.

A técnica da dedução ao rendimento está especialmente vocacionada para os benefícios relativos às actividades empresariais desenvolvidas por pessoas colectivas de utilidade pública ou instituições particulares de solidariedade social. Julga-se, com efeito, e é essa a conclusão que se tira da evolução verificada em termos de direito comparado e a recomendação formulada pela Comissão para o Desenvolvimento da Reforma Fiscal, que os rendimentos dessas actividades não deviam estar isentos mas, outrossim, deveria permitir-se a dedução aos mesmos das importâncias efectivamente despendidas por essas pessoas nas actividades sociais relevantes que por elas são prosseguidas.

A discriminação fiscal inerente a qualquer benefício fiscal deve ser apenas a suficiente para que o objectivo visado seja prosseguido.

Como forma de realizar a justiça ou ter em conta o tecido empresarial e a relevância que no mesmo assumam as micro e pequenas empresas, admite-se a existência de benefícios especialmente direccionados para pequenas unidades económicas, ou majorações na intensidade de benefícios com carácter geral quando aplicados a pequenos contribuintes.

23.4.4 *Princípios orientadores*

Em tudo o mais, os benefícios devem ser caracterizados pela generalidade e neutralidade e, portanto, resistirem aos grupos de interesses que sempre gravitam nesta área, pressionando no sentido de obterem alguma discriminação adicional que os privilegie em relação a outros concorrentes.

Os benefícios fiscais devem, em primeiro lugar, ser *gerais* e, por isso, não se admitem, em princípio, benefícios fiscais de carácter individual, ainda que formulados genericamente (cf. artigo 5.º do Estatuto dos Benefícios Fiscais). Neste domínio, importa ter em conta que certos benefícios, embora formulados com vocação universal, adaptam-se mais facilmente a certos sectores ou actividades. Quem são, por exemplo, os destinatários privilegiados da consideração para efeitos de IRC em apenas 50% dos dividendos de empresas cotadas na bolsa? É natural que sejam as empresas do sector financeiro, o que constitui uma razão adicional para ponderar se este tipo de benefícios, a existirem (o que só nos parece admissível por um período transitório e de uma forma degressiva) não deveriam incidir apenas sobre pessoas singulares ou sobre fundos de investimento.

Os benefícios fiscais devem, por outro lado, ser *neutros*, quer em termos de agentes económicos abrangidos, não sendo, em princípio, razoável qualquer distinção quanto à forma jurídica que assumam esses agentes que não seja justificada pela constituição ou pela própria natureza do benefício, quer em termos de instrumentos económicos e financeiro usados pelos contribuintes, desde que igualmente válidos para prosseguir o objectivo visado.

Outro vector essencial da revisão dos benefícios fiscais em Portugal deve acentuar a sua natureza de medida de excepção e, por isso mesmo, o seu carácter *temporário*. Isto significa definir um horizonte temporal para os benefícios fiscais, permitindo a sua reavaliação periódica em face dos resultados alcançados e da ponderação da actualidade dos objectivos prosseguidos.

Neste sentido, excepto em relação a benefícios fiscais de natureza estruturante, que devem constar dos códigos tributários, que são, por natureza dotados de grande estabilidade e permanência e, por isso, sem prazo definido de vigência, todos os outros, de uma forma ou de outra, devem vigorar por prazo limitado: ou por que tal vigência está assumida de forma especial em relação ao seu caso particular ou por que têm o prazo de vigência assumido pelo próprio Estatuto dos Benefícios Fiscais no seu conjunto, ao estabelecer-se a revisão obrigatória ou a extinção do mesmo ao fim de certo período, que poderá situar-se entre cinco e dez anos.

Este horizonte temporal deve configurar um verdadeiro pacto de estabilidade para os benefícios fiscais – os agentes económicos não compreendem, e têm toda a razão, que todos os anos, e às vezes até com maior frequência, alguns benefícios fiscais sejam alterados nos seus aspectos essenciais e, por isso, não tenham um mínimo de estabilidade que lhes permita tomar decisões económicas num ambiente de certeza e segurança.

A vigência assumidamente temporária das leis ao abrigo das quais os benefícios são concedidos é, porém, apenas um dos aspectos em que se traduz o carácter temporário dos mesmos. O outro aspecto é dado pelo próprio período temporário que deve limitar a duração dos benefícios em relação a cada situação em concreto. Admite-se, geralmente, a este respeito, que os benefícios não devem existir por um período superior a dez anos.

Este segundo aspecto da temporalidade dos benefícios fiscais permite, por um lado, delimitar com alguma precisão em que medida o benefício constitui um direito adquirido pelo respectivo beneficiário, que o salvaguarda de mudanças eventuais de regime.

Por outro lado, o carácter temporário do benefício é uma das condições que na doutrina internacional tende a assumir uma importância decisiva para a caracterização do mesmo como consubstanciando uma prática de concorrência fiscal aceitável. E, sempre que é caso disso, é mesmo uma condição essencial para que no quadro da União Europeia a respectiva ajuda de Estado seja considerada compatível com o mercado comum (art.ºs 92.º e segs do Tratado da Comunidade Europeia).

O último vector essencial numa revisão dos benefícios fiscais é a do incremento da sua *transparência*, o que leva à consideração de vários elementos.

Em primeiro lugar, os benefícios devem estar definidos na lei de uma forma clara e isso não acontece actualmente em muitos deles. Veja--se, por exemplo, o que se verifica quanto ao chamado regime contratual dos grandes projectos de investimento (artigo 49.º-A do Estatuto dos Benéficos Fiscais) em que se indicam os impostos em que se podem conceder benefícios sem mencionar as modalidades técnicas que assumem ou a sua intensidade máxima, lacuna que, paradoxalmente, é preenchida por decisão da Comissão da União Europeia, ao abrigo do artigo 92.º do Tratado da Comunidade Europeia.

Por outro lado, os critérios para a obtenção dos mesmos devem estar definidos de modo objectivo, sem prejuízo das margens de livre apreciação nos casos em que tal seja inevitável ou conveniente.

Há ainda que recorrer de modo mais sistemático à publicitação em Diário da República dos actos de concessão, de forma a permitir um controlo público da mesma ou então, quando essa concessão estiver massificada, a relatórios periódicos publicados da mesma forma, em que se explicitem os benefícios fiscais concedidos, o número e natureza das entidades abrangidas, a despesa fiscal correspondente, etc.

É certo que, nos termos legais, os Orçamentos do Estado vêm dando alguma informação sobre as perdas de receita motivadas pelos vários benefícios fiscais, mas, mau grado os progressos feitos, essa informação é ainda muito genérica e muito insuficiente. Em vários casos, uma simples análise custo-benefício, poria em causa a justificação económica e social de muitos benefícios fiscais e conduziria à sua revogação. Para muitos analistas é o caso do que se passa com o chamado regime das zonas francas que, tal como está delineado, não resistiria, a uma análise que pusesse em confronto as várias dezenas de milhões de contos que as mesmas representam em termos de receita fiscal cessante e os efeitos económicos, mesmo a prazo, que induzem em termos de desenvolvimento regional. É para tanto necessário criar as condições para que se faça uma avaliação sistemática e permanente dos benefícios fiscais, o que exige uma outra perspectiva de tratamento dos mesmos, inserida numa nova "cultura" fiscal, que apenas consinta excepções ao princípio da igualdade através de benefícios fiscais, caso as razões extra-fiscais relevantes que as justificam possam ser demonstradas. Essa outra perspectiva exige o reforço dos serviços que tratam destas matérias.Nesse aspecto não deixa de merecer ser sublinhado que na reestruturação feita à Direcção-Geral das Contribuições e Impostos pelo Decreto-Lei n.º 408/93, de 12 de Dezembro, manteve-se a existência da Direcção de Serviços de Benefícios Fiscais, mas suprimiu-se uma das competências que tinha nos termos do Decreto Regulamentar n.º 42/83, de 20 de Maio, que era precisamente a de quantificar o custo-benefício dos incentivos fiscais, "por confronto das perdas de receita fiscal que lhe sejam inerentes com os efeitos económico-sociais que pretendem alcançar".

VI
PRINCIPAIS IMPOSTOS

24. IMPOSTO SOBRE O RENDIMENTO DAS PESSOAS SINGULARES (IRS)

24.1. Generalidades

A filosofia que presidiu à criação do IRS, constante da Exposição de Motivos que acompanhou a proposta de Lei n.º 3/V, aprovada em 24 de Setembro de 1987, assentava nos seguintes pressupostos:

- Criação de um imposto único sobre o rendimento (globalização dos rendimentos em vez da estrutura cedular então em vigor);
- Progressividade do imposto, através da aplicação de uma tabela única, aos rendimentos globalizados, em função da capacidade contributiva;
- Excepções à regra do englobamento cingidas à tributação dos títulos ao portador e aos depósitos bancários;
- Tratamento excepcional das mais-valias, para evitar efeitos perversos da progressividade;
- Passagem imediata ao novo sistema.

É sabido que quer o desenho inicial do imposto, tal como foi consagrado no Código do Imposto sobre o Rendimento das Pessoas Singulares (CIRS), aprovado pelo DL n.º 442-A/88, de 30 de Novembro, quer as alterações legislativas posteriores ou a prática do imposto se afastaram da filosofia originária, com prejuízo dos princípios do englobamento e da progressividade, e consequentemente, do princípio da igualdade horizontal e vertical, sem que daí resultassem ganhos visíveis de eficiência tributária ou económica.[31]

Julga-se que, por razões de justiça, coerência, simplicidade e eficiência importará aproximar a actual estrutura do imposto da filosofia originária, tendo, porém, agora em conta quer a experiência administrativa e sociológica da sua aplicação, quer o contexto internacional. Isto pode implicar uma revisão global deste imposto.

24.2. Principais problemas

O peso do IRS em percentagem do PIB e em percentagem da receita fiscal total é, no quadro da UE, muito inferior à média, facto explicado, não só pela existência de uma capitação do rendimento nacional inferior à média, mas sobretudo, pelas dificuldades da tributação de todos os rendimentos sobre os quais teoricamente o imposto incide e de controlo dos rendimentos das categorias B, C, D, E e G. A existência de elevado número de benefícios fiscais e a proliferação de taxas liberatórias são factores adicionais que explicam o relativamente fraco peso do imposto.

O peso do imposto é, porém, diferentemente sentido pelos diversos titulares de categorias de rendimentos. Assim, por razões de equidade, o objectivo dominante da melhoria do IRS deverá ser o de procurar tributar mais efectivamente os rendimentos das pessoas singulares que não pertençam aos escalões baixos e médios das categorias A e H e o de, em termos relativos, consagrar uma redução da tributação destas categorias.

Isto significa, em grande medida, atacar os problemas causados por desvios da filosofia original do CIRS, em particular os relativos a uma

---

[31] Escreveu Paulo de Pitta e Cunha:
"Apesar de tudo, porém, parecem sólidas as linhas estruturais da reforma. Repare-se, na verdade, que para assegurar, em termos gerais, a conformidade com o moldelo bastaria suprimir os artigos relativos às taxas liberatórias (introduzindo possivelmente, em contrapartida, correcções em termos das regras de determinação da matéria colectável ou no plano dos benefícios fiscais) e eliminar os entraves postos à comunicabilidade das perdas à aparente facilidade com que no plano técnico-jurídico se concebe o reajustamento da arquitectura do Código aos princípios informadores do sistema, contrapõem-se, porém, as reais dificuldades em dar efectividade a tais acertos, atentas as implicações que não deixariam de ter em termos de diminuição das receitas fiscais e de incumprimento dos critérios orçamentais de convergência, que condicionam o acesso à prevista fase final da união económica e monetária europeia". (*A Fiscalidade dos Anos 90*, Coimbra, 1996, pág.63-77).

melhor definição da incidência de certas categorias de rendimentos (em especial E, F, G e I), a uma mais eficaz tributação das remunerações acessórias (*fringe benefits*), a uma aproximação de tratamento dos rendimentos das categorias B e C à categoria A e à criação de condições para uma maior transparência da despesa fiscal e para um melhor controlo administrativo das declarações. Outras medidas mais específicas relativas à redução dos benefícios fiscais ou da métodos de luta contra a evasão e fraude serão tratados em capítulo autónomo.

Vários destes problemas foram analisados pela Comissão para o desenvolvimento da Reforma Fiscal, tendo sido objecto de recomendações, muitas das quais são consideradas no presente relatório.

24.3. Medidas de alargamento da base tributária

24.3.1. *Reformulação da norma de incidência dos rendimentos de capitais, através da criação de um conceito geral mais abrangente*

A autorização legislativa constante do OE/97, no sentido de alterar o artigo 6.º do CIRS, justifica-se pelo facto de não existir na categoria E um conceito base de rendimentos de capitais que possibilite um recorte mais perfeito, concreto e abrangente do âmbito da incidência desta categoria de rendimentos. Com efeito, o citado artigo, ao arrepio das demais normas de incidência objectiva, carece do enunciado de um conceito geral abrangente definidor do correspondente tipo de rendimentos.

Sem prejuízo do estabelecimento de um elenco, a título exemplificativo, nas diversas alíneas, das fontes de rendimentos derivados da aplicação de capitais, o local mais adequado ao estabelecimento do conceito essencial e também residual é o corpo do artigo e não uma das suas alíneas, no caso, a alínea o).

24.3.2. *Ampliação do conceito de rendimento predial, por forma a abranger todos os rendimentos atribuíveis aos prédios urbanos, rústicos ou mistos*

A existência de variadas modalidades contratuais atípicas, tendo por objecto bens imobiliários, tem trazido algumas dificuldades de enquadramento dos respectivos rendimentos, em sede de IRS, face à actual configuração da norma de incidência (artigo 9.º do CIRS), que assim evidencia uma importante lacuna no sistema de tributação dos rendimentos prediais.

A amplitude insuficiente da norma de incidência objectiva destes rendimentos, tem propiciado uma considerável fonte de evasão, nomeadamente pelo facto de não contemplar expressamente os derivados da alienação dos chamados direitos reais menores. A título exemplificativo, é de referir que, face à actual redacção do citado artigo, torna-se difícil, se não inviável, a sujeição ao imposto de rendimentos derivados de verdadeiros contratos de arrendamento encapotados pela alienação temporária dos direitos de usufruto ou de superfície, que têm como contrapartida o pagamento de uma prestação periódica, mensal ou anual, a qual, na sua essência, corresponde verdadeiramente à renda derivada da exploração económica de um prédio.

24.3.3. *Alargamento da base de incidência dos rendimentos da categoria I – Outros rendimentos*

Neste contexto, procurar-se-á transformar a categoria I numa verdadeira categoria residual, partindo-se para tal do pressuposto básico de que se deverá atender ao princípio da capacidade contributiva e acolher-se o modelo de rendimento acréscimo que serve de base à definição de rendimento colectável.

Ora, a transformação daquela categoria numa verdadeira categoria residual implica, naturalmente que se clarifiquem os rendimentos abrangidos pelas demais categorias de rendimentos, estabelecendo-se uma expressa delimitação negativa da incidência relativamente aos rendimentos excluídos.

Por outro lado, importará incluir expressamente na categoria I determinadas realidades, tais como as indemnizações não previstas nas outras categorias e associadas a uma obrigação de fazer, não fazer ou permitir, excluindo-se apenas da tributação as indemnizações por danos emergentes, bem como dos incrementos patrimoniais líquidos verificados no exercício de tributação, desde que não abrangidos por outras categorias ou sujeitos a imposto sobre sucessões e doações e dos rendimentos obtidos através da cessação da posição contratual, designadamente a do promitente comprador, nos contratos de compra e venda.

Deste modo, e sem prejuízo do desenvolvimento das ideias expostas, o artigo 12.º do CIRS deverá ser profundamente reformulado, por forma a ser reconduzido à função de norma residual de incidência objectiva de todos os rendimentos sujeitos a IRS não compreendidos noutras categorias, corporizando assim a teoria do rendimento acréscimo subjacente a este imposto, conforme o pretendido.

24.3.4. *A questão das remunerações acessórias*

Há que reconhecer que a não tributação de rendimentos atribuídos sob a forma de remunerações não permanentes constitui um meio de evasão e de introdução de profundas iniquidades no sistema fiscal. Para além de incentivar os próprios trabalhadores a prestarem-se a formas de trabalho que, beneficiando-os no imediato, os prejudicam a médio e longo prazos.

Não poderá, contudo, deixar de se atender aos seguintes aspectos:
- dificuldades de identificação dos vários tipos de remuneração acessória;
- possibilidade de serem excluídas da tributação certas despesas que se traduzem em benefícios não estritamente individualizáveis (cantinas, creches) ou apoios e/ou complementos aos esquemas de Segurança Social, desde que contidos em certos valores;
- carácter insignificante e simbólico de certos tipos de remunerações acessórias;
- necessidade de se encontrar uma solução tanto quanto possível global e não um tratamento casuístico.

Deverão ser tidos em conta os custos administrativos das normas de tributação, comparando-os com a receita susceptível de ser arrecadada, assim como com a possibilidade, em certas circunstâncias, de tributação de valores presumíveis.

24.3.5. *Regras de tributação das mais-valias no Código do IRS*

Apesar de, na construção do conceito de rendimento tributável, se ter adoptado a concepção de "acréscimo patrimonial", a incidência da categoria G relativa a mais-valias é efectuada no Código sob a forma de enumeração de situações tipificadas e não sob a forma de definição genérica de ganhos de capital.

Por outro lado, atendendo à excepcionalidade dos rendimentos em causa, pretendeu-se evitar o carácter excessivamente gravoso da tributação através de um regime específico de tributação, diferenciando-se, de forma complexa, casos em que apenas metade do saldo entre mais-valias e menos-valias é considerado para efeitos de tributação, outros em que o saldo é considerado na globalidade mas tributado a uma taxa liberatória de 10% e, ainda, casos em que se excepciona da tributação os ganhos de certo tipo de investimentos a incentivar.

Deverá questionar-se a correcção não só desta diferenciação de tratamento como do próprio modelo, designadamente:

- será de manter o actual elenco, restrito, de situações tributáveis ou deverá ser alargado a outras situações em que a tributação se justifique?
- deverá continuar a consagrar-se a atenuação da progressividade, devido à concentração no tempo deste tipo de rendimento? Não deverá essa atenuação efectuar-se em moldes diferentes, podendo conciliar-se a tributação pela globalidade dos rendimentos obtidos com a tributação diluída ao longo de um período mais dilatado de tempo, por exemplo, cinco a dez anos, conforme os montantes em causa?

24.3.6. *Passagem gradual do regime especial de tributação dos rendimentos agrícolas para o regime geral, equiparando estes rendimentos aos demais rendimentos empresariais*

Esta passagem justifica-se por razões de equidade, embora a sua concretização deva estar, como até agora, sujeita a juízos de oportunidade, uma vez que esta tributação contende com um sector em dificuldade. Mas no plano fiscal, operando-se anualmente a prorrogação do regime transitório de tributação destes rendimentos, estabelecido pelo diploma que aprovou o Código do IRS, nada parece obstar, decorridos todos estes anos de vigência do imposto, à sua absorção pelo Código, ainda que se reconheça a necessidade de atender a algumas especificidades próprias do respectivo sector de actividade económica. Isso justificaria que tal absorção fosse efectuada de forma progressiva e gradual, ao longo de um certo número de anos.

24.3.7. *Reavaliação de benefícios fiscais*

O total da despesa fiscal (não estrutural) em IRS prevista para o ano de 1997 é de 47 MC (34,6 MC em 1996; 24,7 MC em 1995; 26,28 MC em 1994; 20,7 em 1993).

Apesar de a Reforma de 1988/89 ter claramente o propósito de atribuir aos benefícios fiscais um carácter excepcional, reduzindo a multiplicidade dos então existentes e introduzindo coerência e estabilidade no novo sistema, assistiu-se a uma continuada proliferação, não apenas nos orçamentos anuais, mas também no Estatuto dos Benefícios Fiscais, nos próprios Códigos e em diplomas avulsos, de normas sobre benefícios que introduzem uma instabilidade permanente no sistema fiscal, fazendo-o vogar ao sabor da mais variadas pressões.

Em sede de IRS, as isenções apenas deverão respeitar aos casos de mínimo de existência. As reduções de imposto devem concentrar-se num número restrito de casos significativos (aqueles em que os objectivos pessoais se articulem com objectivos sociais constitucionalmente relevantes e erradicando eventuais privilégios socialmente injustificados), devendo as que permanecerem assumir a forma de dedução à colecta e coexistir com a progressividade do imposto.

Uma melhor definição e um maior controlo das despesas de saúde e de educação parece imprescindível.

24.4. Transformações no domínio das normas de determinação da matéria colectável

24.4.1. *Possibilidade de dedução de perdas da categoria F nos rendimentos apurados noutras categorias*

Sendo certo que, no âmbito das deduções específicas da categoria F, se registam assinaláveis diferenças entre as despesas de manutenção e as despesas de conservação, tendo as primeiras, um carácter mais estável e previsível e, tendencialmente, valor mais reduzido, e as segundas, pela sua ocorrência irregular, tendencialmente também, valor mais elevado, os seus reflexos no apuramento do resultado líquido da categoria parecem aconselhar um tratamento diferenciado.

Assim, julga-se mais consentânea com a natureza daquelas deduções uma solução que implique o estabelecimento da limitação da comunicabilidade do resultado negativo aos rendimentos de outras categorias relativamente às despesas de manutenção e da possibilidade de reporte aos anos seguintes relativamente às despesas de conservação.

24.4.2. *Reanálise da figura de dedução específica dos trabalhadores*

Como é sabido, um imposto global único sobre o rendimento não é incompatível com a existência de elementos analíticos no apuramento do rendimento global, designadamente através de previsão de categoria de rendimentos com as respectivas deduções específicas.

Relativamente aos rendimentos do trabalho por conta de outrem, a dedução específica por titular do rendimento bruto auferido, visa contribuir para a reposição da própria fonte de rendimento (a "força de trabalho)" e para a constituição de um fundo de reserva que mantenha, para além da força activa, a duração do respectivo rendimento.

No OE/97 registou-se uma importante modificação no que respeita à fórmula da cálculo desta dedução, aumentando-a para 70% do valor dos rendimentos brutos, com o limite de 484000$ ou, se superior, de 71% de 12 vezes o salário mínimo nacional mais elevado. Este limite é substituído pelo montante das contribuições obrigatórias para a Segurança Social, quando este for superior. O montante máximo, apesar das actualizações anuais que ultimamente se situaram em valores acima da inflação, pode considerar-se, em termos absolutos e quando comparado com as deduções das categorias B, C e H, de valor relativamente reduzido. Tendo em conta as finalidades acima apontadas a esta dedução específica, deverá ser equacionada a possibilidade do seu aumento em termos absolutos, em particular como alternativa a um aumento do número de escalões ou de redução de taxas, os quais beneficiariam indiscriminadamente todas as categorias de rendimentos.

24.4.3. *Possibilidade de opção dos sujeitos passivos da categoria B com uma única entidade patronal pela tributação na categoria A*

Deverá ponderar-se a possibilidade de quem tem uma única entidade pagadora poder optar pela tributação na categoria A.

Tal previsão terá em conta as chamadas situações da "falsos recibos verdes" em que os sujeitos passivos são obrigados a apresentar-se como trabalhadores independentes não passando, na verdade, de prestadores de trabalho subordinado, e pretende não penalizar fiscalmente tais trabalhadores.

Há que ponderar, contudo, aquelas outras situações, em que a declaração de rendimentos como categoria B apresenta vantagens comparativas devido às deduções, permitidas a título de encargo da actividade. Assim há que ter em conta a recomendação da Comissão para o Desenvolvimento da Reforma Fiscal de introdução de presunções de existência de relações que dão origem a rendimentos da categoria A embora permitindo a produção de prova em contrário pelos sujeitos passivos.

24.4.4. *Harmonização do regime de acções e quotas*

Deverá haver maior harmonização entre os regimes tributários das acções e das quotas por forma a obter, sempre que possível, a desejada neutralidade fiscal entre os dois tipos de participações societárias, tendo presente as implicações daí decorrentes, designadamente no mercado de capitais.

24.4.5. *Reanálise das despesas dedutíveis*

As categorias B e C permitem dedução de várias despesas a título de custo da actividade mas a experiência demonstra que tais custos se encontram, muitas vezes, excessivamente empolados, introduzindo-se com essa prática resultados distorcivos do ponto de vista da igualdade tributária, designadamente face ao trabalho por conta de outrem.

Esse empolamento pode resultar da própria configuração legal das deduções, de orientações administrativas ou de práticas evasivas. Neste sentido, importa proceder a uma reavaliação das deduções permitidas e desenvolver mecanismos de fiscalização, especialmente os baseados em cruzamento de informações detidas pelos serviços. A administração deverá utilizar o seu poder de analisar pormenorizadamente a dedutibilidade de determinadas despesas avaliando da sua indispensabilidade relativamente à actividade desenvolvida pelos sujeitos passivos.

Poderá encarar-se o estabelecimento de limites aos custos a deduzir como alternativa à instituição de pagamentos mínimos por conta.

24.4.6. *Transformação dos abatimentos à matéria colectável em deduções à colecta*

Uma medida desta natureza visa conferir uma maior pessoalização efectiva na tributação dos rendimentos das pessoas singulares e consequentemente uma distribuição mais equitativa dos desagravamentos fiscais, convertendo-se as deduções ao rendimento em efectiva diminuição do montante da colecta, independentemente dos escalões de rendimento em que cada contribuinte se insere. Tem ainda em vista uma maior transparência, uma aproximação à técnica do IRC e o aperfeiçoamento do princípio da progressividade do imposto.

O OE/97 autoriza o Governo a proceder à transformação total ou parcial dos abatimentos e outras deduções ao rendimento em deduções à colecta. Esta transformação deverá ser efectuada de forma gradual, e dela não deve resultar um agravamento da carga tributária global.

24.4.7. *Criação de condições para a adopção da tributação separada como opção*

Deverá ponderar-se a criação de condições para a adopção da tributação separada dos cônjuges. De facto, a adopção de tal medida, como realça a Comissão para o Desenvolvimento da Reforma Fiscal, apresentaria, nomeadamente, as seguintes vantagens:

a) respeito pelo princípio da não discriminação em função do estado civil (incluindo a discriminação da união de facto) terminando com as actuais diferenças de regras de determinação do montante a sujeitar à taxa de IRS, de montantes máximos de abatimentos e de deduções à colecta;

b) respeito pela individualidade de cada cônjuge quanto aos seus assuntos fiscais;

c) desnecessidade de utilização de presunções de residência de todo o agregado familiar no território português, quando um dos cônjuges aqui resida, com a consequente possibilidade de dupla tributação internacional de todo o rendimento do agregado, na falta de convenções sobre a dupla tributação;

d) aproximação do valor das retenções na fonte ao imposto devido "a final".

Este regime de tributação separada poderia permitir a opção pela tributação pelo agregado familiar.

24.4.8. *Introdução de um regime simplificado de tributação para as pequenas actividades económicas*

Deverá equacionar-se a possibilidade de introdução de um regime simplificado de tributação para as pequenas actividade económicas, aplicável aos sujeitos passivos das categorias B e C que não estejam obrigados a possuir contabilidade regularmente organizada. Neste âmbito, será de ponderar a hipótese de os respectivos rendimentos/lucros serem determinados por formas indirectas, de se instituirem limitações à dedução de custos, (introdução de maiores restrições ao tipo de despesas dedutíveis através de regulamentação específica) e de os contribuintes neles incluídos verem muito simplificadas as suas obrigações acessórias.

24.5. Medidas ligadas a taxas e escalões

24.5.1. *Redução do número de taxas liberatórias*

As excepções ao princípio de englobamento dos rendimentos das pessoas singulares devem ser substancialmente reduzidas, dado que tal situação não só prejudica a progressividade do IRS como impede a possibilidade da declaração poder servir como instrumento de medida de rendimento dos cidadãos para acesso a determinados benefícios públicos.

A aplicação de taxas liberatórias só se justificará como solução excepcional imposta por razões de simplificação administrativa ou necessidade de concorrência ou harmonização fiscal. Nalguns casos ela pode até apresentar-se como a única forma de tornar efectiva a tributação, tal como nas situações de rendimentos de não residentes.

24.5.2. *Níveis de taxas*

O IRS tem características de imposto progressivo, apresentando taxas marginais entre 15% e 40% (16% a 40% na redacção inicial do Código).

Foi seguida a tendência dos anos 80 de diminuir, face a épocas anteriores, a progressividade das taxas nominais de tributação. Todavia, atendendo à realidade económica de muitas famílias portuguesas os níveis de rendimento a que se aplicam a taxa intermédia de 35%, poderem ser considerados baixos, sujeitando a elas os rendimentos típicos da classe média. O peso de tal carga é tanto mais evidente quanto recai sobretudo sobre os rendimentos do trabalho por conta de outrem.

Contudo, a redução global das taxas, apesar de desejável, só poderá ser encarada quando, em simultâneo, se encontrarem em funcionamento mecanismos que garantam um efectivo aumento da base tributável. Isto significa que só será viável em conjugação com a entrada em vigor da generalidade das medidas acima propostas. Uma alternativa seria reduzir as taxas, não de forma global, mas apenas em relação aos contribuintes de menor rendimento. Outra, como se viu, especialmente destinada a diminuir o esforço fiscal dos trabalhadores por conta de outrem consistiria em proceder a um aumento mais significativo da dedução específica destas categorias de rendimentos.

24.5.3. *Número de escalões*

Também na linha das reformas actuais, o CIRS consagrou uma estrutura de alíquotas de IRS com um número reduzido de escalões. Inicialmente estavam previstos cinco escalões tendo sido, a partir do ano fiscal de 1992, fixada uma tabela de quatro escalões o que, apesar de ter sido acompanhado de baixa da taxa marginal do 1.º escalão e aumento do limiar para aplicação da taxa marginal máxima, terá aumentado a carga fiscal devido ao número de casos a que se passou a aplicar a taxa de 35%.

Uma forma de redução da carga fiscal, embora não selectiva, será a de aumentar quer o limite definido para a não tributação, quer a amplitude dos escalões inferiores. Há, no entanto, que mensurar os efeitos orçamentais de tais medidas e eventualmente buscar fontes alternativas de tributação.

Esta questão é objecto de análise em relatório autónomo a apresentar à Assembleia da República até final do ano.

24.6. Medidas de simplificação e harmonização com outros diplomas

24.6.1 *Simplificação das declarações de liquidação*

Para um tratamento mais eficiente e uma maior comodidade do cidadão contribuinte, a prazo, as declarações de liquidação do IRS relativas às categorias de rendimento mais frequentes deveriam ser enviadas para a residência dos sujeitos passivos.

Deverá igualmente distinguir-se entre declaração de liquidação – que deverá ser o mais simples possível – e declaração estatística e de controlo, a qual deve ser anual e integrar todos os rendimentos, mesmo os isentos ou os sujeitos a taxas liberatórias.

24.6.2. Revogação do artigo 132.º do código do IRS

Constitui entendimento administrativo assente o de que a utilização da figura do recurso hierárquico, admissível em sede de IRS, por via do disposto no artigo 132.º do respectivo Código, em articulação com o artigo 112.º do Código do IRC, apenas tem lugar no âmbito das categorias C e D.

Na realidade, o recurso hierárquico, com as características emergentes do citado artigo 112.º, designadamente a do efeito suspensivo da liquidação, está naturalmente talhado para operar no âmbito de um imposto sintético, como é o IRC.

Contudo, a sua aplicação em IRS, ainda que circunscrita ao âmbito das categorias C e D, não está isenta de dificuldades, bastando referir a que resulta da problemática conciliação dos seus efeitos suspensivos (operando somente nestas duas categorias), com as regras próprias de apuramento do conjunto dos rendimentos líquidos e do próprio rendimento colectável, neste imposto que se desdobra, por assim dizer, em nove categorias.

Cremos assim aconselhável a supressão pura e simples deste meio processual de defesa em IRS, através da revogação do artigo 132.º do Código.

Esta solução, para além de apresentar a óbvia vantagem decorrente da eliminação dos constrangimentos acima referidos, não representaria uma quebra significativa do sistema de garantias dos contribuintes na medida em que estes continuariam a poder socorrer-se dos restantes meios de defesa paralelos, como a reclamação graciosa ou impugnação judicial do acto de liquidação.

24.6.3. Harmonização dos regimes de reclamação dos actos da revisão da matéria tributável nos Códigos do IRS, do IRC e de Processo Tributário

Na linha do Decreto-Lei n.º 47/95, de 10 de Março, e dos Decretos-Lei n.ºs. 7/96, de 7 de Fevereiro e 23/97, de 23 de Janeiro, a matéria da harmonização do CIRS com os restantes diplomas, em particular com o CPT e agora também com a LGT, deve continuar a merecer um esforço de eliminação das incongruências subsistentes, na maior parte dos casos determinadas pela publicação dos respectivos códigos em datas algo distanciadas no tempo.

Atendendo, no entanto, às particularidades apresentadas pelas regras de determinação da matéria colectável, no IRS e no IRC, e aos fundamentos susceptíveis de conduzir às correcções ou fixação dos rendimentos líquidos, aspecto que só por si já é merecedor de alguma reflexão, admite-se que, neste aspecto, não seja possível nem desejável um harmonização completa, sem quebra de garantias dos contribuintes, devendo subsistir algumas diferenças, ditadas pelas apontadas especificidades.

24.7. Revisão do IRS

Estas propostas implicam profundas modificações no IRS, sobretudo nos planos da incidência e da determinação da matéria colectável.

Efectivamente, as linhas avançadas em sede de reforma fiscal – alteração dos escalões e das taxas, transformação dos abatimentos à matéria colectável em deduções à colecta, revisão das categorias E, G e I, obrigatoriedade de entrega da declaração para todos os sujeitos passivos e a eventual introdução da tributação separada dos cônjuges – justificam plenamente a criação de um novo diploma, o qual sempre teria a vantagem de propiciar uma muito melhor coerência interna das suas disposições. Para este efeito, deverá ,com a brevidade possível, proceder-se à constituição de um grupo de trabalho.

25. IMPOSTO SOBRE O RENDIMENTO DAS PESSOAS COLECTIVAS (IRC)

25.1. Generalidades

A criação do IRC insere-se na filosofia que informou a reforma fiscal de 1989, nomeadamente na integração dos vários rendimentos no imposto único. Deste modo, através da noção de lucro adoptada, ligada, em consonância com o IRS, à teoria do rendimento acréscimo, o IRC fundiu a base de incidência de anteriores impostos (contribuição industrial, imposto sobre a indústria agrícola e imposto de mais-valias na parte relativa à transmissão, a título oneroso, de elementos do activo imobilizado, incluindo os terrenos para construção e as partes sociais que o integram).

É um imposto que visa tributar, de acordo com os princípios da universalidade e da territorialidade, a generalidade das pessoas colectivas e entidades equiparadas, em função do rendimento por elas auferido, independentemente de ele ser ou não resultante da participação na actividade produtora.

A base tributável do IRC assenta no lucro real, efectivo ou presumido, determinado pela diferença entre o valor do património líquido no fim e no início do período de tributação, o qual, por força da continuidade que é inerente ao rendimento, é balizado pelos princípios da anualidade e da especialização dos exercícios.

Tendo em vista objectivos de neutralidade, combate à evasão fiscal e eliminação da dupla tributação dos lucros atribuídos aos sócios, adoptou o CIRC, em relação a certas sociedades, um regime de transparência fiscal, caracterizado pelo facto de a matéria colectável ser sempre imputada, para efeitos de tributação, aos respectivos sócios, na proporção em que estes participem no capital social e independentemente de haver lugar a distribuição de resultados.

Nos casos em que a completa eliminação da dupla tributação não é legalmente possível, já que não se optou, de forma generalizada, pela tributação integrada dos sócios – pessoas singulares – e das sociedades – pessoas colectivas – permite-se, ainda assim, uma atenuação através do crédito de imposto.

Tendo em conta o âmbito de aplicação pessoal e a ausência de imposição constitucional expressa, consagrou-se no CIRC uma taxa proporcional, sem prejuízo da existência de taxas reduzidas em relação às pessoas colectivas que não exerçam, a título principal, uma actividade de natureza comercial, industrial ou agrícola.

No que se refere ao pagamento do imposto consagrou-se a figura dos pagamentos por conta, numa tentativa de aproximar as datas de pagamento e de obtenção dos rendimentos.

25.2. Receitas fiscais do IRC

O IRC é um imposto básico do sistema e o seu peso é muito similar ao que os impostos sobre lucros têm na estrutura fiscal de outros países da EU, situando-se muito próximo da média.

Todavia, as receitas fiscais do IRC estão longe de estar consolidadas, dado que é muito restrito o número de empresas que contribuem para a obtenção das mesmas (2000 sociedades, ou seja, pouco mais que 1% do número total de sujeitos passivos representam 75% do IRC liquidado e as 50 maiores são responsáveis por 51% e apenas 3 por cerca de 30%). Basta uma das maiores ter alguma derrapagem nos seus resultados para o IRC entrar em queda.

Deve igualmente ter-se em conta o provável incremento do recurso ao planeamento fiscal decorrente do processo das privatizações, o qual poderá ter repercursões negativas no plano das receitas.

Mais preocupantes ainda são as questões de equidade que o IRC coloca quanto à repartição da carga fiscal. Do total de sujeitos passivos com actividade em 1995, cifrou-se em 61% o número dos que não pagaram imposto, tendo apresentado resultado fiscal negativo 44%.

25.3. Questões problemáticas

São as seguintes as principais áreas problemáticas do imposto, a maioria objecto de análise no Relatório da Comissão para o Desenvolvimento da Reforma Fiscal.

- clarificação do conceito de estabelecimento estável;
- regulamentação específica das condições de aceitação de certas despesas;
- tributação dos não residentes sem estabelecimento estável;
- transferência de lucros entre empresas associadas;
- reporte de prejuízos;
- reinvestimento dos valores de realização;
- aperfeiçoamento das regras relativas à neutralidade e à eliminação da dupla tributação económica;
- revisão global dos benefícios fiscais;
- diminuição da taxa;
- incentivos fiscais às pequenas e médias empresas;
- combate à evasão fiscal – possibilidade de introdução de um imposto mínimo sobre os activos das sociedades ou a criação de regimes simplificados;
- regime de consolidação;
- regime das provisões;
- harmonização dos regimes de mecenato;
- inventário permanente de "stocks".

25.3.1. *Conceito de estabelecimento estável*

Os n.ºs 5, 6 e 7 do artigo 4.º do CIRC necessitam de ajustamentos no sentido da sua harmonização com o conceito de estabelecimento estável presente no artigo 5.º do Modelo de Convenção Fiscal sobre o Rendimento e o Património da OCDE.

Em primeiro lugar, embora o n.º 5 do artigo 4.º do CIRC considere que há estabelecimento estável quando existe uma qualquer instalação fixa ou representação permanente, não baliza conceptualmente a noção de representação permanente, ao invés do que acontecia no Código da Contribuição Industrial e do que é feito nos n.ºs 5 e 6 do artigo 5.º do referido Modelo, embora a interpretação que vem sendo feita pela administração fiscal seja consonante com o conceito da convenção.

No mesmo normativo, o conceito de instalação fixa não delimita tipos de instalação nem estabelece prazos para os locais ou estaleiros de construção ou de montagem, ao contrário do disposto nos n.ºs 3 e 4 do referido artigo 5.º (da convenção). Por exigências de certeza e de segurança jurídica, deve clarificar-se o conceito de representação permanente e delimitar-se o conceito de instalação fixa.

Por outro lado o n.º 7 do artigo 4.º do CIRC, ao ser inspirado na al. a) do n.º 3 do artigo 5.º da Convenção Modelo da ONU, também ampliou o correspondente conceito, quer quanto ao prazo (reduziu-o de 6 meses para 120 dias) quer no que toca às actividades abrangidas (que são todas as que tenham natureza comercial, industrial ou agrícola e não só as ligadas ao fornecimento de serviços). É, pois, necessário, também aqui, legislar no sentido da restrição daquele conceito.

25.3.2. *Regulamentação das condições de aceitação de certas despesas*

O princípio geral orientador da tributação pelo lucro real exige que só possam ser dedutíveis as despesas que comprovadamente sejam indispensáveis ao exercício de uma determinada actividade económica.

O desvio para o consumo privado de alguns bens e serviços é notório, pelo que a impossibilidade de exercer um controlo eficaz a todos os níveis justifica, só por si, que sejam estabelecidas determinadas limitações à regra da dedutibilidade.

Sem prejuízo da manutenção do princípio da dedução generalizada dos custos suportados pela empresa e conexos com a sua actividade, torna-se premente a criação de normas regulamentares que estabeleçam, por exemplo, os tipos de ofertas e seus montantes máximos, em termos unitários e globais, aproveitando-se a experiência adquirida em função da vigência das regras previstas no Código do IVA.

De igual modo, deverá proceder-se à definição do conjunto das despesas qualificáveis como despesas de representação e as pessoas às quais as mesmas podem respeitar, fixando-se em termos fiscais uma percentagem máxima de dedutibilidade .

Igual procedimento deverá ser adoptado em relação às ajudas de custo, de forma a evitar, num caso e noutro, que elas funcionem como verdadeiras remunerações acessórias.

25.3.3. *Não residentes sem estabelecimento estável em território nacional*

Em relação às entidades não residentes, o IRC incide apenas sobre os rendimentos obtidos em território nacional (n.º 3 do artigo 4.º do CIRC).

Por razões de justiça e de eficiência, deve alargar-se o âmbito de sujeição ao imposto, à semelhança do que acontece noutros países da UE.

Com efeito, a transferência de tecnologia, que vem assumindo formas cada vez mais sofisticadas e desmaterializadas, torna difícil e, em muitos casos, impossível, controlar as situações em que a mesma é feita, quer sob a forma de uma simples prestação de serviços, quer através das vias cibernéticas em expansão acelerada.

É, pois, necessário tomar medidas no sentido de se tributarem, em Portugal, país da fonte, e por retenção na fonte – taxas liberatórias – rendimentos derivados de serviços que consistam em assistência técnica, apoio à gestão, estudos, planos, projectos, pareceres e serviços relacionados.

Assim, o alargamento da tributação na fonte de não residentes sem estabelecimento estável em território português far-se-ia, sem prejuízo do actual regime específico das zonas francas, por retenção na fonte a título definitivo à taxa de 15%, relativamente às remunerações derivadas de serviços de qualquer natureza realizados ou utilizados em Portugal.

25.3.4. *Transferência de lucros entre empresas associadas*

Os preços estabelecidos em transacções entre entidades nacionais ou multinacionais com ligações especiais entre si podem ser manipulados no sentido de obtenção de uma redução da carga fiscal global.

As legislações fiscais dos países da OCDE consagram frequentemente o princípio da tributação de acordo com os preços de mercado.

Apesar de o artigo 57.º do CIRC conter uma norma com aquele objectivo, é necessário, por motivos de certeza, segurança e de eficácia, desenvolver os conceitos aí previstos, de empresas associadas e de relações especiais, e estabelecer critérios do que deve entender-se por preço de plena concorrência.

25.3.5. *Reporte de prejuízos*

Tendo a lei do Orçamento do Estado para 1996, por razões de competitividade das empresas nacionais, alargado o limite do prazo de reporte de prejuízos, de 5 para 6 anos, tal alargamento, segundo alguns ainda não se mostraria satisfatório para resolver os problemas com que se debatem empresas novas que têm que proceder a elevados investimentos com o início da sua actividade.

Esta questão deverá ser analisada em relatório autónomo.

25.3.6. *Reinvestimento dos valores de realização*

O regime consagrado no artigo 44.° do CIRC para concretizar a tributação diferida das mais-valias é complexo na sua aplicação e controlo e não confere certeza à tributação.

É, assim, necessário substituí-lo de forma a que a mais-valia não tributada deixe de interferir com o valor de aquisição dos novos activos e, consequentemente, com o valor das reintegrações para efeitos fiscais, passando, no entanto, a ser integrada na base tributável nos exercícios seguintes, num período máximo entre 5 e 10 anos.

25.3.7. *Aperfeiçoamento das regras relativas à neutralidade e à eliminação da dupla tributação económica*

A dupla tributação económica, quer relativa a sócios, quer a sociedades associadas é interna e internacionalmente contestada, pelo que há que aperfeiçoar, as regras relativas à eliminação daquela dupla tributação.

Neste sentido, devem também incluir-se no regime previsto no artigo 5.° do CIRC (regime de transparência fiscal) as sociedades em nome colectivo e as sociedades em comandita simples.

Dever-se-á, ainda, analisar o alargamento da aplicação do regime das sociedades mãe e afiliadas, previsto no artigo 45.° do CIRC, de modo a baixar o limiar de participação de 25% para 10% e fixar-se o crédito de imposto por dupla tributação económica com base no IRC efectivamente pago pela sociedade que distribui os lucros.

25.3.8. *Revisão global dos benefícios fiscais*

Porque os benefícios fiscais com reflexos no IRC continuam a representar um custo muito elevado (cerca de 70 milhões de contos com isenções temporárias, reduções de taxa, deduções ao rendimento e ao lucro tributável e deduções à colecta) que baixou, em 1994, a taxa nominal de IRC, de 36%, para uma taxa efectiva de 25%, deve proceder-se a uma revisão global daqueles benefícios

25.3.9. Diminuição da taxa

Por razões de competitividade internacional não é conveniente que o total da receita de IRC deva ser incrementado com aumentos de taxa que penalizem as empresas portuguesas que suportam o imposto.

Pelo contário, deverá, se possível, reduzir-se a taxa de IRC e procurar alargar o espectro dos sujeitos passivos com capacidade contributiva.

Por isso, na lei do Orçamento para 1997 foi conferida ao Governo uma autorização para diminuir a taxa de IRC até 2 pontos percentuais.

25.3.10. Incentivos fiscais às pequenas e médias empresas

Os incentivos de natureza fiscal às pequenas e médias empresas confrontam-se, em primeiro lugar, com a necessidade de, tanto quanto possível, preservar a neutralidade fiscal.

Mas razões de índole social e económica – criação de emprego, desenvolvimento de zonas carenciadas, etc. – aconselham que se estimule o aparecimento, no nosso país, de micro e pequenas empresas em nome individual e de sociedades de pessoas.

Os incentivos a conceder poderão revestir, designadamente, as seguintes formas:

- Possibilidade de dedução ao lucro tributável de uma parcela variável entre 50% e 95%, determinada em função do desempenho, podendo, por exemplo, a dedução, no primeiro ano, ser de 90% a 95%;
- Crédito fiscal ao investimento;
- Eventualmente, a redução temporária de taxas.

25.3.11. Imposto mínimo ou introdução de regimes simplificados

Há fortes motivos para crer que a evasão e fraude fiscais em matéria de IRC estão largamente generalizadas, havendo uma clara divergência entre o lucro real que deveria ser objecto de tributação e o lucro declarado.

O afastamento em relação à filosofia que esteve na base da criação do IRC e a falta de clarificação de alguns preceitos normativos justificam, em grande parte, o estado actual da tributação das pessoas colectivas.

Haverá, por isso, que melhorar a eficácia do imposto e eliminar as possibilidades de planeamento e fraude fiscal. De facto, a tributação em função dos valores revelados pela contabilidade pode não constituir a forma mais adequada em relação às empresas de menor dimensão.

A facilidade de ocultação de receitas e a aceitação como custos de despesas que não respeitam directamente à actividade da empresa, aliadas à não obrigatoriedade de intervenção de auditores externos e à impossibilidade de proceder a uma fiscalização abrangente, justificam que se analise a viabilidade da introdução de um imposto mínimo, de acordo com o proposto no Relatório da Comissão para o Desenvolvimento da Reforma Fiscal, ou da criação de regimes simplificados de tributação, à semelhança do que acontece noutros países europeus.

A introdução da figura do pagamento especial por conta representa uma primeira aproximação nesse sentido. Da experiência do seu funcionamento ver-se-á se é ou não desejável proceder ao seu aperfeiçoamento, de forma a garantir a tributação de sociedades que têm "escapado" totalmente à tributação e a redução do número de acções de fiscalização.

25.3.12. *Regime da consolidação*

O regime da consolidação fiscal tem em vista a consideração dos grupos constituídos por domínio total como uma unidade económica para efeitos de tributação no âmbito do IRC.

Não obstante se justificar a sua manutenção, como forma de garantir a competitividade dos grupos económicos portugueses, a verdade é que, nos moldes actuais, o regime é complexo e propicia formas de evasão injustificadas.

Deste modo, haverá que ponderar-se a alteração das condições de acesso e funcionamento do regime, e, simultaneamente, afinar os instrumentos que visam impedir abusos ou salvaguardar a existência de uma tributação equilibrada.

25.3.13. *Regime das provisões*

A necessidade da constituição de provisões e a sua forma de cálculo varia de sector para sector.

Algumas empresas podem deduzir ao lucro tributável a totalidade das provisões constituídas de acordo com a respectiva regulamentação contabilística, ao passo que outras só o podem fazer nos termos e limites estabelecidos no Código do IRC.

Torna-se necessário criar regras precisas e objectivas, de forma a harmonizar os regimes existentes, sem contudo descurar a prevenção da fraude e evasão fiscais.

25.3.14. *Regime de mecenato*

Os benefícios fiscais concedidos no âmbito dos diversos tipos de mecenato encontram-se dispersos em vários diplomas.

Torna-se, pois, necessário proceder à sua tendencial harmonização, tendo em vista a definição dos objectivos e as condições de atribuição e controlo dos donativos, bem como a criação de um regime claro e incentivador com unidade e adequada ponderação da sua relevância nas suas diversas modalidades. Simplicidade e neutralidade (salvo quando ao mecenato social) são princípios a ter especialmente em conta neste domínio.

25.3.15. *Inventário permanente de stocks*

Conexo com a reestruturação do IRC está o problema da melhoria dos instrumentos contabilísticos. Sendo Portugal o único país da União Europeia onde não vigoram regras contabilísticas obrigatórias e normalizadas neste domínio, impõe-se a sua criação e implantação de forma gradualista:

26. IMPOSTO SOBRE O VALOR ACRESCENTADO (IVA)

26.1. A dimensão comunitária do IVA

Em Portugal, como na U.E., o IVA está condicionado por disposições comunitárias sobre a matéria (em especial pela 6.ª Directiva).

Existe, porém, um campo de opções, admitidas pela directiva, que diversificam o sistema aplicado ao nível dos quinze Estados membros. Para além disso há domínios, como o das taxas, onde a harmonização não é muito intensa e sofre várias derrogações.

As mais relevantes e profundas alterações que nos próximos anos irão ocorrer em sede deste imposto serão, pois, fortemente influenciadas pela evolução do direito comunitário na sua função de construir um sistema tributário adaptado às exigências do mercado único.

Começam já a antever-se algumas consequências de uma maior integração europeia, sobretudo ao nível da evolução das taxas do imposto, em que no caso de o sistema comum do IVA se basear, como tudo indica, no princípio da origem, haverá tendências de deslocalização de algumas actividades para os Estados membros que apliquem taxas de IVA mais moderadas.

No mesmo sentido poderão apontar a possível alteração do sistema de afectação das receitas do IVA a cada um dos Estados membros, bem como algumas alterações no âmbito das limitações do direito à dedução (como, por exemplo, os bens e serviços actualmente previstos no artigo 21.º do CIVA).

Não sendo grande a margem de manobra do legislador nacional ficar-lhe-ão, ainda assim, reservadas áreas de actuação que vão exigir uma significativa intervenção no sentido de aperfeiçoar a componente administrativa do imposto e, sobretudo, a tomada de medidas nos domínios do alargamento da base tributável e da luta contra a fraude e evasão fiscais.

A necessidade de ter disponível este importante instrumento da política fiscal poderá justificar a ponderação de medidas de alargamento da base tributável como forma de manter a importante quota parte nas receitas fiscais geradas pela tributação indirecta.

Assim, algumas alterações deverão ser equacionadas neste âmbito.

26.2. Medidas de alargamento da base tributável

25.2.1. *Equiparação a prestações de serviços das operações de cedência de jogadores*

Uma das alterações a efectuar é a da equiparação a prestações de serviços, para efeitos de tributação em IVA, das operações de cedência temporária ou definitiva de um jogador e as indemnizações de formação e promoção devidas após a cessação do contrato que, até agora, na prática, não têm sido objecto de tributação, tudo se passando como se, sobretudo após a orientação emanada do célebre Acórdão Bosman, tais operações fossem consideradas como indemnizações e, como tal, se colocassem fora do campo de aplicação do IVA.

O Comité do IVA não chegou a tomar posição unânime sobre a interpretação da 6.ª Directiva nesta matéria decorrente do Acórdão Bosman e a solução dos diversos Estados membros não é consensual. Há quem considere as verbas das transferências como decorrentes de prestações de serviços (sendo, como tal, tributadas) e há quem as considere como indemnizações (e, nesse caso, não estariam sujeitas a imposto).

25.2.2. Revogação ou limitações de isenções

25.2.2.1. Revogação da isenção da alínea d) do n.° 1 do art.° 9.° do CIVA

Deverá ponderar-se a eliminação da isenção constante da alínea d) do n.°1 do artigo 9.° do CIVA, passando as prestações de serviços efectuadas no exercício das actividades de tradutor, intérprete, guia regional, transferista e correio turismo a ser tributadas à taxa normal.

Subjacente a esta medida estão preocupações de justiça tributária, considerando que se trata da única isenção que se mantém no CIVA relativamente a profissionais liberais, bem como objectivos de harmonização comunitária, dada a proposta de directiva da Comissão que determina a eliminação daquela isenção.

25.2.2.2. Regime de isenção do art.° 53.° do CIVA

Muitos dos contribuintes enquadrados no regime de isenção do artigo 53.° do CIVA – representam quase 500 mil num universo total de um milhão e duzentos mil – são "falsos isentos", ou seja, declararam quando iniciaram a actividade que eram isentos e assim ficaram sempre fazendo concorrência desleal aos outros que pagam, normalmente, IVA.

Neste contexto, impõe-se proceder a uma revisão dos requisitos de aplicabilidade daquele regime, tendo em consideração a legislação comunitária e a enorme desproporção existente entre sujeitos passivos isentos e sujeitos passivos inscritos no regime normal de tributação. Com a revogação do regime transitório dos pequenos contribuintes, uma forma de o fazer será a da limitação temporal da vigência do regime de isenção, limitação essa que deve ser mais exigente para os prestadores de serviços.

26.2.3. Revogação do regime especial dos combustíveis

Relativamente à tributação em IVA dos combustíveis, continua em vigor um regime especial de tributação que consiste, basicamente, no pagamento "à cabeça", de uma só vez, aquando da venda feita pelas distribuidoras, com base no preço de venda ao público, fixado pela administração pública, no caso de entrega a revendedores. Ora, este regime justificava-se apenas quando vigoravam preços fixos para os combustíveis, caso que, actualmente, já não se verifica. Em relação aos combustíveis gasosos, foi encontrada a solução de liquidar o IVA sobre o preço de venda pelas distribuidoras, acrescido de uma margem igual à praticada na data da liberalização dos preços (no ano de 1990), que vem sendo aplicada até ao presente. Porém, esta solução está a fazer perder imposto, já que as margens aumentaram consideravelmente. Por outro lado, começam a surgir no mercado gasolinas de diversos preços, o que dificulta a liquidação do imposto. Há, ainda, a considerar a comercialização do gás de combustão (GPL) e do gás natural, a cujas transmissões não é aplicável o regime especial.

Por todos esses motivos, é aconselhável revogar o regime especial de tributação dos combustíveis e passar ao regime normal de tributação, impondo-se a criação de medidas transitórias, tais como a possibilidade de dedução do imposto correspondente às existências que suportaram imposto na origem e de optarem pela tributação na data de entrada em vigor do regime normal, nos casos de contribuintes isentos e pequenos retalhistas.

26.2.4. Regime dos pequenos contribuintes

É necessário melhorar ou substituir o regime dos pequenos retalhistas, tendo em conta as regras comunitárias e a articulação de um novo regime, extensível aos prestadores de serviços, com um regime simplificado do IRC.

26.3. Taxas

O Governo criou a taxa intermédia de 12% aplicando-a a múltiplos produtos alimentares.

Deverá prosseguir-se a orientação de realinhamento das taxas aplicáveis a determinados bens e serviços, equacionando o respectivo enquadramento nas listas anexas ao CIVA, tendo em vista a continuação da respectiva reforma, considerando as directrizes comunitárias sobre a matéria, a luta contra a fraude e evasão fiscais e a política de contenção de despesas.

26.4. O regime especial das empreitadas de obras públicas

O n.º 2 do artigo 10.º da 6ª Directiva permite, a título excepcional e relativamente a determinadas operações ou a certas categorias de sujeitos passivos, que o imposto se torne exigível o mais tardar no momento do recebimento do preço.

Esta faculdade não se encontra condicionada à consulta prévia do Comité IVA nem constitui uma medida derrogatória, podendo os Estados membros utilizar tal medida desde que se observem as condições previstas no referido normativo comunitário.

Um dos fins desta medida consiste no facto de se evitar que as empresas sejam penalizadas pela obrigação de pré-financiar o imposto se este for exigido antes do recebimento do preço.

Ora, entre nós, no caso das empreitadas e das sub-empreitadas de obras públicas em que o dono da obra é o Estado, sendo manifesto o desfasamento a exibilidade e o pagamento do preço, a aplicação da regra geral de liquidação do imposto torna-se bastante onerosa e, para além disso, injusta, pelo que, neste sentido, foi aprovado pelo Decreto-Lei n.º 204/97, de 9 de Agosto, um regime especial de exigibilidade de caixa para as prestações de serviços de empreitadas e subempreitadas de obras públicas em que é dono da obra o Estado.

Deverá ponderar-se a hipótese, face à nova disciplina que for estabelecida no contexto das finanças regionais, de tornar extensível este regime às empreitadas e sub-empreitadas de obras públicas efectuadas pelas Regiões Autónomas.

26.5. Direito à dedução do imposto

No caso de sujeitos passivos que realizem simultaneamente operações sujeitas e isentas que conferem direito à dedução e outras isentas ou fora do campo do imposto que não conferem esse direito, o Código do IVA prevê como regime regra o método da percentagem de dedução (prorata) e como regime de excepção (por opção do contribuinte ou por imposição da Administração Fiscal) o método da afectação real para efeitos da determinação do montante de imposto dedutível. Para a utilização deste último método o sujeito passivo é obrigado à comunicação prévia, o que tem dado origem a alguns problemas.

Assim, porque o método da afectação real é aquele que efectivamente corresponde ao montante real que de acordo com os princípios do IVA o sujeito passivo tem direito à dedução, deverá passar-se a considerar este método como o método regra e, consequentemente, dispensar-se a comunicação prévia.

É evidente que deverá continuar a exigir-se que o contribuinte comunique à Administração Fiscal a utilização desse método. A falta de comunicação, apenas implica a aplicação da correspondente coima, sem prejuízo da aceitação do método da afectação real aplicado pelo contribuinte.

Outra questão que deve merecer particular atenção é a da conformidade das regras do direito à dedução interna com as regras comunitárias existentes e em curso de revisão.

26.6. Medidas administrativas de aperfeiçoamento do sistema fiscal

26.6.1 *O controlo de reembolsos indevidos*

Deverá ser equacionada a questão de introduzir no CIVA uma norma visando possibilitar à administração fiscal suspender o processamento de reembolsos sempre que o crédito que os determina decorra de operações em que o imposto liquidado não tenha sido entregue nos cofres do Estado e desde que se verifique a existência de relações especiais entre os sujeitos passivos, ou qualquer outro procedimento equivalente, para o que se deverão analisar as experiências de outros Estados membros nesta matéria.

26.6.2. *Concessão dos reembolsos*

Aos contribuintes com actividade há mais de três anos e que não sejam considerados como contribuintes de risco, deverá facilitar-se a concessão do reembolso através da flexibilização dos prazos e garantias, devendo igualmente proceder-se à revogação do Despacho normativo n.º 342/93, de 30 de Outubro.

26.6.3. *Antecipação dos prazos de entrega das declarações*

Portugal continua a ser um dos países da União Europeia que contempla prazos mais alargados de desfasamento entre a ocorrência dos factos sujeitos a imposto e a sua entrega nos cofres do Estado.

Ora, afigura-se necessário aproximar o momento da arrecadação do imposto pelos contribuintes com o da respectiva entrega nos cofres do Estado, evitando-se, desta forma que os particulares se "financiem" e que sejam tentados a prolongar situações de liquidação e não entrega do imposto propiciando-se casos de abuso de confiança fiscal.

Neste contexto, tendo em vista uma melhor gestão dos dinheiros do Estado, deverá prosseguir-se, de forma faseada, a harmonização dos procedimentos adoptados pelo nosso país relativamente à entrega de declarações com os procedimentos adoptados nos restantes Estados membros.

26.7. Gestão administrativa do imposto

26.7.1 *Envio das declarações aos serviços fiscais*

Com a utilização cada vez mais generalizada das tecnologias de comunicação por via electrónica e com a recente introdução do conceito de "documento desmaterializado", a Administração Fiscal terá de preparar-se para, num prazo de 2 a 3 anos, começar a viabilizar o envio de declarações e demais formulários por via electrónica.

Esse passo, se vier a ser dado, obrigará:

- a um trabalho de simplificação de todo o processo declarativo dos impostos, também na procura de uma separação mais nítida entre a informação associada ao processo de liquidação e cobrança de cada imposto (estrutura mais simples e de tratamento mais rápido) e a que deve integrar a componente estatística e analítica dos vários sistemas de controlo;
- à alteração de todo o quadro normativo associado ao processo declarativo, dentro do qual a figura de declaração desmaterializada possa também ser reconhecida e ter, à volta dela, as regras que permitam a sua utilização segura;
- a definição dos meios de protecção e de segurança que o acesso a redes e a todo o tipo de infra-estruturas que, normalmente, estão associadas a este processo de comunicação, não deixará de exigir.

26.7.2. *Medidas de aperfeiçoamento tecnológico*

Não pode também deixar de se seguir com atenção as potencialidades abertas pelo desenvolvimento e generalização das novas tecnologias, sendo conveniente que a Administração Fiscal se mostre apta a responder aos desafios que inevitavelmente se colocarão. Nesse sentido, possibilitando-se já o envio das declarações do IVA pela INTERNET, há que desenvolver os estudos necessários à preparação das alterações legislativas que se revelem necessárias tendo em vista, designadamente, o envio e tratamento de declarações por meios electrónicos e a desmaterialização da facturação.

26.8. Regime definitivo do IVA

Como já tem sido sugerido noutros documentos, observa-se a necessidade de serem elaborados estudos aprofundados, com eventual recurso à aquisição de serviços a empresas e/ou instituições especializadas e idóneas, em domínios como, por exemplo, as consequências que decorrerão para a economia, em geral, para as empresas e para as receitas fiscais, da transição do actual regime de tributação para o actual sistema comum do IVA, centrado no princípio da origem.

O mesmo sucede com as propostas comunitárias de directivas relativas aos regimes especiais do ouro e transportes.

27. IMPOSTOS ESPECIAIS SOBRE O CONSUMO (IEC's)

27.1. A base comunitária dos IEC's

Os impostos especiais sobre o consumo, actualmente geridos pela DGAIEC, são de dois tipos: os harmonizados comunitariamente (ISP, IT, ISA, ISBA) e o IA em que a incursão comunitária apenas agora dá os primeiros passos. A base comunitária dos primeiros é constituída pela Directiva 91/12/CEE, de 25/2/1992 (directiva horizontal) transposta para o direito português pelo Decreto-Lei n.° 52/93, de 26/2 e pelas seguintes directivas horizontais:

27.1.1 Imposto sobre os tabacos manufacturados (IT)

– DIRECTIVA 95/59/CE DO CONSELHO de 27 de Novembro relativa aos impostos que incidem sobre o consumo de tabacos manufacturados com excepção dos impostos sobre o volume de negócios *(estrutura do imposto);*
– DIRECTIVA 92/79/CEE DO CONSELHO de 19 de Outubro relativa à aproximação dos impostos sobre os cigarros *(taxas);*
– DIRECTIVA 92/80/CEE DO CONSELHO de 19 de Outubro relativa à aproximação dos impostos sobre os tabacos manufacturados que não sejam cigarros *(taxas);*

27.1.2 Imposto sobre o álcool (ISA) e imposto sobre as bebidas alcoólicas (ISBA)

– DIRECTIVA 92/83/CEE DO CONSELHO de 19 de Outubro relativa à harmonização da estrutura dos impostos especiais sobre o consumo de álcool e bebidas alcoólicas;
– DIRECTIVA 92/84/CEE DO CONSELHO de 19 de Outubro relativa à aproximação das taxas do imposto especial sobre o consumo de álcool e bebidas alcoólicas.

27.1.3 Imposto sobre os produtos petrolíferos (ISP)

Os diplomas base que regulam o sector petrolífero na actualidade, Decretos-Lei n.ºs 123/94 e 124/94, ambos de 18 de Maio, foram publicados no âmbito da transposição para o direito nacional das Directivas Comunitárias que realizaram a harmonização fiscal, isto é, a Directiva do Conselho n.º 92/12/CEE (Regime geral de circulação em suspensão do ISP), a Directiva do Conselho n.º 92/81/CEE (Estrutura do imposto), a Directiva do Conselho n.º 92/82/CEE (Taxas mínimas) e as Decisões do Conselho 92/510/CEE e 93/697/CEE (Isenções específicas para certos produtos/países).

Mais recentemente, a Directiva do Conselho n.º 95/60/CE, transposta para o direito interno pelas Portarias 147/96, de 16 de Maio e 200/96, de 3 de Junho, estabeleceu o enquadramento da coloração e da marcação do gasóleo e do petróleo que beneficiem de isenção ou de redução da taxa do ISP.

O quadro actual não se modificou substancialmente em relação àquele que tinha sido estabelecido pelo Dec-Lei n.º 261-A/91. Com efeito, entre 1/01/93 e 31/05/94 – data da entrada em vigor dos diplomas que transpuseram as Directivas Comunitárias – o país cumpriu todas as suas obrigações comunitárias com base na legislação de 1991.

27.2. Imposto sobre os tabacos manufacturados

27.2.1 *A intervenção do legislador nacional*

A transposição dos actos comunitários relativos a este imposto efectuou-se através do Decreto-Lei n.º 325/93, de 25 de Setembro.

Na impossibilidade de serem introduzidas alterações às normas *substantivas*, as primeiras disposições nacionais cingiram-se às normas *instrumentais*, tomadas logo no processo de transposição e que, dentro da margem de liberdade que estes actos comunitários concedem, foram, sumariamente, as seguintes:

– Distinção entre os vários tipos de produtos, para evitar situações cinzentas, devendo essas categorias ser *especificadas* na documentação de controlo *(DIC e DAA)*;
– Exigência de garantias de detenção e circulação/pagamento;
– Instituição de um sistema de controlo físico permanente com presença de funcionários aduaneiros nas instalações – nas fábricas de tabacos, para além do acompanhamento informático dos movimentos na fábrica continental *(Tabaqueira)*;
– Obrigatoriedade da selagem dos invólucros de venda ao público dos produtos de tabaco, constituindo este facto um meio suplementar de controlo do imposto;
– Obrigações declarativas periódicas para controlo;
– Permissão da recepção de produtos já introduzidos no consumo de outro E.M. apenas mediante a autorização prévia do "aviso de recepção", formulário PAR e "Manual de introdução no consumo".

27.2.2 Problemas existentes

27.2.2.1 Introdução

Ao nível do imposto sobre o consumo de tabacos manufacturados, poderemos dizer que as funções básicas ao nível da administração do imposto têm vindo a ser exercidas de forma, no essencial, correcta, nomeadamente no que respeita aos mecanismos existentes de controlo do imposto.

Existem contudo algumas deficiências e insuficiências, aos níveis atrás referidos, que se passam a enunciar:

27.2.2.2 Aspectos funcionais

- A actual aplicação informática que gere o sistema de contas correntes das estampilhas especiais para selagem de tabacos não permite o tratamento dos diversos movimentos das estampilhas e a obtenção de saldos, por classes de preços de venda ao público;
- O controlo dos fornecimentos de tabacos para consumos de bordo é feito de forma manual, o que não permite uma gestão e controlo adequados daqueles fornecimentos;
- O actual sistema de controlo do imposto nas fábricas de tabaco, não se mostra adequado à nova realidade fiscal decorrente da abolição das fronteiras fiscais;
- O tratamento dos Documentos Administrativos de Acompanhamento (DAA) – relativos à circulação intracomunitária – e o controlo das existências dos entrepostos fiscais de armazenagem é feito de forma deficiente, sem recurso a meios informáticos adequados.

27.2.2.3 Aspectos legislativos

- A composição da taxa *ad valorem* do imposto incidente sobre os cigarros, não se mostrava adequada à realidade dos impostos especiais de consumo, os quais têm uma taxação predominantemente específica;
- As garantias de detenção de tabacos em regime de suspensão de imposto são determinadas em função do imposto pago ou a pagar, o que não se mostra adequado, tendo em atenção a existência de entrepostos fiscais de onde só saem produtos com destinos isentos;
- Os actuais níveis de garantias carecerão de uma reavaliação, no sentido do seu aumento, tendo em consideração os níveis de tributação existentes e, consequentemente, os riscos envolvidos.

27.2.3 **Medidas introduzidas ou a introduzir pelo XIII Governo**

27.2.3.1 *Aspectos funcionais*

- Relativamente à questão das estampilhas especiais, está já a ser equacionada pelos serviços normativos da DGAIEC e pelos serviços de informática, a instituição de uma aplicação informática que permitirá uma gestão das contas correntes de estampilhas especiais por classes de preços de venda ao público;
- No que respeita ao controlo dos fornecimentos de tabaco para consumos de bordo, foi constituído um grupo de trabalho para tratar de forma abrangente a questão do controlo das provisões de bordo, aguardando-se as conclusões e propostas formuladas pelo grupo neste âmbito;
- Sobre a questão da alteração do actual sistema de controlo do imposto nas fábricas de tabaco, há que dizer o seguinte: – o actual sistema vigente em Portugal baseia-se no controlo físico permanente das instalações onde é exercida a actividade industrial tabaqueira, por parte de funcionários aduaneiros que fiscalizam a entrada e saída dos produtos de tabaco nas referidas instalações. Trata-se de um sistema de controlo eficaz, mas encerra aspectos burocratizantes e desajustados face à nova realidade fiscal resultante da abolição das fronteiras fiscais, para além de penalizar as empresas em termos financeiros visto serem as empresas que suportam os custos com a fiscalização. Com o novo sistema de controlo – de natureza declarativa – contabilística – pretende-se um aprofundamento do controlo exercido, que será feito ao nível de todo o circuito produtivo, eliminando-se, ao mesmo tempo, os aspectos de natureza burocrática actualmente existentes. Permitirá o acesso a um conjunto diversificado de informação sobre a produção, em articulação com a contabilidade da empresa, permitindo uma avaliação permanente da fiabilidade e congruência dos valores declarados. Foi constituído um grupo de trabalho para levar a efeito a implementação de tal sistema de controlo, tendo sido já iniciados os trabalhos;
- Relativamente às questões do tratamento do DAA e do controlo das existências dos entrepostos fiscais de armazenagem, foi constituído um grupo de trabalho, com o objectivo de estudar e implementar aplicações informáticas que possibilitem um controlo efec-

tivo quer das operações de circulação intracomunitária, quer das referidas existências físicas.

27.2.3.2 *Aspectos legislativos*

– Relativamente à questão das garantias de detenção, o nível das mesmas será reavaliado, devendo ser proposto em breve o seu aumento.

27.2.3.3 *Medidas introduzidas*

– No decurso deste ano, foi publicado o Decreto-Lei que alterou a estrutura da taxa do imposto incidente sobre os cigarros, conferindo maior predominância ao elemento específico da taxa.

27.3 Impostos sobre o álcool e sobre as bebidas alcoólicas

27.3.1 *A intervenção do legislador nacional*

A transposição dos actos comunitários relativos a este imposto efectuou-se através dos Decretos-Leis n.ºs 117/92, de 22 de Junho *(álcool etílico)* e 104/93, de 5 de Abril (bebidas alcoólicas).

As primeiras disposições nacionais cingiram-se a normas i*nstrumentais,* criadas no processo de transposição das directivas, uma vez que o regime substantivo é por estas definido. Dentro da margem de liberdade que estes actos comunitários concedem, tais normas foram, sumariamente, as seguintes:

– Distinção entre os vários tipos de produtos, para evitar situações cinzentas, devendo essas categorias ser *especificadas* na documentação de controlo *(DIC e DAA);*
– Acesso ao regime suspensivo de entreposto fiscal de álcool restrito, exigindo-se que o movimento anual médio seja superior a 5 000 Hl *(500 000 litros)* no Continente e 1000 Hl nas Regiões Autónomas;
– Exigência, no sector do álcool, da constituição de *reservas,* mesmo aos armazenistas;
– Revogação imediata do estatuto de depositário autorizado e encerramento dos respectivos entrepostos fiscais que pode ser efec-

tuada por simples despacho fundamentado "sem que tal facto possa constituir fundamento válido para a exigência de qualquer indemnização". Isto mesmo antes e independentemente de qualquer processo por contra-ordenação ou crime;
- Exigência de garantias de detenção e circulação/pagamento;
- Recepção de produtos já introduzidos no consumo de outro E.M. apenas permitida mediante a autorização prévia do "aviso de recepção", formulário PAR, e "Manual de introdução no consumo".

27.3.2 Problemas existentes

27.3.2.1. Diferenciação de taxas

De acordo com os dados publicados pela Comissão, as taxas vigentes em todos os Estados Membros, em 21.10.96, eram as seguintes:

Estado Membro	Cerveja TMC 0,748ECU/hl/Plato	Álcool TMC 550ECU/hl álcool puro	Outras bebidas fermentadas TMC 0 ECU/hl	Produtos intermédios TMC 45 ECU/hl	Vinho TMC 0 ECU/hl
Áustria	294$50	147.262$00	0$00	*29.452$00	0$00
Bélgica	296$40	320.034$00	7.414$00	13.607$00	7.414$00
Alemanha	160$00	264.250$00	0$00	27.565$00	0$00
Dinamarca	*12.704$00	382.436$00	17.517$00	26.342$00	17.517$00
Grécia	120$00	150.150$00	0$00	8.775$00	0$00
Espanha	150$00	109.214$00	0$00	8.941$00	0$00
Finlândia	5.885$00	*1.038.690$00	58.859$00	17.315$00	58.859$00
França	376$00	272.565$00	661$00	42.118$00	661$00
R. Unido	2.546$00	465.592$00	33.058$00	44.074$00	33.058$00
Irlanda	3.757$70	524.226$00	*74.163$00	74.917$00	74.917$00
Itália	250$00	*115.338$00	0$00	8.860$00	0$00
Luxemb.	—	211.676$00	0$00	*13.607$00	0$00
Holanda	*5.428$00	306.829$00	9.950$00	*33.922$00	9.951$00
Portugal	*3.860$00	(**)150.000$00	0$00	9.000$00	0$00
Suécia	5.087$00	1.036.794$00	*57.300$00	*95.142$00	495.142$00

(*) Taxa mais elevada em vigor .
(**) Este montante refere-se apenas à taxa das bebidas espirituosas.
Fonte: DGXXI

Da análise do quadro anterior constata-se que, apesar da harmonização dos IEC's, as taxas continuam a apresentar grandes variações entre os Estados Membros.

Apesar dos produtos sujeitos a IEC, de acordo com as regras vigentes no Mercado Interno, serem, como regra, tributados no país de destino, as compras efectuadas pelos particulares, para uso pessoal e a existência de desníveis significativos das taxas, provocam, necessariamente, o aumento das compras fronteiriças em Espanha.

Por outro lado, a ausência de controlos aduaneiros nas fronteiras intracomunitárias, associada a desníveis significativos das taxas, constituem factores propícios à fraude, dado que passa a ser tentador comprar produtos já tributados em Espanha, que pratica taxas mais baixas, para os introduzir irregularmente no consumo em Portugal.

De acordo com estudos efectuados pela Comissão, uma diferença de taxas superior a 4% é suficiente para que este tipo de fraude aconteça.

27.3.2.2. A nível dos controlos

Em termos ideais, a gestão dos IEC, com o mínimo de eficácia, pressupõe a existência dum número relativamente reduzido de "operadores IEC" e de "entrepostos fiscais".

Actualmente, o número de operadores IEC e de entrepostos fiscais é o seguinte:

Produtos autorizados	Depositários registados	Operadores	Rep. fiscais	Entrepostos fiscais	
				Arma.	Produ.
Bebidas alcoólicas	1 704	197	18	904	1.892
Tabaco manufact.	49	15	3	53	4
Produtos petrolíferos	19	118	1	39	9
TOTAIS	1.772	330	22	996	1.905

Como é fácil de verificar, o número de operadores IEC e de entrepostos fiscais, no sector do álcool e das bebidas alcoólicas é muito mais elevado que nos restantes sectores. As razões que determinam esta situação devem-se, em grande parte, às características deste sector, onde actua uma grande quantidade de pequenas empresas, quer de produção, quer de comercialização de álcool e de bebidas alcoólicas.

Se, quanto à produção, será de manter a situação actual, já quanto à comercialização, deverão ser tomadas algumas medidas legislativas e administrativas (para além de medidas de controlo e de prevenção e repressão da fraude), que contribuirão para a melhoria do "status quo", na perspectiva de se melhorar o controlo dos impostos.

A medida preconizada anteriormente será complementada com o estabelecimento de requisitos físicos das instalações e de requisitos económicos mínimos, nomeadamente a nível de capital social ou de garantia adequada no caso de empresas em nome individual. Os montantes do imposto são de tal modo elevados que justificam a existência de um capital social ou de garantias, com algum significado, tendo em vista a possibilidade de cobrança coerciva do imposto.

27.3.3. *Medidas a introduzir*

Por razões de clareza e transparência, considera-se necessário proceder à codificação da legislação referente aos IEC, o que implicará um esforço de sistematização e consolidação com as consequentes vantagens em termos de simplificação.

Relativamente ao álcool etílico e às bebidas alcoólicas, está em fase de ultimação a versão final do projecto de diploma que irá fundir os actualmente vigentes (Decreto-Lei n.º 117/92 e Decreto-Lei n.º 104/93), projecto que reflectirá o reforço do controlo e imprimirá maior eficácia ao sistema, nomeadamente pela indicação mais rigorosa ou explicitação do seguinte:

a) Definição dos sujeitos passivos;
b) Redefinição da atribuição de competências às Alfândegas;
c) Clarificação de que só no regime de entreposto fiscal podem ser produzidos álcool ou bebidas alcoólicas;
d) Clarificação dos mecanismos relativos às perdas, faltas e taxas de produção;
e) Prossecução da política de aproximação de taxas, decorrente de directiva comunitária, relativamente à tributação do álcool.

No plano do controlo há ainda que sublinhar:

a) A informatização global dos documentos de acompanhamento e das existências em entrepostos fiscais;

b) A eventual criação de um cartão de identificação (para o sector das bebidas alcoólicas) de depositário ou operador autorizado;
c) O estudo relativo à eventual sujeição das destilarias de média e grande dimensão ao regime de fiscalização permanente.

27.4. Imposto sobre os produtos petrolíferos (ISP)

27.4.1. Breve história do ISP até 1986

Até 1986, data do início da liberalização do sector motivada pela adesão de Portugal às Comunidades Europeias, o mercado dos produtos petrolíferos encontrava-se enquadrado pelos designados monopólios comerciais, sendo caracterizado pela existência de quotas de importação ou de mercado atribuídas pela via legal à Petrogal e às multinacionais petrolíferas (SHELL, MOBIL, BP e ESSO) presentes no país.

Vigorava o Regime de Preços Fixos de Venda ao Público (RPFVP), sendo a importação de produtos refinados, que compreendia também a produção das refinarias nacionais, somente autorizada às empresas acima referidas. A gestão das quotas de mercado era feita, em nome do Governo, pela Direcção-Geral de Energia (DGE) e pela Petrogal.

A tributação dos produtos petrolíferos processava-se no âmbito da parafiscalidade, uma vez que não existia um quadro fiscal definido. Os "diferenciais de preços das gasolinas e do gasóleo", que consistiam na diferença entre o valor do PFVP e o custo total de cada produto, constituíam receita do então existente Fundo de Abastecimento servindo para "subsidiar" não só outros produtos petrolíferos, como, por exemplo, em certos períodos, o fuelóleo e o gás de cidade, mas também e especialmente, o então existente "cabaz de compras" que era composto por produtos alimentares de primeira necessidade.

A situação então vigente em Portugal não tinha paralelo na Europa comunitária, onde o sector automóvel se tinha desenvolvido extraordinariamente após a guerra. Assim, por exemplo, em França desde a segunda metade da década de quarenta, os produtos petrolíferos vêm sendo tributados pela respectiva Direcção-Geral das Alfândegas (*Direction-General de Douanes et des Droits Indirects*) com o imposto especial que ainda hoje é designado por *Taux d' Impôt sur les Produits Petrolièrs* (TIPP). Também na Itália, na Bélgica, em Espanha, etc, desde longa data, a tributação dos produtos petrolíferos vem sendo feita pelo Ministério das Finanças, através das respectivas Direcções-Gerais das Alfândegas.

Em Portugal, a criação de um quadro fiscal apropriado esteve associada à liberalização do sector tendo sido impulsionada por vários factores destacando-se, por um lado, o grande crescimento do mercado dos carburantes para automóveis motivado pelo acréscimo do rendimento disponível resultante da adesão de Portugal à CEE e, por outro lado, a necessidade de dar cumprimento às regras comunitárias em matéria de não discriminação em função da nacionalidade das empresas petrolíferas. Sendo certo que a passagem de um mercado protegido para um espaço aberto encerra dificuldades, não admira que ao longo do processo possamos distinguir fases típicas que a seguir procuraremos caracterizar.

27.4.2. *O período compreendido entre 1986 e 1990*

Através do artigo 41.º da Lei n.º 9/86, de 30 de Abril, (OE/86) foi criado o Imposto sobre os Produtos Petrolíferos (ISP) incidindo sobre os seguintes produtos: gasolinas auto, petróleo, gasóleo, fuelóleos, gases de petróleo liquefeitos, nafta química, gás de carburação e gás de cidade. No entanto, a Assembleia da República (AR) não definiu directamente o quadro legal do imposto, nem concedeu ao Governo Autorização Legislativa para o fazer, através de Decreto-Lei. O "impasse" foi resolvido com a publicação de legislação na forma de Portarias que regulamentaram:

- O cálculo da margem de comercialização, cuja competência veio a ser atribuída às Direcções-Gerais de Energia e das Alfândegas (Portaria n.º 573/86, de 4/10);
- O cálculo e a aprovação da taxa mensal do imposto cuja competência veio a ser atribuída às Direcções-Gerais de Energia e das Alfândegas (Portaria n.º 99/87, de 12/2);
- A atribuição a um organismo do Ministério das Finanças (Direcção-Geral das Alfândegas) da competência para a fixação da taxa do imposto dos produtos finais importados e a liquidação e a cobrança do imposto quer da importação quer da produção nacional (Decreto-Lei n.º 292/87, de 30/7);
- A não existência de isenções, salvo nos casos em que as mesmas decorriam de Convenções Internacionais, e
- A constituição das "reservas obrigatórias", sendo competente para o seu controlo a Direcção-Geral de Energia (Decreto-Lei 212/88, de 17/6).

Muito embora o diploma relativo às reservas obrigatórias de produtos petrolíferos só tenha sido publicado em 1988, o quadro legal foi concretizado fundamentalmente ao longo dos anos de 1986 e de 1987, como acima se viu, tendo a primeira fixação das taxas mensais do ISP, pelo novo sistema fiscal, ocorrido no mês de Setembro de 1987.

O "modelo de tributação" previa um valor para a taxa mensal do ISP que era a "almofada" entre o PMVP, sem IVA, fixado pelo Governo e o custo total do respectivo produto. Alguns produtos (gás de carburação e o gás de cidade) beneficiaram de taxas mensais negativas do imposto, o que significava um autêntico subsídio.

Neste período, devido ao disposto na parte final do n.° 3.° da Portaria n.° 99/87, a diferença entre os custos da produção nacional (mais elevados) e os custos (determinados através dos preços sem taxas constatados num "cabaz" de países comunitários) da alternativa constituída pela importação, eram suportados pelo Estado, que cobrava uma menor taxa do ISP, de acordo com um calendário de aproximação que vigoraria até 1992.

27.4.3. *O período compreendido entre 1991 e 1994*

Com a publicação do Decreto-Lei n.° 261-A/91, de 25 de Julho, no uso da Autorização Legislativa concedida ao Governo pela Lei n.° 65/90 (OE/91) todos os aspectos de "discriminação" foram abolidos estando a produção nacional, a partir de então, em igualdade de condições com a importação. Com efeito, a alteração da legislação foi pressionada pela existência de um pré-contencioso com a CEE devido à "protecção fiscal" à refinação nacional que a legislação de 1986/7 contemplava.

Foi mantida a "almofada" como sistema de cálculo do valor da taxa mensal do ISP, mas a referência para a determinação dos custos da produção nacional passou a ser, com a designação de Preço Europa sem taxas (PE), a média ponderada dos custos totais vigentes na Europa comunitária que constituía o anterior "cabaz".

Como o cálculo de PE não tinha quaisquer elementos de discricionaridade, o sistema fiscal passou a ser completamente objectivo, isto é, sem quaisquer elementos de discriminação a favor da produção nacional.

Manteve-se o regime de PMVP fixados pelo Governo ao mesmo tempo que a Assembleia da República, anualmente, através das leis do Orçamento de Estado, estabelecia o intervalo de variação dos valores das taxas do ISP, tendo ainda sido criados mecanismos automáticos para correcção das situações de anormalidade do mercado internacional do petróleo bruto.

Foram retirados da incidência todos os produtos que anteriormente beneficiavam de taxas negativas do imposto. Com efeito, a anterior inclusão de tais produtos no âmbito do imposto visava exclusivamente a sua "subsidiação".

As isenções foram taxativamente previstas e, em antecipação à harmonização comunitária, não se afastavam significativamente do quadro que, posteriormente, em 1993, veio a ser consagrado a nível comunitário.

Foi estabelecida a autoliquidação do imposto e o prazo de cobrança foi reduzido tendo passado do último dia para o dia 15 do mês seguinte ao da introdução no consumo.

A Região Autónoma dos Açores, que até 31/12/90 manteve os produtos petrolíferos no "sistema de parafiscalidade", desde 1/01/91 passou a estar enquadrada no sistema fiscal aplicado no Continente e na Região Autónoma da Madeira, com ressalva da prática de taxas do imposto inferiores às do Continente/Madeira, tendo sido cometida à Direcção-Geral das Alfândegas a liquidação e cobrança do imposto na Região.

27.4.4. *Situação actual*

27.4.4.1 *Incidência*

Os produtos sujeitos a taxas positivas do ISP não se alteraram. Pelo contrário, foi possível isentar do ISP todo o carburante consumido na navegação aérea, enquanto até 31/05/94 as aeronaves de recreio privadas tinham de pagar imposto.

27.4.4.2 *Taxas do ISP das gasolinas, do gasóleo e dos fuelóleos*

As taxas do ISP deixaram de ser mensais, tendo passado a ser fixadas por Portaria do Governo, normalmente para todo o ano, dentro do intervalo estabelecido pela A.R.

27.4.4.3 *Preços de venda ao público das gasolinas e do gasóleo*

Como contrapartida para o facto de se terem fixado as taxas do ISP, os PMVP passaram a variar quinzenalmente, em função do comportamento do mercado internacional.

27.4.4.4 Isenções

Portugal aplica, como é natural, todas as isenções obrigatórias previstas comunitariamente. As isenções facultativas foram sendo adoptadas progressivamente e, nesta data, só a isenção/redução de taxa do gasóleo para o Caminho de Ferro e para o aquecimento não está contemplada.

Para além disso, Portugal, tal como os outros E.M., obteve autorização do Conselho para isentar do imposto sectores nascentes de grande relevância económica, social e ambiental.

- Gás de Petróleo Liquefeito usado em transportes públicos – melhoria ambiental;
- Produtos obtidos após tratamento dos óleos usados (taxa zero) – melhoria ambiental;
- Aplicação ao fuelóleo menos poluente de uma taxa do ISP inferior em 3$00 por Kg – melhoria ambiental;
- Isenção do ISP para o carburante consumido pelas aeronaves de recreio privadas – a tributação teria custos equivalentes ou superiores ao valor do imposto.

27.4.4.5. Melhoria da infra-estrutura física do sistema fiscal

Em termos de melhoria do funcionamento do sistema fiscal, Portugal, já na vigência do actual Governo, em cumprimento das determinações comunitárias (Directiva 95/60/CE) procedeu à implantação da rede do gasóleo colorido/marcado para a pesca, navegação costeira e para a agricultura.

27.4.4.6. Principais problemas existentes

Os problemas existentes no domínio da tributação dos produtos petrolíferos (para além do combate à fabricação ilegal de gasolinas que foi reforçado com medidas previstas no OE/97) decorrem da insuficiente harmonização comunitária nesta área. Com efeito, em termos de Mercado Interno e dado o desaparecimento das fronteiras, a diferença das taxas entre Estados Membros tem de ser muito reduzida sob pena de desvios de comércio (e de receita fiscal) por motivos exclusivamente fiscais.

Como se pode ver no quadro seguinte, extraído do mapa produzido pela Comissão, nas gasolinas Portugal pratica taxas do ISP que se situam

Unidade: em ECUS

PAÍSES	Gasolina com chumbo	Gasolina sem chumbo	Gasóleo Rodoviário
BÉLGICA	568,7	510,1	291,7
DINAMARCA	0,0	446,6	308,1
ALEMANHA	554,8	503,4	318,5
GRÉCIA	401.8	349,5	246,6
ESPANHA	395,7	363,3	263,8
FRANÇA	617,1	575,6	357,5
IRLANDA	451,1	403,4	352,0
ITÁLIA	580,3	533,7	390,2
LUXEMBURGO	401,7	349,3	254,3
HOLANDA	595,6	530,3	319,7
ÁUSTRIA	–	416,2	290,9
PORTUGAL	503,5	468,6	266,3
FINLÂNDIA	–	536,4	284,9
SUÉCIA	–	493,9	355,3
REINO UNIDO	566,8	501,3	501,3
MÉDIA SIMPLES	512,5	465,4	320,1
TAXA MÍNIMA	337	287	245

Valores das taxas relativos a Março de 1997 (Bulletin Petrolier)

perto da média comunitária – aliás, abaixo dela – o que revela o esforço de integração do país.

A Espanha – que tradicionalmente pratica nos carburantes um dos mais baixos níveis de fiscalidade da CEE – aplica às gasolinas uma taxa do ISP inferior em cerca de 21$00 por litro, o que motiva uma alta sensibilidade à fraude fiscal e está a limitar fortemente a liberdade de Portugal em termos de política fiscal a praticar e, o que é mais grave, fazendo afastar o nosso país da tendência comunitária que, indubitavelmente, aponta para elevados níveis de fiscalidade nos carburantes e nos combustíveis.

No gasóleo, a diferença de taxas entre Portugal e a Espanha é muito pequena (cerca de 1$00 por litro) mas tal facto, deve-se à redução da taxa do ISP, de 63$90 para 52$00 por litro, que Portugal foi obrigado a concretizar no curto período dos 6 meses que medeiam entre 1/07/96 e 1/01/97, a fim de combater os graves desvios de comércio/receita fiscal que se registavam.

27.4.5. *Medidas a introduzir*

No futuro imediato, com motivações devidas à desadequação da estrutura do consumo com a estrutura refinadora, ao combate à entrada de carros usados de grande cilindrada e, finalmente, para acompanhar a tendência comunitária de aproximação dos preços entre o gasóleo e a gasolina, o aumento da taxa do ISP que se pretende fazer no gasóleo (com manutenção do PMVP em 115$00 por litro) esbarra com a política fiscal espanhola.

A resolução das dificuldades acima referidas só pode ser feita no âmbito do Projecto de Directiva apresentado pela Comissão para actualização das taxas mínimas comunitárias do ISP e tributação dos restantes produtos energéticos. Neste dossier, Portugal deve tentar retirar todo o mérito de se situar na tendência comunitária, apoiando fortemente a actualização das taxas mínimas comunitárias das gasolinas e negociando adequadamente a actualização das taxas mínimas do gasóleo.

Em relação à tributação dos restantes produtos energéticos – fundamentalmente o gás natural, o carvão e a electricidade, dado que o gás natural pode ser isento nos mercados emergentes durante 10 anos, que o carvão praticamente só é utilizado para a produção de electricidade (isento) e que, após negociação comunitária, é possível que toda a electricidade produzida por fontes renováveis venha a ser isenta, – a posição portuguesa pode ser vista com algum optimismo.

Uma outra questão que deverá ser serenamente encarada, para evitar a proliferação de medidas administrativas, é a da revisão da actual fórmula de cálculo dos preços máximos de venda ao público da gasolina, do gasóleo e do fuelóleo com teor de enxofre superior a 1%.

Finalmente registamos que numa óptica de consolidação orçamental e de harmonização com a política ambiental e de transportes da Comunidade, parece justificar-se o acesso à isenção do ISP para o gasóleo consumido pelos Caminhos de Ferro (a efecftuar em dois tempos – acesso ao gasóleo colorido/marcado em 1998 e isenção total em 2000) completando-se a adopção das isenções facultativas de cariz económico. Esta medida que provocará uma diminuição da receita do ISP de 2 milhões de contos em 1998 e de 1,5 milhões de contos em 1999, será neutra em termos orçamentais se tiver por contrapartida uma redução de idêntico valor nas indemnizações compensatórias atribuídas à C.P.

27.5. Imposto automóvel

27.5.1. *Características*

O actual Imposto Automóvel incide sobre os veículos automóveis ligeiros de passageiros – sendo calculado com base na cilindrada e é exigível no momento que antecede a matrícula.

A substituição do imposto sobre a venda de veículos automóveis (IVVA) pelo imposto automóvel (IA) concretizada através da publicação do Decreto-Lei n.º 405/87 de 31 de Dezembro, foi determinada pela necessidade de adaptar o regime de tributação dos veículos automóveis às condições de livre importação. Com efeito, a liberalização das importações de veículos provenientes da Comunidade e da EFTA, em Janeiro de 1988, impunha a tomada de medidas cautelares no sentido de evitar uma avalanche de veículos usados em Portugal (resultante do grande diferencial de preços entre o nosso país e os restantes), com as consequências negativas que daí advinham, em termos do envelhecimento do parque automóvel e da segurança rodoviária. Refira-se, a propósito, que na altura já se assistia a um relativo envelhecimento do parque automóvel. Por outro lado, a experiência inerente ao regime *ad-valorem* não tinha sido muito positiva já que o processo de homologação dos preços conferia complexidade e lentidão ao desalfandegamento dos veículos automóveis.

Foi neste contexto que se optou pela tributação específica, actualmente em vigor.

27.5.2. *Vantagens e inconvenientes*

A actual tributação automóvel apresenta as seguintes vantagens:

a) Confere grande segurança à Administração fiscal pois não é muito permeável à fraude;
b) Trata-se de um imposto de fácil cálculo;
c) Trata-se de um imposto que permite um bom nível de arrecadação de receitas;

d) Teve o mérito de servir de tampão à entrada de veículos usados em Portugal, até ao momento em que, por imposição comunitária, estes passaram a usufruir de redução na tributação do Imposto Automóvel.

Como desvantagens do actual sistema de tributação podemos enumerar as seguintes:

a) É um sistema não neutro na medida em que privilegia os veículos com motores a gasolina, relativamente aos veículos com motores a gasóleo, já que estes, devido às suas características, necessitam de maiores cilindradas para desenvolverem a mesma potência. Por outro lado, ao ser calculado exclusivamente com base na cilindrada, o Imposto Automóvel beneficia os automóveis bem equipados e consequentemente mais caros. Deste modo, o actual sistema influencia as estratégias dos produtores e as opções dos consumidores, provocando distorções na concorrência. Ou seja: os produtores e os consumidores acabam por se adaptar ao imposto, quando poderia acontecer o oposto;

b) É um sistema não evolutivo, na medida em que constitui um obstáculo ao desenvolvimento do mercado. Com efeito, não acompanha a evolução tecnológica dos motores face às normas de despoluição;

c) Não é automaticamente actualizável com a inflação, exigindo alterações anuais das taxas.

27.5.3. *Evolução do imposto*

27.5.3.1. *Consolidação da legislação avulsa num código do imposto automóvel*

Por razões orçamentais e dado o facto de, no seio da UE, se encarar a hipótese de um processo de aproximação dos diversos tipos de impostos automóveis existentes, não é viável, no curto prazo, modificar a filosofia subjacente ao IA. É, no entanto, possível uma clarificação das regras existentes, melhorando o funcionamento e o controlo deste imposto, a partir de 1998.

Está em curso a consolidação da legislação avulsa sobre este imposto num Regime Geral do Imposto Automóvel, cujos objectivos são os seguintes:

a) Facilitar a consulta das regras existentes por parte dos operadores e dos compradores;
b) Colmatar lacunas, aperfeiçoar a redacção de determinados normativos legais, harmonizar prazos e condicionalismos, bem como rectificar algumas injustiças no acesso aos benefícios fiscais;
c) Precisar a filosofia subjacente à "obrigação de Imposto Automóvel", por forma a:
- Definir, com rigor, os factos geradores de Imposto Automóvel;
- Precisar os respectivos momentos da constituição da dívida do Imposto Automóvel;
- Clarificar o processo de liquidação do Imposto Automóvel e respectivo registo de liquidação;
- Definir as regras da notificação da dívida e do pagamento do imposto;
- Estipular o prazo de cobrança *a posteriori* quando se constate o não cumprimento dos condicionalismos estipulados no diploma;
- Fixar os factos que geram a extinção da obrigação do imposto;

d) Proceder, em matéria de operadores registados, a uma profunda alteração das regras subjacentes à atribuição do estatuto;
e) Sistematizar autonomamente o regime das matrículas de expedição/exportação, definindo-se os efeitos da atribuição destas matrículas e identificado-se todas as situações que dão origem à sua atribuição;
f) Sistematizar autonomamente o regime de admissão/importação temporária de veículos automóveis ligeiros, de modo a identificar todas as situações – gerais e especiais – que justificam a atribuição do regime;
g) Consolidar e simplificar o regime de benefícios fiscais, com a introdução de alterações significativas à legislação vigente:
- Criação de uma matrícula de série especial para os veículos automóveis que sejam introduzidos no consumo com benefício fiscal, por forma a facilitar a sua identificação, para efeitos de controlo dos ónus e restrições a que ficam sujeitos;
- Fim dos limites de cilindrada, fixando-se um montante máximo de isenção de Imposto Automóvel (1 200 contos) a conceder aos deficientes, suportando o requerente a parte restante do Imposto Automóvel que for devido. Simultaneamente propõe-

se a introdução da condição de os veículos serem novos, afastando a possibilidade de dupla aplicação das reduções previstas na tabela de veículos usados e de isenção, evitando-se, assim, a preferência generalizada pelos veículos usados destinados a deficientes. Propõe-se igualmente o alargamento do âmbito da isenção aos invisuais com 100% de incapacidade, aspiração que desde longa data tem vindo a ser reivindicada pelas Associações de Deficientes;

– Restrição do benefício fiscal para veículos de aluguer sem condutor (táxis) a veículos novos, aumentando-se a percentagem de redução do Imposto Automóvel de 70% para 75% e de 80% para 85%, no caso de veículos de aluguer para o transporte de deficientes;

– Uniformização, nas situações de transferência de residência, dos principais requisitos para o acesso ao benefício, entre os cidadãos que provêm da U.E. ou de um país terceiro;

– Alargamento do âmbito da isenção do Imposto Automóvel aos militares integrados em forças ou missões a favor da paz ou em missões de cooperação internacional;

– Revisão das regras relativas a prazos para apresentação dos pedidos de isenção, circulação dos veículos; ónus; novas isenções e aquisição por via sucessória, de modo a conseguir-se uma harmonização nos regimes especiais e simultaneamente, uma maior justiça fiscal e capacidade de controlo por parte da Administração;

– Revisão, em sede própria, da matéria relativa às infracções, por forma a colmatar as lacunas actualmente existentes.

h) Encontrar uma solução para a tributação dos usados provenientes do exterior, encarando-se a possibilidade de aplicar-se, neste domínio, a filosofia do Acordãos Schul proferido em sede de IVA pelo TJCE.

27.5.3.2. Substituição do modelo da tributação: um novo I.A

No Acordo de Concertação Estratégica e no OE/97 o Governo, com base na discussão de num relatório a apresentar até final de 1997, admite a adopção numa segunda fase de um novo modelo de imposto, sem aumento da carga tributária dos veículos de uso corrente, a vigorar a partir do ano 2000.

Caso se mostre viável a adopção de uma tal forma (e lógica) de tributação, sem perda de receita orçamental, esta segunda fase poderá ser eventualmente antecipada.

28. O IMPOSTO DO SELO

28.1. Introdução

De origens muito remotas, o Imposto do Selo é hoje o tributo mais antigo do sistema fiscal português.

Historicamente, está associado à validade dos documentos e ao papel selado, cujo aparecimento data da primeira metade do século XVII, primeiro na Holanda, depois em Espanha e França, tendo sido introduzido em Portugal em 1660.

A elevada plasticidade do imposto e do seu meio de pagamento privilegiado, o valor selado, propiciou o alargamento da incidência, progressivamente estendida a um conjunto heterogéneo de realidades, unidas por um denominador comum, consistente na manifestação de capacidade contributiva.

O diploma base nesta matéria é o Decreto n.º 12 700, de 20 de Novembro de 1926, que se caracteriza por uma técnica muito peculiar na definição da incidência, com recurso à remissão para a Tabela Geral do Imposto do Selo, aprovada pelo Decreto n.º 16 304, de 20 de Dezembro de 1928, actualizada depois pelo Decreto n.º 21 916 de 28 de Novembro de 1932.

Pese embora a inquestionável versatilidade do Imposto de Selo, baseada na definição da incidência objectiva por recurso à remissão para a Tabela (TGIS) o decurso do tempo, associado às alterações nas realidades económicas e políticas e, bem assim, as sucessivas alterações introduzidas no Regulamento e na Tabela (por vezes apenas num deles), conduziram ao progressivo desajuste conceptual e sistemático do texto normativo, condicionando a evolução do modelo de tributação e dificultando a gestão do imposto.

Acresce que as sucessivas reformas tributárias e a integração de Portugal na União Europeia introduziram um novo quadro jurídico-tributário, no qual o Imposto do Selo tem representado um peso progressivamente menor, não tanto pelo alargamento de zonas de não tributação, mas, muito mais, por incursões de outros impostos, designadamente do IVA.

28.2. Evolução recente do imposto

Em termos muito sintéticos, foram os seguintes os passos dados na evolução do Imposto do Selo:

– Em 1 de Janeiro de 1986, com a entrada em vigor do IVA, foi abolido um vasto número de artigos da Tabela Geral do Imposto do Selo, com destaque para os relativos a alugueres, publicidade feita por terceiros, compra e venda de bens móveis, guias de transporte de mercadorias e sobretudo para o selo de recibo relativo a pagamentos de certas operações sujeitas a IVA;

- Em 1 de Janeiro de 1987, é abolido o papel selado;
- Em 1 de Janeiro de 1989, com a entrada em vigor do IRS, é abolido o artigo 134 da Tabela, relativo a prémios de lotarias, rifas e apostas mútuas;
- Em Junho de 1990, isenta-se de imposto do selo a constituição de sociedades de capitais, isenção que é alargada em 1992 aos aumentos de capital dessas sociedades, de forma a transpor completamente para o direito português a Directiva 69/335/CEE, relativa à reunião de capitais;
- Em Janeiro de 1995, é abolido o Imposto do Selo sobre operações de bolsa e inicia-se a redução da tributação de outras operações financeiras. Suspende-se a tributação sobre operações de crédito ao consumo prevista no artigo 120-A da Tabela Geral do Imposto do Selo, que será revogado no ano seguinte. Ainda nesse ano é abolido o imposto incidente sobre actos do registo civil.

Presentemente, está em curso a redução faseada das taxas do selo incidente sobre as operações financeiras e a progressiva abolição do selo de recibo.

As modificações experimentadas pelo modo de exercício de diversas actividades económicas e pela evolução do seu enquadramento legislativo foram também responsáveis por alterações verificadas na Tabela do Imposto do Selo, suprimindo-se frequentemente alguns artigos, ao mesmo tempo que novos eram aditados. Alguns acrescentos na Tabela resultaram de se ter desejado arrumar no imposto do selo realidades que, anteriormente, estavam sujeitas a outra tributação.

28.3. Razões da sobrevivência e eventual justificação deste imposto

O Regulamento e a Tabela do Imposto do Selo carecem, no mínimo, de uma profunda revisão, que ultrapassa em muito a mera actualização do quadro normativo do imposto. Impõe-se o reequacionar dos conceitos, modernizando a própria filosofia do imposto e definindo claramente a sua posição no contexto da última reforma tributária.

O fundamento tradicional do Imposto do Selo é normalmente associado à formalização dos actos jurídicos e ao papel desempenhado pelo Estado na respectiva autenticação. Nesta medida, era visto como o preço do serviço prestado pelo Estado. No entanto, há muito que este imposto evoluiu para um imposto misto sobre determinadas despesas, documentos públicos ou particulares e até actos não formalizados.

A variedade de actos actualmente abrangidos pelo imposto fez diluir a sua justificação original na maioria dos casos. Poderá então dizer-se que, nesses casos, o imposto existe porque existe uma qualquer manifestação de capacidade contributiva que foi considerada relevante pelo legislador, a quem a Constituição atribui tal poder. Desde que aplicadas de forma coerente, a generalidade das regras pode ainda hoje ser vista como algo mais do que um meio de cobrança, sendo deste modo justificável a manutenção do imposto.

Note-se que a receita proporcionada actualmente pelo imposto do selo é muito significativa, não podendo deixar de ser tomada em conta no delinear do modelo de revisão que se procurará construir.

A este propósito referem-se os valores relativos à receita dos últimos anos (em contos).

ANO MONTANTE
1994 – 204 176 841
1995 – 167 475 643
1996 – 184 917 894

Para 1997 prevê-se uma receita de, aproximadamente, 178 milhões de contos, estimada com base na normal evolução do imposto, em função do comportamento assumido pelas principais variáveis do quadro macro-económico e do incremento da fiscalização. Espera-se que este comportamento permita compensar parcialmente os efeitos da redução faseada das taxas do selo das operações financeiras e do início da progressiva abolição do selo de recibo.

Por outro lado, numa perspectiva dinâmica, a versatilidade associada a este imposto convida a explorar as suas capacidades, designadamente, ao nível da complementação da tributação da despesa, contribuindo para a flexibilização do exercício das competências nacionais nesta área da tributação.

Podem-se pontar como características do imposto, designadamente as seguintes:

Evasão difícil – Sempre que o imposto recaia sobre um acto ou um documento sujeito a registo, a intervenção de um notário ou de um funcionário da Administração Pública nesse processo implica a obrigação de verificar se o imposto se encontra pago, o que dificulta a evasão.

Uma importante fatia é cobrada com recurso à figura da substituição tributária, facilitando o controlo e a arrecadação dos montantes devidos.

Aceitação relativamente fácil pelos devedores do imposto – Trata-se do imposto mais antigo do sistema fiscal português, relativamente ao qual existe já um hábito de aceitação, tanto mais que as eventuais dificuldades na sua correcta aplicação são sentidas não tanto por quem o suporta mas pelas entidades obrigadas à sua liquidação e entrega ao Estado, normalmente dotadas de estruturas técnico-contabilísticas relevantes.

Como a sua base é muito ampla e o nível das taxas é relativamente baixo, o imposto é facilmente tolerado.

Custos de cobrança reduzidos – Quer através da aposição de estampilhas fiscais, quer das outras formas de cobrança, os custos em que a Administração incorre para cobrar o imposto são comparativamente baixos.

Flexibilidade em termos de fixação da incidência – A técnica adoptada na codificação deste imposto é adequada à assinalada heterogeneidade de situações abrangidas, facilitando a revisão da incidência pois a eliminação, o acréscimo ou outra alteração ao nível do articulado da Tabela não têm consequências para o restante articulado.

Versatilidade – O imposto do selo é capaz de se adequar sem grandes problemas a novas realidades económicas emergentes.

No sentido da manutenção deste imposto releva ainda a moderação de taxas, a oportunidade do momento de cobrança e a facilidade de utilização da respectiva regulamentação, sistematizada de uma forma muito particular, em que avulta o recurso à ordenação por ordem alfabética.

28.4. Experiência comparada

O imposto do selo existe em diversos Estados da OCDE.

A solução adoptada em diferentes países europeus, no sentido da reformulação do regime do Imposto do Selo acompanhada, em paralelo, pela criação de taxas e impostos cujo efeito e receita substituíram a anterior sujeição ao selo, só parece justificar-se quando a matéria efectivamente requeira uma normatização autónoma, que, por alguma forma, se mostre incompatível com as soluções comuns adoptadas quanto a este imposto.

Há que ter em conta que a necessidade de liquidação do Imposto do Selo por via da inutilização de estampilhas fiscais contribui, em certas instâncias, para a burocratização de determinados actos.

Refira-se, por exemplo, a necessidade de aposição de estampilhas fiscais em documentos notariais, não sendo as mesmas estampilhas vendidas no local em que os documentos são formalizados.

Deste modo, a vantagem da facilidade da cobrança acima referida contrasta com a complexidade prática que pode assumir a liquidação do imposto, por vezes de montante extremamente reduzido. A revisão da cobrança deve contribuir para a desburocratização e a simplificação da prática de muitos actos correntes.

Em síntese, o imposto carece carece de uma profunda revisão das regras actualmente vigentes, adequando-o à evolução que determinadas realidades têm vindo a ser objecto no passado mais ou menos recente e que se espera continuem a verificar-se.

28.5. Linhas gerais de acção na reforma do imposto do selo

28.5.1 *Princípios e regras a observar na reforma do imposto do selo*

Uma das principais dificuldades na aplicação do Imposto do Selo, tal como actualmente se apresenta, prende-se com o facto de a legislação respectiva não estar organizada na forma tradicionalmente utilizada pelo legislador português. Tal impede a aplicação de um quadro comum, e até a transposição de técnicas legislativas comuns a outros impostos.

Por outro lado, as sucessivas alterações da Tabela Geral do Imposto do Selo que têm sido aprovadas e publicadas no Diário da República não eliminaram algumas referências que já perderam actualidade e que só servem para dificultar a sua leitura. Veja-se, por exemplo, a referência ao abolido papel selado, entre outros casos que se poderiam enumerar.

Assim, a reforma do imposto deverá incluir a elaboração de legislação codificada, em que esteja prevista a incidência pessoal e territorial, as normas de liquidação e cobrança e obrigações e garantias dos contribuintes, sem prejuízo de se manter a técnica da definição da incidência objectiva por remissão para uma Tabela, por forma a manter a flexibilidade necessária ao acompanhamento das alterações que se podem verificar ao nível das realidades que constituem a incidência em Imposto do Selo.

O Imposto do Selo não pode privilegiar sem razão válida determinados actos ou operações em detrimento de outros cujo resultado económico é equivalente.

Refere-se a este respeito a necessidade de rever a tributação das operações realizadas no âmbito do sistema financeiro e bancário, incluindo o tratamento das diferentes comissões cobradas.

É essencial que, na determinação da incidência real do Imposto do Selo, se procure observar a neutralidade possível equiparando o tratamento fiscal das situações cuja realidade económica seja idêntica.

Há que proceder à restruturação global da Tabela que incluirá a eliminação de artigos cuja receita é marginal, tendo sempre presente a própria justificação da existência do imposto e a necessária neutralidade no enquadramento de realidades equivalentes.

Ainda no sentido da neutralidade e da justiça do imposto, impõe-se uma inventariação e, eventualmente, revisão das múltiplas isenções e reduções das taxas de Imposto do Selo, procurando a sua sistematização no Código do Imposto e, eventualmente, no Estatuto dos Benefícios Fiscais, em função da sua natureza, promovendo a segurança jurídica e a simplificação na aplicação do imposto.

Há, designadamente, que rever as formas de cobrança (actualmente cinco) e que se poderão reduzir a duas – pagamento por meio de guia e papel selado para letras.

A simplificação da cobrança deste imposto através de guia, é igualmente essencial. Com efeito, a dificuldade e os entraves associados ao pagamento do imposto são algumas das principais razões de contestação à sua existência.

Deste modo, deverão ser criados mecanismos práticos, simplificados e acessíveis aos contribuintes para a liquidação e pagamento do imposto aproveitando, designadamente, a experiência colhida no âmbito dos demais impostos.

Por outro lado, embora se tenham verificado manifestos progressos nesta área, a estrutura de obtenção, selecção, recolha e tratamento de informação é ainda limitada, pelo que carece de aperfeicoamento e desenvolvimento.

28.5.2 *Conclusões*

Não podendo ser extinto até pela razão prática do volume e estabilidade das cobranças, além de outras referidas atrás – o Imposto de Selo é, pelo menos em algumas das suas manifestações, um imposto arcaico, burocrático e por vezes complexo.

O imposto do selo deve, pois, ser reformulado, reduzido a um núcleo essencial de operações, devendo eliminar-se boa parte das situações actualmente sujeitas à sua incidência, quer pela irracionalidade (que por vezes frisa o anedótico) quer pelo obstáculo que representa à simplificação e agilidade de operações a ele sujeitas.

Resta saber, aliás, se uma renovação profunda, como é mister, não conduzirá mesmo à criação de um novo imposto.

Como sinal dessa vontade de renovação, a eliminação da estampilha fiscal deve ser programada para se concretizar em 1999.

Importa implementar a preparação de um Regime Geral do imposto do selo, substituindo a técnica arcaica do seu quadro legal e dotando-o de uma lei fundamental actualizada, clara e coerente com a moderna técnica legislativa no domínio fiscal.

Mencionam-se – sem prejuízo da necessária reformulação global – algumas ideias a ter em conta na revisão.

As novas regras visam a renovação da filosofia subjacente ao imposto, adequando-o à sua função de instrumento fiscal autónomo mas complementar dos impostos nascidos da Reforma Fiscal, nelas se vertendo as linhas orientadoras referidas neste documento, salientando-se:

 a) O reforço das garantias dos contribuintes pela sistematização adequada da legislação sobre esta matéria, designadamente pela criação de um código que defina claramente as situações de incidência pessoal e real, a liquidação, a cobrança e as obrigações e garantias dos contribuintes;
 b) A simplificação da cobrança, instituindo como regra o pagamento por meio de guia;
 c) A adopção de conceitos actualizados, tendo, nesse sentido, sido solicitada a colaboração das entidades públicas intervenientes no

processo de liquidação e cobrança do imposto e recolhendo-se contributos vários na matéria;
d) A simplificação, por via da eliminação de verbas cuja receita não tem significado;
e) A adaptação às realidades económicas e sociais vigentes, contrariando a tendência que se tem vindo a fazer sentir, no sentido da actualização pela simples revogação da regra desactualizada;
f) A revisão profunda das matérias conexas com o sistema financeiro e bancário, numa óptica de simplificação e reforço da equidade, salientando-se a abolição da tributação incidente sobre a abertura de crédito, o estabelecimento de regras tendentes ao reforço da neutralidade do imposto, novos mecanismos de tributação do crédito obtido em função da sua efectiva utilização e a revisão da tributação das comissões cobradas;
g) A clarificação das regras de incidência em matéria de financiamento das empresas;
h) A adequação do imposto às novas regras de registo e notariado;
i) A actualização e simplificação da matéria relativa a alfândegas e movimento de mercadorias;
j) A eliminação da tributação dos anúncios e publicidade feita pelo próprio;
k) A identificação e análise das múltiplas isenções de Imposto do Selo, tendo em vista o reequacionamento da matéria.

Considera-se ainda importante o aperfeiçoamento dos mecanismos de controlo estatístico do imposto, quer no que respeita às diferentes realidades sobre que incide, quer quanto às taxas de outra natureza, cobradas com recurso à estampilha.

29. A TRIBUTAÇÃO DO PATRIMÓNIO

29.1. Formas actuais de tributação do património

O património fiscalmente relevante é actualmente constituído por toda a manifestação de riqueza exteriorizada quer pela propriedade, quer pelo uso e fruição de certos bens, imóveis ou móveis sujeitos a registo, quer pelos actos de aquisição onerosa ou gratuita daqueles bens.

Não existe entre nós nenhum imposto global e único sobre a riqueza, incluindo créditos das pessoas físicas e a situação líquida das empresas. Existem, como se sabe, várias formas tributárias incidentes sobre o património imobiliário e mobiliário. Mas uma parte substancial das modernas formas de manifestação da riqueza (valores mobiliários, obras de arte, etc.) escapa à tributação do património.

É apenas em sede de tributação indirecta que tendencialmente se abrange o património deste tipo (por ex., o IVA sobre as obras de arte), sem prejuízo das isenções em vigor (de facto, a transmissão de valores mobiliários está isenta de IVA e não sujeita a selo, sendo apenas cobrada uma taxa).

A inexistência de um imposto geral sobre o património não é apenas o resultado de uma opção legislativa. A fazer-se exigiria meios aperfeiçoados de controlo da riqueza de que só dispõem as administrações fiscais mais evoluídas. Por outro lado, a tributação geral do património não tem em Portugal qualquer tradição ou antecedente. Nos próprios países em que tem lugar a tributação geral do património, a sua função não é coincidente: nalguns casos visa corrigir insuficiências na tributação do rendimento, noutros é um verdadeiro imposto de solidariedade com funções de redistribuição da riqueza.

Entre nós, o património é, pois, tributado de forma parcelar e parcial.

Assim, a tributação do património imobiliário concretiza-se através de cinco formas distintas: a Contribuição Autárquica (CA) e o Imposto Municipal de Sisa (IMS) que são impostos locais; o Imposto sobre Sucessões e Doações (ISD) na parte que incide sobre as transmissões gratuitas, "inter vivos" ou "mortis causa" de imóveis; o Imposto de Selo (IS), na parte em que incide sobre actos translativos de bens (art.ºs 15, 50, 123 e 167 da Tabela Geral do Imposto do Selo (TGIS);e certas Contribuições Especiais, que incidem sobre o aumento de valor de certos imóveis devido à construção de infra-estruturas importantes.

Por sua vez, o património mobiliário é sujeito a tributação no Imposto Municipal sobre Veículos, nos Impostos de Circulação e Camionagem e no Imposto sobre Sucessões e Doações (ISD) que incide sobre as transmissões de bens móveis.

Desde 1996, a tributação do património, em particular do imobiliário, tem estado a ser objecto de um amplo debate nacional, técnico e político, sobretudo com base nos relatórios enviados pelo Governo ao Parlamento de acordo com o previsto no artigo 31.º, n.º 1 e 3 da Lei n.º 10-B/96, de 23 de Março, que aprovou o OE/96. Trata-se de uma área em relação à qual há um grande consenso quanto às críticas decorrentes da situação actual e quanto à necessidade da sua urgente reformulação, muito embora não exista ainda igual consenso sobre a forma de a superar. Todavia, a complexidade, ineficiência e injustiça do sistema são claramente consensuais.

29.2. Espécies tributárias

29.2.1. *A Contribuição Autárquica*

29.2.1.1. *Situação actual*

A CA é um imposto local que incide sobre o valor patrimonial de cada prédio do contribuinte.

Com a reforma fiscal a tributação do património passa a incidir, formalmente, desde 1989, sobre o valor do capital, contrariamente ao que se verificava até então, em que incidia sobre o rendimento.

O artigo 7.º do Código da Contribuição Autárquica (CCA) refere que o valor patrimonial dos prédios é determinado nos termos do Código das Avaliações prevendo-se, no Decreto-Lei n.º 442-C/88, de 30 de Novembro, que pôs em vigor o CCA, que, até à sua publicação, continuariam em vigor as regras de avaliação constantes do Código da Contribuição Predial e do Imposto sobre a Indústria Agrícola (CCPIIA), para os prédios rústicos e urbanos das espécies a) b) e d), do n.º 1 do artigo 6.º do CCA e as do Código do Imposto Municipal de Sisa e do Imposto sobre as Sucessões e Doações, (CIMSISD), para os prédios urbanos da espécie c) (terrenos para construção).

As discrepâncias que se verificam na avaliação dos prédios urbanos, das espécies a) e b) referidas no artigo 6.º do CCA, e que se agravaram a partir de meados da década de 80, resultam fundamentalmente dos critérios de avaliação vigentes, constantes do CCPIIA, que se baseiam no rendimento real ou imputado.

No caso dos prédios não arrendados o seu valor locativo determina-se por confronto com outros que se encontrem dados de arrendamento, em regime de liberdade contratual, de preferência na mesma localidade e que melhor sirvam de padrão tal como determina a regra 7ª do artigo 144.º do CCPIIA.

A grande dificuldade das comissões de avaliação no momento presente consiste na determinação da renda a imputar aos prédios não arrendados, dada a quase inexistência de padrões, não só devido ao grande incremento de prédios urbanos em regime de propriedade horizontal a partir da década de 60 e do consequente aumento da habitação própria mas, principalmente, ao quase desaparecimento do mercado de arrendamento imobiliário de habitação a partir de 1974, em resultado das alterações profundas das leis do inquilinato então verificadas, sendo ainda de referir que devido ao valor especulativo das rendas, o valor tributável, se fosse calculado com base nelas, resultaria, em muitos casos, superior ao valor de mercado dos prédios.

Nestas condições é praticamente impossível ao avaliador proceder à imputação da renda justa, dada a quase inexistência de mercado de arrendamento, o valor especulativo das rendas praticadas e a distorção entre a oferta e a procura.

Neste contexto, a avaliação passou a depender muito da apreciação subjectiva das comissões de avaliação, o que originou uma grande falta de homogeneidade dos valores atribuídos por aquelas, verificando-se que prédios semelhantes e em zonas de mercado imobiliário idênticos foram avaliados por valores totalmente diferentes, pelo facto de estarem localizados em áreas de actuação de comissões diferentes.

Por outro lado, nas pequenas localidades rurais, onde é raro verificarem-se arrendamentos para habitação, a avaliação dos prédios urbanos dependia já há muito de apreciações subjectivas do avaliador, por inexistência de termos de comparação.

Será ainda de referir a anomalia do actual sistema de avaliação de prédios urbanos constatada em zonas rurais, quando após a avaliação do prédio, devido à construção de um edifício, o valor patrimonial deste fica inferior ao do terreno para construção onde foi edificado.

Este facto resulta de se utilizarem dois métodos distintos de avaliação, um deles com base no valor (terrenos para construção) e o outro com base no rendimento (edifícios).

Para além da questão de fundo já referida – as regras de avaliação constantes do CCPIIA não são aplicáveis a um grande número de prédios urbanos da espécie d) referida no artigo 6.º do CCA – outros há, para os quais é totalmente absurdo fixar um valor locativo (imputar uma renda).

Os novos deveres de fundamentação das avaliações do CPT, expressão de um imperativo constitucional, a par da inexistência de critérios objectivos têm conduzido à anulação judicial de apreciável número de avaliações.

A generalidade do património imobiliário encontra-se subavaliado, uma vez que a maioria dos prédios já foram avaliados há muitos anos, sem que se tenha, salvo de forma muito atenuada, procedido à sua actualização.

Estes factos conduziram à existência de uma forte desigualdade entre os contribuintes: uns (mais de 3,1 milhões de contribuintes num universo de 5,8 milhões), dado o baixíssimo valor tributável dos seus prédios urbanos antigos e rústicos, encontram-se em situação de isenção técnica (valor de colecta igual ou menor do que 1.000$00); outros (cerca de meio milhão) proprietários de prédios urbanos novos mas que obrigam a fortes responsabilidades financeiras, suportam uma carga elevadíssima de CA.

Para além das injustiças relativas daí decorrentes, resulta ainda uma situação incompreensível em termos de ordenamento do território e de planeamento urbano: a penalização desproporcionada dos bens novos e conservados e uma situação fiscal que favorece os prédios degradados ou em abandono.

29.2.2. *A reforma da CA*

29.2.2.1. *Objectivos e princípios*

O relatório efectuado ao abrigo do artigo 31.°, n.° 1, al. a), da Lei n.° 10-B/96, de 23 de Março, coloca várias alternativas de reforma da CA.

A primeira questão a analisar a este propósito é a de saber que objectivos e princípios subjazem à tributação dos imóveis em sede de CA e se eles devem manter-se numa óptica de reforma.

A criação da CA teve em vista, como vimos, substituir a Contribuição Predial como fonte de financiamento da Administração Local.

Na sua formulação actual, o preâmbulo do diploma invoca expressamente (embora nem sempre coerentemente) o princípio do benefício como fundamento da tributação.

A ser assim, isto é, sendo o pagamento da CA a contrapartida dos benefícios proporcionados pela colectividade (pelas Câmaras Municipais) em obras e serviços, havia que definir de forma clara como reais beneficiários, os proprietários, os usufrutuários e, de um modo geral, os ocupantes efectivos. Do mesmo modo, à luz deste princípio, dever-se-ia reduzir o número de isenções e reponderar mesmo a questão do crédito de imposto de que a CA beneficia em sede de IRS.

Estas incongruências devem ser resolvidas num enquadramento mais geral, envolvendo, como refere a CDRF, a reforma das finanças locais e da própria tributação do património imobiliário ou, como resulta de outras soluções, do património do seu todo.

Mas elas só serão superadas se se verificar uma maior clarificação do peso dos dois princípios em sede de tributação do património e em sede de tributação dos rendimentos.

Uma outra questão, universalmente reconhecida, prende-se com a necessidade de reduzir o mínimo (muito exagerado) de isenções em sede de CA e de, simultameamente, se proceder à diminuição da taxa, de forma a manter o nível de receitas para o financiamento da Administração Local.

Mas a questão fulcral a ressalvar numa reformulação deste imposto é, sem dúvida, a da determinação do valor tributável.

29.2.2.2. A questão da determinação do valor

A exemplo de outros ordenamentos, em 1989, optou-se formalmente pela tributação do valor patrimonial dos imóveis (valor do capital) em lugar do valor de rendimento. Essa opção era justificada face à parca expressão do mercado de arrendamento imobiliário entre nós, à decisão (justa) de se tributar a posse de terrenos para construção e ao facto do valor do rendimento dever ser objecto de tributação na categoria F do IRS.

No entanto, na prática, até hoje, o legislador nunca regulou qualquer método de determinação do valor patrimonial diferente do da capitalização do rendimento colectável.

É do conhecimento comum que o património imobiliário se encontra subavaliado, uma vez que a maioria dos prédios já foram avaliados há muitos anos, sem que se tenha procedido à sua actualização, o que só veio a ocorrer, de forma muito ligeira, relativamente aos prédios urbanos, com o artigo 55.º da Lei n.º 39-B/94, de 27 de Dezembro, que aprovou o OE/95.

Assim, a determinação do valor tributável em sede daqueles impostos é talvez a questão capital em sede de tributação do património. Impõe-se, pois, uma actualização dos valores patrimoniais e a definição de regras que determinem com rigor, clareza e objectividade o valor patrimonial.

O Código da CA apontava para a substituição deste sistema (de determinação de valor através de comissões de avaliação, tido como transitório) para um sistema avaliatório efectuado de acordo com um Código de Avaliações. Mas este nunca passou de um projecto, em parte pela inexistência de uma verdadeira vontade política de afrontar os problemas colocados pela reforma da tributação do património.

Na base dessa substituição estava a necessidade de serem estabelecidos critérios objectivos, públicos, simples e claros de determinação do valor, em detrimento da subjectividade que continua a reinar neste domínio, bem como a necessidade de se controlarem os exagerados custos das actuais avaliações.

Mais que nunca, como vimos, estas necessidades continuam a fazer--se sentir, dadas as deficiências do actual modelo de tributação.

Assim, atendendo a que o sistema actual se encontra inadequado pela quase inexistência de padrões, ficando as avaliações dependentes de apreciações subjectivas das comissões de avaliação e, ainda, para dar cumprimento ao determinado no CCA, deverá ser publicada uma *lei de determinação do valor*, com as características, ou não, de um Código das Avaliações, que venha introduzir uma maior eficácia e equidade ao sistema fiscal, com base em critérios objectivos e públicos de avaliação, que torne as avaliações (independentemente do modelo a adoptar) mais céleres e fiáveis, aumente as garantias dos contribuintes e, além disso, possa vir a contribuir para uma redução dos custos actuais.

A grande questão que se põe hoje é, assim, a de saber se devemos continuar a partir, para efeitos fiscais, da noção de valor patrimonial, com a intervenção de avaliadores que, de forma objectiva, procurariam estabelecer o valor de capital dos imóveis, ou se será possível e desejável, na actual situação do mercado imobiliário, prescindir da mediação da função avaliadora, procurando encontrar critérios simplificados de avaliação directamente decorrentes da lei. Esta é, como se sabe, a proposta do relatório do GAPTEC da Universidade Técnica de Lisboa, que propõe a substituição do conceito de valor patrimonial pelo de valor de base territorial.

E isto a fim de fazer face a uma situação de emergência – o actual caos na tributação no património –, que deveria ser enfrentada com métodos expeditos, eficazes e simples, na medida do possível, sem abdicar dos princípios de justiça que devem subjazer a qualquer tributação.

De qualquer modo, importa não esquecer que a eleição do valor e dos critérios da sua determinação não é uma questão de escolha meramente técnica. É em grande medida uma questão política a de saber qual, num determinado contexto, é a melhor (ou a menos má) forma de resolver um problema.

29.2.2.3. *Critérios de determinação do valor*

Teoricamente existem vários critérios para a determinação deste valor, sendo os mais correntes os do preço de venda, do custo de construção e do rendimento capitalizado, todos tendo por referência o valor de mercado.

O critério do *preço de venda* pode basear-se no preço declarado ou no preço objectivamente avaliado. O primeiro tem a dificuldade de poder originar simulações de preço entre vendedor e comprador, a exemplo do que sucede hoje com a sisa. O segundo tem as dificuldades decorrentes da necessidade de definição de índices objectivos de valoração e formas de actualização periódica dos valores fixados. Como factores a considerar no cálculo do valor costumam ser usados os das características intrínsecas dos edifícios – tipo, área bruta de construção, idade – da localização da construção, do prédio, da envolvente urbanística, das infra-estruturas marginantes e do preço.

O critério do *custo de construção* é em regra usado no caso de prédios que estão fora do mercado imobiliário. No entanto não é generalizável uma vez que não pode aplicar-se quando não haja qualquer edificação, como acontece com os terrenos para construção. Também aqui pode, na prática, ser difícil a determinação de índices de custo.

O critério do *rendimento capitalizado* é em regra usado no caso de prédios arrendados. Tem sobretudo entre nós o inconveniente de inexistir um verdadeiro mercado imobiliário, de haver grandes discrepâncias entre as rendas novas e antigas e de existirem muitos prédios não arrendados nem disponíveis para arrendamento em relação aos quais é difícil definir um valor locativo.

A utilização de *critérios múltiplos*, consoante o tipo de bens, pode fazer acrescer as dificuldades, se não impossibilidade administrativa, e os custos sociais que se fazem sentir em cada um dos critérios.

A fim de evitar os custos sociais de uma avaliação rápida, é norma que para efeitos de determinação de valor, apenas seja considerada uma percentagem do valor da avaliação, eventualmente variável segundo o tipo de prédio.

O Relatório do GAPTEC da Universidade Técnica de Lisboa propõe como forma de determinação do valor um novo critério de determinação do valor patrimonial, assente na noção de *valor de base territorial*, apresentado como o menor denominador comum existente entre as outras formas de determinação do valor, e cujo cálculo, efectuado de forma presumida com referência a um padrão médio e em termos potenciais, em função da área, localização e utilização dos prédios, pretende reflectir a incidência do valor do solo na formação do preço do produto final.

O sistema proposto, influenciado por razões de ordenamento de território, é constituído por duas parcelas:

- a primeira, constituída por um factor fixo, estabelece uma base mínima de colecta, permite eliminar a figura da isenção técnica, incidindo sobre o estatuto de detentor do direito de fruição do imóvel, em consonância com o princípio do benefício, em particular com o custeamento da actualização e conservação da matriz fiscal e distinguindo os prédios em espaço rústico e urbano, bem como a existência ou não de construções;
- a segunda, tem por base a valoração dos prédios em função da dimensão, uso e tipo de utilização do imóvel, sendo o seu cálculo estabelecido objectivamente em função destas variáveis, e considerando a sua localização espacial, de forma a assegurar algum carácter progressivo ao imposto.

A novidade deste critério consiste no facto de privilegiar o interesse social de salvaguarda do património paisagístico e arquitectónico. Na sua base está a ideia de que num horizonte de médio prazo o valor de mercado dos prédios continuará a ser entre nós muito dependente de factores aleatórios. O valor comum e mais estável do valor de mercado seria precisamente o valor de base territorial. Neste modelo a valorização e o rendimento de um prédio não são base de tributação, partindo da ideia que devem ser incentivados e não penalizados.

As principais críticas apontadas a este método prendem-se: com o seu excessivo simplismo, eventualmente gerador de novas desigualdades; com o facto de na valoração dos prédios rústicos não distinguir entre bons e maus solos; com a sua aparente regressividade; e, em relação com os terrenos construídos (prédios urbanos) com o facto de abstrair da idade das construções, da sua qualidade, da composição dos espaços exteriores e dos melhoramentos, factores que influenciam o valor de mercado, o que conduzirá, segundo os críticos, a um desagravamento injustificado do litoral em detrimento do interior e dos prédios luxuosos em relação aos restantes. Acresceria a dificuldade de concretização de tal método de avaliação em prazo curto, dado o facto de não constar de muitas matrizes a área do imóvel. Menos relevantes parecem as críticas que assentam na ideia de com base neste modelo se prescindir, pelo menos num primeiro momento, da intervenção da função avaliadora, já que a aplicação do sistema não prescinde de uma avaliação, só que a efectiva por meios diferentes dos actualmente em vigor.

Parece, aliás, irrelevante colocar a questão teórica de formulação da base de tributação, para um novo modelo, em aspectos não correlacionáveis com os reais objectivos pretendidos pela tributação do património imobiliário.

Em qualquer modelo teórico terá de se atender aos aspectos comuns capazes de induzir a existência de critérios de justiça e de igualdade tributárias. O modelo baseado no valor de base territorial consegue colher esse elemento comum, consistente na determinação de espaços territoriais iguais, em localização e em área, indutor de tratamento igualitário dos proprietários de um determinado espaço de território, sem prejuízo, no entanto, de poder, ou dever, ser modulado ou corrigido por outros elementos que não ponham em causa as suas características fundamentais.

29.2.2.4. A questão da articulação entre os critérios clássicos e do valor patrimonial

O debate em curso tende a acentuar o confronto dos modelos, de avaliação o modelo que estaria na base da previsível evolução do actual Código e o modelo da Universidade Técnica.

Mais frutuosa parece ser no entanto a questão de saber se é possível algum tipo de articulação entre o critério do valor de base territorial e os restantes critérios clássicos de determinação do valor patrimonial.

São muito variadas as opiniões sobre qual das bases de tributação – valor de mercado, valor de rendimento anual, solo e benfeitorias ou só solo – será a melhor. Da opção entre o valor de mercado e o valor de rendimento poderão não resultar grandes diferenças. O elemento mais importante na escolha do sistema de tributação, e consequentemente do sistema de avaliação mais adequado, é o tipo de informação de que é possível dispor. Onde predomine o mercado de arrendamento será de adoptar como base de tributação e consequentemente como método de avaliação o do rendimento, e onde predomine o mercado de transacções imobiliárias, facto que se verifica actualmente em muitos países europeus, a base e o método de avaliação deverão ser o do valor.

O relatório da UTL estabelece implicitamente uma forma de articulação, ao defender que sempre que o contribuinte considere que o seu prédio tem um valor real referido ao mercado inferior ao valor de base territorial tem o direito de impugnar o valor atribuído ao seu património. Esta hipótese levanta a questão da determinação do valor de mercado, pelo que, segundo parece, um sistema de determinação do valor patrimonial para efeitos fiscais continuará a ser necessário.

A experiência holandesa da reforma da tributação do imobiliário dos anos 70 parece permitir afirmar uma outra forma de articulação, consistente na possibilidade dada aos municípios para optarem por um sistema de determinação de valor assente no valor de base territorial ou por um sistema assente no valor de mercado. Esta opção, embora constitua um acréscimo de dificuldades administrativas, pode ser consentânea com uma efectiva descentralização. Poder-se-ia conceber um modelo base, a aplicar por defeito, e um modelo a aplicar opcionalmente, com recurso à mediação de avaliadores com base em avaliações norteadas por critérios objectivos.

Uma terceira articulação pode advir do facto de um sistema de avaliação para determinação do valor de mercado não ser incompatível com a existência de um mínimo de imposto. Na determinação deste poderá ter sentido o recurso a um critério de valor territorial.

Uma vez que os defensores de um e outro modelo criticam a subjectividade das actuais avaliações, uma quarta articulação poderá advir da forma como se estabeleceriam, numa lei de determinação do valor patrimonial, os critérios objectivos, rigorosos e claros de avaliação. Esta questão poderá reconduzir-se à de saber se deverá ou não estabelecer-se, como na determinação do valor aduaneiro, uma ordem de prioridades entre diversos critérios.

Persistem ainda por resolver muitos problemas técnicos comuns a qualquer dos modelos de determinação do valor. A resolução daqueles problemas comuns parece ser um bom ponto de partida para a delimitação do espaço das alternativas.

29.2.2.5. Problemas comuns aos apontados modelos de reforma da CA

Seja qual for a posição que se tome sobre a reforma da tributação do património, é indispensável a reorganização e modernização do tombo matricial, cujas funções não se limitam ao plano especificamente tributário, conformando um papel registral insubstituível. O que passa pela resolução de várias questões fundamentais:

O primeiro problema é o da fiabilidade da informação constante das matrizes, em particular das rústicas (cerca de 11 milhões de artigos matriciais), de onde não consta muitas vezes a área, o uso ou a utilização ou outros factores eventualmente relevantes na determinação do valor.

Um outro é o de saber como proceder à actualização de valores constantes das matrizes, hoje muito degradados, e, no futuro, à correcção periódica de tais valores, sem a qual, a prazo, voltarão a existir situações de disparidade de valores entre prédios novos e antigos e consequentemente novas iniquidades.

Quanto à actualização, a avaliação geral da propriedade (cerca de 17 milhões de prédios) é muito morosa e cara. São, pois, de adoptar métodos eficazes que possam ter aceitação imediata. A solução sempre passaria por uma actualização progressiva (não brusca) dos valores inscritos nas matrizes, baseada em determinados coeficientes de correcção monetária e factores objectivos a ponderar, como por exemplo, a localização, o tipo de prédio e a data da inscrição na matriz, ou por uma reavaliação objectiva reequilibrante dos valores existentes. Como se referiu, a implementação de uma lei de determinação do valor patrimonial, por si só, não elimina as gritantes injustiças que se verificam na tributação do património, nomeadamente, em sede de CA.

Será, pois, necessário complementar tal diploma, ou nele introduzir medidas que permitam a correcção periódica dos valores constantes da matriz.

Dado que a solução formalmente mais correcta, a avaliação geral da propriedade, nomeadamente dos prédios urbanos, seria muito morosa, dever-se-á proceder, com a implementação da lei de determinação do valor patrimonial, a uma correcção, por meio de factores, dos valores patrimoniais actualmente constantes das matrizes.

Esta correcção não deverá, no entanto, seguir o critério simplista das correcções de 1988 e 1995, tendo esta última agravado o fosso entre os valores patrimoniais dos prédios novos e dos antigos (embora tenha atenuado a tributação pela diminuição das taxas) mas, sim, deverá ter em consideração, nomeadamente, além da data de inscrição do prédio na matriz, a sua localização e o tipo de prédio.

Para além desta correcção e da avaliação geral deverá ainda ser prevista a actualização periódica dos valores patrimoniais, sem o que se corre o risco de voltar à situação actual.

A lei deverá ainda conter mecanismos para um aumento progressivo dos valores patrimoniais constantes da matriz antes da avaliação geral até aos resultantes desta, a fim de evitar aumentos bruscos dos valores patrimoniais.

Já fora do âmbito de actualização das matrizes põe-se um terceiro problema, o da tributação dos prédios rústicos. Dadas as insuficiências do cadastro predial, deverá, desde já, evoluir-se para qualquer um dos novos modelos de determinação do valor ou manter, ainda que provisoriamente, durante um prazo prefixado e estabelecendo as formas de transição, o sistema actual, simplificado e melhorado. Nesta área é de grande interesse que o Instituto Português de Cartografia e Cadastro, (IPCC), acelere na medida do possível o cadastro predial, elemento fundamental num país moderno pela multiplicidade de funções, além da fiscal, que pode ter.

Qualquer reforma da tributação do património deve reponderar o sistema das isenções. No modelo da UTL, centrado na ideia do carácter geral do imposto, as isenções devem restringir-se apenas a casos imperiosos, muito bem delimitados, por razões fiscais ou de política social, normalmente ligados às isenções permanentes, com extinção das isenções temporárias e técnicas ou, pelo menos, com redução temporária da componente variável da colecta. Em qualquer caso, a redução dos benefícios é condição de manutenção de um equilibrado nível de receitas das autarquias.

Uma outra questão diz respeito às modificações a introduzir na informatização do sistema. Tendo-se em conta as actuais atribuições da DGITA, que concentra os meios informáticos ao serviço da liquidação dos impostos, não se justifica a manutenção desta função no Instituto de Informática do Ministério das Finanças.

Finalmente as taxas a adoptar – necessariamente baixas – deverão ter em consideração as variações de valor patrimonial, quer resultantes da correcção administrativa, quer da avaliação geral.

São aspectos a equacionar num regime transitório em defesa dos direitos adquiridos que, em qualquer modelo, terão de estar sempre na linha das preocupações do legislador fiscal por forma a não frustrar legítimas expectativas criadas aos administrados.

29.2.3. *O Imposto Municipal de Sisa (IMS)*

29.2.3.1. Situação actual

O IMS incide sobre o valor pelo qual os bens são transmitidos, valor que, em regra, corresponde ao preço. O valor patrimonial é uma excepção, como se infere do relatório do diploma que rege o IMS: "passa a fazer-se pelo preço em vez de pelo valor matricial dos bens, salvo quando possa haver dúvidas sobre o primeiro e este seja superior". Assim, o IMS não pode ser avaliado sob o mesmo prisma que os restantes impostos sobre o património.

No que estarão todos de acordo é que o IMS carece de uma reformulação, designadamente, no tocante ao valor patrimonial, às taxas e às isenções que, de uma forma aparentemente exagerada, enxameiam pelo Código e por numerosa legislação extravagante, tornando algo inócuas as normas positivas de incidência. Crê-se que a receita do IMS é fortemente afectada devido às isenções, que atingem um montante igual ao do imposto actualmente cobrado.

29.2.3.2. *A reforma do IMS: a hipótese de substituição de IMS pelo IVA e por um imposto de registo*

É ponto firme do Programa do Governo a extinção progressiva do IMS, que se pensa vir a tornar efectiva, após medidas transitórias, a iniciar em 1999.

Não significa isto que as transacções de imóveis fiquem livres de impostos, mas a compensação da receita cessante poderá resultar de diversas fontes: aumento da receita da Contribuição Autárquica, tributação em IVA, ou em imposto ou taxa de registo.

A substituição do IMS pelo IVA, que algumas respeitadas vozes advogam, poderia trazer vantagem para o alienante, possibilitando a dedução do IVA pago a montante. Por outro lado, ao desonerar as edificações do IVA contido nos "inputs" e ao não imobilizar esses meios financeiros durante longos períodos (um processo de construção demora, no mínimo, 3 anos a concluir), permite colocar o "produto final" a preços mais baixos, beneficiando o adquirente.

Aliás, os sujeitos passivos que efectuem transmissões a favor de outros sujeitos passivos que utilizem os imóveis em actividades tributadas poderão renunciar à isenção e passar a aplicar IVA.

Não repugna pois, que o IVA seja aplicado às transmissões de imóveis realizadas entre sujeitos passivos bem como entre estes e o adquirente final, solucionando-se um aspecto que, mais tarde ou mais cedo, carecerá ser solucionado ao nível da harmonização comunitária da tributação indirecta.

De fora ficará porém, um enorme leque de transmissões, que são as realizadas entre particulares. Como proceder nestes casos? Quem liquida o IVA? A que taxas?

As transmissões de bens por particulares não sujeitos passivos do IVA não estão sujeitas a IVA. O problema da tributação em IVA não se põe. Está em causa se são ou não tributadas por imposto alternativo. A não tributação pura e simples poderia, eventualmente, incentivar a aquisição de prédios usados.

Estamos perante milhares de transacções (de prédios rústicos e urbanos) realizadas entre contribuintes, sem quaisquer rudimentos de escrita. Perante a impossibilidade de obrigar estes contribuintes a liquidar o IVA, poder-se-ia optar por ser o notário a efectuar a liquidação.

A solução a encontrar poder-se-ia compaginar com a reformulação da Tabela Geral do Imposto do Selo, no sentido de encontrar um imposto ou taxa de registo dotado de taxas reduzidas, adequadas às transacções entre particulares, à semelhança de outros existentes em ordenamentos fiscais dos nossos parceiros comunitários.

Admitindo-se que o imóvel, enquanto mercadoria possa vir a ser tributado em sede de IVA, passaria o IMS a ficar limitado às transmissões entre particulares, ou verificar-se-ia a sua substituição por uma taxa de registo, conforme já foi referido.

Caminha-se, conforme compromisso estabelecido em sede de Acordo de Concertação Estratégica 1996/1999, no sentido da progressiva substituição do IMS por realidades tributárias mais modernas, com a salvaguarda das receitas globais destinadas às Autarquias.

Nesta questão, uma hipótese seria pois, a substituição da sisa pelo IVA, forma mais moderna de tributação das aquisições imobiliárias e a introdução de um imposto sobre o registo. Outro seria a progressiva diluição da sisa num novo modelo de CA ou de tributação do património.

29.2.3.3. As isenções e os benefícios

Em sede de isenções e benefícios, o IMS é um infindável "rosário" de situações cujas entorses têm provocado, mesmo ao nível da Administração Pública, conflitualidades de interesses. Cite-se, a este propósito, as reclamações apresentadas pelos Municípios no sentido de se verem ressarcidos das importâncias correspondentes às isenções e aos benefícios concedidos pela Administração Central, uma vez que eles são os titulares da receita, de acordo com a Lei das Finanças Locais.

A introdução de um novo sistema de tributação dos bens imóveis como o exposto implicaria uma muito substancial redução das referidas isenções, dada a muito maior neutralidade do IVA, sem prejuízo de às actuais isenções ou reduções de sisa se sucederem outros incentivos à aquisição de habitação.

Como isenção mais comum e relevante, importa referir a relativa a prédios destinados, exclusivamente, a habitação.

O legislador optou por decretar uma isenção a favor das aquisições de prédios ou suas fracções autónomas até ao limite de 10 700 contos. Não parece difícil identificar os *interesses públicos extra-fiscais* que estão a ser tutelados com esta isenção.

Em termos de valor avulta ainda mais a isenção de sisa das dações em pagamento pelos devedores das instituições de crédito e sociedades financeiras para realização de créditos feitos e fianças prestadas que não pode manter-se em IVA.

Também as soluções alternativas de diluição da sisa num imposto sobre o património ou numa CA reformulada, funcionando com taxas reduzidas, deveriam conduzir a uma forte redução das isenções.

29.2.4. *As Contribuições Especiais*

A criação de contribuições especiais assenta em princípios de equidade e de justiça fiscal, desde sempre norteadores do nosso sistema fical, que se traduzem, designadamente, no facto de deverem ser especialmente tributados certos imóveis que se valorizam excepcionalmente com a realização de obras de interesse relevante. Neste contexto, há que referir os casos da contribuição especial incidentes sobre os prédios sitos nas zonas da nova ponte sobre o rio Tejo e da Expo'98 e da contribuição especial incidente sobre os imóveis beneficiados, com a realização da CRIL, CREL, CRIP, CREP, travessia ferroviária do Tejo, troços ferroviários complementares, extensões do metropolitano de Lisboa e outros investimentos.

29.2.4.1. Regulamento da contribuição especial, aprovado pelo Decreto-Lei n.º 51/95, de 20 de Março (Construção da nova ponte sobre o rio Tejo)

Esta contribuição incide sobre o aumento de valor de prédios rústicos, resultante da possibilidade da sua utilização como terrenos para construção, de aumento de valor de terrenos para construção e das áreas resultantes da demolição de prédios urbanos já existentes, na área dos seguintes municípios:
– Alcochete
– Benavente (freguesia de Samora Correia)

- Moita
- Montijo
- Palmela (freguesias de Palmela, Pinhal Novo e Quinta do Anjo)

29.2.4.2. Regulamento da contribuição especial, aprovado pelo Decreto-Lei n.° 54/95, de 22 de Março (realização da Exposição Internacional de Lisboa)

Esta contribuição especial incide sobre o aumento de valor dos prédios e terrenos destinados aos mesmos fins que os indicados em 8.1, desde que situados na área dos seguintes municípios:
- Lisboa:
- 9.° Bairro Fiscal (freguesia de Marvila)
- 14.° Bairro Fiscal (freguesia de Santa Maria dos Olivais)
- Loures:
- 3.ª Repartição (freguesia de Moscavide e da Portela)
- 4.ª Repartição (freguesia de Sacavém)

29.2.4.3. Autorização legislativa para criação de novas contribuições especiais

Pelo artigo 34.° da Lei n.° 52-C/96, de 27 de Dezembro, ficou o Governo autorizado a legislar no sentido de:

Criar uma contribuição especial devida pela valorização da área beneficiada com os investimentos efectuados ou a efectuar para a realização da CRIL, CREL, CRIP, CREP e respectivos acessos e da travessia ferroviária do Tejo, troços ferroviários complementares, extensões do metropolitano de Lisboa até aos limites da cidade, bem como da concretização de sistemas ferroviários ligeiros. No uso desta autorização legislativa pode o Governo sujeitar os prédios rústicos que aumentem de valor pela possibilidade da sua utilização como terrenos aptos para a construção urbana a uma contribuição especial, bem como sujeitar a uma contribuição especial os terrenos aptos para a construção, as áreas resultantes da demolição de prédios urbanos já existentes, bem como as daqueles prédios que, por efeito de obras de remodelação, sofram alteração na sua volumetria.

29.3. Tributação do património mobiliário/imobiliário

29.3.1. *Imposto Municipal sobre Veículos (IMV)*

O IMV incide sobre o uso e fruição dos seguintes veículos (artigo 1.º do Regulamento aprovado pelo Decreto-Lei n.º 143/78, de 12 de Junho):

- Automóveis ligeiros de passageiros, automóveis ligeiros mistos de peso bruto igual ou inferior a 2 500 kg e motociclos de passageiros;
- Aeronaves de uso particular;
- Barcos de recreio de uso particular.

O imposto é pago por meio de dístico.

O cálculo do imposto baseia-se nos seguintes factores:

a) Para automóveis – o combustível utilizado, a cilindrada do motor, a voltagem, quando movidos a electricidade e a antiguidade;
b) Para motociclos – a cilindrada do motor e antiguidade;
c) Para aeronaves – o peso máximo autorizado à descolagem;
d) Para barcos de recreio – a propulsão, a tonelagem de arqueação bruta e a antiguidade.

29.3.2. *A evolução previsível do IMV*

Todavia, perspectiva-se a alteração desta lógica.

Assim, o artigo 46.º da Lei n.º 52-C/96, de 27 de Dezembro, deu autorização ao Governo para reformular o imposto municipal sobre veículos, a que se refere o Regulamento do Imposto Municipal sobre Veículos, aprovado pelo Decreto-Lei n.º 143/78, de 12 de Junho, de modo que, sem prejuízo da actualização das taxas, os veículos mais antigos suportem taxas mais elevadas, revendo-se as taxas a que se refere a tabela I do n.º 1 do artigo 8.º daquele Regulamento, no sentido de a sua aplicação não depender do combustível ou de determinados combustíveis utilizados.

As taxas do imposto municipal sobre veículos dependem, entre outros factores, da antiguidade e do combustível utilizado pelos veículos.

Segundo a lógica actual, e que remonta a 1972, quanto mais antigo é o veículo menor é a taxa aplicada. Por outro lado, no tocante aos automóveis (tabela I) as taxas são diferenciadas em função do combustível utilizado. Assim, os veículos que utilizam gasóleo ou gás são menos tributados que aqueles que utilizam gasolina. Existe, ainda, discriminação para os veículos movidos a electricidade.

Invertendo-se a lógica das taxas, abandona-se uma filosofia que priviligia (sem qualquer razão justificada) os veículos mais antigos.

O mesmo acontece com a proposta de eliminação da diferenciação das taxas com base no combustível utilizado. Efectivamente, no sistema actual, os veículos que utilizem gasóleo ou gás são menos tributados do que os que utilizam gasolina, quando, com a eventual excepção da gasolina com chumbo, onde se justifica uma tributação mais agravada, deveria haver maior neutralidade do imposto Mantém-se a diferenciação em relação aos veículos movidos a electricidade, já que a sua estrutura de potência não é equiparável à dos restantes.

Assim, por outro lado, incentiva-se a aquisição de veículos novos, com todas as vantagens inerentes. Por outro lado, salvaguardam-se os valores da segurança rodoviária e preserva-se o ambiente.

No futuro, a evolução deste imposto estará muito ligada à evolução do imposto automóvel.

29.3.2. Impostos de Circulação e Camionagem (ICC)

29.3.2.1. Imposto de Circulação

O imposto de circulação incide sobre o uso e fruição dos veículos afectos ao transporte de mercadorias por conta própria ou à actividade de aluguer de veículos sem condutor, quando os mesmos se destinem ao transporte particular (artigo 1.º do Regulamento dos Impostos de Circulação e Camionagem, aprovado pelo Decreto-Lei n.º 116/94, de 3 de Maio). É pago por meio de dístico.

O montante do imposto é determinado em função do peso bruto dos respectivos veículos.

No caso de veículos articulados, ou de conjuntos formados por automóvel – reboque, o peso bruto a considerar é o peso bruto máximo que o veículo automóvel está autorizado a deslocar.

As taxas são progressivas.

29.3.2.2. Imposto de Camionagem

O imposto de camionagem incide sobre o uso e fruição dos veículos afectos ao transporte público rodoviário de mercadorias ou à actividade de aluguer de veículos sem condutor quando os mesmos se destinem exclusivamente ao transporte público. É pago por meio de dístico.

O montante do imposto é determinado em função do peso bruto dos respectivos veículos, à semelhança do imposto de circulação.

No caso de veículos articulados, ou de conjuntos formados por veículo automóvel-reboque, o peso bruto a considerar é o peso bruto máximo que o veículo automóvel está autorizado a deslocar.

29.3.2.3. Necessidade de harmonização

O regime dos impostos de circulação e camionagem carece de ser harmonizado de acordo com a Directiva 93/89/CEE do Conselho, de 25 de Outubro de 1993 para o que, aliás, o Governo já dispõe de autorização legislativa.

A Directiva tem como objectivo harmonizar as taxas dos impostos de circulação e camionagem, relativamente aos veículos com peso bruto igual ou superior a 12 toneladas, com as taxas mínimas previstas no n.º 1 do artigo 6.º da mesma.

29.4. Imposto sobre as Sucessões e Doações (ISD)

29.4.1. *Situação actual*

Não foi efectuada até agora qualquer reforma do ISD que o texto da CRP consagrou como progressivo e devendo contribuir para a igualdade dos cidadãos (art.º 107.º n.º 3 da redacção inicial).

O ISD incide, tal como a contribuição autárquica, sobre o valor patrimonial dos prédios e, além disso, sobre os restantes bens transmitidos por morte.

É um imposto complexo, quer na liquidação quer na cobrança. Urge, pois, efectuar a sua reanálise, ou no sentido de o tornar mais eficaz e permitir uma mais fácil cobrança ou no de proceder à sua extinção.

Segundo a primeira óptica, uma das reformas a introduzir seria a da tributação da herança em vez da tributação das quotas dos herdeiros.

A cobrança poderia ser feita pelos funcionários (notariais ou judiciais) que interviessem nos documentos de transmissões a título gratuito, por aplicação da taxa respectiva ao valor dos bens transmitidos.

Tal medida implicaria a imposição da obrigatoriedade de partilha, em Cartório Notarial ou em Tribunal, em prazo curto após a abertura da sucessão.

De acordo com a segunda perspectiva, o ISD diluir-se-ia numa tributação mais globalizante do património.

29.4.2. *A reforma do ISD: Princípios e objectivos*

De acordo com a primeira óptica, como se disse, impõe-se a simplificação do imposto de forma a fazê-lo incidir sobre a herança, ao contrário do que actualmente acontece, em que incide sobre as quotas hereditárias. Isto seria acompanhado de uma baixa generalizada das taxas.

O ISD defronta-se igualmente com o problema da desactualização do valor patrimonial dos prédios e com o da sua avaliação.

A recondução da liquidação ao momento da celebração da escritura de partilha (instituindo-se a sua celebração obrigatória num prazo curto) e ao momento da escritura de doação, associada à simplificação e diminuição das taxas de tributação, poderia ser uma via de solução.

Agilizar-se-ia, desse modo, todo o procedimento burocrático que envolve um processo de liquidação do ISD e, ao mesmo tempo, aliviar--se-ia a vida dos cidadãos ao permitir que a sua situação fiscal ficasse resolvida perante o funcionário que celebrasse a escritura. O mesmo sistema poderia ser válido no âmbito da intervenção dos tribunais, quando legalmente exigível.

29.4.3. *As isenções e benefícios*

A questão das isenções actuais carece de uma melhor ponderação, qual seja a de garantir a solvabilidade dos descendentes, mormente os menores, e do cônjuge sobrevivo.

Este aspecto prende-se, também, com o valor dos bens transmitidos, principalmente os imóveis. É que, ao transmitir-se um prédio (que pode ser o da habitação do agregado familiar) que se encontre sobreavaliado na matriz, pode conduzir à necessidade de o mesmo ser objecto de venda para poder ser satisfeito o ISD!

29.4.4. *A dimensão da despesa de funcionamento*

No que concerne à despesa de funcionamento dir-se-á, apenas, que uma muito elevada percentagem de processos não produz, em termos finais, qualquer imposto. No entanto, as diligências necessárias à sua ultimação acarretam gastos de tempo, de recursos humanos e materiais, quer à Administração quer aos cidadãos, cuja inutilidade é manifesta.

É de ponderar seriamente, pois, a possibilidade de encontrar uma solução capaz de induzir significativas poupanças na despesa pública e privada. Esta é, também, uma forma de diminuir os impostos, em termos latos, ao tornar mais simples e eficaz o processo burocrático associado a esta forma de tributação do património transmitido. A mais radical consiste na eliminação do ISD e sua substituição no quadro da revisão global da tributação do património.

29.5. Outras formas de tributação do património

29.5.1. O Imposto de Selo sobre a aquisição de imóveis

29.5.1.1 Situação actual

A situação actual é a que decorre da aplicação de determinadas percentagens, a seguir explicitadas, em resultado da aquisição da propriedade imobiliária.

Com efeito, além da sujeição a IMS ou ISD, o Imposto do Selo incide, ainda, sobre as seguintes formas de aquisição de propriedade imobiliária:

A) Arrematações sobre o preço:

   a) De imóveis do Estado, Reg. Autónomas, autarquias locais e pessoas colectivas de utilidade pública administrativa .... **6‰**

   b) De imóveis pertencentes a outras pessoas .... **7,5‰**

B) Compra e venda ou cessão onerosa, s/ valor sisa .... **8‰**

C) Partilhas ou divisões, s/ o valor líquido .... **8‰**

D) Troca ou permuta, s/ valor sujeito a sisa .... **8‰**

São aspectos da tributação que convém relevar porquanto (estando indexados ao preço de aquisição dos imóveis e tendo em conta o crescimento dos mesmos, nos últimos anos) oneram os instrumentos públicos garantísticos da reivindicação da titularidade da propriedade.

29.5.1.2. *A relevância do Imposto de Selo, face à eventual eliminação do Imposto Municipal de Sisa*

Num contexto de reforma da tributação do património impõe-se realçar esta forma de tributação consistente na possibilidade de reconduzir aos aspectos resgistrais o "vazio" provocado pela eventual eliminação do Imposto Municipal de Sisa.

Com efeito, caso venha a enveredar-se pela subsunção das transmissões de imóveis à disciplina do Código do IVA, importa, como vimos, encontrar uma forma de abranger as restantes transacções, no mercado particular de compra e venda de imóveis não susceptível de enquadramento no elenco dos sujeitos passivos de IVA.

Estas seriam razões para "dar novo fôlego" à tributação em Imposto do Selo, adquirindo maior acuidade a sua manutenção e/ou reforço, que importará ter presente numa futura reformulação.

29.5.2. *As taxas e tarifas municipais baseadas no valor patrimonial*

No ambiente de mudança, que se perfila no horizonte, convirá não esquecer, também, as imposições autárquicas ligadas à utilização de infraestruturas conexas com os prédios urbanos.

É matéria a abordar e a moldar em sede própria : a Lei das Finanças Locais. A sua menção, porém, tem como objectivo alertar para as consequências que poderão advir em resultado da modificação a operar na área da tributação do património bem como relevar as injustiças e iniquidades acrescidas provocadas por esta forma de arrecadação de receitas, em virtude de a sua base de referência potenciar e agravar os efeitos nefastos dela decorrentes.

29.6. Tributação do património: novos modelos

29.6.1. *Problemas a enfrentar por qualquer novo modelo de tributação do património*

29.6.1.1. *Enquadramento teórico*

Para melhor definir o recorte de abordagem sugerida pelo tema, importa, desde já, autonomizar as duas vertentes que a tributação do património pode assumir, a saber:

a) Tributação directa ou estática, relativa à posse e titularidade;
b) Tributação indirecta ou dinâmica, respeitante à sua transmissão.

Esta primeira distinção envolve, critérios valorativos diferenciados, consistentes na necessidade de definição dos princípios tributários que sustentem o modelo a definir.

Neste contexto, a tributação estática pode fazer radicar a sua justificação prevalecentemente no princípio do benefício; ao invés, a tributação dinâmica faz muito mais apelo para o princípio da capacidade contributiva. Com efeito, no momento da alienação de património, a título oneroso, o alienante manifesta (através da percepção do preço) capacidade contributiva uma vez que é nesse momento que realiza proventos (nesta perspectiva, toda a lógica de tributação do adquirente não parece encontrar fundamento neste princípio).

Por outro lado, importa também definir o tipo de património sujeito a tributação.

Como se disse, de acordo com os tradicionais figurinos de tributação do património em Portugal, há uma infinidade de manifestações de riqueza que escapa à tributação, quer por incapacidade do seu controlo, quer pela não previsão legal da sua sujeição a imposto. A convicção é a de que, face às modernas manifestações de formas de aquisição e de detenção de património, até agora, o legislador não conseguiu encontrar as previsões legais ajustadas.

Importa, por fim, reter que existem princípios constitucionalmente consagrados, ligados a aspectos de natureza económica e social, que têm de estar presentes num novo modelo de tributação do património. E que a recente revisão constitucional, ao permitir a extensão do imposto sobre sucessões e doações, abre caminho para a introdução de uma tributação única sobre o património.

29.7.1.2. *Os problemas a enfrentar para a definição de um novo modelo*

O primeiro problema com que se deve confrontar um novo modelo de tributação do património é o relativo à sua abrangência, ao universo dos eventos económicos a subsumir às suas regras de incidência e à definição da base de tributação.

Independentemente da definição daqueles elementos essenciais, os bens visados por esta área da tributação são, até hoje fundamentalmente, os prédios. Importa, por isso, problematizar a configuração da base tributável e os princípios norteadores a que deve obedecer.

Em termos estáticos, a primeira questão que se coloca é a determinação de uma base tributável justa e exequível dos bens imobiliários, (incidência) o que, obviamente se prende com a instituição de métodos simples, seguros, e fiáveis de avaliação. Há necessidade de determinar critérios objectivos e transparentes, que induzam certeza e segurança aos administrados.

Para se alcançar tal desiderato importa encontrar o elemento comum que transporte consigo a possibilidade de pre-figurar um critério directo e objectivo de fácil aceitação generalizada.

Esse elemento comum será o relativo à localização, cuja aceitabilidade parece não levantar grandes problemas. Por este critério, respeita-se o princípio da igualdade. Assim, ao diferenciar-se cada espaço de território nacional (por exemplo, rural/urbano), introduz-se um critério que permite tratar igual o que é igual (numa lógica de relevância desse recurso escasso, sujeito à apropriação individual).

Um segundo elemento a ter em conta será o relativo à dimensão do espaço detido cuja área há-de, sempre, relevar para a determinação da base tributável, em conformidade com o princípio da proporcionalidade.

Um terceiro será, eventualmente, a antiguidade dos prédios urbanos que se reflecte no seu valor.

Numa lógica de actualização permanente e sistemática da base tributável que vier a ser contemplada por um novo modelo de tributação do património importa equacionar, em simultâneo, o mecanismo a considerar que solucione a ancestral questão ligada à desactualização da base.

Este aspecto poderá ficar resolvido num modelo que, tendo por referência a localização e, eventualmente, a área dos prédios, se reporte a variáveis susceptíveis de, anualmente, serem objecto de fixação pela Assembleia da República, sem necessidade de alteração do teor-base das normas fiscais.

Nesta perspectiva, são dispensadas as benfeitorias implantadas no espaço de território ocupado por cada proprietário, que já foram (e ainda serão) objecto de tributação noutras áreas.

O novo modelo consistiria, por isso, em tomar como elemento relevante para a tributação aquilo que é comum em todos os prédios, com as discriminações qualitativas (espaciais ou temporais) a eles associadas.

Com esta configuração teorico-técnica abandonar-se-ia, como regra, quer o critério do valor do rendimento (antigo), quer o critério do valor do capital (actual), colocando a tónica no valor de base territorial como padrão para a identificação de um valor social decorrente do estatuto de proprietário de um espaço de território nacional, com as consequentes alterações no actual sistema de tributação predial. Optar-se-ia por um sistema mais amplo e eficaz de tributação, que não prescindiria de considerações de equidade e justiça de que nenhuma forma de tributação deve ou pode abdicar.

Numa perspectiva de tributação do património em termos dinâmicos já relevariam, no segmento dos espaços edificados, as benfeitorias existentes sobre o solo, cuja determinação do valor careceria de aplicação de coeficientes de valorização tendo em conta a volumetria, a qualidade da construção, as condições de higiene e conforto, a vetustez, entre outras.

Para esse efeito, a instituição de uma legislação definidora de critérios de avaliação de bens permitiria contornar o problema da inexistência de um valor de avaliação das edificações implantadas no solo.

Outros aspectos que um novo modelo de tributação do património terá que enfrentar serão os respeitantes às novas formas de manifestação da propriedade e os relativos à eventual previsibilidade da sua evolução a médio e a longo prazo. Estamos a referir-nos, basicamente, às novas formas de fixação das poupanças e dos ganhos das famílias, cuja natureza fluida implica a redefinição de procedimentos e de formas de tributação que não se compaginam com a actual morosidade (quase inércia) da máquina administrativa, exigindo a redefinição do modo e do momento da tributação.

VII
TRIBUTAÇÃO DE SECTORES ESPECÍFICOS

30. INSTITUIÇÕES E INSTRUMENTOS FINANCEIROS

30.1. Enquadramento geral

O novo enquadramento concorrencial global a nível micro-económico resultante do mercado interno no sector bancário, a nível comunitário, e da globalização dos mercados potencia, no sentido do alcance de maiores vantagens competitivas, a concorrência entre os ordenamentos jurídicos dos diversos Estados-membros. Esta situação, na União Europeia, resultou essencialmente do processo de desregulamentação/re-regulamentação que estabeleceu um "level playing field" no mercado das instituições de crédito e sociedades financeiras, tendo-se eliminado as barreiras jurídicas de acesso ao mercado, específicas do sector, anteriormente vigentes.

Ao nível global, a internacionalização dos mercados e as melhorias acentuadas nos meios de comunicação informáticos fomentaram igualmente um nível de integração e de condições concorrenciais elevado.

Mas as alterações ocorridas nos últimos tempos não se limitaram simplesmente ao enquadramento macro-económico da actividade. Também nas relações Banca – Empresas e Sector Público – Sector Privado se verificaram alterações comportamentais relevantes. Nestes termos, o clima de rivalidade anteriormente existente foi-se atenuando progressivamente pois verificou-se que a capacidade concorrencial de um determinado sector ou empresa dependia directamente do nível de colaboração existente entre os diversos agentes.

Também neste campo o rigor das finanças públicas é essencial, pois só assim se criará um mercado viável e susceptível de criar crescimento e desenvolvimento económico. E é precisamente esse o papel do Estado, e não o de concorrente ou desestabilizador do mercado.

Pelo exposto, os conflitos criados pelo sector privado são directamente decorrentes do não entendimento dos desafios criados pela globalização.

Neste campo, Portugal tem um largo caminho a percorrer e o maior desafio coloca-se a nível da Administração Pública.

A capacidade dialéctica de aperfeiçoamento sucessivo, baseada no diálogo entre o sector privado e o sector público é igualmente bastante incipiente e por vezes desprezada.

Relativamente à distribuição de funções e de competências, ao sector público deveria caber essencialmente a gestão patrimonial e a actividade orçamental. Estas duas funções deveriam ser levadas a cabo numa lógica de grupo, inexistente no seio da Administração Pública e entendidas tendo em consideração os novos desafios decorrentes do advento da União Económica e Monetária.

O relacionamento Estado/Mercado não é isento de problemas. Nestes termos, e a nível de ordenação económica existem, dois sistemas possíveis de regulação:

a) Regulação fora do mercado;
b) Regulação através do mercado.

A regulação fora do mercado não é minimamente viável (basta ver o fim da alternativa soviética). Porém, a regulação através do mercado assenta ainda em pressupostos pouco definidos.

De facto, a doutrina liberal segundo a qual o mercado tudo resolvia há muito tempo que entrou em falência. Efectivamente, as falhas de mercado são, hoje em dia, unanimementente reconhecidas. Com efeito, no caso de existir um conflito entre o mercado e o Estado, deverá prevalecer o Estado, pois, pelas razões expostas não poderá existir uma soberania do mercado. Apesar desta constatação deverá ter-se em consideração o facto do mercado não obedecer a decretos-lei assentes em critérios não razoáveis.

Nestes termos, a actividade de ordenação exercida pelo Estado deverá assentar em critérios realistas e controlados.

30.2. Especificidades do sector bancário

Outro factor importante, este específico do sector bancário, resulta da necessidade de uma melhor qualidade de supervisão por parte do Banco Central. De facto, e como se poderá observar por diversos exemplos da história recente (v.g. o crédito agrícola de emergência, o apoio às exportações, o apoio à cooperação, etc), o sector bancário reveste uma natureza excepcional, pois, por diversas vezes não era mais do que um veículo, senão mesmo um prolongamento, da acção do Estado, sendo igualmente peça fundamental do sistema de pagamentos.

Por outro lado, eventuais crises em instituições de média ou elevada dimensão são extremamente nocivas ao mercado bancário no seu todo pelos efeitos sistémicos que podem ocasionar, não só a nível financeiro mas principalmente ao nível da confiança nas instituições entendidas em sentido amplo. Com efeito, a falência de uma instituição de crédito terá efeitos gravíssimos, tendo o Estado de suportar financeiramente uma situação desta índole (v.g. crise do crédito hipotecário nos Estados Unidos, BANESTO, etc). Um pequeno exemplo desta situação poderá ser vislumbrado em Portugal com a falência das caixas insulares.

Historicamente, nem em Portugal, nem em nenhum outro país da Comunidade Europeia, se pôs em causa, em nenhum momento, a efectividade do sistema de pagamentos. Nestes termos, é necessário um grande clima de confiança entre o cliente e a Banca, tal como existe, por exemplo, com os confessores e advogados.

Neste aspecto, os bancos privados podem estar a fazer uma fuga para a frente, pois, estando a renovar mau crédito estão a criar margens inflacionadas, pelo que os resultados, bastante optimistas, recentemente divulgados por algumas instituições bancárias, pecarão naturalmente por algum excesso, que não corresponderá à realidade.

30.3. Impacto da União Económica e Monetária no sector bancário

O sector bancário vai ser bastante afectado pela introdução da Moeda Única [33] uma vez que as receitas bancárias irão necessariamente reduzir-se, o que até poderá ser benéfico pois ocorrerá uma transferência de riqueza para outros sectores económicos. Nestes termos, as margens de intermediação diminuirão sensivelmente, e os proveitos que agora ocor-

---

[33] Das repercurssões fiscais da UEM tratar-se-á mais adiante.

rem derivam de circunstâncias meramente conjunturais tais como, por exemplo, os títulos a taxa de juro fixa.

Por outro lado, os custos da integração serão bastante elevados, quer a nível informático quer a nível contabilístico, mas não tão elevados como alguns agentes divulgam, pois, por exemplo, os custos decorrentes da adaptação dos sistemas informáticos seriam sempre suportados devido à necessidade de adaptação constante desses sistemas.

Da reestruturação das economias nacionais derivarão igualmente custos, no entanto, com outras feições qualitativas. De facto, e como foi referido supra, a União Económica e Monetária potencia os níveis de concorrência no interior dos sectores, devendo ter um impacto equivalente ao da abertura das fronteiras nacionais.

De facto, não existindo riscos cambiais, pequenas empresas de outros Estados-membros entrarão certamente nos mercados nacionais acentuando sensivelmente o nível concorrencial no mercado das PME. Por outro lado, ajustamentos cambiais não serão mais possíveis.

Relativamente aos fluxos de capitais, o movimento de integração irá fomentar a concentração de capitais nos centros financeiros mais evoluídos, penalizando-se as praças financeiras menores.

Por todas estas razões as margens diminuirão sensivelmente, aproximando-se das alemãs. Irão colocar-se, igualmente, questões a nível de recursos humanos e de inovação.

30.4. Questões fiscais

A concorrência entre normas jurídicas tem, no campo das instituições de crédito e sociedades financeiras, uma especial importância em sede de ordenamento fiscal.

Todo este enquadramento macro-económico suscita grandes questões no plano da tributação da actividade. Sendo um sector horizontal, sem autonomia específica ao nível do direito fiscal, uma vez que as instituições financeiras enquadram-se no âmbito de incidência dos impostos sobre o rendimento, dos impostos sobre a despesa e dos impostos sobre o património, estará especialmente sujeito aos equilíbrios e à evolução desses sistemas de impostos. Neste sentido, será necessário, dada a importância do sector na economia e para a economia, efectuar uma análise integrada do mesmo. Ora, este procedimento, à primeira vista evidente, nunca foi até agora efectuado.

Por outro lado, não serão simplesmente salientadas as implicações ao nível substantivo mas igualmente os procedimentos adjectivos, pelo que, nesta última área será fundamental um processo de concertação firme e contínuo com a autoridade supervisora, uma vez que os requisitos prudenciais estão intimamente relacionados com a realidade da tributação.

Uma tributação realista neste campo deverá, pois, ter em consideração as relações concorrenciais e as relações com a clientela. Ora, uma correcta percepção desta realidade só poderá ser efectuada em concertação e diálogo permanente com os agentes do mercado. Esta será, pelo exposto, uma das futuras funções do Conselho Nacional de Fiscalidade.

Neste sentido, o novo enquadramento fiscal deverá ter em consideração não só a realidade internacional, altamente concorrencial (incluindo as questões decorrentes das zonas francas), mas igualmente a realidade interna, nomeadamente, os recentes esforços de investimento e de segmentação do mercado, tendo em atenção as razões de deslocalização do capital, partindo sempre da ideia de que o regime do sigilo bancário não será, em princípio, afectado, nos termos já referidos, pela presente reforma.

Porém, a tributação deste sector de actividade não deverá assentar simplesmente em critérios de eficiência económica, pois sendo uma área compreensiva, deverão ser, igualmente, tomadas em consideração preocupações de ordem equitativa. Neste campo, poderá mesmo afirmar-se a existência de um *trade-off* eficiência/equidade. Nestes termos, a concorrência entre ordenamentos fiscais nacionais fomentará a adopção de uma perspectiva baseada na eficiência. Contudo, o elevado nível de tributação dos rendimentos provenientes do trabalho dependente, e o esforço comparativo da sua percepção, fomentará uma perspectiva baseada na equidade. Este vector está, aliás, bem presente no Código de Conduta europeu em discussão no Grupo de Política Fiscal.

Por outro lado, uma vez que o sector assenta na estabilidade estrutural, mais importante do que uma tributação leve poderá ser a durabilidade e a estabilidade dos níveis e tipos de tributação. De facto, nesta área em especial, a previsibilidade, logo, as legítimas expectativas dos contribuintes, deverão revestir uma tutela especial, pois as decisões financeiras a longo prazo, que assentam na análise do risco, não poderão ser afectadas pela instabilidade legislativa, também ela fonte de risco por excelência.

O Governo iniciou já o estudo do conjunto do estatuto fiscal das instituições, operações e instrumentos financeiros, pelo qual se procurará, no futuro, alcançar um alto nível de eficiência da profissão, essencial para a nova economia. Particularmente importantes neste domínio são as questões relativas às provisões no sector bancário e aos "off-shores" financeiros.

31. SECTOR AGRÍCOLA

A. IMPOSTOS DIRECTOS

31.1 Breve história de um problema: a tributação dos rendimentos agrícolas

31.1.1. *A reforma dos anos 60*

No preâmbulo do Código da Contribuição Predial e do Imposto sobre a Indústria Agrícola, aprovado pelo Decreto-Lei n.° 45 104, de 1 de Julho de 1963, o legislador, atendendo às especiais características da actividade agrícola – que então se encontrava, conforme mencionava, na fase de transição para maiores níveis de produtividade –, referia ter havido especial empenho em conseguir que da reforma só resultassem *"encargos comedidos, e até bastante comedidos, para a agricultura"*.

Daí impor-se a distinção entre tributação da renda, sujeitando-a à contribuição predial rústica, e tributação do lucro, sujeitando-o ao imposto que viesse a incidir sobre o rendimento líquido das demais empresas ou a um imposto próprio que representasse o desdobramento da antiga contribuição predial. Tendo-se então julgado prematura a inclusão dos lucros agrícolas na contribuição industrial, dado se entender não se lhes ajustarem ainda os mesmos métodos de determinação, optou-se pela segunda via, criando-se o imposto sobre a indústria agrícola, embora apenas para os lucros mais avultados. Ou seja, o legislador reconheceu a necessidade de não se confundir, tal como se vinha verificando desde o Código de 1913, a tributação numa única cédula do rendimento atribuível ao capital fundiário da terra e seus melhoramentos e do lucro do cultivador.

Destarte, o Código da Contribuição Predial e do Imposto sobre a Indústria Agrícola consagrava um regime tributário dualista - por um lado, a contribuição predial rústica incidente sobre o rendimento do capital-terra considerado autonomamente, como os demais factores de produção, por outro lado, o imposto sobre a indústria agrícola, incidente sobre o rendimento da realidade empresarial, em que a terra é considerada como um mero elemento de coordenação com os demais factores de produção.

Surgiu então a nova designação de imposto sobre a indústria agrícola para uma realidade já existente no sistema fiscal em vigor.

O imposto sobre a indústria agrícola, sendo um imposto real, era devido por todas as pessoas, singulares ou colectivas, que exercessem a exploração de actividades agrícolas, silvícolas ou pecuniárias.

Relativamente a este imposto ressaltavam basicamente dois aspectos, a saber, a exoneração das minúsculas e pequenas explorações agrícolas e o método de determinação da matéria colectável.

No tocante ao primeiro aspecto, considerou-se que o rendimento das minúsculas e pequenas explorações agrícolas correspondiam mais a remunerações do trabalho familiar do que ao rendimento do capital de exploração, pelo que, aliando-se a pretensão de contra-arrastar o êxodo rural, se concedeu a isenção a todas as explorações cujo lucro anual não excedesse 30 000$00.

Quanto ao segundo aspecto, optou-se pela tributação pelo lucro real das empresas agrícolas, atendendo-se para tal ao facto de o imposto sobre a indústria agrícola incidir sobre rendimentos sensíveis às oscilações da conjuntura, de forma análoga à que se constatava relativamente às actividades tipicamente industriais e comerciais.

O imposto sobre a indústria agrícola criado pela reforma tributária dos anos 60 poderá, assim, definir-se como um imposto real, parcelar, tendo por objecto mediato o rendimento das explorações agrícolas, silvícolas e pecuárias conexas com a exploração da terra e como tipo de incidência real o lucro não efectivo ou o lucro presumido da actividade de exploração de terra, sendo determinado através da contabilidade ou mediante presunções dos serviços tributários.

Todavia, como é sabido, a execução deste imposto foi suspensa ainda antes do decurso de um ano da sua aplicação efectiva, através do Decreto-Lei n.º 46 496, de 18 de Agosto de 1965.

31.1.2. *As tentativas de reposição da tributação no pós-25 de Abril*

Depois do 25 de Abril, o Decreto-Lei n.º 764/75, de 31 de Dezembro, veio repor em vigor, o imposto sobre a indústria agrícola, reformulando-o em termos semelhantes às disposições da contribuição industrial relativas aos grupos A e B. No entanto, uma vez mais foi suspenso até ulterior revisão logo em 1975, através do Decreto-Lei n.º 410/76, de 27 de Maio.

A Lei n.º 21-A/79 - Lei Orçamental para 1979 - autorizou o Governo a repô-lo em vigor depois de se proceder à revisão do seu regime jurídico, não tendo o Governo feito uso dessa autorização, tendo sido finalmente reposto em vigor pelo Decreto-Lei n.º 585/80, em 31 de Dezembro, com base no facto de *"... ser lógica a sua reposição, dada a sua similitude com a contribuição industrial ..."*. Finalmente, a Lei n.º 42/83, de 31 de Dezembro, voltou a suspender a execução daquele imposto.

Em suma, desde a criação do imposto sobre a indústria agrícola foram diversas as dúvidas e hesitações que surgiram, criticando-se, nomeadamente, o facto de se pretender aplicar às actividades agrícolas critérios de fixação de rendimentos aplicáveis nas actividades mercantis e alegando-se que se poderia duvidar que, em determinadas condições, os rendimentos agrícolas reais na sua globalidade e não circunscritos à renda fundiária atingissem os rendimentos matriciais obtidos.

31.1.3. *A reforma dos anos 80*

O imposto sobre a indústria agrícola foi abolido pelo n.º 1 do artigo 3.º dos decretos-lei n.ºs 442-A/88 e 442-B/88, de 30 de Novembro, diplomas que aprovaram, respectivamente, o Código do Imposto sobre o Rendimento das Pessoas Singulares e o Código do Imposto sobre o Rendimento das Pessoas Colectivas.

30.1.3.1. *Em sede de IRS*

No âmbito do IRS os rendimentos da agricultura são tratados como lucros e não como rendimentos de natureza diversa.

Nestes termos, o artigo 5.º do Código do IRS (em conformidade com o disposto no artigo 4.º da Lei n.º 106/88) considera como rendimentos agrícolas, tributáveis em sede da categoria D, os lucros da agricultura, silvicultura, pecuária, pastos naturais, marinhas de sal, agricultura, prestação de serviços e aluguer de equipamentos agrícolas, silvícolas ou pecuários e ainda de investigação de novas variedades de animais e vegetais.

Conforme se explicita no preâmbulo do Código do IRS, a autonomização da referida categoria de rendimentos deveu-se à necessidade de adoptar regras próprias para a determinação da matéria colectável.

Nestes termos, embora o cálculo do resultado das explorações silvícolas seja igualmente, em princípio, efectuado em conformidade com as regras aplicáveis à determinação dos resultados das empresas comerciais ou industriais, obedece em alguns aspectos a regras específicas, como é, por exemplo, o caso dos rendimentos de carácter plurianual.

No entanto, o legislador, fundamentando-se na necessidade de aplicar de forma gradual o IRS aos rendimentos agrícolas, veio estabelecer, no n.º 3 do artigo 4.º do Decreto-Lei n.º 442-A/88, que, durante os primeiros cincos anos de aplicação do IRS, tais rendimentos contassem apenas em 40% do seu valor para efeitos de tributação.

Por outro lado, no n.º 4 do mesmo preceito legal e com fundamento na mesma argumentação, consagrou-se uma exclusão da tributação durante os primeiros cinco anos de aplicação do IRS para os pequenos agricultores que preenchessem simultaneamente os seguintes requisitos:

- Obtivessem proveitos da actividade agrícola, silvícola ou pecuária inferior a 3 000 contos;
- Exercessem aquela actividade em prédios rústicos cujo valor patrimonial total, para efeitos de contribuição autárquica, tivesse um valor inferior a 1 500 contos.

Simultaneamente, no n.º 5 do aludido preceito legal, determinou-se que os sujeitos passivos abrangidos pelo referido regime ficam dispensados do cumprimento das obrigações estabelecidas para os titulares de rendimentos da categoria D.

O regime previsto no n.º 4 do artigo 4.º do Decreto-Lei n.º 442--A/88 veio a ser sucessivamente prorrogado com referência aos anos de 1994 e 1995 (pela Lei que aprovou o Orçamento do Estado para 1995), 1996 (através da Lei que aprovou o Orçamento do Estado para 1996) e 1997 (pela Lei que aprovou o Orçamento do Estado para 1997).

31.1.3.2 *Em sede de IRC*

Em termos de IRC não está previsto no respectivo código nenhum tratamento especial para as actividades agrícolas, sendo tributadas nos termos gerais previstos para as demais actividades.

Excepciona-se o caso das cooperativas agrícolas bem como das sociedades de agricultura de grupo, relativamente às quais se determina, no n.º 1 do artigo 11.º do Código do IRC, que estão isentas na parte correspondente aos rendimentos derivados da aquisição de produtos, animais, máquinas, ferramentas e utensílios destinados a ser utilizados nas explorações dos seus membros, assim como os provenientes da transformação, conservação ou venda de produtos dessas explorações e, bem assim, os resultantes da prestação de serviços comuns aos agricultores seus membros e ainda do seguro de mútuo e rega.

31.2. Propostas

Tal como se refere no preâmbulo do Código do IRS, com a consagração de um regime especial transitório para os agricultores pretendia-se permitir uma aplicação gradual do novo sistema fiscal aos rendimentos das actividades agrícolas.

Tendo-se vindo sucessivamente a prorrogar o regime transitório de tributação dos rendimentos dos agricultores em sede de IRS e mantendo-se uma distinção no tratamento de tais rendimentos caso sejam auferidos por pessoas singulares e por pessoas colectivas, tem-se operado, nomeadamente, um desincentivo ao recurso a formas societárias de exploração das actividades agrícolas.

Neste sentido, põe-se de novo a questão de saber se se justifica a prorrogação de tal regime transitório ou se, pelo contrário, se deverá aboli-lo imediatamente ou, pelo menos, passá-lo gradualmente para um regime de equiparação de tais rendimentos aos outros rendimentos empresariais (por ex., aumentando-se as percentagens dos proveitos englobados em 5 ou 10 pontos percentuais por ano). Esta última hipótese parece ser a que concilia a criação de condições fiscais para uma modernização progressiva do sector com o princípio da generalidade do imposto.

Tal facto não invalida que se estabeleçam valores de isenção e de simplificação de obrigações declarativas para as explorações agrícolas de pequena dimensão, exigindo-se em contrapartida a apresentação de uma declaração bienal ou trienal com a identificação dos prédios que fazem parte da exploração agrícola, assim como do volume de negócios dos últimos 2 ou 3 anos.

B. IMPOSTOS INDIRECTOS

31.3. Em sede de IVA

31.3.1. *Enquadramento*

Os agricultores tinham uma situação bastante favorável face ao Imposto sobre as Transacções. Não se encontravam obrigados a registo estando libertos de quaisquer obrigações administrativas, não liquidavam impostos nas vendas (da base de incidência do IT estava excluída uma vasta gama de bens essenciais, especialmente alimentares e a generalidade dos factores de produção agrícola) e encontravam-se isentos de imposto aquando da aquisição de grande número de matérias primas e equipamentos.

Em suma, poder-se-á afirmar que a situação dos agricultores correspondia a uma tributação à taxa zero, isto é, não pagamento de impostos nas compras e isenção nas vendas.

31.3.1.1. *Em sede do IVA*

Em sede de IVA procurou-se, sobretudo, evitar um não afastamento abrupto do modelo descrito. Neste contexto, não podendo Portugal, em condições normais, aplicar a taxa zero a estas actividades, dado não ser Estado membro das Comunidades à data da entrada em vigor da 6ª Directiva, no Tratado de Adesão autorizou-se, a título de derrogação temporária, a aplicação de isenções com crédito de imposto a montante nas operações relativas às mercadorias constantes das duas listas referentes a produtos alimentares e a factores de produção agrícola.

Todavia, a aplicação da taxa zero relativamente aos primeiros produtos só era permitida até à eliminação das fronteiras fiscais nas transacções intracomunitárias e, no segundo caso, até ao final do período transitório que o Tratado de Adesão concedeu para a adopção do IVA comunitário – isto é, até 1994.

Nestes termos, a taxa 0 foi abolida pelo artigo 41.º da Lei n.º 2/92, de 9 de Março, que aprovou o Orçamento de Estado para 1992.

Mantiveram-se as isenções consagradas à actividade agrícola previstas nos n.ºs 36 e 37 do artigo 9.º do Código do IVA, que, em conformidade com o disposto na 6ª Directiva, isenta do imposto as actividades de produção agrícola bem como as prestações de serviços agrícolas.

A isenção de que beneficiam tais actividades trata-se de uma isenção incompleta, ou seja, não confere o direito à dedução do imposto. Todavia, os sujeitos passivos podem renunciar à isenção, optando pela normal aplicação do imposto às suas operações.

31.3.2. *Propostas*

A 6.ª Directiva, no respectivo artigo 25.º, permite aos Estados membros a aplicação de um regime comum forfetário para produtores agrícolas, baseado num cálculo macro económico mínimo de percentagens de compensação do imposto pago nas compras a reembolsar aos agricultores, sempre que a aplicação aos produtores agrícolas do regime normal do IVA ou do regime especial dos pequenos contribuintes provoque especiais dificuldades.

Pretende-se basicamente, com a aplicação do referido regime, compensar a carga do IVA pago relativamente às aquisições de bens e serviços feitos pelos agricultores.

O Decreto-Lei n.º 257-A/96, de 31 de Dezembro, em aplicação do disposto no artigo 24.º da 6.ª Directiva, veio criar o regime especial dos pequenos contribuintes, que deverá entrar em vigor em 1.1.98.

Em linhas gerais, configura-se como um regime forfetário aplicável às pequenas empresas, retalhistas e prestadores de serviços que sejam pessoas singulares e se enquadrem nas actividades abrangidas pelo referido diploma.

Trata-se de um regime simplificado que consagra novas regras de cálculo da dívida tributária, determinando o pagamento entre um mínimo e um máximo aferidos pela soma de um conjunto de valores imputados a indicadores objectivos susceptíveis de traduzir a capacidade contributiva de cada contribuinte.

Ora, poder-se-á ponderar a hipótese de adaptar o mesmo regime para as PME's agrícolas, continuando a aplicar-se às empresas agrícolas de maior dimensão o regime normal de tributação.

Dentro dos condicionalismos comunitários, poder-se-á ainda equacionar a hipótese de continuar a aplicar taxas reduzidas a determinados produtos e serviços agrícolas.

32. REGIME FISCAL PARA O SECTOR SOCIAL, INCLUINDO O COOPERATIVO

32.1. Aspectos genéricos

De harmonia com o artigo 80.º, alínea b), e 82.º, n.º 4, da Constituição da República Portuguesa, o sector cooperativo e social é um dos pilares da organização económico-social do nosso País, e incumbe ao Estado estimular e apoiar a criação e a actividade de cooperativas, devendo a lei definir-lhe os benefícios fiscais e financeiros, bem como condições mais favoráveis à obtenção de crédito e auxílio técnico (artigo 86.º, n.ºs 1 e 2).

Por seu turno, e no mesmo sentido, o Código Cooperativo, na versão aprovada pela Lei n.º 51/96, de 7/9, dispõe no seu artigo 92, que os benefícios fiscais e financeiros das cooperativas serão objecto de legislação autónoma.

Tal vem no seguimento e tradição da legislação posterior a 1974, e que se consubstanciou, nomeadamente, nos Decreto-Lei n.º 456/80, de 9/10, e Decreto-Lei n.º 737-A/74, de 23/12 (este exclusivamente para o cooperativismo habitacional), que terá sido, em parte significativa, posta em causa pelas disposições fiscais constantes dos principais Códigos tributários, nomeadamente os publicados na sequência da reforma da tributação do rendimento de 1989.

Em consequência não existe, no actual quadro jurídico, uma política fiscal global para o sector cooperativo e social pelo que o tratamento fiscal das instituições de economia social é frequentemente desgarrado e incoerente.

Assim, reconhecendo-se o papel relevante das cooperativas, mutualidades e IPSS's, em termos sociais e económicos, é imperativo que se proceda a uma reflexão sobre o regime jurídico fiscal do sector cooperativo com vista à sua harmonização e melhoramento.

A diversidade deste sector, a pluralidade dos seus actores e das actividades a que se dedicam tornam esta reforma complexa, razão pela qual o Governo entendeu, através de iniciativa do Ministro das Finanças e do Ministro da Solidariedade e Segurança Social, justificar-se a criação de uma Comissão Interministerial que estudasse e apresentasse propostas de lei relativas a um novo regime fiscal para o sector cooperativo e social. (Despacho n.º A/93/96-XIII).

Dos trabalhos preliminares por ela já produzidos foi possível, no âmbito do Orçamento do Estado para 1997, introduzir medidas sentidas como mais urgentes, nomeadamente para solucionar alguns problemas que afectavam as cooperativas de habitação, e contemplar no enquadramento fiscal das cooperativas a figura das cooperativas de solidariedade social, recentemente criada pelo Código Cooperativo.

32.2. As carências organizacionais, económicas e financeiras das cooperativas

A análise da situação actual do Sector Cooperativo evidencia, à semelhança do passado, mas por certo de forma mais intensa, as disparidades existentes entre os vários ramos Cooperativos, bem como a dificuldade das cooperativas para *"sobreviverem"* em mercados cada vez mais abertos e concorrenciais.

Estas situações, que não têm primordialmente a ver com a potencial *"exaustão"* do modelo cooperativo – fórmula de resolução e satisfação de necessidade a que se reconhecem grandes potencialidades –, mas antes com factores *"estruturais"* (internos e externos à própria realidade cooperativa), dos quais se salientam:

a) uma persistente e ainda débil organização e estruturação cooperativa e empresarial;
b) insuficiente capacidades de gestão, carências de informação de apoio à gestão e sobre os mercados, as inovações e as tecnologias;
c) permanentes dificuldades no acesso às fontes de financiamento e negociação do seu custo (prémio de risco elevado), insuficiência crónica de capitais próprios, a par com a sua reduzida dimensão.

Para evitar tais estrangulamentos, e potenciar as vantagens e virtualidades que lhes são reconhecidas, tanto no campo económico, como social – como sejam a sua flexibilidade de adaptação a choques conjunturais, a capacidade de criação de emprego, de formação profissional e cultural, de espírito empreendedor e inovador, de gestão participativa e solidária –, é que se justifica que sejam tomadas medidas que permitam a sobrevivência e crescimento das cooperativas.

32.3. Dos princípios orientadores do regime fiscal a criar

As especificidades deste sector da economia social, exigem que o enquadramento fiscal lhes seja adaptado e (eventualmente) autonomizado face ao regime geral. E, por outro lado, que seja coerente e não um conjunto de normas tendencialmente fragmentárias, resultado de alterações legislativas conjunturais.

Urge, portanto, estabelecer alguns princípios gerais orientadores para tal regime, em obediência a objectivos de não discriminação negativa e de fomento efectivo do cooperativismo.

E, simultaneamente, introduzir mecanismos de incentivo e *"prémio"* fiscal para que as regras fiscais enquadrantes do sector cooperativo, para além de mais justas, contribuam igualmente, para um sector mais eficiente e mais eficaz.

Há que evoluir, portanto, de uma postura (por vezes *"envergonhada"*) de benefício, para uma política aberta e transparente (por que política e socialmente justificada e justificável) de incentivo, sempre que os princípios e práticas cooperativas, no espírito do novo Código Cooperativo, sejam respeitados e reforçados.

32.4. Sentido das medidas fiscais a introduzir

32.4.1 *No campo da constituição, transformação e organização das cooperativas*

Reforçar e alargar as medidas legais e fiscais de *"facilitação"* à criação, constituição e funcionamento das cooperativas (nomeadamente, no âmbito do imposto do selo, do imposto sucessório, da sisa, etc.)

32.4.2 *No âmbito do seu desenvolvimento e actividade "corrente"*

Minimizar a carga fiscal nas relações entre as cooperativas e os respectivos sócios, procurando eliminar ou reduzir as eventuais *"duplas tributações"* na actividade intra e inter-cooperativa, nomeadamente no campo da tributação do rendimento.

32.4.3 *Na perspectiva do seu contributo económico e social e do reforço dos meios próprios de financiamento*

Através da introdução de medidas de discriminação positiva e do fomento às iniciativas de criação cooperativa de emprego, de formação cultural e profissional dos seus membros, de reforço dos capitais próprios, de privilégio da poupança e do investimento produtivo, económica e socialmente relevantes, em detrimento da distribuição dos excedentes e respectiva afectação a consumo.

Do novo regime fiscal a aplicar ao sector cooperativo – resultado também da audição, sugestões e críticas dos diferentes ramos do movimento, entretanto já realizadas – se espera, pois, que possa contribuir para o potenciar das virtudes, por todos reconhecidas da *"forma cooperativa"* e para o reforço das acções que o Governo, em colaboração com a sociedade civil, está a implementar na área económica e social.

VIII
PROBLEMÁTICAS DO FUTURO

33. IMPOSTOS AMBIENTAIS [34]

33.1. Novas concepções económico-ambientais

Actualmente, através da adopção do conceito de crescimento durável, a evolução económica é influenciada pela raridade relativa dos recursos naturais, e pelo nível de agressividade ambiental de uma qualquer decisão.

Mas o actual conceito de crescimento não é novo. Já Malthus e Ricardo invocaram a existência de limites naturais ao crescimento resultantes do crescimento geométrico da população e do carácter limitado dos recursos do solo.

Assim, se o crescimento económico for obtido à custa de uma diminuição de bem-estar, que é medido pela potencialidade de consumo de bens de mercado e de bens ambientais por habitante, não poderá ser considerado como durável.

O novo contexto das relações entre o ambiente e o crescimento económico, levou a reconsiderar a política ambiental, privilegiando três aspectos:
- Uma integração mais profunda e quotidiana das considerações ambientais nas decisões dos agentes económicos;
- Uma inflexão das trajectórias de evolução tecnológicas e económicas a longo prazo (problema da inovação);

---

[34] Cfr. Carlos Baptista Lobo, "Imposto Ambiental – Análise Jurídico-Financeira", 1.ª Parte, in *Revista Jurídica do Ambiente e Urbanismo,* n.º 2, Almedina, Coimbra, (Dezembro de 1994), pp. 11-50; Idem, "Imposto Ambiental – Análise Jurídico-Financeira", 2.ª Parte, in *Revista Jurídica do Ambiente e Urbanismo* n.º 3, (Junho de 1995), pp. 4- 67.

- Uma concepção integrada entre os objectivos da colectividade num dado momento, e os objectivos de protecção ambiental.

Será importante, pois, criar condições para que as grandes empresas e até mesmo os particulares empreendam programas de interiorização voluntária das exterioridades ambientais resultantes da sua actividade e melhorem os níveis de eficiência energética da sua actuação.

33.2. Os impostos ambientais

33.2.1. Finalidades

Os impostos ambientais poderão ter as seguintes finalidades:

– Objectivo de realização de receitas para financiar a acção de organismos estatais;
– Objectivo de interiorização de custos;
– Objectivo de promoção de uma melhor eficiência energética;
– Objectivo de substituir parcialmente os impostos que recaiam sobre o factor trabalho.

A tributação ambiental tem sido usada por vezes, na prática, com propósitos de percepção de receitas e não com finalidades de incentivo à redução de emissões poluidoras (por exemplo, no caso do Superfundo Americano). Tal procedimento ocorre em sistemas em que não vigora o princípio da não consignação orçamental de receitas provenientes de impostos.

Este procedimento incorre numa série de desvantagens:

a) Ao requerer que as receitas dos tributos ambientais sejam consignadas para a efectivação de determinadas acções, levará a fazer depender estas do nível de receitas perceptadas;
b) Poderão ocorrer ineficiências na tributação, pois a consignação levará a que as taxas dos tributos seja delineada por preocupações de receita e não por uma análise custos-benefícios.

Poderá constatar-se, então, que não existe nenhuma razão para acreditar que a consignação de receitas para as despesas de protecção ambiental seja uma solução eficiente, quer para delimitar os níveis de tributação, quer para delinear qual o número de iniciativas a efectuar.

Quanto à interiorização dos custos, a política ambiental fiscal deverá encontrar um ponto de equilíbrio entre os custos da poluição e os custos do seu controlo. Em termos económicos, a poluição deve ser controlada até ao ponto em que o custo marginal de maiores reduções ultrapasse o ganho obtido por essas mesmas reduções. Uma vez que esse cálculo é aferido em termos do custo marginal social, o montante tributada será tendencialmente equivalente à exterioridade causada.

Por outro lado, uma correcta política tributária poderá incentivar os agentes económicos a proceder, de forma gradual e não onerosa, a melhorar os níveis de eficiência energética da sua produção.

33.2.2. Base de incidência

A base de incidência do imposto depende do objectivo da tributação, no entanto, em sede de impostos ambientais poderá tomar-se uma de duas opções:

– Tributação do *Output*.
– Tributação do *Input*.

Se optarmos pela primeira via, que em princípio, terá mais conexão com as exterioridades causadas, a definição da base tributável poderá efectuar-se das seguintes formas:

– A medição directa das emissões, ou métodos indiciários;
– Declaração por parte do emitente das emissões efectuadas.

Poderá, igualmente, definir-se previamente a base de incidência, através da:

– Medição directa da matéria-prima ou combustível utilizados;
– Declaração por parte do emitente da matéria-prima ou combustível utilizado.

Todas estas hipóteses têm um papel importante a desempenhar na política ambiental. A opção entre um imposto directamente relacionado com as emissões e um outro com relação mais indirecta, depende de duas considerações preliminares, os custos administrativos e a conexão do imposto com a poluição causada.

Neste campo, poderá apontar-se a existência de um *trade-off* entre menores custos administrativos e melhor conexão. Na maioria dos casos os impostos ambientais baseados em medições de emissões estão em melhor conexão com a poluição causada, no entanto, os seus custos administrativos são insustentáveis.

De facto, o custo administrativo de um novo imposto é normalmente tanto maior quanto a impossibilidade de o submeter aos mecanismos de administração e controlo existentes, e por outro lado, depende igualmente da dificuldade que os contribuintes têm em se adaptar ao novo tributo, *"every old tax is good; every new tax is bad"*

Os custos de medição por fonte dependem das características técnicas da emissão (fluxo, concentração, estabilidade, etc.), das substância envolvidas e da tecnologia de medição. Ora, é precisamente neste último ponto que a dificuldade se encontra.

Outra dificuldade que se pode apontar ao sistema de medição directa é a decorrente das fontes de emissão diluídas, ou seja, quando for impossível determinar, em concreto, quais são as fontes de poluição.

Apesar de todos estes argumentos, algumas vozes se levantam no sentido da defesa deste tipo de tributação. Quanto à adopção de um sistema baseado nas declarações dos emitentes, os custos administrativos de fiscalização não diminuiriam, e ocorreria a natural tendência para a fraude por parte dos contribuintes. No que diz respeito à questão da conexão, quando os custos de um imposto ambiental baseado nas emissões são elevados, uma alternativa possível será a reestruturação do sistema fiscal de forma a que se utilizem os instrumentos existentes com finalidade de protecção ambiental.

A eficiência das mudanças a efectuar no sistema fiscal de forma a alcançar uma diminuição das emissões poluentes depende do nível de conexão que exista entre a tributação e a fonte poluente que se vise atingir. Se a taxa de um imposto aumentar, isso encorajará os contribuintes a modificar os seus comportamentos de forma a diminuir a quantia a pagar, reduzindo os processos ou as actividades que dão origem à poluição. No entanto, este sistema poderá ser distorcido com bastante facilidade, pois os sujeitos passivos poderão procurar formas de reduzir os seus pagamentos com métodos que não reduzam as emissões poluentes.

Esta é uma questão fulcral que deve ser tida em conta, uma vez que uma fraca conexão entre a base de incidência e a poluição poderá fazer falhar a política ambiental e introduzir distorções na produção e no consumo.

33.2.3. *Potencialidades do sistema fiscal actual*

O sistema fiscal actual oferece uma panóplia de possibilidades de modificação para a prossecução de objectivos ambientais.

Os impostos directos podem ser utilizados de maneira a incentivar as pessoas, singulares ou colectivas, de forma a que elas, por exemplo, invistam em equipamentos de energia alternativa, ou melhorem a eficiência energética, tornando essas despesas dedutíveis no imposto de rendimentos, o que já ocorre hoje.

No entanto, este tipo de impostos incorrem numa série de desvantagens pois os novos custos administrativos para a verificação destes procedimentos e a pouca flexibilidade dos incentivos baseados em impostos directos poderiam distorcer o sistema.

A este título poderão apontar-se três tipos de inconvenientes:

- Aumento da "*excess burden*" do sistema fiscal;
- Este tipo de regulamentações privilegia somente a instalação de alguns tipos de equipamento, que até podem não ser os mais eficientes no caso concreto;
- Este tipo de subsídios simplesmente ajuda as firmas que estão numa situação financeira razoável, e que possam investir neste tipo de equipamento.

Por outro lado, a reestruturação ambiental do sistema dos impostos indirectos fornece uma alternativa possível para a introdução de incentivos baseados no mercado com o objectivo de controlo da poluição e que podem fazer uso dos sistemas administrativos actuais.

Em vez de se tributar directamente as emissões, irá aproveitar-se o sistema fiscal existente, tributando as várias transacções que tenham conexão com as actividades poluentes.

Assim, a carga fiscal não incidirá directamente sobre a emissão de gases por uma fábrica mas sobre o teor poluente potencial do combustível. No campo energético, o âmbito de incidência já não será o teor poluente potencial do combustível mas o teor energético do mesmo.

Esta solução não é, porém, isenta de problemas, pois, uma vez que os impostos indirectos incidem sobre as transacções, o problema da conexão entre o plano de incidência e a política ambiental a prosseguir aparece na máxima força.

A conexão entre a transacção tributada e a poluição pode ser imprecisa, dependendo da mudança de tecnologias, e de novo surge a necessidade de opção de tributação do *input* ou do *output*.

33.2.4. *Tributação do* input *ou do* output?

A tributação do *input* poderá, como já foi demonstrado, desencorajar o uso de substâncias poluentes no processo de produção, mas deixa em aberto a questão da purificação das emissões. Por exemplo, um imposto sobre o combustível automóvel pode desencorajar a utilização da viatura mas não resolve a questão do encorajamento para a instalação de catalizadores, a não ser que se tribute de forma diferenciada os diversos tipos de combustível, o que tem sido feito com bastante êxito, no caso da gasolina sem chumbo. Mas as emissões efectuadas pelos veículos propulsionados por esse tipo de gasolinas emitem monóxido de carbono, que concentrado tem consequências gravíssimas para a saúde humana, e pouco tem sido feito, até agora, para obstar a esta situação.

Poderá então afirmar-se, como simples indicação, que a tributação do *input* é apropriada para os casos em que a relação entre o *input* e a poluição é estável, e onde não haja a possibilidade de purificar as emissões.

Quando a conexão é fraca, é necessário ir além da tributação do bem associado à exterioridade devendo ter-se em conta os bens complementares e os sucedâneos que irão ser tributados consoante os níveis de elasticidade da procura.

33.2.5. *IVA ou impostos específicos?*

Embora até agora se tenha tratado indiferenciadamente os impostos indirectos, existem duas formas de tributação dentro da categoria:
– O Imposto sobre o Valor Acrescentado;
– Os Impostos Específicos.

O IVA é aplicado sempre que o bem é transaccionado, no entanto, pode ser reclamado por todos os agentes da cadeia produtiva, menos pelo consumidor final. Ora, como o nível de poluição é igualmente danoso quer tenha origem nas decisões de indivíduos ou firmas no início ou fim do processo produtivo, a carga tributária não deverá variar consoante a poluição for gerada por fabricantes ou consumidores. Por estas razões, uma tributação com finalidades ambientais é impraticável se for feita com base no IVA. De facto, este imposto faz variar o preço no consumidor final na maneira desejável, mas não afecta os preços relativos sustentados pela indústria, que simplesmente vão reclamar o IVA pago pela utilização dos inputs no seu processo produtivo.

Outra desvantagem do IVA deriva do facto de assentar numa tributação *ad valorem*. De facto, será preferível uma tributação por unidade física de poluição, uma vez que o preço do output não é de maneira nenhuma proporcional à emissão de poluentes provenientes do seu processo de fabricação.

Por seu lado, os impostos específicos incidindo directamente sobre o bem, são mais apropriados pois encorajam a indústria e o consumidor final a mudar os seus padrões de comportamento.

Dentro destes poderão distinguir-se:

- Impostos sobre a produção;
- Impostos sobre o consumo final.

Numa perspectiva de eficácia económica, o imposto deverá integrar a totalidade dos custos do bem no preço final ou melhorar os níveis de eficiência energética. Nestes termos, só a aplicação de um imposto à produção do produto, ou à sua extracção, permite garantir que as cargas fiscais dos diversos produtos estejam em directo relacionamento com as exterioridades ocasionadas ou com o teor energético do mesmo. Sendo aplicados de forma idêntica à totalidade dos agentes e sectores de actividade, fornecerão um incentivo para que todos procurem métodos alternativos.

Um imposto sobre o consumo final visará simplesmente a utilização final do produto, retirando aos agentes primários alguma iniciativa com vista à mudança de comportamento, pelo que consequentemente a melhor alternativa parece ser a da tributação sobre a produção.

33.2.6. *Algumas vantagens decorrentes da tributação ambiental na estrutura do sistema fiscal*

Numa lógica decorrente do princípio da neutralidade fiscal, as receitas derivadas deste tipo de impostos deverão servir para permitir que se proceda a uma diminuição de taxas de outros impostos que tenham grandes efeitos distorcivos.

De facto, os impostos ambientais não têm efeitos distorcivos no sistema económico, que originam custos, pois corrigem as distorções existentes derivadas da falha da economia de mercado.

Se ocorrer uma modificação na estrutura das receitas públicas tendo em conta a receita deste tipo de impostos, os desperdícios fiscais (*deadweight losses*) e a carga fiscal excessiva (*excess burden*) serão atenuados substancialmente.

33.2.7 A dimensão comunitária

A problemática dos impostos ambientais tem cada vez mais uma forte dimensão comunitária. No início a U.E. propôs a criação do chamado imposto CO_2. Hoje parece evoluir para a criação de um Imposto sobre a Energia, afastando-se assim das preocupações essencial ou exclusivamente ambientais.

Esta é uma matéria que, a curto prazo, se transformará num tema crucial. Os meios empresariais, as associações ecológicas e o poder político devem seguir com muita atenção as evoluções em curso.

34. SOCIEDADE DE INFORMAÇÃO

34.1. Os objectivos da administração tributária na sociedade de informação

O *Livro Verde da Sociedade de Informação* (1997) releva, como aspectos mais importantes a ter em consideração na matéria referente à Administração Tributária e à sua relação com os cidadãos e empresas, algumas medidas, das quais destacamos as seguintes:

MEDIDA 2.2 – O Estado aberto ao cidadão e à empresa

Criar condições para que os cidadãos e as empresas possam inquirir a administração pública e aceder aos registos, de carácter público, por via electrónica. Serão criadas condições para, com a maior amplitude possível, proporcionar informação aos cidadãos e às empresas sobre as mais diversificadas matérias com interesse no seu relacionamento com a Administração. Os organismos da administração deverão desenvolver "páginas" na rede electrónica digital com informação útil no âmbito das suas actividades. Desta transformação irá resultar apreciável melhoria do acesso à informação contida em arquivos públicos, como os referentes às pessoas colectivas, ao registo automóvel, predial e comercial, à informação estatística e à informação fiscal do domínio público, entre outras. Serão igualmente adoptadas medidas para o eficaz cumprimento da Lei n.º 65/93, de 26 de Agosto, que garante o acesso aos documentos administrativos qualquer que seja o suporte em que tenham sido produzidos, abrangendo assim os registos electrónicos.

MEDIDA 2.3 – Promover o reaproveitamento da informação administrativa

Estabelecer condições para eliminar a repetição do pedido da mesma informação ao cidadão e às empresas por parte da administração pública. Os serviços comunicarão entre si a informação que não viole a privacidade dos cidadãos nem os direitos das empresas.

MEDIDA 2.5 – Universalizar o pagamento electrónico

Aceitar o pagamento electrónico em todos os actos que requeiram pagamento à Administração e adoptar idêntico processo nos pagamentos da Administração Pública. Em particular, será generalizado o pagamento Multibanco para a liquidação de todas as obrigações fiscais e contribuições para a Segurança Social.

O posicionamento e estratégia seguidos pelo ex-SIT e pela actual DGITA, em colaboração com a DGCI, estão em total consonância com as medidas preconizadas no Livro Verde para a Sociedade de Informação, tendo-se já dado corpo a projectos piloto, que constituem um primeiro passo no longo caminho a percorrer na construção de uma Administração Tributária aberta, que tenha de entre os seus objectivos prioritários:

a) A oferta de condições de acesso electrónico à informação do cidadão e das empresas, existente nos arquivos da Administração Fiscal e Aduaneira;

b) A disponibilização de métodos de recolha de informação fiscal pela via electrónica em igualdade com outros procedimentos existentes;

c) A aceitação do pagamento electrónico;

d) O reaproveitamento da informação de natureza fiscal, criando condições para eliminar a repetição do pedido da mesma informação ao cidadão e às empresas;

e) A promoção, como dever aceite pelo Estado, do acesso universal aos novos meios de comunicação;

f) A adopção de uma política de segurança da informação na transferência electrónica de informação, assegurando o direito do cidadão e das empresas ao sigilo e confidencialidade das informações fiscais.

A concretização dos objectivos citados passa pela adopção de medidas e dinamização de projectos já iniciados, ou que se pretendem iniciar a curto prazo.

34.2. Os projectos e medidas necessários

34.2.1. *Oferta de condições de acesso electrónico à informação do cidadão e das empresas existente nos arquivos da Administração Fiscal*

Cabe neste objectivo a disponibilização, entre outras da consulta à situação da(s) declaração(ões) de cada contribuinte, (relativas a vários anos) tendo como meios possíveis:
– A Internet;
– As Caixas Multibanco;
– A rede de Quiosques Multibanco.

Estes mesmos meios poderiam ainda ser utilizados para responder a questões mais frequentemente levantadas pelos contribuintes aos Serviços Tributários, nomeadamente:
• Pedidos de Certidões de Dívida
• Visualização de Caderneta Predial
• Consulta às matrizes prediais
• Pedidos de 2.ªs vias de Notas de Cobrança e reactivação de cheques.

34.2.2. *A disponibilização de métodos de recolha de informação fiscal pela via electrónica em igualdade com outros procedimentos existentes*

Neste âmbito deverá apresentar-se como exemplo mais paradigmático, a implementação para o exercício de 1996 da possibilidade de entrega, em 1997, da Declaração de Rendimentos Modelo 2 via Internet.

Tratando-se de um projecto piloto, em que o nosso país foi pioneiro, que não abrangia todas as categorias de rendimentos e com um tempo de vida muito curto, pois só se aceitaram declarações de rendimentos entregues dentro do prazo legal, foi contudo uma forma de aferir a adesão e interesse manifestado pelos contribuintes, possibilitando à DGITA, uma primeira avaliação dos problemas, necessidades e adaptações legislativas que deverão ser tidas em conta, no indispensável alargamento a soluções equivalentes que abranjam todos os cidadãos e empresas interessadas na sua utilização.

Para a Administração tratou-se, para além do desafio técnico que as inovadoras soluções adoptadas acarretaram, de um momento privilegiado de contacto com os contribuintes, já que tendo também sido disponibilizado um Correio Electrónico para dúvidas e sido efectuado atendimento telefónico de inúmeros casos, se podem aferir dificuldades, receber críticas e sugestões que possibilitarão, no futuro, desenvolver soluções mais próximas das reais necessidades dos cidadãos e empresas no âmbito da Sociedade de Informação.

Neste contexto, o esquema adoptado para atribuição de senhas e início de sessão de trabalho deverá ser repensado no sentido de obtenção de um sistema mais simples e acessível.

É ainda interessante notar que a distribuição geográfica dos pedidos de senha de identificação e submissão de declarações, não se centra nos grandes agregados urbanos como se poderia à partida esperar, espalhando-se por todo o país, o que demonstra bem a apetência dos cidadãos portugueses pela utilização das novas tecnologias de informação, bem como as carências sentidas pelos mesmos no atendimento efectuado pela Administração Fiscal, debilitado pela já reconhecida ausência de recursos humanos em número suficiente para responder a todas as solicitações existentes.

Da experiência agora adquirida convém reter como pontos de reflexão para o futuro:

a) A necessidade de dar a mesma oportunidade a todos os contribuintes, pelo que a solução da recolha via Internet deverá progressivamente ser alargada às restantes obrigações declarativas

    IRS – Modelo 1 e restantes categorias da Modelo 2
    IRC – Modelo 22
    IVA – Declarações Periódicas

Deverão ainda possibilitar-se soluções equivalentes para os contribuintes que não tenham acesso à Internet, podendo ser dado como exemplo a possibilidade de recolha da Declaração Modelo 1 através dos Quiosques Multibanco.

A situação de oferta do serviço apenas para declarações entregues dentro do prazo é muito limitativa e deverá ser reequacionada.

b) A necessidade de garantir, para todos os contribuintes que efectuem a recolha de informação fiscal pela via electrónica, a igualdade de tratamento com outros procedimentos existentes. Na realidade, podemos constatar o receio sentido por muitos contribuintes, de que a recolha por via electrónica, poderia aumentar a probabilidade de fiscalização, dado que é menor o suporte documental entregue do que quando o cumprimento da obrigação é efectuado pelos métodos tradicionais.

Esta questão deverá passar por uma reflexão de quais os critérios objectivos a seguir na selecção de contribuintes a fiscalizar, que deverão ser idênticos para todos, não penalizando quem entrega a sua declaração por via electrónica.

c) A necessidade de repensar e reformular a informação pedida aos contribuintes nas suas obrigações fiscais.

A título de exemplo, refira-se que da informação preenchida nos formulários apenas é recolhida e armazenada para posterior tratamento automático, parte da informação que, em certos casos, nem sequer é significativa.

Isto porque, a informação normalmente recolhida é a relevante para efeitos de liquidação, sendo a restante utilizada para acções de fiscalização interna, que passa pela visualização dos impressos.

Em termos de entrega por via electrónica, não poderão manter-se tais procedimentos.

É, pois, indispensável que se inicie uma profunda reflexão e talvez mesmo reestruturação das formas de actuação da gestão de imposto e Fiscalização nos seus procedimentos e relacionamento com o cidadão e empresas da Sociedade de Informação.

34.2.3. *A aceitação do pagamento electrónico*

Também neste domínio já se encontram implementadas algumas medidas de que é exemplo o pagamento de impostos nas caixas multibanco.

Como extensão desta medida, e no sentido de oferecer soluções integradas que proporcionem uma maior comodidade ao cidadão e empresas, preconiza-se a conjunção da recolha das declarações via Internet, essencialmente quando haja lugar a autoliquidação (IRC e IVA), com o pagamento imediato do montante autoliquidado.

Esta solução pressupõe a emissão do Cartão Electrónico do Contribuinte.

Neste âmbito deveria considerar-se a hipótese de utilização da infra-estrutura tecnológica já existente no sector bancário, como única solução que possibilitará a conjugação de serviços de transferência electrónica de dados entre a Administração Fiscal e o contribuinte com a concomitante transferência electrónica de fundos, que concretize o pagamento da autoliquidação a que o contribuinte esteja obrigado.

Deveria também encarar-se a utilização do telemultibanco e da rede de quiosques multibanco, para os pagamentos de impostos agora possíveis de efectuar nas caixas multibanco.

34.2.4. *O reaproveitamento da informação de natureza fiscal, criando condições para eliminar a repetição do pedido da mesma informação ao cidadão e às empresas*

A título de exemplo, será de considerar a situação dos trabalhadores por conta de outrem e respectivos empregadores.

Actualmente o empregador fornece ao contribuinte uma declaração com os seus rendimentos e retenções que o mesmo transcreve para a sua declaração de rendimentos.

No entanto, o empregador tem também que declarar à Administração Fiscal quais os rendimentos pagos e retenções efectuadas a todos os seus empregados. Esta situação deveria, em nossa opinião, ser reequacionada.

Admitindo que a Administração Fiscal disponha da declaração da entidade pagadora com as informações dos rendimentos e retenções, a obrigação do contribuinte individual declarar esta mesma informação deverá ser reponderada.

Veja-se ainda as informações presentes na actual Declaração Anual do IVA e na Declaração Modelo 22 de IRC.

Deverá ainda ser objecto de análise, a situação das acções de fiscalização realizadas a empresas, com elaboração de documentos distintos, com diferentes tratamentos e emissão de diferentes documentos de cobrança para a mesma empresa, e mesma acção de fiscalização em sede de IVA e de IRC.

34.2.5. *A promoção, como dever aceite pelo Estado, de acesso universal aos novos meios de comunicação*

Neste domínio a Administração Tributária em colaboração com a DGITA poderia facultar o acesso nas Repartições de Finanças, estâncias aduaneiras, postos móveis de atendimento ao público, etc., de quiosques e terminais com acesso à Internet, aos contribuintes que não tenham possibilidade de aceder a estes serviços em suas casas.

34.2.6. *A adopção de uma política de segurança da informação na transferência electrónica de informação*

Também neste domínio o projecto piloto desenvolvido para recolha da declaração modelo 2 via Internet, foi exemplo de garantia de aplicação desta medida, através de atribuição das senhas de identificação aos contribuintes que possibilitaram a criação de um canal seguro de comunicação, assegurando a autenticação dos contribuintes e ainda que toda a informação fosse transmitida encriptada, não sendo acessível a qualquer cidadão a informação fiscal de outrem.

Do ponto de vista funcional a solução adoptada poderá ser melhorada no sentido da simplificação e do ponto de vista da segurança deverá ser aperfeiçoado por forma a impossibilitar "ataques" no sistema.

Aqui de novo se deverá ter em conta a experiência já adquirida nos serviços prestados pelo sector bancário, em que se constata a utilização de módulos de segurança hardware (PINPAD – dispositivo de criptografia com um leitor de tarja magnética) que poderia ser também utilizado pelas empresas para garantir a segurança das transacções fiscais quer de submissão de declarações, quer de pagamentos de autoliquidação ou outros.

35. O IMPACTO DO EURO NO SISTEMA FISCAL

35.1. Importância acrescida da política orçamental na 3.ª fase da UEM

Toda a política macroeconómica dos países integra dois elementos principais: a política monetária e a política orçamental.

A combinação dos elementos monetário e orçamental constitui a *policy mix*, que por sua vez influencia o crescimento económico e a inflação.

Com o pleno funcionamento da UEM, a componente monetária passará a ser conduzida pelo Banco Central Europeu, embora sob o controlo resultante da presença dos Governadores dos Bancos Centrais no Conselho de Governadores, e da responsabilidade pela execução da política monetária comum no próprio território nacional.

Assim, os Estados-membros ficam, de certo modo, restringidos à utilização da política orçamental.

A Comissão referia recentemente: "A necessidade de uma autonomia fiscal e de flexibilidade resulta do desaparecimento dos instrumentos monetários e cambiais para os países. De facto, a UEM coloca novas solicitações à política orçamental a nível nacional para a estabilização a curto prazo, e eventual necessidade de medidas de ajustamento de médio prazo, no caso de perturbações nacionais específicas (choques assimétricos)".

De facto, a perda de independência da política monetária e dos ajustamentos cambiais para fazer face aos choques assimétricos a nível nacional, colocarão um maior ónus na política orçamental.

Embora os necessários ajustamentos sejam prioritariamente baseados na redução do lado da despesa, as receitas fiscais mantêm-se importantes, quer na passagem para a UEM, quer na sua vigência.

Cada país continua livre para escolher o nível da despesa e receita e sua composição (a política orçamental continuará essencialmente a ser atribuída a nível nacional).

A independência poderá comportar, no entanto, alguns riscos:

1. No caso de aumento dos défices e dívida – pressão sobre as taxas de juro dentro da zona Euro por causa de maior risco do devedor e aumento dos prémios de risco.
2. Políticas de Finanças Públicas não sãs, num ou mais Estados-membros, levariam a mais inflação nesses países.
3. Divergências nos níveis de inflação afectariam as economias de todos os Estados-membros.

Daí a necessidade de maior disciplina orçamental, que conduziu ao Pacto de Estabilidade e Crescimento, decidido em Dublin.

O Pacto de Estabilidade e Crescimento constitui uma condição indispensável para o bom funcionamento da União Económica e Monetária, sendo essencial para garantir a credibilidade do Euro. O Pacto tem em vista assegurar a prossecução de uma sólida gestão das Finanças Públicas na Europa.

35.2. Os desafios da política fiscal

Os principais desafios da política fiscal na União Europeia são os seguintes:
– A estabilidade das receitas fiscais nos Estados-membros.
– A melhoria do funcionamento do Mercado Único.

– A promoção do emprego.
– A luta comum contra a evasão e fraude.

Estes desafios revestem uma natureza estrutural e a sua importância é permanente. Na actual fase de integração europeia, caracterizada pela aproximação da terceira fase da UEM, estes desafios adquirem uma importância ainda maior. A inflexão da tendência de erosão das receitas fiscais dos Estados-membros constitui um objectivo particularmente crucial no âmbito dos seus esforços com vista a satisfazer os requisitos de Maastricht em matéria de disciplina orçamental. O Grupo de Política Fiscal (Grupo Monti) tem-lhe dedicado particular atenção, procurando fazer aprovar um Código de Conduta que os Estados da União respeitarão nesta matéria.

A UEM torna ainda mais importante a supressão dos entraves fiscais no mercado único, dado este mercado constituir a sua pedra angular, e visto ser contraditório não procurar abolir distorções fiscais quando se pretende eliminar as distorções decorrentes do não alinhamento das taxas de câmbio. Isto é particularmente importante no domínio dos impostos indirectos e da tributação da poupança.

A transformação dos sistemas fiscais, por forma a torná-los mais favoráveis ao emprego em vez do invés, contribuirá para a luta contra o desemprego numa fase em que este objectivo constitui a principal prioridade das políticas da União. Os seus efeitos positivos seriam incrementados pelos resultados favoráveis decorrentes de uma distribuição mais equitativa do rendimento.

O Orçamento comunitário e os Orçamentos dos Estados membros, no quadro de abolição de fronteiras, tornam-se muito mais vulneráveis à fraude organizada que corrói as receitas e destrói a concorrência.

Torna-se pois necessário:

1. Uma abordagem mais coordenada no âmbito da política fiscal;
2. Alcançar progressos a nível de se contrariar a erosão fiscal, sobretudo nos rendimentos tributáveis com maior mobilidade;
3. Limitar a concorrência fiscal desleal; e
4. Maior cooperação administrativa entre as autoridades fiscais.

35.3. Antecipação de alguns impactos fiscais na passagem para a moeda única

Mesmo antes do início da 3.ª fase da UEM já se verificam algumas consequências resultantes da preparação da entrada na 3.ª fase da UEM, quer quanto ao nível fiscal, quer a nível da estrutura fiscal.

Assim, no que diz respeito à acentuada redução das taxas de juro nominais em Portugal, passam a indicar-se algumas dessas consequências:

a) Diminuição das receitas de IRS – taxas liberatórias – e possível aumento das receitas de IRC, dado o elevado grau de endividamento de grande parte das empresas;

b) Aumento de custos da mudança (software, equipamento, impressos), que já se irão reflectir nos exercícios de 1997 e 1998 para alguns sectores, designadamente o financeiro;

c) Torna-se igualmente necessário, com vista à preparação do Orçamento do Estado para os próximos anos, antecipar quais os sectores ganhadores e perdedores, em resultado da "Moeda Única".

35.4. Incidências fiscais da UEM

Do lado das receitas fiscais os elementos mais relevantes parecem ser os seguintes:

1. Como as taxas de juro médias com o Euro tenderão para ser ainda mais baixas, haverá redução dos rendimentos de capitais sujeitos a taxas liberatórias, com a consequente diminuição das receitas do IRS e aumento das receitas de IRC, dada a diminuição dos encargos financeiros.
2. Eventual supressão dos benefícios fiscais às contas poupança emigrantes ou, em alternativa, a sua restrição às contas de emigrantes fora da zona Euro.
3. Incidências negativas a nível das receitas fiscais derivadas dos aumentos de custos, justificados por:
    - Novos *softwares*;
    - Adaptação de máquinas de distribuição automáticas e ATM's
    - Caixas registadoras (necessidade de novas ou da sua adaptação).

4. Dúvidas quanto à eventual tributação de mais-valias resultantes das diferenças cambiais. Coloca-se igualmente a questão do momento para relevar em termos contabilísticos (31/12/98 ou 1/1/99) essas diferenças cambiais.

35.5. Questões administrativas, contabilísticas e informáticas

Tendo em conta que a solução encontrada foi uma solução gradualista, ou seja, não do tipo *big bang,* considerando ainda as Conclusões do Conselho Europeu de Madrid, que indicam que a utilização do Euro, na fase "B", não pode ser imposta nem proibida, as soluções possíveis parecem-nos ser as seguintes:

a) Autorização para a apresentação das declarações fiscais e para o pagamento dos impostos em Euros (solução que irá ser seguida pela Bélgica e Luxemburgo);
b) Autorização para a apresentação das declarações em Euros, continuando os impostos a ser pagos em moeda nacional (Áustria, Alemanha e Holanda);
c) Autorização para o pagamento de impostos em Euros, continuando as declarações a ser apresentadas em moeda nacional (França);
d) Impedimento, quer da apresentação da declaração, quer do pagamento de impostos em Euros (solução que parece irá ser seguida por diversos outros Estados-membros).

Enunciam-se, seguidamente, alguns dos factores a ter em consideração na decisão:

1. A transição para a moeda única das declarações fiscais e, consequentemente, da máquina administrativa fiscal, dependerá da transição contabilística, dado o "interface" com a actividade empresarial. Assim, um "particular" teria que receber dos intermediários financeiros e empregadores, um comprovante escrito em Euros que lhe permitisse preencher a sua declaração;
2. Os sistemas de processamento de declarações em moeda europeia e moeda nacional serão mais caros e complicados; e
3. Não deve ser ignorada a situação particular da Informática Tributária: entre nós encontra-se em fase de reestruturação, de consolidação, e de implementação de um cadastro fiável dos contribuintes.

36. PARA UMA PROSPECTIVA DO SISTEMA FISCAL

Deve dizer-se que, apesar da visão global e prospectiva que se procurou ter para enquadrar as medidas necessárias de transformação do sistema fiscal nas necessidades, mais gerais, de adaptação da sociedade portuguesa à sua nova posição de País desenvolvido da União Europeia e às condições previsíveis da sociedade do próximo século, as medidas tomadas e previstas procuram preparar o País para a nova sociedade, mas não têm a preocupação, inatingível e insensata, de dar passos excessivamente rápidos ou de predeterminar um futuro sujeito a mudanças tão rápidas como imprevisíveis.

Um exercício de prospectiva – com todas as limitações e com o risco de falhar que sempre está inerente a tais esforços – é pois necessário, criando condições para que um observatório permanente e crítico da actividade fiscal – que se procurará centrar no Defensor do Contribuinte e seus serviços – integre o acompanhamento da articulação da nossa sociedade nacional com outros países, as linhas essenciais da evolução do sistema fiscal e as da sociedade em que se integra e possa detectar as transformações significativas, que permitem prefigurar as características do futuro.

É desde já claro que a mundialização ou globalização, associada à sociedade de informação, significa uma radical transformação da vida sócio-económica e em especial da sua articulação com o território e com o poder, que são os três nexos fundamentais de toda a fiscalidade. A enorme e acrescida, embora desigual, mobilidade dos meios de produção e das operações, tanto de consumo, como de poupança e sua aplicação, como ainda de produção, corresponde a uma grande e aumentada liberdade de escolha dos agentes sociais e económicos em função dos regimes fiscais mais favoráveis, exercitando para actividades concretas a "votação com os pés" que exprime o argumento básico da competição fiscal (Tiebout). Esta deslocalização pode, claramente, traduzir tanto uma escolha entre regimes fiscais desigualmente favoráveis/desfavoráveis, como uma opção a favor de um espaço de paraíso ou neutralidade fiscal absoluta (que poderá ser concretamente o ciberespaço), obrigando os Estados a terem em conta, num jogo alargado, as posições e soluções dos outros e/ou a concertarem-se quanto às formas, áreas e regras de regulação, quer da situação fiscal, quer de algumas das suas realidades subjacentes (como, maxime, as operações financeiras), ultrapassando em muito, embora daí se possa partir para alargar soluções, o modelo clássico dos acordos da dupla tributação e prevenção e repressão da evasão.

Acresce que esta acrescida – por vezes praticamente ilimitada – possibilidade de deslocalização não está igualmente repartida: o capital financeiro e as respectivas operações, bem como as acções (financeiras, comerciais, comunicacionais, de serviços ...) que se exprimem através da informática associada às telecomunicações, têm o grau máximo de mobilidade e deslocalização possível. Muitas formas de prestação de trabalho, de propriedade mobiliária, de propriedade intelectual ou industrial, situam-se claramente abaixo. E, quanto mais os factores de produção sejam menos sofisticados e menos qualificados e as operações de consumo, poupança ou investimento se aproximem de uma certa materialidade grosseira, menor é a possibilidade de deslocalização ou plurilocalização anulando ou actuando as tentativas de reforçar a fiscalidade nacional ou de a fazer cobrir mais perfeitamente as bases de incidência num plano estritamente nacional. Os contribuintes fogem para parte incerta e o Estado não consegue persegui-los aí, se já o não faz na internacionalização globalizada de hoje, menos o fará no "céu superior" que é o ciberespaço [35].

Assim sendo, os sistemas fiscais tradicionais, assentes nos impostos sobre o rendimento e na tributação do valor acrescentado, vão ver cada mais fugirem as respectivas matérias tributáveis e vão tender a excluir, de modo tanto mais injusto e insistente quanto mais fácil é a evasão dos outros factores, o trabalho menos qualificado – dificultando assim a resolução do problema do emprego e agravando as injustiças e as desigualdades sociais – e a propriedade imobiliária – agravando porventura os seus problemas de gestão e utilização, quer no espaço rural quer no espaço urbano. Quando tudo o resto foge, é isto o que resta – com crescente injustiça e ineficiência fiscal, já evidentes nas evoluções recentes da fiscalidade mais desenvolvida.

Assim, surgem programas e perguntas novas, alguns dos quais consistem na tributação específica das operações de informação – para a qual surgiu (e logo desapareceu) a proposta, com mais sentido no âmbito europeu do que em sistemas tributários do tipo do norte americano, da *bit*

---

[35] Confronte *The Economist*, de 3 de Maio de 1997, "The disappearing taxpayer".

tax – e, ao mesmo tempo, formas de tributação das operações ou instrumentos financeiros que ainda, em boa parte, estão na fase inventiva ou experimental, ou são pura e simplesmente inexistentes.

A injustiça que torna vítima da tributação os trabalhadores menos qualificados e a propriedade menos sofisticada, tendendo assim para retornar a formas primitivas de tributação, próprias das sociedades pré-industriais ou da primeira sociedade industrial, exige soluções novas, sob pena de gerar tensões fiscais (e sociais) insuportáveis, ou mesmo tensões de mais amplo e puro sentido social (com o agravamento do emprego sobre a tributação do trabalho e do emprego ou pela tributação social).

É previsível, em primeira linha, o ressurgir da tributação do património, a que já vamos assistindo nos países mais desenvolvidos da Europa e em muitos Estados norte-americanos. Também em Portugal faz sentido defender a tributação unitária do património, assente, num primeiro momento, na racionalização do regime da contribuição autárquica, num segundo, na articulação com este de um imposto sobre sucessões e doações, cujo sentido autónomo dificilmente vislumbra e num terceiro momento uma tributação global e unitária do património. O parcelamento actual da tributação do património [36] e a racionalidade e arcaísmo das soluções existentes, compatíveis, aliás, com imputação à base fiscal "propriedade" de apenas 1% do total das receitas fiscais, está nos antípodas do sentido desejável e necessário de evolução neste domínio e as medidas agora propostas representam apenas uma primeiríssima correcção de situações que, ou têm permanecido inalteradas, ou têm sofrido transformações em sentido errado. Este objectivo final – para a primeira década do século XXI – exige muito caminho que está por fazer.

Por outro lado, a tributação directa do rendimento manifestamente deverá perder importância em confronto com a tributação indirecta de operações mais fáceis de detectar e onerar, mesmo num espaço de mobilidade e desmaterialização em que estamos a entrar. Das várias utopias fiscais parece bem mais provável e ajustada ao actual modelo da sociedade a utopia da busca de novas formas de tributação detectáveis e localizáveis – como a tributação ecológica, a tributação

---

[36] Que ainda abrange parte do IRS e o IA, pelo menos.

energética ou a tributação da despesa – do que a típica aspiração de uma tributação dominante, ou mesmo única, do rendimento que marcou o século XX e a fase industrial e social da cultura de modernidade que ele representa em termos de história fiscal. Não se trata de inadequação de um modelo no seu tempo histórico, mas de perspectiva de futuro: Voltou o tempo dos impostos indirectos como forma de atingir uma riqueza que foge e se desvanece.

Mais: a abertura do sistema a formas de tributação que incidam sobre actos e operações e a exoneração quer dos postos de trabalho para criar emprego, quer dos rendimentos produtivos e da tributação das classes de mais baixos rendimentos e da classe média, para não agravar desigualdades, constituem necessidades iniludíveis de justiça e eficiência, e também nesse sentido apontam as medidas agora propostas, como primeira fase de uma evolução previsível.

Enfim, haverá que considerar a eventualidade de uma forte harmonização fiscal – quer de cariz federalizante quer não – no âmbito da União Europeia – como o impõe a lógica de continuidade da UEM – as escolhas que ela fará virão a condicionar decisivamente as opções que, mesmo no âmbito do princípio da subsidiariedade, são prioritárias, de Portugal no quadro da União Europeia.

Lisboa, 30 de Maio de 1997

O MINISTRO DAS FINANÇAS

(*António de Sousa Franco*)

O SECRETÁRIO DE ESTADO DOS ASSUNTOS FISCAIS

(*António Carlos dos Santos*)

FICHA TÉCNICA

Autoria

O presente Relatório é da autoria dos dois membros do Governo que o subscrevem, mas teve colaborações muito alargadas, as quais se agradecem cordialmente.

Coordenação

Dr. Rodolfo Lavrador
Dra. Manuela Roseiro

Redacção

Dr. Carlos Lobo
Dra. Clotilde Celorico Palma
Dr. António Lima Guerreiro

Colaboração em partes ou questões específicas

Dr. José Carlos Gomes dos Santos
Prof. Doutor Diogo Leite Campos
Prof. Doutor José Luís Saldanha Sanches
Prof. Doutor Eduardo Paz Ferreira
Dr. Manuel Henrique de Freitas Pereira
Dr. Luís Menezes Leitão
Dr. Henrique Medina Carreira
Dr. José Amaral Tomás
Dr. Rocha Vaz
Dr. Manuel Teixeira
Dr. José João Duarte
Dr. José Rodrigo de Castro
Dr. Alberto Augusto Pimenta Pedroso
Dr. Silvério Mateus
Dr. Elder Fernandes
Dr. Celestino Geraldes
Dr. Elói Pardal
Dr.ª Conceição Henriques

Dr. Carlos Granja
Dr. António Valente
Dr. Cavalheiro Dias
Dr. Norberto Severino
Dr.ª Fátima Calvário
Dr. Paulo Lourenço
Dr.ª Joaquina Franco
Dr.ª Lina Costa

Estudos e Debates Preparatórios

Além do relatório da Comissão para o Desenvolvimento da Reforma Fiscal, presidida pelo Dr. José da Silva Lopes e constituída por José Silva Lopes-Presidente, Manuel Henrique de Freitas Pereira-Vice-Presidente, Francisco Rodrigues Pardal, José Guilherme Xavier de Basto, José Jorge da Costa Martins Reimão, Maria de Lourdes Órfão de Matos Correia e Vale e Paulo José Ribeiro Moita Macedo, (sem esquecer o Dr. António Joaquim Carvalho, falecido enquanto estavam a decorrer os trabalhos da Comissão), receberam-se numerosas contribuições críticas das seguintes entidades, a editar em volume já no prelo:

– Sindicato dos Trabalhadores dos Impostos
– Confederação Geral dos Trabalhadores Portugueses
– União Geral dos Trabalhadores
– Prof. Dr. Vítor Faveiro
– Comissão do Mercado dos Valores Mobiliários
– Direcção-Geral da Administração Pública
– Instituto Português de Auditores Internos
– Comissão de Coordenação da Região Norte
– Dr. Plácido Pires
– Secção do PS da Almirante Reis
– Secretaria Regional de Finanças, Planeamento e Administração Pública da Região Autónoma dos Açores
– Associação Industrial Portuense
– Movimento Humanismo e Democracia de Centristas Democratas Cristãos
– Associação Industrial Portuguesa
– Automóvel Clube de Portugal
– Associação Comercial do Porto
– Confederação da Indústria Portuguesa
– Confederação dos Agricultores Portugueses
– Associação Portuguesa de Bancos
– Associação Portuguesa de Seguradoras
– Fórum dos Administradores de Empresas
– Confederação do Comércio e Serviços
– Grupo SONAE
– Dr. Tomás Ferreira

Realizaram-se diversas reuniões no âmbito dos Serviços e com os diversos órgãos de concertação social – Conselho Permanente de Concertação Social e Comissão de Acompanhamento da Concertação Social.

Teve-se conhecimento de alguns debates realizados na Assembleia da República à qual o Governo apresentou os seguintes relatórios preparatórios:

– **Relatório** – Imposto sobre o Património (Previsto no n.º. 1 do Art.º. 31.º. da Lei n.º. 10-B/96, de 23 de Março);

– **Relatório** – Revisão do IRS (Previsto no n.º. 2 do Art.º. 31.º. da Lei n.º. 10-B/96, de 23 de Março);

– **Relatório** – Imposto sobre Sucessões e Doações (Previsto no n.º. 3 do Art.º. 31.º. da Lei n.º. 10-B/96, de 23 de Março).

Foram, enfim, realizadas duas *Jornadas sobre a Reforma Fiscal*, com a participação dos principais responsáveis da equipa política do Ministério das Finanças, dos Gabinetes do Ministro das Finanças e do Secretário de Estado dos Assuntos Fiscais e de especialistas convidados, apresentando-se os respectivos programas e relatórios:

1ª. Parte das Jornadas

Instituições e Instrumentos Financeiros – Relator – Dr. João Salgueiro;
Tributação do Património – Relator – Prof.º. Dr. Sidónio Pardal;
Lei Geral Tributária – Relator – Prof.º. Dr. Diogo Leite de Campos;
Justiça Fiscal, Processo Tributário e Regime Jurídico das Infracções Fiscais – Relator – Prof.º. Dr. Saldanha Sanches;
IRS e IRC – Relator – Dr. Freitas Pereira;
IVA e IEC's – Relator – Dr. Xavier de Basto
Garantias dos Contribuintes e Benefícios Fiscais – Relator – Dr. Medina Carreira;
Administração Fiscal e Aduaneira – Relator – Dr. Alberto Ramalheira;
Tributação Local e Regional – Relator – Prof.º. Dr. Eduardo Paz Ferreira.

2ª Parte das Jornadas

Tributação do Património – Relator – Dr. Rui Morais;
Benefícios Fiscais – Relator – Dr. Freitas Pereira;
Impacto Fiscal da UEM – Relator – Dr. Amaral Tomás;
Garantias dos Contribuintes e Luta Contra a Fraude e Evasão Fiscais – Relator – Prof.º. Dr. Pamplona Corte-Real;
Infracções Fiscais – Relator – Mestre Miguel Machado;
Sociedade de Informação e Fiscalidade – Relator – Dr. José Magalhães;
IRC – Relatora – Dra. Maria de Lurdes Correia do Vale;
Imposto do Selo – Relator – Mestre António Lobo Xavier;
IRS – Relator – Dr. Manuel Faustino.

Coordenadores dos Grupos de Trabalho já criados no âmbito da Reforma

Dr. Medina Carreira – Tributação do Património
Dr. Miguel Pedrosa Machado – Regime Jurídico das Infracções Fiscais
Dr. Freitas Pereira – Reavaliação dos Benefícios Fiscais
Prof. Dr. Saldanha Sanches – Comissão de Estudo e Análise de Regulamentação do Processo Fiscal
Prof. Dr. Leite de Campos – Lei Geral Tributária
Prof. Pitta e Cunha – Instituições Financeiras
Prof. Dr. Eduardo Paz Ferreira – Estudo das Relações Financeiras entre o Estado e as Regiões Autónomas
Dr. Celestino Geraldes – Imposto Automóvel e Imposto sobre as Bebidas Alcóolicas
Subdirector-Geral José João Duarte – Imposto de Selo
Dr. Alberto Ramalheira – Reorganização dos Serviços Aduaneiros
Dr. Cavalheiro Dias – Institucionalização da DGITA
Dr. Silvério Mateus – Regime forfetário do IVA
Dr.ª Isabel Barata – Comissão Euro
Dr. Jorge Costa Santos – Lei de Enquadramento do Orçamento de Estado

TEXTOS FUNDAMENTAIS DA REFORMA FISCAL

RESOLUÇÃO DO CONSELHO DE MINISTROS N.º 119/97, DE 14 DE JULHO

QUADROS GERAIS PARA A REFORMA FISCAL

– Um sistema fiscal para o Portugal Desenvolvido, no limiar do Século XXI

RESOLUÇÃO DO CONSELHO DE MINISTROS N.º 119/97, DE 14 DE JULHO *

QUADROS GERAIS PARA A REFORMA FISCAL – UM SISTEMA FISCAL PARA O PORTUGAL DESENVOLVIDO, NO LIMIAR DO SÉCULO XXI

1. Programa do Governo, situação herdada e estratégia faseada de actuação

O capítulo do Programa do XIII Governo Constitucional relativo à política fiscal apontou algumas prioridades fundamentais que se podem sintetizar em três ideias-chave: a introdução de uma maior justiça na

---

* Apresenta-se uma versão consolidada da RCM n.º 119, 97, de 14 de Julho, com as alterações que lhe foram introduzidas pela RCM n.º 10/98, de 23 de Janeiro, cujo preâmbulo diz o seguinte:

"Tendo o Governo aprovado no seguimento do seu Programa a resolução do Conselho de Ministros n.º 119/97, publicada no Diário da República, 1.ª Série B, de 14 de Julho de 1997, que contém as bases gerais da reforma fiscal da transição para o século XXI, verificou-se, em sede de trabalhos de revisão constitucional, a alteração do n.º 3 do artigo 104.º (antigo artigo 107.º) da Constituição, relativo aos impostos.

Nestes termos, a revisão constitucional, ao alterar o artigo 107.º, n.º 3, dispondo agora que a "tributação do património deve contribuir para a igualdade entre os cidadãos", deixou de tornar obrigatória a existência do imposto sobre sucessões e doações e, deste modo, abriu o caminho para a consideração aprofundada da hipótese de integrar a tributação das sucessões e doações na tributação do património, conseguindo assim uma forma mais eficiente de reduzir as desigualdades quanto ao conjunto do sistema e entre contribuintes detentores de património.

Por outro lado, uma vez que o artigo 35.º da Constituição foi alterado, importará igualmente efectuar algumas considerações relativamente à ultilização dos fluxos de informação na luta contra a fraude e evasões fiscais.

Cumpre, pois, alterar em conformidade a Resolução de Conselhos de Ministros n.º 119/97, de 14 de Julho, que se publica, na íntegra, em anexo.

Assim, nos termos da alínea a) do n.º 1 do artigo 203.º da Constituição, o Conselho de Ministros resolveu aprovar alterações às bases gerais da reforma fiscal da transição para o século XXI, em anexo à resolução do Conselho de Ministros n.º 119/97, publicada no Diário da República, 1.ª Série-B, de 14 de Julho de 1997."

repartição da carga tributária, com progressivo desagravamento dos rendimentos do trabalho por conta de outrem, e, de modo global, desagravamento dos contribuintes cumpridores; a contribuição do sistema fiscal para o desenvolvimento sócio-económico, equilibrado e sustentável do nosso país, nomeadamente através do estímulo à competitividade, produtividade e emprego e o reforço da confiança entre os cidadãos e a administração tributária.

A prossecução de uma maior equidade tributária deverá ser combinada com o compromisso do Governo de não aumentar os impostos, isto é, não subir o nível global de fiscalidade. É evidente que não há aumento de impostos se se conseguir, como se pretende, a melhoria do sistema de fiscalização e controlo, o alargamento da base tributária e a melhoria da cobrança da dívida exequenda.

Além desses objectivos, revelou-se imperativa a readaptação do sistema fiscal às transformações verificadas na última década no sistema sócio-económico, em Portugal, na Europa e no mundo, e às transformações que se adivinham no início do próximo século, em particular as decorrentes da introdução do *euro* e as dos problemas derivados da sociedade de informação, a que o sistema fiscal deverá dar resposta.

Por razões operativas, a estratégia de adequação ao ideal fiscal de maior justiça e igualdade, eficiência e comodidade, foi delineada em duas fases distintas: uma 1.ª fase de levantamento da situação e tomada de medidas urgentes (desde a entrada em funções do Governo em fins de Outubro de 1995, até ao 1.º semestre de 1997) e uma 2.ª fase de reformas de fundo (do 2.º semestre de 1997 até ao final da legislatura, sem prejuízo da existência de medidas cujos efeitos ou últimas fases se prolongam para além desta data).

Esta cisão estratégica era fundamental, dado o estado do sistema fiscal no momento da tomada de posse do XIII Governo Constitucional, que se caracterizava por:

i) Falta de instrumentos legislativos, informativos e de apoio à decisão, que assegurassem, respectivamente, a estabilidade do sistema, o acompanhamento e controlo do seu desempenho e a adequada previsão da sua evolução quantificada;
ii) Atraso nas tarefas de modernização e reorganização da Administração tributária, que tinham sido fortemente travadas pela política adoptada pela Secretaria de Estado do Orçamento no início da década de 90;

iii) Acumulação de casos de atraso nas cobranças, agravados pela prolongada situação recessiva (que o Decreto-Lei n.º 225/94, de 5 de Setembro, só parcialmente resolveu), com os consequentes reflexos negativos na justiça tributária e no tecido sócio-económico, nomeadamente no plano das distorções de concorrência;
iv) Larga evasão e fraude fiscal e aduaneira sem combate eficaz, designadamente nos planos da fiscalização externa e das execuções fiscais;
v) Ausência de diálogo institucionalizado entre os diversos departamentos da administração tributária e entre estes e os demais departamentos da Administração;
vi) Sucessão de mini reformas fiscais em cada Orçamento de Estado, o que violava profundamente a sua estabilidade, um dos elementos básicos de um sistema fiscal eficiente, previsível por todos e generalizadamente acatado e cumprido.

A situação descrita – e em particular o facto de se entender que a política fiscal deve ser traçada, com carácter permanente, à margem dos Orçamentos do Estado, devendo constar do Orçamento do Estado apenas adaptações transitórias, conjunturais ou ocasionais –, levou a que o Governo, numa 1.ª fase, para além da prossecução e debate de diversos estudos (desde logo o debate do importante relatório da Comissão para o Desenvolvimento da Reforma Fiscal), tivesse concentrado basicamente a sua actuação na luta contra a fraude e a evasão e na preparação de medidas imediatas tendentes a repor um mínimo de justiça e simultaneamente a realizar o objectivo da consolidação orçamental (medidas pontuais incluídas em três orçamentos e/ou resultantes da concertação estratégica, preparação do plano de regularização de dívidas fiscais com particular incidência na actuação administrativa e esforços de melhoria da eficácia e do controlo do sistema fiscal).

Terminada essa fase de normalização do sistema fiscal, há que passar à concepção, programação e reforma da reforma, dando-se plena concretização ao Programa do XIII Governo Constitucional e aos compromissos assumidos em sede de concertação estratégica.

A reforma fiscal, cujas linhas programáticas e princípios estruturantes agora se divulgam, não visa, contudo, nem tem a ambição de substituir todas as leis ou os impostos existentes, pois muitos deles e a estrutura em que se integram têm sentido e futuro. Propõe-se, sim, numa perspectiva sistémica, uma reflexão global e intervenção selectiva sobre aquilo que ficou incompleto ou aquilo que está errado nas reformas fiscais recentes, estabilizando e aperfeiçoando as leis, instituições e instrumentos operativos, inflectindo comportamentos fiscais danosos para o cidadão e para o Estado, em vez de bruscas mexidas na estrutura dos impostos; numa palavra, reorientando a evolução do sistema fiscal ao serviço do desenvolvimento sócio-económico e político, integrando-o no movimento de transformação da economia e da sociedade portuguesa e europeia, no quadro dos novos modelos e paradigmas que se perfilam no horizonte de Portugal e do mundo.

2. Princípios estruturantes de uma reforma fiscal para o século XXI

A reforma da reforma fiscal dos anos 80, a reforma fiscal da transição para o século XXI, a reforma fiscal do Portugal desenvolvido, que é objectivo desta 2.ª fase de actuação do Governo deverá ser um processo dinâmico e participado, orientado por uma perspectiva estratégica, e obedecer, no plano político, aos seguintes princípios estruturantes:

  i) Consensualidade: será o mais consensual possível, por razões de necessidade de legitimação democrática profunda e eficiente aplicação e acatamento das medidas aprovadas, visando introduzir e provocar um debate que revele ou gere os máximos denominadores comuns resultantes da identidade ou da aproximação de posições entre as diversas forças políticas, económicas e sociais;

  ii) Estabilidade: assegurará uma maior estabilidade das normas fiscais estruturantes do sistema, sem prejuízo da manutenção de uma certa flexibilidade por razões conjunturais, não obnubilando assim um dos objectivos básicos de uma política fiscal séria e consciente;

  iii) Adaptabilidade: definirá, conforme as circunstâncias, formas de actuação reformadora diversificadas: nuns casos um mero levantamento da situação, quando nada se encontrou feito que permita, de imediato, tomar uma decisão política de fundo e, em outros casos, a reformulação de certos institutos fiscais ou mesmo da filosofia de tributação de certos impostos ou a remodelação das estruturas de aplicação ou controlo judiciais, administrativas ou sociais;

iv) Articulação com outras políticas: o sistema fiscal deverá transformar-se num factor de promoção do desenvolvimento e contribuir para a realização da solidariedade social, de acordo com as finalidades da nossa comunidade nacional;

v) Democracia e responsabilidade: introduzirá, no domínio tributário, a ética de responsabilidade inerente a uma cultura democrática – em suma, trata-se de trazer a democracia para a fiscalidade. Os impostos não podem continuar a ser considerados como uma mera imposição coactiva e arbitrária do Estado, mas têm de ser encarados, à luz da cultura democrática, como uma forma de partilha de solidariedade e de responsabilidade. A medida e os termos desta partilha são definidos essencialmente pela intervenção parlamentar na aprovação das leis fiscais e dos orçamentos em cada ano, de modo que, assim, os recursos dos contribuintes, em função da sua capacidade e de critérios de justiça legitimados pela democracia representativa, sejam postos ao serviço de todos, satisfazendo as necessidades públicas (isto é, do povo);

vi) Cidadania: reformará as mentalidades de forma a que se tome consciência da importância do instituto fiscal, como dever cívico e elemento integrante da cidadania, sem o que dificilmente se combaterá a actual mentalidade de a fuga ao fisco ser socialmente tolerada;

vii) Serviço público: permitirá que a Administração, sem quebra da sua autoridade, aja e se conceba ao serviço dos cidadãos, buscando a sua comodidade, a efectivação dos seus direitos e reconhecendo o primado da cidadania sobre a função pública. Os contribuintes não devem ser vistos pela Administração como potenciais faltosos ou defraudadores, mas sim como cidadãos e destinatários de um serviço público (como verdadeiros "clientes");

viii) Simplicidade: simplificará e desburocratizará o sistema tributário, nomeadamente através do recurso às novas tecnologias;

ix) Unidade de sistema: uniformizará, tanto quanto possível, as soluções de direito fiscal aduaneiro e não aduaneiro.

3 – Adequada consideração dos factores envolventes de uma reforma fiscal

Na concretização dos princípios enunciados, procurar-se-á respeitar e prosseguir um conjunto de objectivos e de prioridades, eles próprios determinados por factores político-jurídicos que condicionam, quer interna, quer externamente, as "margens de liberdade" do decisor político, a saber:

3.1 A nível interno, a consideração das directrizes normativas, quer fundamentadoras quer teleológicas, relativas à estrutura tributária, concentradas fundamentalmente nos artigos 106.º e 107.º do texto constitucional:

> Legalidade fiscal e respeito pelos direitos dos cidadãos. A lei prima sobre a função pública. O Estado democrático de direito define os deveres de cidadania e está acima da autoridade, dos poderes fácticos e de qualquer manifestação de corporativismo, tanto do Estado como da sociedade;
> Rendimento fiscal, como função primeira dos impostos;
> Igualdade (redistribuição) como critério prioritário da partilha da carga tributária;
> Tributação baseada na capacidade contributiva dos cidadãos e das instituições e numa clara definição das necessidades públicas;
> Progressividade do sistema, tendo como principal instrumento o IRS;
> Respeito pelo modelo estrutural do artigo 107.º da Constituição da República Portuguesa;
> Efectivação e reforço da descentralização tributária.

3.2 A nível externo, a consideração das perspectivas da coordenação fiscal no âmbito da União Europeia e do enquadramento internacional da tributação.

Nestes termos, é inevitável o regresso a uma dinâmica de coordenação fiscal global, embora com instrumentos muito diversificados e sem prejuízo do princípio da subsidiariedade, com destaque para os seguintes pontos, demonstrativos que os problemas da tributação em Portugal coincidem em larga medida com os dos demais países da União Europeia:

> Necessidade da manutenção, em termos sustentáveis e duradouros, da consolidação financeira e fiscal, lutando-se contra a erosão das

bases tributárias que se tem verificado ultimamente devido à desenfreada competição fiscal entre Estados e entre regiões tributárias e espaços com regimes diferenciados;

Necessidade de remoção de barreiras e distorções, quer ao mercado interno unificado quer à instituição da moeda única, em particular pela eliminação de distorções na tributação dos movimentos de capitais (com particular relevo para a proposta de directiva sobre a tributação da poupança) e a eliminação de obstáculos fiscais às actividades transfronteiriças;

Probabilidade do crescimento a longo prazo, em termos absolutos e relativos, do orçamento e da fiscalidade da União Europeia, como consequência do avanço da UEM e do reforço das funções políticas e da unidade europeia;

Necessidade de correcção das distorções à equidade que resultam da crescente incidência da carga fiscal global, nos últimos anos, sobre o rendimento dos trabalhadores, e particularmente dos trabalhadores assalariados;

Criação de um sistema comum de IVA, sem prejuízo de uma prévia aproximação de taxas e de legislação;

Criação de um sistema de tributação de eficiência energética, com preocupações de índole ecológica e de diversificação de bases de tributação;

Aumento da competitividade do espaço comunitário no tocante à atracção de factores de produção, em particular capital e iniciativa empresarial, em confronto com outros espaços regionais desenvolvidos da economia mundial.

O Governo enviará informação regular à Assembleia da República e procederá à consulta dos agentes económicos e sociais na preparação das principais decisões ou posições a tomar em questões da fiscalidade comunitária e internacional. Nesta matéria, deverá atender, do ponto de vista nacional, sobretudo às seguintes questões:

i) Necessidade de reposicionar a economia portuguesa e europeia, no âmbito de uma economia global que nos últimos anos tem vindo a desfavorecer a competitividade dos Estados da União Europeia, também no domínio fiscal;

ii) Estabelecimento de maior justiça e equidade, assentes fundamentalmente na luta interna e internacional contra a fraude e a evasão e na eliminação das situações de dupla tributação;

iii) Criação da possibilidade de que a consolidação financeira se faça em termos regulados e compatíveis com a satisfação de necessidades públicas;
iv) Desenho de um espaço fiscal europeu e internacional em que se verifique uma combinação adequada entre espaços nacionais de tributação normal e zonas de tributação mais reduzida. Neste quadro serão desenvolvidos estudos de avaliação visando identificar os mecanismos mais adequados à melhoria da eficiência fiscal optimizando a relação entre nível de tributação e dinâmica de crescimento do rendimento tributável.
v) Prioridade a certos problemas específicos (cooperação no controlo fiscal e sua coordenação com a supervisão financeira, a nível europeu e extra-europeu; resolução dos problemas da tributação da poupança; sistema comum do IVA; tributação da energia);
vi) Adopção de medidas de defesa e combate aos efeitos negativos nacionais da competição fiscal ilegítima e defesa dos meios de luta contra este fenómeno e consequente evasão e fraude no domínio internacional, desde já e de imediato, mediante a adopção de um Código de Conduta Fiscal dos Estados da União Europeia e de iniciativas semelhantes no âmbito da OCDE e do FMI.

Da delimitação de um novo conceito estratégico nacional, em que se localize Portugal no mundo conforme os seus objectivos, interesses e valores, devem extrair-se consequências do domínio das mais diversas políticas externas extra-europeias. E uma dessas áreas com consequências importantes, porque dela depende toda a movimentação de capitais e dos outros factores de produção e a sua localização no espaço mundial (concorrência fiscal), é a que se refere aos regimes tributários em geral (tanto internos como internacionais) e, sobretudo, aos regimes tributários dos capitais (comparação dos regimes nacionais; normas nacionais unilaterais; acordos de dupla tributação e de luta contra a evasão da fraude; cooperação entre administrações no domínio da supervisão, controlo, fiscalização e repressão).

A definição de um conceito estratégico fiscal deverá ser objecto de um livro branco sobre a posição de Portugal no domínio da fiscalidade e do direito fiscal internacionais, propondo-se, para o efeito, uma estreita colaboração com o Conselho Económico e Social.

4 – Objectivos e prioridades de actuação

Tendo em conta o enquadramento já referido, os objectivos e estratégia política relativamente ao sistema fiscal podem seriar-se basicamente segundo quatro grandes ordens de finalidades, que a Reforma terá em consideração:

i) Finalidade reditícia – o sistema tem de proporcionar receitas bastantes para a satisfação das necessidades através da despesa pública, devendo, em relação a cada situação, ponderar-se a melhor forma de atingir este objectivo. A reforma fiscal não pode deixar de ter em conta a necessidade de manter a consolidação orçamental, em termos bem sintetizados no Programa Português de Convergência, Estabilidade e Crescimento para 1998/2000;

ii) Objectivos de igualdade, justiça e solidariedade – a estrutura fiscal constitui um dos principais instrumentos de intervenção do Estado na redução das desigualdades e na luta contra a exclusão, contribuindo para a criação de uma verdadeira cidadania real e não meramente formal, de acordo com o modelo constitucional e, em particular, com a opção socialista deste Governo. A este nível, apontam-se algumas situações carecidas de intervenção:

Desigualdade na distribuição da carga fiscal directa entre os rendimentos do trabalho subordinado e todos os outros;

Desigualdade entre quem paga impostos e os evasores e defraudadores;

Desigualdade que resulta do afastamento dos princípios da generalidade e da universalidade, resultantes, nesses casos, da duradoura suspensão de regimes fiscais, em outros, da não incidência sobre certas situações reveladoras de riqueza, em outros, ainda, de benefícios fiscais carecidos de suficientes contrapartidas de utilidade social ou que, pela duração excessiva, a perderam, passando a ser meros privilégios. Neste contexto, aspira-se a conseguir uma redução do sacrifício fiscal global, resultante, nomeadamente, do alargamento da base de incidência (efectiva – através da luta contra a fraude e a evasão; e potencial – através da redução das situações de não tributação e de benefícios fiscais injustificados);

iii) Objectivos de desenvolvimento – Não se poderá negar o contributo do sistema fiscal na definição das políticas de desenvolvimento estrutural, quer dos entes territoriais menores, quer da estrutura produtiva nacional, numa lógica integrada e sem recurso a benefícios fiscais de natureza pontual, que com frequência violam seriamente o princípio da igualdade, premiando os grupos de pressão com maior força. O sistema fiscal, no seu conjunto, deve incentivar, nomeadamente, a promoção do crescimento económico e do emprego, o investimento produtivo, a investigação e desenvolvimento, a inovação, a qualificação dos recursos humanos, a comercialização e a logística, a modernização da gestão, a internacionalização, a capacidade empresarial, ou seja, os vectores estratégicos de qualidade, assumindo particular prioridade a reposição de condições de competitividade para as empresas, no quadro da preservação de um ambiente ecológico equilibrado; particular atenção deve ser prestada, por razões de eficácia, dada a intensidade da internacionalização nele ocorrente, à introdução do euro, nas diversas componentes do tecido económico: empresas, instituições, mercados e instrumentos;

iv) Objectivos de qualidade do sistema e de comodidade para os contribuintes – isto implica uma humanização do sistema, tendo por principais instrumentos a melhoria do atendimento, da informação e comunicação ao público, nomeadamente dos seus direitos e deveres, da formação profissional dos funcionários, uma maior desburocratização do sistema, o recurso a novas tecnologias e a certificação de qualidade das organizações administrativas.

5. Reforço da integração da tributação do Estado no conjunto do sector público administrativo com aprofundamento da descentralização fiscal

A alteração do enquadramento global da tributação, séria e razoável, não pode ser efectuada sem uma articulação coerente com os movimentos de descentralização financeira, quer a nível local, quer a nível regional. A nível local terá de se ter em conta a necessidade de financiamento das autarquias locais, nos três níveis previstos constitucionalmente, que contará com a atribuição de receitas provenientes da tributação do património, em termos a definir depois da respectiva reforma, bem como a percepção de que novas transferências diferenciais ou marginais de receitas – nomeadamente do Estado ou de outras entidades do sector público administrativo central – são desejáveis, mas apenas na medida em que correspondam a necessidades de despesa resultantes da transferência de competências. Relativamente às Regiões Autónomas estas preocupações são potenciadas pelo grau de autonomia de que dispõem e que deve ser exercido efectivamente, nos termos da Constituição [1].

Refira-se, ainda, a necessidade do enquadramento da reforma fiscal no sector público administrativo, no seu conjunto, pois é tradicional pensar que o sistema fiscal em Portugal se reduz à tributação orçamental e, quando muito, à tributação local. A verdade, porém, é que a carga fiscal que incide sobre os cidadãos é bastante mais ampla e complexa. Neste contexto, importa progredir no sentido da integração da tributação do Estado no conjunto dos impostos no sector público Administrativo, que definem o sacrifício fiscal global suportado pelos cidadãos em contrapartida das utilidades públicas que são fruídas pela sociedade. Por outro lado, constitui uma necessidade a integração das espécies tributárias diferentes do imposto tanto nos aspectos jurídico-políticos como nos aspectos económico-financeiros.

Uma vez apurada a situação de facto, importará preparar decisões políticas tendentes a avaliar se se justifica a existência desses pequenos impostos, ou se a sua reclassificação orçamental, económico-financeira, deve conduzir à sua consideração como receitas de outra natureza. Nestes termos, o princípio geral deve ser o da simplificação do sistema, concentrando um número pequeno de impostos, significativos, rentáveis e sensíveis à realidade económica, suprimindo os pequenos impostos que são

---

[1] Redacção dada pela RCM n.º 10/98, publicada a 23 de Janeiro.
Redacção anterior:
"5. [...]
A alteração do enquadramento global da tributação séria e razoável, não pode ser efectuada sem uma articulação coerente com os movimentos de descentralização quer a nível local quer a nível regional. A nível local terá de se ter em consideração a necessidade de financiamento das autarquias locais, nos três níveis previstos constitucionalmente, que continuará a contar com a atribuição integral das receitas provenientes dos impostos sobre o património, bem como a percepção de que novas transferências diferenciais ou marginais de receitas – nomeadamente do Estado ou de outras entidades do sector público administrativo central – são desejáveis, mas apenas na medida em que correspondam a necessidades de despesa resultantes da transferência de competências. Relativamente às Regiões Autónomas, estas preocupações são potenciadas pelo grau de autonomia de que dispõem e que deve ser exercido efectivamente, nos termos da Constituição.
[...]"

factor de incómodo para o contribuinte, de burocracia para a administração e de relação custo/benefício negativa ou insuficientemente positiva para a comunidade.

Por outro lado, no âmbito da Administração Central não deverão existir, teoricamente, taxas e impostos extra-orçamentais, ou seja, fora do Orçamento de Estado ou de orçamentos privativos autorizados pelo Orçamento de Estado.

6 – Reforma fiscal estrutural e administração fiscal e aduaneira

Nenhum sistema normativo, por mais justo e adequado à realidade que seja, tem possiblidades de atingir, com êxito, os seus objectivos se não dispuser de um eficaz aparelho que transforme as orientações políticas e o enquadramento jurídico-normativo em decisões operativas concretas em conformidade com estes. As questões ligadas à organização, funcionamento e relação da administração tributária são pois um dos vectores essenciais de qualquer reforma fiscal, nem sempre devidamente ponderado, pois, em última instância, dele depende o destino de quaisquer mudanças normativas. Há, pois, que perspectivar o sistema administrativo tributário numa dupla vertente: como parte integrante da Administração Pública e como vector central do êxito de uma reforma que é uma das prioridades do Governo e constitui condição de êxito das políticas de construção do Estado social.

Por tudo isto, esta reforma não esquecerá a administração tributária em sentido orgânico, designado este conceito tanto a Administração Fiscal como a administração aduaneira, e entidades comuns de apoio, independentemente das diferentes tradições, técnicas ou regimes jurídicos – que, sempre que for justificado, deverão respeitar-se e preservar-se –, pois todas essas organizações devem posicionar-se de forma idêntica ao serviço do contribuinte e em colaboração permanente com ele. No plano funcional estas organizações deverão evoluir no sentido da passagem de entidades verticalizadas, meramente administrativas e de execução para entidades orientadas por princípios modernos de responsabilidade e gestão, só assim sendo possível tirar partido de economias de escala, desde logo as derivadas da sua posição como grandes compradores e consumidores de bens e serviços, de sinergias de esforços, do trabalho em grupo e do primado da acção criativa sobre a acção burocrática.

7 – Linhas de força da abordagem reformadora

Em síntese: esta Resolução reafirma e enriquece o Programa do Governo, centrando em quatro linhas de actuação as ideias força da sua estratégia reformadora:

a) Sem aumentar globalmente impostos (e procurando, quando possível, a sua redução selectiva), aumentar a justiça e a consequente luta contra a desigualdade no sistema fiscal, dando prioridade à luta contra a fraude e a evasão, sustentando o rigor e a eficiência na acção da administração fiscal, intensificando a generalização do recurso às novas tecnologias de informação e combatendo práticas permissivas;

b) Colocar o sistema fiscal ao serviço dos cidadãos, estabelecendo uma nova relação de confiança entre a Administração e os cidadãos, dando aos direitos e garantias dos contribuintes um lugar central no sistema, nas regras e nos procedimentos e cuidando eficazmente da simplicidade e da comodidade;

c) Colocar o sistema fiscal ao serviço do desenvolvimento económico-social, promovendo o nível e a qualidade dos investimentos e estimulando uma repartição do rendimento favorável ao reforço da coesão económica e social, no quadro da prioridade à competitividade, ao crescimento sustentável e ao emprego, de molde a criar condições para futuras e justas reduções de impostos e eliminar situações de concorrência não leal;

d) Abrir ao futuro uma estrutura fiscal anquilosada, fechada e, em muitos casos, passadista.

As medidas programadas, além de globalmente apresentadas ao povo português e à sua qualificada representação política, que é a Assembleia da República, serão, em devido tempo, propostas ao Parlamento ou objecto de decisão pelo Governo, pela Administração ou por outras entidades competentes.

Assim, nos termos da alínea a) do n.º 1 do artigo 203.º da Constituição, o Conselho de Ministros resolveu aprovar, para audição e discussão públicas, as bases gerais da reforma fiscal da transição para o século XXI em anexo à presente resolução e que dela fazem parte integrante.

Presidência do Conselho de Ministros, em 19 de Junho de 1997

O PRIMEIRO MINISTRO,

BASES GERAIS DA REFORMA FISCAL DA TRANSIÇÃO PARA O SÉCULO XXI

PARTE I

Linhas programáticas e estratégicas para a reforma

Ponto 1.º

Princípios Gerais

1 – A reforma fiscal da transição para o século XXI terá como objectivo orientar o sistema fiscal no sentido de consolidar a sua estabilidade, reduzindo as desigualdades na sociedade portuguesa através da redistribuição da carga fiscal, da simplificação, modernização e desburocratização do sistema fiscal e da administração fiscal e aduaneira e da prossecução, com mais eficácia, da luta contra a evasão e fraude fiscais e aduaneiras e promovendo o desenvolvimento sócio-económico sustentável, em particular pela criação de condições favoráveis ao reforço da competitividade, ao crescimento económico e ao emprego e à consolidação e criação de empresas viáveis.

2 – A pessoa é, também no sistema fiscal, o mais importante, pelo que os direitos e as garantias dos contribuintes constituirão uma prioridade central, modeladora da reforma, devendo diminuir-se as eventuais zonas de discricionariedade existentes, incrementando-se a sua efectividade através de uma adequada aplicação da concepção da administração fiscal como um serviço de índole pública e do contribuinte como um cidadão e um cliente; assim se realizará a ideia de democracia fiscal, integrada numa nova cultura fiscal de cidadania e solidariedade.

Ponto 2.º
Filosofia de intervenção

1 – No respeitante à tributação básica do rendimento e da despesa (IRS, IRC, IVA e IEC harmonizados), não se encara uma alteração da filosofia de base destes impostos – aliás comuns à estrutura dos restantes países da União Europeia – , mas tão somente a correcção de mecanismos que se mostram inadequados ou disfuncionais em relação à consecução dos objectivos enunciados, embora, em certos casos, isso possa implicar mudanças significativas.

2 – No respeitante às reformas incompletas ou ainda não encetadas, em particular em relação à tributação do património (para a qual se prevê a criação de um imposto único, analítico, periódico, real e proporcional sobre a riqueza mobiliária e imobiliária, com a simultânea extinção da contribuição autárquica, do imposto municipal da sisa e do imposto sobre as sucessões e doações, questão que conduzirá à reforma das finanças locais), imposto do selo, imposto automóvel e alguns impostos conexos, será necessário proceder a uma mudança de raiz de toda a filosofia de tributação.[2]

3 – No respeitante à legislação conexa com os diversos impostos, deverá ainda proceder-se a uma profunda revisão – que pode levar à substituição integral – do Código de Processo Tributário em articulação com a criação *ex novo* de uma lei geral tributária, do Estatuto dos Benefícios Fiscais, do Regime Jurídico das Infracções Fiscais Não Aduaneiras e do Regime Jurídico das Infracções Fiscais Aduaneiras e à criação de um Estatuto de Defensor do Contribuinte.

---

[2] Redacção dada pelo RCM n.º 10/98, publicada em 23 de Janeiro.
Redacção anterior:
"Ponto 2.º
[...]
1 – [...]
2 – No respeitante às reformas incompletas ou ainda não encetadas, em particular em relação à tributação do património (e desde logo, quanto à reforma da contribuição autáquica e à progressiva substituição do imposto municipal de sisa, questão que se prende com a reforma das finanças locais), imposto de selo, imposto automóvel e alguns impostos conexos e imposto sobre as sucessões e doações, será necessário proceder a uma mudança de raíz de toda a filosofia da tributação.
3 – [...]"

PARTE II

A reforma fiscal e o sector público administrativo

Ponto 3.º
Princípios Orientadores

1 – O sistema dos pequenos impostos orçamentais será simplificado, concentrando-se num reduzido núcleo de impostos, significativos, rentáveis e sensíveis à realidade económica, suprimindo-se os pequenos impostos que são factor de incómodo para o contribuinte, de burocracia para a Administração e ténue relação custo/benefício negativo ou insuficientemente positivo para a comunidade.

2 – Revalorização da figura da taxa, no âmbito do sistema de financiamento do sector público administrativo, cada vez mais indispensável por razões de necessidade e de justiça, como forma de financiamento de encargos públicos, às imposições do princípio da legalidade e às garantias dos direitos do contribuinte, o que implica o estudo da estrutura das taxas e dos problemas que colocam e a preparação de um regime geral das taxas como forma de uniformizar o sistema e dar efectividade ao princípio da legalidade e à tutela dos direitos dos contribuintes utentes dos serviços públicos.

3 – A existência de impostos e de taxas da administração central fora do Orçamento do Estado ou de orçamentos privativos de fundos e serviços autónomos autorizados pelo Orçamento de Estado é uma realidade que será suprimida, procedendo-se para tal ao devido levantamento de todas as situações e à sua integração no Orçamento de Estado.

Ponto 4.º
Segurança social

1 – Em coerência com a reforma da segurança social, a estrutura de financiamento da segurança social deverá ser alterada de forma a garantir a sua sustentabilidade em termos eficientes economicamente, respeitando-se os princípios da equidade e solidariedade, revendo-se as bases de incidência da taxa social única e ajustando-se a respectiva alíquota, tendo em conta a prossecução global de políticas de emprego.

2 – O financiamento do regime geral continuará a assentar principalmente nas contribuições sociais, mas acentuar-se-á o princípio do financiamento tripartido.

3 – Serão equacionadas as virtudes e os defeitos da actual tributação das pensões, ponderando-se qual a filosofia que deverá presidir à actualização da dedução específica do IRS, bem como a harmonização da tributação dos fundos da segurança social com a dos fundos de capitalização que tenham natureza semelhante.

4 – Será equacionado o estabelecimento de um regime fiscal mais favorável para as contribuições complementares para a segurança social (segundo pilar), nomeadamente no quadro da negociação colectiva.

Ponto 5.º
Finanças locais

1 – Proceder-se-á a uma prévia e clara definição da articulação da tributação do Estado com as formas descentralizadas e paralelas de tributação, definindo-se quais os impostos cujo sujeito activo é uma autarquia local e qual a sua participação nas receitas dos impostos nacionais, em articulação com os novos entendimentos relativos às finanças locais e à futura repartição de competências entre o Estado e as autarquias.

2 – Esta problemática será apreciada tendo em consideração as reformas a empreender na estrutura da tributação sobre o património.

3 – Criar-se-ão, assim, condições para a renovação da estrutura dos impostos locais e para o reforço dos poderes das autarquias como sujeitos activos dos impostos próprios e como responsáveis pela respectiva administração, passando a haver então verdadeira tributação local, diferenciada e autónoma, para além das transferências obrigatórias do Orçamento de Estado e dos impostos nacionais cujo produto é transferido para as autarquias locais, o que constituirá uma forma mais avançada e responsável da autonomia financeira local.

4 – Equacionar-se-á a hipótese de atribuir às autarquias locais a faculdade de conceder benefícios fiscais de âmbito local, em termos a definir por lei.

5 – Afirmação da possibilidade de as autarquias locais recorrerem a serviços próprios para as cobranças fiscais ou, em alternativa, aos serviços do Estado, sendo, nessa circunstância, devida uma compensação.

6 – Não haverá lugar a compensação por concessão de benefícios fiscais em relação a empreendimentos que sejam reconhecidos pelas autarquias de interesse municipal.

Ponto 6.º
Finanças das regiões autónomas

1 – Será definida claramente a extensão das receitas fiscais pertencentes às Regiões Autónomas, dando-se conteúdo à referência contida nos respectivos estatutos às receitas nelas cobradas ou geradas e tornando efectivas as disposições que até agora foram letra morta, à luz da singularidade da experiência e do quadro autonómico na Constituição da República.

2 – Equacionar-se-á a hipótese de atribuir às assembleias regionais a faculdade de conceder benefícios fiscais de âmbito regional, dentro dos limites fixados nas leis de adaptação do sistema fiscal e das finanças regionais, e, bem assim, designadamente, os seguintes aspectos:

- *a*) Manutenção das situações de taxas diferenciadas, que já estão consagradas na legislação nacional em relação a alguns impostos (IVA; imposto de sisa; imposto de circulação e camionagem, etc.), enquanto se mantiverem as condições que as justifiquem;
- *b*) Criação da possibilidade de adaptação do sistema fiscal nacional às especificidades regionais, de harmonia com o previsto na Constituição, dentro dos limites fixados na lei das finanças regionais;
- *c*) Subordinação de tal adaptação aos princípios da solidariedade entre o Estado e as Regiões e entre estas últimas, da coerência com o sistema fiscal nacional, da legalidade, da igualdade regional, da flexibilidade, da suficiência e da eficiência funcional;
- *d*) Clarificação do facto de os poderes tributários regionais previstos na Constituição se poderem traduzir quer na adaptação de impostos já existentes, quer na criação de impostos novos, incidindo sobre matérias ainda não tributadas e que não criem obstáculos à circulação de pessoas ou mercadorias (para além de respeitarem a legislação comunitária);
- *e*) Confirmação e delimitação da possibilidade de criação de taxas pelos órgãos dos governos regionais;
- *f*) Reapreciação da legislação especial relativa às zonas francas situadas nas Regiões;
- *g*) Afirmação da possibilidade de as Regiões recorrerem a serviços próprios para as cobranças fiscais ou, em alternativa, aos serviços do Estado, sendo, nessa circunstância, devida uma compensação.

PARTE III
Estrutura orgânica do sistema fiscal

Ponto 7.º
Administração tributária

1 – As medidas a tomar no âmbito da Administração Tributária obedecerão a uma lógica de gestão integrada e coordenada de uma só administração tributária, apesar de constituída por três direcções-gerais, procurando-se eliminar os diversos constrangimentos à sua actuação e estudando-se soluções conducentes à respectiva melhoria em termos de eficácia e eficiência, tomando-se, entre outras, as seguintes medidas:

 a) Dinamização do Conselho dos Directores-Gerais para os Assuntos Fiscais onde se equacionem e proponham todas as medidas relacionadas com as políticas do sector;
 b) Criação de um conselho de coordenação, constituído por representantes dos três organismos, com competência para formular e acompanhar os planos de actividades comuns a todas ou a parte deles;
 c) Dotação da DGCI, DGAIEC e DGITA com leis orgânicas que lhes permitam, por um lado, ter regimes de pessoal próprios, em especial no que se refere a vínculos, carreiras, recrutamento, incentivos e escalas remuneratórias adequadas e, por outro, maior descentralização e maior autonomia na gestão orçamental e na realização de despesas;
 d) Integração, no quadro da reforma da tributação do património, do processo de informatização da contribuição autárquica na DGITA;
 e) Incremento da articulação e coordenação entre repartições de finanças, tesourarias da Fazenda Pública, direcções distritais e direcções de serviços tributários, de forma a reduzir-se o número de informações e despachos contraditórios, a criar-se maior estabilidade da doutrina administrativa e a proceder-se à efectiva desconcentração e personalização das relações e contactos com os contribuintes;
 f) Publicação obrigatória anual dos regulamentos internos e de todas as orientações permanentes necessárias ao esclarecimento dos contribuintes;
 g) Prossecução do processo de integração das tesourarias da Fazenda Pública na administração fiscal;

h) Cisão da Direcção Distrital de Finanças de Lisboa em duas direcções distritais (zonas Oeste-Leste);
i) Consideração prioritária como áreas-chave da formação profissional e da auditoria interna, bem como a criação de núcleos de estudo, acompanhamento e avaliação das políticas tributárias;
j) Modernização das duas direcções-gerais operativas, com a eventual transformação, a prazo, do departamento de apoio (DGITA) numa entidade de tipo empresarial;
l) Início do processo de certificação de qualidade das diversas entidades componentes da administração tributária com prioridade para a DGITA;
m) Ponderação, a prazo, da unificação da administração tributária – ou das suas áreas operativas fundamentais – num instituto p+úblico, a exemplo do IGFSS, sem prejuízo da especificidade das suas componentes;
n) Prioridade funcional para a personalização das relações com os contribuintes e para a determinação dos rendimentos reais, com luta contra a fraude e a evasão tributárias.

2 – Será posto em funcionamento, de imediato, o Conselho Nacional de Fiscalidade, órgão participativo e consultivo nos domínios da política e da administração tributária, com as incumbências, designadamente em termos de política estrutural e conjuntural, de promoção e controlo do enquadramento e harmonia do sistema fiscal e aduaneiro com os princípios e normas da Constituição e da ordem comunitária.

3 – Proceder-se-á à simplificação da actividade da Comissão de Normalização Contabilística.

PARTE IV

Elementos estruturantes da ordem jurídico-tributária

Ponto 8.º
Garantias e comodidade dos contribuintes

1 – As garantias dos contribuintes serão potenciadas e aplicadas de forma cada vez mais vigorosa, quer na administração tributária quer na administração aduaneira, criando-se as condições materiais ao seu exercício efectivo pleno.

2 – No tocante ao direito à informação, serão melhorados os canais estabelecidos entre a administração fiscal e o contribuinte não apenas nas matérias respeitantes ao processo tributário em concreto, mas também relativamente à interpretação da legislação tributária, nomeadamente através da instituição de novos serviços ou da remodelação da estrutura administrativa actual, reforçando-se o diálogo com as associações e entidades representativas de interesses económicos e sociais.

3 – Neste contexto, serão adoptadas, nomeadamente, as seguintes medidas:

a) Instituição do defensor do contribuinte, como órgão destinado a apoiar e a defender os contribuintes junto da administração fiscal e aduaneira, sem qualquer interferência com o estatuto do Provedor de Justiça, dotado de um estatuto de inteira autonomia, independência hierárquica e estabilidade no exercício das suas funções e como observatório privilegiado do funcionamento do sistema;

b) Aprovação de uma lei geral tributária onde se estabelecerão os princípios fundamentais do direito tributário, sistematizando-se, uniformizando-se e clarificando-se diversas matérias, nomeadamente o posicionamento da administração fiscal e Aduaneira perante os contribuintes, o sistema de garantias dos contribuintes, o regime jurídico de enquadramento da norma tributária, a teoria geral da relação jurídico-tributária e seus elementos constitutivos, a tipologia dos tributos e respectivo regime jurídico, a definição da obrigação principal e das obrigações acessórias dos contribuintes, o regime da responsabilidade, o regime básico da avaliação e as formas de extinção da relação jurídica tributária;

c) Simplificação do processo tributário no quadro da reforma da justiça fiscal;

d) Difusão regular e atempada das orientações da administração tributária, em especial das que impliquem alteração das orientações em vigor, e sua sistematização através da publicação de um volume anualmente actualizado;

e) Aprovação de um regulamento relativo aos direitos e deveres dos serviços de inspecção tributária, com subordinação à lei geral tributária.

4 – Incrementar-se-á o recurso a novas tecnologias, de forma a conceder uma maior comodidade aos cidadãos no cumprimento das respectivas obrigações fiscais, adoptando-se as seguintes medidas, ao longo da legislatura:

  a) Simplificação das obrigações declarativas e da sua entrega, em particular pelo uso das novas tecnologias de informação, no quadro de uma revisão do sistema declarativo, em que se distingam as informações relativas às liquidações das informações estatísticas e de controlo;[3]
  b) Aperfeiçoamento e ampliação do âmbito informativo da página da DGCI na Internet, em particular o relativo ao cálculo do IRS, por forma que tenda a cumprir mais cabalmente os objectivos de uma autêntica repartição de finanças virtual;
  c) Generalização da utilização do correio electrónico no contacto dos contribuintes com a administração fiscal;
  d) Lançamento do cartão electrónico do contribuinte que permitirá, nomeadamente, visualizar a sua situação como devedor e pagador de impostos e as obrigações declarativas cumpridas e não cumpridas;
  e) Criação de quiosques electrónicos públicos para acesso às bases de dados fiscais, onde o contribuinte poderá obter informações genéricas ou entregar documentos, cumprir as suas obrigações fiscais, conhecer a sua conta corrente e outras operações, mediante a sua prévia identificação através do novo cartão de contribuinte;

---

[3] Redacção dada pelo RCM n.º 10/98, publicada em 23 de Janeiro.
Redacção anterior:
"Ponto 8.º
[...]
1 – [...]
2 – [...]
3 – [...]
4 – [...]
  a) Simplificação das obrigações declarativas e da sua entrega, em particular pelo envio via Internet:
  b)
  c)
  d)
  f)
  g)
  h)
5 – Implantação do documento único de cobrança, garantindo a curto prazo um conhecimento mais rápido e correcto dos pagamentos efectuados e da receita entrada nos cofres do Estado."

f) Desenvolvimento do Projecto Visão do contribuinte como sistema de apoio à informação e à acção dos sujeitos passivos donde conste a integração da informação relevante de cada sujeito passivo, superando-se assim a visão fragmentada por imposto;

g) Reorganização das formas de atendimento ao público, com introdução de atendimento automático sempre que possível e personalização do atendimento não automatizável (eliminação do balcão nas principais repartições, identificação de funcionários, livro de reclamações, distribuição gratuita de minutas e manuais de procedimentos, etc);

h) Melhoria da difusão e da actualização das estatísticas fiscais e da informação legislativa e administrativa.

5 – Implantar-se-á o documento único de cobrança, garantindo a curto prazo um conhecimento mais rápido e correcto dos pagamentos efectuados e da receita entrada nos cofres do Estado.

Ponto 9.º
Instituições e serviços de justiça tributária

1 – Modernização da justiça tributária, dotando-a do grau de qualidade, eficácia e celeridade, que lhe é exigível de acordo com os padrões de uma administração fiscal moderna.

2 – Criação de condições conducentes a um maior recurso à via administrativa, de forma que não seja absolutamente indispensável o recurso à via judicial, ou, em sua alternativa, que os processos venham já com um grau elevado de concretização a nível probatório.

3 – Neste contexto, serão adoptadas, nomeadamente, as seguintes medidas:

a) Articulação do Código de Processo Tributário com a lei geral tributária e com a Lei Orgânica do Ministério das Finanças, adaptando-o aos impostos especiais sobre o consumo;

b) Reformulação do sistema judicial tributário, equacionando-se, nomeadamente, a actual autonomia dos tribunais aduaneiros, a exigência de especial qualificação dos magistrados como condição prévia para o exercício de funções, a revisão da posição dos representantes da Fazenda Pública que deverá ser articulada com o trabalho das comissões de revisão, e a eventual criação de uma ligação institucional entre os representantes da Fazenda Pública e do Ministério Público;

c) Reforço da transparência e independência das comissões de revisão, através, designadamente, da criação de regras de funcionamento e reforço da fundamentação nos casos em que o contribuinte não aceita a decisão, instituindo-se, em processos de maior complexidade ou de significativo valor e independentemente da respectiva natureza, a figura do perito independente de apoio àquelas comissões;

d) Descentralização, dentro de certas condições e limites, do poder de resolução de reclamações graciosas em escalões inferiores da cadeia hierárquica da administração fiscal e aduaneira;

e) Maior informatização das repartições de finanças, de forma a que tenham acesso a toda a informação relevante para a resolução das reclamações, designadamente, através da extensão da rede integrada da informática tributária e aduaneira;

f) Revisão dos privilégios creditórios do Estado, articulando-os com os da segurança social;

g) Revisão da tabela e regras das custas dos processos tributários, tornando menos oneroso o acesso à justiça;

h) Reforço efectivo da independência dos tribunais tributários face à administração fiscal;

I) Adopção de medidas de curto prazo que ponham termo à paralisia das execuções fiscais.

Ponto 10.º
Fraude e evasão fiscais e aduaneiras

Intensificação crescente e maior eficácia na prossecução da luta contra a evasão e fraude fiscais e aduaneiras como condição de diminuição das injustiças do sistema e de alívio da carga fiscal dos contribuintes cumpridores, de eliminação de distorções de concorrência e de estancamento da quebra ilícita de receitas, através, nomeadamente, da adopção das seguintes medidas, sempre com respeito pela confidencialidade e pelas garantias dos contribuintes:

a) Extensão, alargamento e efectiva implantação da rede informática (RIITA), aos departamentos centrais, locais e regionais da DGCI e da DGAIEC;

b) Melhoria dos sistemas de retenção na fonte e de pagamento por conta, bem como do sistema de cobranças, em especial das coercivas (execuções fiscais);
c) Modernização e informatização dos serviços, em especial a reorganização dos serviços de natureza preventiva e inspectiva e a coordenação e articulação horizontal entre serviços, com criação de condições para uma fiscalização interna e externa mais actuante, pedagógica e selectiva;
d) Melhoria dos sistemas de identificação dos contribuintes, instituindo-se um cadastro único de suporte à globalidade da acção fiscal e aduaneira, que permitirá resolver os problemas que actualmente se põem quanto à identificação das pessoas colectivas e um melhor funcionamento do VIES e, portanto, do controlo das trocas intracomunitárias;
e) Restruturação da profissão dos técnicos oficiais de contas, procedendo-se, nomeadamente, à correcção das disposições do respectivo estatuto que se revelem desajustadas e à regulamentação dos aspectos que se mostrem necessários;
f) Melhoria de procedimentos e do controlo e da certificação das declarações de contribuintes, nomeadamente no que respeita ao recurso à leitura óptica, à análise da documentação contabilística, procurando-se criar condições para uma maior veracidade desta, de forma a possibilitar um menor recurso a correcções administrativas de determinação da matéria colectável e à simplificação do processo de rectificações de impostos, cuja liquidação dependa da declaração do contribuinte;
g) Obrigação de entrega de declaração simplificada por razões de controlo e por razões estatísticas para os sujeitos passivos abaixo dos limiares de tributação, a implantar com o processo de leitura óptica dos documentos;
h) Melhoria do controlo dos recibos verdes, com eventual criação do mapa recapitulativo de recibos verdes e evolução para a pré-impressão dos dados dos contribuintes, como nos cheques;
i) Melhoria do controlo dos pagamentos efectuados a não-residentes;
j) Introdução progressiva dos inventários permanentes de *stocks*;
l) Reforço do controlo dos entrepostos fiscais;
m) Acompanhamento da aplicação das regras de subcapitalização;

n) Melhoria do controlo dos reembolsos em IRS, IRC, IVA e ISP e das restituições às exportações;
o) Melhoria do controlo do trânsito e circulação de mercadorias, em particular do intracomunitário;
p) Análise das experiências europeias de declaração do património;
q) Melhoria dos procedimentos de determinação indirecta do rendimento, nomeadamente através de análises económicas sectoriais sistemáticas, de aprofundamento das técnicas de elaboração de rácios e da clarificação do conceito legal de "indícios fundados";
r) Desenvolvimento de mecanismos de acompanhamento do Decreto-Lei n.º 124/96, de 10 de Agosto, e reafirmação do compromisso de não apresentação de novas medidas similares e excepcionais de regularização de dívidas fiscais;
s) Revisão dos protocolos com a banca e com os CTT, de forma a garantir uma cobrança mais rápida, segura e eficaz;
t) Criação da Unidade de Coordenação da Luta contra a Fraude e Evasão Fiscais e Aduaneiras UCLEFA, com melhoria dos sistemas de inspecção fiscal e aduaneira e destes com outras entidades internas ou externas, como a UCLAF comunitária, e propondo-se a reorganização do sistema policial tendo em conta a especificidade da matéria tributária e contabilística e especialmente vocacionado para a luta contra o crime fiscal e aduaneiro, em particular o crime organizado, nacional e internacional;
u) Realização de estudos sobre as formas típicas de fraude e evasão fiscais e aduaneiras, da sua quantificação e de estudos de direito comparado sobres os modos de as combater;
v) Realização de campanhas de sensibilização dos contribuintes para o combate a estes fenómenos (por exemplo, sobre a necessidade de ser pedido o recibo ou a factura);
x) Desenvolvimento, nos termos do artigo 35.º da Constituição, de fluxos de informação entre os subsistemas inspectivos tributário e da segurança social, no sentido de detectar situações de incumprimento com as correspondentes melhorias na rede de comunicações entre os serviços periféricos das respectivas administrações.[4]

---

[4] Redacção dada pelo RCM n.º 10/98, publicada em 23 de Janeiro.
Na redacção anterior o Ponto 10.º terminava na alínea *v*).

Ponto 11.º
Infracções fiscais aduaneiras e não aduaneiras

1 – Adequação efectiva do sistema ao combate à fraude e evasão fiscais e aduaneiras adoptando-se, para tal, um regime sancionatório que conjugue os valores de justiça com os objectivos de prevenção e repressão, devendo proceder-se a uma fiscalização sistemática, mas diferencial e selectiva, dos factos tributários e consequente reacção contra quaisquer incumprimentos das obrigações fiscais.

2 – Harmonização dos sistemas sancionatórios contemplados no Regime Jurídico das Infracções Fiscais Aduaneiras e no Regime Jurídico das Infracções Fiscais Não Aduaneiras e diplomas complementares, devendo, nomeadamente, institutos como a actuação em nome de outrem, a responsabilidade das pessoas colectivas ou entes fiscalmente equiparados e a responsabilidade subsidiária ser objecto de uma regulamentação uniforme no direito penal tributário (em sentido amplo), quer a nível de tipos quer a nível da dosimetria das sanções aplicáveis, sendo ainda imperativo, designadamente, tomar as seguintes medidas:

a) Revisão das normas sobre o processo contra-ordenacional, tendo em conta a insuficiência, como direito subsidiário, das normas da lei quadro das contra-ordenações, e redefinição das competências dos diversos órgãos intervenientes na instrução e decisão dos processos;

b) Utilização plena dos mecanismos informáticos disponíveis ou a criar, designadamente o cruzamento de informação, a automatização da detecção das situações de incumprimento e o registo nacional dos processos e infractores;

c) Distinção das entidades que intervêm na fase de acusação das que intervêm na fase de decisão;

d) Institucionalização de uma fase prévia de investigação dos crimes aduaneiros em que a administração aduaneira goze dos mesmos poderes dos órgãos de polícia criminal à semelhança do que se constata na investigação dos crimes fiscais.

Ponto 12.º
Incentivos fiscais

1 – Revisão geral dos actuais benefícios e incentivos fiscais, de forma a submetê-los a um modelo comum, dotado de coerência e eficácia, evitando a sua proliferação em legislação avulsa, obedecendo aos seguintes vectores, sem prejuízo dos direitos adquiridos:

   a) Definição criteriosa dos objectivos económicos e sociais a prosseguir ou a incentivar e sua hierarquização;
   b) Selecção da modalidade técnica a utilizar, de forma que os incentivos obedeçam a critérios de generalidade, subsidiariedade, equidade e transparência, não existam duplicações, não constituam vantagens desproporcionadas em face dos objectivos visados ou entorses aos princípios gerais de tributação;
   c) Garantia de inexistência de discriminação fiscal para além daquela que decorre do próprio incentivo fiscal;
   d) Estabelecimento de um horizonte temporal definido;
   e) Transparência;
   f) Salvaguarda dos direitos adquiridos e, em muitos casos, opção pelo gradualismo.

2 – São considerados objectivos económicos e sociais prioritários os que visem:

   a) Promover o investimento produtivo, a capitalização e o autofinanciamento das empresas, a investigação e desenvolvimento, a criação de novos postos de trabalho, a internacionalização da economia portuguesa, em particular as iniciativas de captação de investimento directo estrangeiro estruturante ao estímulo ao investimento das empresas portuguesas no exterior visando o reforço da sua capacidade empresarial nas esferas da produção, comercialização e logística, bem como as reestruturações empresariais, em particular as que impliquem a modernização da capacidade de gestão e permitam a aquisição de empresas em situação económica difícil com vista à sua recuperação e viabilização financeira no quadro dos contratos de consolidação financeira e reestruturação empresarial;
   b) Promover temporariamente, através de um regime extraordinário, o autofinanciamento, o reforço de capitais próprios e o investimento produtivo das pequenas e médias empresas;
   c) Preservar o ambiente, quer no quadro de iniciativa de protecção e conservação, quer no quadro de iniciativas de racionalização, eficiência e poupança nas actividades produtivas, incentivando, nomeadamente, a utilização de energias renováveis e as iniciativas de diversificação energética;

d) Preservar o património cultural e estimular o desenvolvimento da actividade cultural;
  e) Promover o acesso dos estratos médios e médios-baixos da população à habitação própria e permanente, o relançamento de um mercado de habitação para arrendamento a preços compatíveis com os rendimentos da maioria dos portugueses e a conservação e requalificação do parque habitacional;
  f) Reforçar a coesão económica e social, com definição de medidas de apoio a regiões mais desfavorecidas;
  g) Reforçar a acção social e solidária;
  h) Criar condições para o desenvolvimento do sistema de caucionamento mútuo que constitua estímulo para o surgimento de sociedades de garantia mútua, com vista à diversificação e facilitação do financiamento às pequenas e médias empresas e microempresas.

3 – A concessão de incentivos fiscais antes da revisão de conjunto do sistema de benefícios, forma e privilégios actualmente em vigor será fortemente condicionada, devendo ter em conta os princípios acima enunciados.

Ponto 13.º
Imposto sobre o rendimento das pessoas singulares

1 – Alteração da estrutura do imposto, aproximando-o da filosofia originária, por motivos de justiça, coerência, simplicidade e eficiência, procurando-se, em particular, uma melhor definição da incidência de certas categorias de rendimentos, uma mais eficaz tributação das remunerações acessórias, a criação de condições para uma maior transparência da despesa fiscal e para um melhor controlo administrativo das declarações e a personalização deste imposto, nomeadamente pela reponderação dos abatimentos e deduções em função da família e dos fins próprios da pessoa, mais do que objectivos de política do Estado.

2 – Neste contexto, estudar-se-ão e desenvolver-se-ão, designadamente, as seguintes medidas e orientações:

  a) Reformulação da norma de incidência dos rendimentos de capitais através da criação de um conceito geral mais abrangente;
  b) Ampliação do conceito de rendimento predial de forma a abranger todos os rendimentos atribuíveis aos direitos sobre prédios

urbanos, rústicos ou mistos, e ponderação da possibilidade de dedução de perdas da categoria F nos rendimentos apurados noutras categorias;
c) Alargamento da base de incidência dos rendimentos da categoria I, transformando-a numa verdadeira categoria residual abrangendo a generalidade dos acréscimos patrimoniais não tributados nas restantes categorias;
d) Reformulação das regras de tributação das mais-valias no Código do IRS;
e) Passagem gradual do regime especial de tributação dos rendimentos agrícolas para o regime geral, equiparando estes rendimentos aos demais rendimentos empresariais para idênticos níveis de rentabilidade;
f) Introdução da colecta mínima nas categorias B e C e acompanhamento da aplicação deste instituto, ponderando-se a diluição nele dos restantes pagamentos por conta;
g) Ponderação da introdução de um regime simplificado de tributação para as pequenas actividades económicas, em particular de base familiar;
h) Possibilidade de opção dos sujeitos passivos da categoria B, com uma única entidade patronal, pela tributação na categoria A ou, em alternativa, evolução para um regime simplificado de tributação dos profissionais liberais sem contabilidade organizada;
i) Harmonização do regime de acções e quotas condicionada pelo registo de acções;
j) Reanálise das despesas dedutíveis, em particular dos critérios administrativos e das formas de controlo, privilegiando as que têm carácter humanizante e personalizante relativamente às que representam meros benefícios ou incentivos a actividades exteriores ao contribuinte e transformação progressiva de parte ou da totalidade dos abatimentos à matéria colectável em deduções à colecta, valorizando o esforço das famílias nas áreas de educação e formação;
l) Progressivo desagravamento da fiscalidade que incide sobre os rendimentos dos trabalhadores por conta de outrem, em particular dos que integram os escalões baixos e médios da categoria A, nomeadamente através da reconfiguração da figura de dedução específica desta categoria e sua actualização em valor superior à inflação esperada e da actualização diferenciada dos diversos escalões de rendimentos do IRS;

m) Redução progressiva do número de taxas liberatórias e aproximação das taxas, nos casos em que tal se justifique;
n) Eventual alteração dos níveis de taxas e do número de escalões, tendo em conta o estudo referido no Orçamento do Estado para 1997, os constrangimentos orçamentais e os resultados das políticas de combate à fraude e evasão, de alargamento da base de tributação e de redução de benefícios fiscais;
o) Criação de condições administrativas e legislativas para efectivação da tributação das remunerações acessórias;
p) Aprofundamento do processo de simplificação e celeridade dos reembolsos;
q) Criação de condições para a adopção da tributação separada como opção e ponderação da equiparação das uniões de facto ao agregado familiar para efeitos de IRS;
r) Eventual tributação dos rendimentos provenientes de actividades ilícitas e dos acréscimos patrimoniais injustificados.

Ponto 14.º
Imposto sobre o rendimento das pessoas colectivas

1 – Adaptação do sistema de tributação do rendimento das pessoas colectivas às novas realidades económicas, decorrente da crescente integração europeia, da internacionalização e das privatizações, reformulando-se e corrigindo-se conceitos que se mostraram incompletos ou desajustados, melhorando-se a eficácia do imposto, com contenção das formas de planeamento fiscal, nomeadamente as mais danosas, e progressiva redução dos espaços de fraude fiscal.

2 – Norteadas pelos princípios conjugados do alargamento da base tributária, da simplificação, com redução de situações de excepção, e progressiva diminuição da taxa de tributação, estudar-se-ão e desenvolver-se-ão, neste contexto, designadamente, as seguintes medidas e orientações:

a) Clarificação do conceito de estabelecimento estável;
b) Eventual alargamento da tributação na fonte dos não residentes sem estabelecimento estável;
c) Neutralidade e redução da dupla tributação;
d) Regulamentação específica das condições de aceitação como custo de certas despesas, tais como as referentes a ofertas, ajudas de custos e despesas de deslocação em viatura própria;
e) Introdução de uma colecta mínima;

f) Alteração do regime fiscal do reinvestimento dos valores de realização;
g) Adaptação de período de caducidade da liquidação dos impostos com o do prazo do reporte de prejuízos;
h) Precisão do conceito de relações especiais e explicitação dos métodos adequados à determinação do preço de plena concorrência;
i) Progressiva diminuição da taxa do IRC, em função dos resultados decorrentes do alargamento das bases de tributação e das políticas de redução de benefícios fiscais e de combate à evasão e fraude;
j) Revisão dos regimes das provisões;
l) Diminuição progressiva da fiscalidade das pequenas empresas não integradas em grupos económicos ou situadas em zonas geográficas mais desfavorecidas;
m) Actualização do regime das amortizações e reintegrações;
n) Análise da questão da constituição de provisões para garantia de pagamento de salários;
o) Reanálise do regime da consolidação fiscal;
p) Ponderação da introdução de um regime simplificado de tributação para as pequenas actividades empresariais;
q) Definição de um tratamento específico para a indústria extractiva, tendo em consideração o respectivo ciclo de actividade onde as acções de prospecção e de reposição ambiental no final da exploração justificam adaptações nos mecanismos de tributação em sede de IRC;
r) Harmonização fiscal dos regimes de mecenato.

Ponto 15.º
Imposto sobre o valor acrescentado

1 – Privilegiar-se-á o aperfeiçoamento da componente administrativa do imposto e a luta contra a fraude e evasão fiscais, bem como a adopção de medidas de alargamento da base tributável, nomeadamente a futura consagração das opções admitidas pela 6.ª directiva, introduzindo-se as alterações necessárias ditadas a nível comunitário decorrentes da futura adopção de um sistema comum do IVA, de uma aproximação de taxas e de um reforço da cooperação administrativa.

2 – Neste contexto, estudar-se-ão e desenvolver-se-ão, nomeadamente, as seguintes medidas e orientações:

a) Neutralização das tendências de deslocação de algumas actividades para os Estados membros que apliquem taxas do IVA mais moderadas, dos efeitos causados pela possível alteração do sistema de afectação das receitas do IVA a cada um dos Estados membros, bem como de algumas alterações no âmbito do direito à dedução, através, nomeadamente, da adopção de medidas de alargamento da base tributável e da reconsideração das listas de transmissões de bens e de prestações de serviços que integram os diversos escalões de taxas;

b) Análise das eventuais implicações em sede de IVA da reforma da tributação do património imobiliário;

c) Alteração do disposto no artigo 23.º do CIVA, passando a considerar-se o método da afectação real como regra e, consequentemente, a dispensar-se a comunicação prévia;

d) Eliminação dos efeitos fiscais sempre que não for obrigatória a inclusão no valor tributável das subvenções recebidas;

e) Continuação, no respeito pelas regras comunitárias, do processo de reforma das listas de IVA;

f) Criação de uma disposição dissuasora da concessão de reembolsos indevidos, resultantes de jogos de interesses e de actos de gestão praticados entre empresas com o intuito deliberado de defraudar os cofres do Estado;

g) Facilitar o reembolso, quanto a prazos e garantias, aos contribuintes cujo histórico demonstre terem actividade há mais do que três anos e não serem contribuintes de risco e revogação do Despacho Normativo n.º 342/93, de 30 de Outubro, sem prejuízo de medidas alternativas de controlo dos reembolsos, nos termos da alínea f) e g);

h) Conclusão do processo de antecipação do prazo de entrega das declarações e reponderação de prazos para os contribuintes do regime trimestral, de forma gradual e tendo em conta as possibilidades das empresas e a comparação com os regimes dos outros países da União Europeia;

i) Desenvolvimento de um sistema de envio e tratamento das declarações por meios electrónicos e desmaterialização da facturação e de documentação contabilística, entre outras.

Ponto 16.º
Impostos especiais sobre o consumo

1 – Reajustamento e simplificação do regime fiscal dos impostos especiais sobre o consumo, com especial incidência nas questões relativas ao controlo, procedendo-se, por razões de transparência, à codificação da respectiva legislação.

2 – Neste contexto, desenvolver-se-ão e estudar-se-ão, nomeadamente, as seguintes medidas e orientações:

  a) Imposto sobre os tabacos manufacturados:
  - **i)** Estudo e implementação de aplicações informáticas que possibilitem um controlo efectivo das operações de circulação intra comunitária e das existências físicas dos entrepostos fiscais de armazenagem, bem como uma gestão das contas correntes de estampilhas especiais por classes de preços de venda ao público;
  - **ii)** Tratamento abrangente da questão do controlo das previsões de bordo;
  - **iii)** Implementação do novo sistema de controlo de natureza declarativa contabilística do imposto nas fábricas de tabaco;
  - **iv)** Aumento das garantias de detenção;
  - **v)** Acompanhamento do novo regime das taxas, que reequilibra a relação entre os elementos específico e *ad valorem*, em favor do primeiro;

  b) Imposto sobre o álcool e sobre as bebidas alcoólicas:
  - **i)** Melhoria do controlo dos impostos, completada com o estabelecimento de requisitos físicos das instalações e de requisitos económicos mínimos, nomeadamente a nível de capital social ou de garantia adequada no caso de empresas em nome individual;
  - **ii)** Revisão da legislação que estabelece os condicionalismos de abertura, funcionamento e controlo dos entrepostos fiscais;
  - **iii)** Informatização global dos documentos de acompanhamento e das existências em entrepostos fiscais;
  - **iv)** Criação de um cartão de identificação (para o sector das bebidas alcoólicas) de depositário ou operador autorizado;
  - **v)** Sujeição das destilarias de média e grande dimensão ao regime de fiscalização permanente;

vi) Harmonização progressiva da taxa do imposto sobre o alcool (etílico não vínico), de acordo com as determinações comunitárias;

c) Imposto sobre os produtos petrolíferos:

i) Implantação da rede de gasóleo colorido e marcado para a pesca costeira, navegação costeira e navegação marítimo-turística comercial;
ii) Implantação da rede do gasóleo colorido e marcado para a agricultura no território do continente, com condicionamento das isenções à adopção desse tipo de gasóleo e com redução de taxas em função dos ganhos decorrentes do aumento de eficácia no controlo da sua utilização;
iii) Consagração do acesso dos caminhos de ferro ao gasóleo colorido e marcado;
iv) Harmonização dos regimes fiscais em relação a diversos tipos de combustíveis, no sentido de evitar distorções de concorrência e tendo em conta as preocupações de índole ambiental;

d) Imposto automóvel:

i) Consolidação da legislação avulsa, precisando-se a filosofia subjacente a este imposto, clarificando-se conceitos e procedimentos, melhorando-se os mecanismos de controlo e racionalizando-se os benefícios concedidos;
ii) Definição de um novo modelo de imposto automvel, sem aumento da carga tributária dos veículos de uso corrente, em função da discussão pública do relatório sobre as soluções alternativas de tributação, previsto no Orçamento Estado para 1997, procurando corrigir assimetrias de tratamento face à estrutura de tributação vigente e à evolução da harmonização comunitária de direito e de facto, garantindo um melhor equilíbrio na evolução do mercado e tendo em conta os respectivos efeitos ambientais, nomeadamente em matéria de poluição e destino final dos veículos em final de vida.

Ponto 17.º
Imposto do selo

1 – Reformulação do sistema de tributação e de cobrança do imposto do selo, reequacionando-se conceitos, simplificando-se a estrutura e a

base de incidência, revendo-se, actualizando-se e sistematizando-se isenções e reduções de taxas e diminuindo-se custos, através da eliminação de verbas cuja receita não têm significado, o que poderá conduzir à sua substituição por um imposto, mais moderno e racional, sobre as operações desmaterializadas.

2 – Neste contexto, desenvolver-se-ão e estudar-se-ão, designadamente, as seguintes medidas e orientações:

a) Elaboração de um código que substituirá os actuais Regulamento e Tabela do Imposto do Selo, definindo-se claramente as situações de incidência pessoal e real, a liquidação, a cobrança e as obrigações e garantias dos contribuintes e adoptando-se uma técnica legislativa coerente com a dos demais impostos;

b) Revisão profunda das matérias conexas com o sistema financeiro e bancário, numa óptica de simplificação, salientando-se a abolição da tributação incidente sobre a abertura de crédito, o estabelecimento de regras tendentes ao reforço da neutralidade do imposto, novos mecanismos de tributação do crédito obtido em função da sua efectiva utilização e a revisão da tributação das comissões cobradas;

c) Progressiva abolição do selo incidente sobre os juros das operações financeiras e do selo de recibo e reformulação da tributação incidente sobre a constituição ou confissão de dívida, nos termos da alínea anterior;

d) Clarificação das regras de incidência em matéria de financiamento das empresas;

e) Adequação do imposto às novas regras de registo e notariado;

f) Actualização e simplificação da matéria relativa a alfândegas e movimento de mercadorias;

g) Eliminação da estampilha fiscal como forma de pagamento do imposto do selo no 1.º semestre de 1998.

3 – Modernização da filosofia de tributação, com extinção do imposto do selo e sua substituição por formas modernas e equilibradas de tributação sobre operações não materializadas e sobre a circulação de bens, riqueza e valores não tributados por outra via.

Ponto 18.º⁵
Tributação do património

1 – Modificação da filosofia subjacente à tributação do património, adequando-a às novas realidades económicas e sociais, através de solu-

---

⁵ Redacção dada pelo RCM n.º 10/98, publicada em 23 de Janeiro.
Redacção anterior:
"Ponto 18.º
[...]
1 – Modificação da filosofia subjacente à tributação do património, adequando-a às novas realidades económicas e sociais, através de soluções neutrais de carácter estrutural, reformulando-se o sistema de tributação da contribuição autárquica e do imposto sobre as sucessões e doações, numa lógica de concertação com as autarquias locais e com as organizações representativas dos sectores envolvidos, reanalisando-se a fiscalidade da habitação de forma a valorizar a habitação própria e permanente e a respectiva mobilidade, bem como a conservação e requalificação do parque habitacional.
2 – [...]
3 – [...]
a) – [...]
b) Contribuição autárquica, ou outro imposto similar que eventualmente a substitua:
  i) Reafirmação do princípio do benefício, como princípio básico orientador da tributação;
  ii) Desenvolvimento da colaboração entre a administração fiscal e as autarquias locais, atribuindo a estas um papel activo na definição do modelo de tributação a adoptar e nos procedimentos de avaliação;
  iii) Definição, como regra, do valor dos imóveis tendo em conta a ponderação de vários factores, sem recurso a procedimentos subjectivos para determinação desse valor;
  iv) Correcção do valor assim determinado, dentro de certas condições e limites, mediante a possibilidade de reclamação, por parte dos contribuintes ou das câmaras municipais. através do recurso a outros métodos de determinação do valor, garantindo que não haverá aumento da carga fiscal global sobre o património;
  v) Manutenção, como elemento personalizante da contribuição autárquica, da sua dedutibilidade em IRS;
  vi) Redução de taxas, acompanhada de revisão dos benefícios fiscais;
  vii) Ponderação dos sistemas de actualização do valor dos imóveis;
  viii) Definição numa lei de determinação do valor tributável dos critérios objectivos que, com ou sem recurso aos procedimentos de avaliação subjectiva permitirão a fixação do valor dos imóveis a tributar;
c) Imposto sobre as sucessões e as doações:
  i) Simplificação e modernização, tendo em consideração os objectivos constitucionais, de forma a fazer incidir o imposto sobre a herança e não sobre

ções neutrais de carácter estrutural, numa lógica de concertação com as autarquias locais e com as organizações representativas dos sectores envolvidos, reanalisando-se a fiscalidade da habitação de forma a valorizar a habitação própria e permanente e a respectiva mobilidade, bem como a conservação e requalificação do parque habitacional.

2 – Definição, até final da legislatura, com ampla participação dos municípios e dos principais grupos sociais interessados, do modelo de tributação do património a adoptar, tendo em consideração a sua abrangência, o universo dos eventos económicos a subsumir às suas regras de incidência e a delimitação da base de tributação, decorrendo daí a forma como se procederá à eliminação do imposto municipal de sisa.

3 – Neste contexto, desenvolver-se-ão e estudar-se-ão, nomeadamente, as seguintes medidas e orientações:

a) Imposto municipal de sisa:

i) Extinção da sisa, sem prejuízo das receitas globais destinadas às autarquias locais, no quadro da reforma da tributação do património, considerando as diversas alternativas possíveis à luz da justiça e da eficiência fiscal;

---

as quotas hereditárias e, durante a transição para o novo sistema, proceder à baixa das taxas aplicáveis sobretudo às sucessões para familiares, com extensão à união de facto;
ii) Recondução da liquidação ao momento da escritura de doação, associada à simplificação e diminuição das taxas de tributação e a uma revisão do valor tributável dos bens imóveis;
iii) Ponderação do sistema de isenções garantindo a solvabilidade dos descendentes, mormente os menores, e do cônjuge sobrevivo;
iv) Inserção de um sistema de pagamento por avença mais abrangente;

d) Clarificação do modelo de tributação por contribuição especial, em articulação com a reforma da tributação do património imobiliário, como instrumento efectivo de equidade;
e) Revisão da lógica das taxas do imposto municipal sobre veículos, aumentando-se a taxa à medida que aumenta a antiguidade do veículo e eventual reformulação deste imposto no quadro da reforma do imposto automóvel;
f) Harmonização progressiva do regime dos impostos de circulação e camionagem com a Directiva n.º 93/89/CEE do Conselho, de 25 de Outubro;
g) Análise, a partir das experiências de outros Estados-membros da União Europeia de um sistema unificado e global de tributação de património."

ii) Diminuição das taxas aplicáveis em imposto de sisa, com ressalva das receitas globais destinadas às autarquias locais, durante o período de transição que decorrerá até à substituição deste imposto;
iii) Estudo das alternativas mais racionais de eventual tributação das formas de riqueza conexas com a base tributária da actual sisa;

b) No tocante ao imposto sobre as sucessões e doações, dever-se-á ter em consideração que a revisão constitucional, ao alterar o artigo 107.° n.° 3, prevendo a injunção de a tributação do património dever contribuir para a igualdade entre os cidadãos, deixou de tornar obrigatória a existência do imposto sobre as sucessões e doações e abriu o caminho para a consideração da possibilidade de integração da tributação das sucessões e doações na tributação do património, de modo a conseguir uma forma mais eficiente de reduzir as desigualdades quanto ao conjunto do sistema e entre contribuintes detentores de património. Neste contexto, o Governo promoverá as seguintes medidas e terá em consideração os seguintes aspectos:

i) Estudo, no âmbito da revisão dos diversos impostos que incidem sobre o património, de forma até hoje manifestamente desconexa e incoerente, tendo como objectivo a extinção do imposto sobre as sucessões e doações, que perdeu todas as características de instrumento de justiça social que historicamente teve e que, pela erosão da base tributável e pela prática de formas generalizadas de evasão e de modalidades deficientes de avaliação da matéria colectável, se tornou financeiramente insignificante e socialmente injusto;
ii) A extinção do imposto sobre as sucessões e doações deverá ser combinada com a avaliação das formas de tributação do património, como formas mais justas de justiça intergeracional e entre proprietários e não proprietários;

c) Clarificação do modelo de tributação por contribuição especial, em articulação com a reforma da tributação do património imobiliário, como instrumento efectivo de equidade;
d) Revisão da lógica das taxas do imposto municipal sobre veículos, aumentando-se a taxa à medida que aumenta a antiguidade

do veículo, e eventual reformulação deste imposto no quadro da reforma do imposto automóvel;

e) Harmonização progressiva do regime dos impostos de circulação e camionagem com a Directiva 93/89/CEE, do Conselho, de 25 de Outubro de 1993;

f) Análise, a partir das experiências de outros Estados membros da União Europeia, de um sistema unificado e global de tributação de património.

PARTE V
Reforma fiscal e novas problemáticas e desafios

Ponto 19.º
Tributação ambiental e energética

Considerando a evolução previsível dos sistemas fiscais dentro da União Europeia, haverá que estudar e negociar, a nível comunitário, a modernização do actual sistema de tributação dos produtos energéticos e seu eventual alargamento, nomeadamente com a eventual introdução de um imposto sobre a energia, numa lógica baseada nas novas concepções de desenvolvimento económico e de crescimento durável e em termos que acautelem as condições específicas de Portugal, bem como as necessidades decorrentes da recuperação dos atrasos da nossa economia, da compensação dos sectores mais afectados e do favorecimento das fontes energéticas mais eficientes.

Ponto 20.º
Sociedade da informação

1 – Implementação das novas tecnologias da comunicação nos sistemas tributários, com aconsequente desmaterialização das transacções de bens e das prestações de serviços.

2 – Neste contexto, desenvolver-se-ão e estudar-se-ão, designadamente, as seguintes medidas e orientações:

a) Disponibilização de métodos de recolha de informação fiscal pela via electrónica em igualdade com outros procedimentos existentes;

b) Aceitação do pagamento electrónico;
c) Reaproveitamento da informação de natureza fiscal, para evitar a repetição do pedido da mesma informação ao cidadão e às empresas;
d) Promoção, como dever aceite pelo Estado, do acesso universal aos novos meios de comunicação;
e) Adopção de uma política de segurança da informação na transferência electrónica de informação;
f) Apoio ao delineamento de uma política comunitária de não discriminação entre os diversos tipos de suportes de informação (v.g. livros e CD-ROM).

3 – Estudo das repercussões da sociedade de informação no sistema fiscal, em particular de fenómenos como o grande incremento do comércio electrónico e a desmaterialização de operações, em especial financeiras, e a virtualização das empresas que, a prazo, poderão conduzir a fortes erosões de receitas.

Ponto 21.º
Introdução do euro

1 – Adaptação da Administração e dos sistemas fiscais e aduaneiros à moeda única, equacionando-se, nomeadamente, as previsíveis incidências fiscais da UEM na estrutura de tributação e no nível das receitas.

2 – Calendarização do cenário de transição da administração tributária no sentido da utilização do euro nas declarações fiscais e no pagamento de impostos, tendo em consideração as opções da estrutura empresarial, a estrutura da informática tributária e os custos de um sistema bimonetário.

Ponto 22.º
Regime fiscal para o sector da economia social

1 – Adaptação do regime fiscal da economia social, tendo em conta as especificidades do sector e a sua eventual autonomização face ao regime geral, estabelecendo-se princípios gerais orientadores em obediência a objectivos de não discriminação negativa e de fomento efectivo da economia social, incluindo o cooperativismo, e evoluindo-se de uma política de benefício para uma política de incentivo.

2 – Neste contexto, no âmbito da solidariedade cooperativa, desenvolver-se-ão e estudar-se-ão, em especial, as seguintes medidas e orientações, sem prejuízo das medidas gerais relativas ao sector da economia social:

　　a) Introdução de mecanismos de incentivos e de "prémios fiscais";
　　b) Reforço e alargamento das medidas fiscais de "facilitação" à criação, constituição e funcionamento das cooperativas;
　　c) Minimização da carga fiscal nas relações entre as cooperativas e os seus sócios, procurando-se eliminar ou reduzir as eventuais "duplas tributações" na actividade intra e intercooperativa, nomeadamente no campo da tributação do rendimento;
　　d) Introdução de medidas de discriminação positiva e de fomento às iniciativas de criação de cooperativas de emprego, de formação cultural e profissional dos seus membros, de reforço de capitais próprios, de privilégio da poupança e do investimento produtivo, económica e socialmente relevantes, em detrimento de distribuição dos excedentes e respectiva afectação a consumo.

PARTE VI
Política legislativa do Governo e orientações administrativas

Ponto 23.º
Conformidade das propostas, textos e medidas apresentadas com a presente resolução

A política legislativa do Governo e as orientações administrativas dela decorrentes deverão subordinar-se à filosofia, orientações e medidas constantes dos quadros gerais para a reforma fiscal definitivamente aprovados.

ÍNDICE

Palavras introdutórias aos textos fundamentais da Reforma Fiscal para o século XXI	5
Prefácio	15

I
INTRODUÇÃO

1. Circunstâncias deste relato	17
1.1. As fases da reforma da reforma fiscal	17
1.2. O estado do sistema fiscal em Outubro de 1995	18
1.3. A preparação da Resolução do Conselho de Ministros sobre a Reforma Fiscal	19
2. História e evolução das reformas fiscais portuguesas	20
2.1. As reformas do liberalismo: entre modernidade e arcaísmo	21
2.2. A tentativa modernizadora de 1922	26
2.3. A Reforma do Estado Novo em 1929	27
2.4. Reforma Fiscal de 1958/1965: o começo do desenvolvimento económico social	29
2.5. A Reforma Fiscal de 1984-1989: o início da adaptação à Europa unida	31
Anexo I – Análise quantitativa da evolução do sistema e estrutura fiscal (1965-1995)	35
Anexo II – Quadros caracterizadores da evolução da estrutura fiscal	39
Anexo III – Síntese das principais conclusões da Comissão para o Desenvolvimento da Reforma fiscal	42
3. O XIII Governo e a "Reforma da Reforma Fiscal"	48
3.1. Fundamento da política fiscal do Governo	48
3.2. Programa do Governo	48
3.3. A política fiscal para a legislatura	52
Anexo I – Programa do XIII Governo Constitucional	57
Anexo II – As medidas previstas aos OE/96 e de 97	59

Anexo III – A. Acordo de Concertação Estratégica (1997-1999) 66
B. Acordo de Concertação de Curto Prazo (1996). Política fiscal (na especialidade) 73
Anexo IV – Programa de convergência estabilidade e crescimento 76

II
PRINCÍPIOS E OBJECTIVOS INSPIRADORES DE UMA ESTRATÉGIA FISCAL

4. A Constituição Tributária 79
    4.1. Princípio da legalidade 79
    4.2. Finalidades do sistema fiscal 80
    4.3. O princípio da capacidade contributiva 81
    4.4. Justiça e progressividade 82
    4.5. Estrutura vinculativa do sistema fiscal 83
    4.6. Princípio da descentralização fiscal 84
    4.7. Síntese 85
    Anexo I – Projectos de Revisão Constitucional 86
    Anexo II – Actual texto constitucional 89

5. Perspectivas da coordenação fiscal no âmbito da União Europeia 92
    5.1 Coordenação fiscal negativa e não discriminação fiscal 92
    5.2 Recursos e harmonizações da tributação indirecta 92
    5.3 A difícil coordenação da tributação directa 93
    5.4 Tendências preocupantes na evolução dos sistemas fiscais europeus 94
    5.5 O Grupo de Política Fiscal 96

6. A perspectiva portuguesa 99

7. Enquadramento internacional da tributação 100
    7.1. A globalização da economia 100
    7.2. A articulação de Portugal num mundo global 101
    7.3. Reflexos na fiscalidade 102
    7.4. Uma estratégia a desenvolver 103
    Anexo I – Convenções de dupla tributação negociadas por Portugal 105

8. Objectivos e estratégia política realtivamente ao sistema fiscal português ... 108
    8.1 Objectivos da reforma do sistema fiscal 108
    8.2 O sistema fiscal como fonte de receita 109
    8.3. Igualdade fiscal, justiça e solidariedade 110
    8.4. O desenvolvimento económico-social, em especial mediante o reforço da competitividade das empresas e do sistema económico e a promoção do crescimento e do emprego 115

8.5. Cidadania e democracia fiscal	117
8.6. Consolidação financeira	119

9. Algumas outras orientações gerais 120

9.1 Consensualidade	120
9.2 Estabilidade do sistema	121
9.3 Perspectiva sistémica	121
9.4 Ética de responsabilidade e democracia	122
9.5 Fiscalidade adaptada ao novo Portugal	124
9.6 A unicidade do direito fiscal	124
9.7 Especificidade da realidade fiscal	125
9.8 Simplicidade e clareza	125
9.9 Clareza da lei	126

III
ENQUADRAMENTO DA REFORMA FISCAL
NO SECTOR PÚBLICO ADMINISTRATIVO

10. Razão de ordem 127

11. Pequenos impostos orçamentais 128

12. Impostos e taxas extra-orçamentais da Administração Central (Estado e outras entidades públicas) 131

12.1 Questões gerais	131
12.2. Impostos extra-orçamentais em especial	135
12.3. Caso especial – Direitos aduaneiros	135

13. Taxas 137

14. O regime fiscal da Segurança Social 142

14.1. Financiamento da Segurança Social	142
14.2. Outros problemas	144

15. Tributação local 147

15.1. Enquadramento geral	147
15.2. A nova lei das finanças locais	148
15.3. Reforma fiscal e finanças locais	150
15.4. Algumas pistas a seguir	153

16. Tributação regional 154

16.1 O estado da questão	154
16.2 As vias a trilhar	156

IV
ESTRUTURA E ACÇÃO
DA ADMINISTRAÇÃO TRIBUTÁRIA

17. A Orgânica da administração tributária 159
   17.1. Estrutura 159
   17.2. Insuficiências da situação orgânica e funcional dos serviços da administração tributária 163
   17.3. A Direcção-Geral dos Impostos (DGCI) – competências e dimensão 166
   17.4. Constrangimentos à actuação da DGCI 167
   17.5. A Direcção-Geral das Alfândegas e dos Impostos Especiais 168
   17.6. Constrangimentos à actuação da DGAIEC 169
   17.7. Direcção-Geral da Informática e Apoio aos Serviços Tributários e Aduaneiros (DGITA) 170
   17.8. Fenómenos de evolução do Sistema Integrado da Administração Tributária 171

18. O combate à fraude e evasão fiscal 177
   18.1. Enquadramento geral 177
   18.2. Os meios psicossociológicos e organizativos de combate à fraude ... 180
   18.3. Os meios financeiros e técnicos de combate à fraude 182
   18.4. Os instrumentos jurídicos 184
      Anexo 186

V
ELEMENTOS ESTRUTURANTES
DA ORDEM JURÍDICA TRIBUTÁRIA

19. Garantias dos contribuintes e defensor do contribuinte 189
   19.1. Enquadramento 189
   19.2. Garantias dos contribuintes 190
   19.3. Defensor do contribuinte 192

20. Lei geral tributária 194

21. Justiça fiscal 196
   21.1. Justiça tributária e processo tributário 196
   21.2. Justiça tributária e procedimentos graciosos 198
   21.3. Justiça tributária e tribunais tributários 203
   21.4. Justiça tributária e processo sancionatório fiscal 207
   21.5. Justiça tributária e recuperação dos créditos fiscais 208
   21.6. A vertente alfandegária da justiça tributária 210
   21.7. Justiça tributária e sistema fiscal 211

22. As infracções fiscais aduaneiras e não aduaneiras 213
   22.1. Enquadramento 213
   22.2. Os princípios do novo direito sancionatório fiscal 214
   22.3. Sanções fiscais e combate à evasão e fraude 215
   22.4. Os ajustamentos exigíveis nos crimes e contra-ordenações 216
   22.5. O aperfeiçoamento do processo 217
   22.6. Conclusões 218

23. Benefícios fiscais 219
   23.1. Enquadramento 219
   23.2. A despesa fiscal 220
   23.3. Enquadramento passado 221
   23.4. Revisão dos benefícios fiscais 222

VI
PRINCIPAIS IMPOSTOS

24. Imposto sobre o rendimento das pessoas singulares (IRS) 229
   24.1. Generalidades 229
   24.2. Principais problemas 230
   24.3. Medidas de alargamento da base tributária 231
   24.4. Transformações no domínio das normas de determinação da matéria colectável 235
   24.5. Medidas ligadas a taxas e escalões 239
   24.6. Medidas de simplificação e harmonização com outros diplomas 240
   24.7. Revisão do IRS 242

25. Imposto sobre o rendimento das pessoas colectivas (IRC) 242
   25.1. Generalidades 242
   25.2. Receitas fiscais do IRC 243
   25.3. Questões problemáticas 244

26. Imposto sobre o valor acrescentado (IVA) 251
   26.1. A dimensão comunitária do IVA 251
   26.2. Medidas de alargamento da base tributável 252
   26.3. Taxas 254
   26.4. O regime especial das empreitadas de obras públicas 254
   26.5. Direito à dedução do imposto 254
   26.6. Medidas administrativas de aperfeiçoamento do sistema fiscal 255
   26.7. Gestão administrativa do imposto 256
   26.8. Regime definitivo do IVA 257

27. Impostos especiais sobre o consumo 258
    27.1. A base comunitária dos IEC's 258
    27.2. Imposto sobre os tabacos manufacturados 259
    27.3 Impostos sobre o álcool e sobre as bebidas alcoólicas 262
    27.4. Imposto sobre os produtos petrolíferos (ISP) 266
    27.5. Imposto automóvel 273

28. O imposto do selo 277
    28.1. Introdução 277
    28.2. Evolução recente do imposto 278
    28.3. Razões da sobrevivência e eventual justificação deste imposto 279
    28.4. Experiência comparada 281
    28.5. Linhas gerais de acção na reforma do imposto do selo 282

29. A tributação do património 284
    29.1. Formas actuais de tributação do património 284
    29.2. Espécies tributárias 286
    29.3. Tributação do património mobiliário/imobiliário 301
    29.4. Imposto sobre as Sucessões e Doações (ISD) 303
    29.5. Outras formas de tributação do património 305
    29.6. Tributação do património: novos modelos 306

VII
TRIBUTAÇÃO DE SECTORES ESPECÍFICOS

30. Instituições e instrumentos financeiros 311
    30.1. Enquadramento geral 311
    30.2. Especificidades do sector bancário 313
    30.3. Impacto da União Económica e Monetária no sector bancário 313
    30.4. Questões fiscais 314

31. Sector agrícola 316
    A. Impostos directos 316
        31.1 Breve história de um problema: a tributação dos rendimentos agrícolas 316
        31.2. Propostas 320
    B. Impostos Indirectos 320
        31.3. Em sede de IVA 320

32. Regime fiscal para o sector social, incluindo o cooperativo 322
    32.1 Aspectos genéricos 322
    32.2. As carências organizacionais, económicas e financeiras das cooperativas 323
    32.3. Dos princípios orientadores do regime fiscal a criar 324
    32.4. Sentido das medidas fiscais a introduzir 325

VIII
PROBLEMÁTICAS DO FUTURO

33. Impostos ambientais 327
    33.1. Novas concepções económico-ambientais 327
    33.2. Os impostos ambientais 328

34. Sociedade de informação 334
    34.1. Os objectivos da administração tributária na sociedade de informação 334
    34.2. Os projectos e medidas necessários 336

35. O impacto do euro no sistema fiscal 340
    35.1. Importância acrescida da política orçamental na 3.ª fase da UEM 340
    35.2. Os desafios da política fiscal 341
    35.3. Antecipação de alguns impactos fiscais na passagem para a moeda única 343
    35.4. Incidências fiscais da UEM 343
    35.5. Questões administrativas, contabilísticas e informáticas 344

36. Para uma prospectiva do sistema fiscal 345

Ficha Técnica 349

Resolução do Conselho de Ministros n.º 119/97, de 14 de Julho 353

Bases gerais da Reforma Fiscal da Transição para o século XXI 369